周施廷 ◎著

习俗与法规
德意志中世纪法律研究

北京大学出版社

图书在版编目(CIP)数据

习俗与法规:德意志中世纪法律研究/周施廷著. 北京:北京大学出版社,
2024.6. —ISBN 978-7-301-35139-0

Ⅰ.D951.69

中国国家版本馆 CIP 数据核字第 2024YH5411 号

书　　　名	习俗与法规：德意志中世纪法律研究 XISU YU FAGUI: DEYIZHI ZHONGSHIJI FALÜ YANJIU
著作责任者	周施廷　著
责 任 编 辑	魏冬峰
标 准 书 号	ISBN 978-7-301-35139-0
出 版 发 行	北京大学出版社
地　　　址	北京市海淀区成府路 205 号　100871
网　　　址	http://www.pup.cn　新浪微博:@北京大学出版社
电 子 邮 箱	zpup@pup.cn
电　　　话	邮购部 010-62752015　发行部 010-62750672 编辑部 010-62750673
印 刷 者	大厂回族自治县彩虹印刷有限公司
经 销 者	新华书店
	965 毫米×1300 毫米　16 开本　28.25 印张　380 千字 2024 年 6 月第 1 版　2024 年 6 月第 1 次印刷
定　　　价	148.00 元

未经许可,不得以任何方式复制或抄袭本书之部分或全部内容。
版权所有,侵权必究
举报电话:010-62752024　电子邮箱:fd@pup.cn
图书如有印装质量问题,请与出版部联系,电话:010-62756370

本书为国家社会科学基金重点项目
"德国史专题研究"成果
（批准号 13AZD041）

基本简写表

BMZ	Georg Friedrich Benecke，Wilhelm Müller und Friedrich Zarncke，Hrsg.，*Mittelhochdeutsches Wörterbuch*，Hildesheim：Georg Olm，1854-1866.（https://woerterbuchnetz.de/? sigle＝BMZ♯0）	中古高地德语词典
DRW	Deutsches Rechtswörterbuch.（https://drw-www.adw.uni-heidelberg.de/drw/info/）	德语法律词典
DWB	Deutsches Wörterbuch von Jacob und Wilhelm Grimm. Leipzig 1854-1961. Quellenverzeichnis Leipzig 1971.（https://woerterbuchnetz.de/? sigle＝DWB）	格林兄弟德语词典
HRG	Adalbert Erlaer，Hrsg.，*Handwörterbuch zur deutschen Rechtsgeschichte*，Berlin：E. Schmidt，2004-1012.（http://www.hrgdigital.de/）	德国法律史词典
Köbler	Gerhard Köbler.Hrsg.，*Mittelniederdeutsches Wörterbuch*，3. A. 2014.（https://www.koeblergerhard.de/mndwbhin.html）	中古低地德语词典
LegIT	Der Volkssprachige Wortschatz der Leges Barbarorum.（https://legit.germ-ling.uni-bamberg.de/pages/21）	蛮族法典中的俗语
Lübben	August Lübben，Hrsg.，*Mittelniederdeutsches Handwörterbuch*，Darmstadt：Wissenschaftliche Buchgesellschaft，1888.（http://www.koeblergerhard.de/Fontes/Luebben_MittelniederdeutschesHandwoerterbuch1888.htm）	中古低地德语词典
MGH	Monumenta Germaniae Historica.（https://www.mgh.de/）	德意志文献集成
MWB	Mittelhochdeutsches Wörterbuch.（http://www.mhdwb-online.de/）	中古高地德语词典

图 表 目 录

图 1　《日耳曼尼亚志》，埃希纳斯抄本（Codex Aesinas），15 世纪，手稿编号：seq. 134 / 035

图 2　塔西佗眼里的日耳曼尼亚 / 037

图 3　弗拉维王朝前期（Pre-Flavian）罗马在高卢北部的招募情况（A：招募辅助部队的地区；B：翼队（Ala）；C：步兵分队（Cohort） / 043

图 4　古日耳曼语字母 / 073

图 5　9 世纪的《撒里克法律公约》（A 版本），法国国家图书馆藏（Bibliothèque nationale de France），手稿编号：Latin 4404 / 114

图 6　10 世纪的《第二条令》，德国明斯特北威州档案馆威斯特伐利亚部藏（Münster, Landesarchiv NRW, Abt. Westfalen），手稿编号：msc. VII. 5201 / 152

图 7　9 世纪《马库尔夫范本文书集》，法国国家图书馆藏，手稿编号：Ms. Lat. 4627 / 159

图 8　10 世纪《巡察通用条令》，法国国家图书馆藏，手稿编号：Lat. 4613 / 179

图 9　1250 年波罗的海地区示意图 / 198

图 10　1291 年到访哥特兰岛的德意志人印章（左、中）；1280 年定居哥特兰岛的德意志人印章（右）/ 203

图 11　《维斯比海法》（Visbys søret），《丹麦法律手稿，1450—1499》（Dansk lovhåndskrift, Danmark, 1450-1499），哥本哈根大学（Københavns Universitet）藏，手稿编号：AM 25 4to / 208

图 12　《吕贝克城海法》，吕贝克汉萨城档案馆藏（Archiv der Hansestadt Lübeck），手稿编号：Handschriften Nr. 753 / 213

图 13　1598 年的维斯比城地图 / 216

图 14　中世纪波罗的海海运主要航线图 / 220

图 15　《萨克森明镜》的"沃尔芬抄本"(左)，手稿编号：Cod. Guelf. 3.1 Aug. 2°；"海德堡抄本"(右)，手稿编号：Cod. Pal. Germ. 164 ／ 242

图 16　《萨克森明镜》的第一本印刷版，巴塞尔，1474 年 ／ 244

图 17　弗里德里希二世(左)和五位皇帝(右)，沃尔芬抄本，手稿编号：Cod. Guelf. 3.1 Aug. 2° ／ 250

图 18　三位诸侯与皇帝，沃尔芬抄本，手稿编号：Cod. Guelf. 3.1 Aug. 2° ／ 251

图 19　法官(左图：红帽绿袍者；右图：头戴红十字白帽者)，沃尔芬抄本，手稿编号：Cod. Guelf. 3.1 Aug. 2° ／ 252

表 1　塔西佗《日耳曼尼亚志》中各部族总汇表 ／ 049

表 2　粗俗拉丁语和古日耳曼语词汇对照表 ／ 074

表 3　中世纪—近代早期高地德语的发展阶段 ／ 075

表 4　《勃艮第法典》中的勃艮第人伯爵与罗马人伯爵名单 ／ 096

表 5　《勃艮第法典》与《勃艮第罗马法典》条文对比 ／ 102

表 6　37 位萨克森人质的记录(802) ／ 147

表 7　加洛林家族对萨克森的早年战事总结(743—775) ／ 165

表 8　国王查理时期颁布的法令(769—789) ／ 174

表 9　《萨克森明镜》出版数据表(1474—1600) ／ 245

表 10　《萨克森明镜》中武装者出现的次数 ／ 248

表 11　《萨克森明镜》中妇女和未成年人的相关条文 ／ 254

目 录
CONTENTS

绪 论 / 001

第一章　法的起源：日耳曼人的族群生成与法律构建

第一节　塔西佗《日耳曼尼亚志》中的日耳曼人 / 020

第二节　日耳曼人的族群结构与军事实力 / 039

第三节　人民集会与日耳曼人的司法审判 / 053

第二章　习惯法：日耳曼王国时期的蛮族法典与法律体系

第一节　古日耳曼语的形成与发展 / 072

第二节　日耳曼王国的两套治理法制 / 076

第三节　西哥特人、罗马人与分典而治 / 080

第四节　勃艮第人、罗马人与法的精神 / 090

第五节　克洛维、法兰克人与《撒里克法律公约》/ 110

第三章　成文法：查理曼的部族治理与《萨克森条令》

第一节　修订和重新颁布地区法典 / 129

第二节　萨克森《第一条令》和《第二条令》/ 140

第三节　忠诚誓言与部族治理政策 / 157

第四章　海法：德意志与波罗的海之间的海权边界

第一节　移居与跨海域贸易网络的形成 / 196

第二节　三部海法法规与海运贸易治理 / 205

第三节　沿海国家与多边贸易体制的建构 / 219

第五章　财产法：《萨克森明镜》中妇女与未成年人的权益

第一节　《萨克森明镜》与"沃尔芬抄本" / 240

第二节　萨克森妇女的财产权与监护权 / 254

第三节　罗马法与萨克森法中的未成年人 / 265

结　语 / 291

附录一　中世纪海法法规 / 303

附录二　《萨克森明镜》妇女相关条文 / 327

附录三　《萨克森明镜》未成年人相关条文 / 353

参考文献 / 359

译名对照表 / 407

绪　　论

本研究的主题是探讨中世纪德意志的法律演变。通过罗马时期、部族时期、日耳曼王国时期、查理曼帝国时期、对外贸易时期、中世纪晚期的法律变化，揭示德意志法律的基本特征。在整个中世纪，这些法律支配着各个时期德意志人的社会生活，并且为社会的稳定提供了基本的保障。一系列的法规、法典勾画出了中世纪德意志人的义务、职责、享有的权利以及所面临的问题。这些法律的发展，形成了德意志的法律的独特体系，走出了德意志自己的司法之路。

日耳曼人的法律编写具有与欧洲其他国家不同的特点。日耳曼人是通过民族大迁徙占领西罗马帝国领地的，这导致族群强大，无论是在其后出现的蛮族国家，还是在整个加洛林王朝。地方势力不断发展，族群意识和部落传统始终占据主导地位，加上国家政治长期分裂、地方司法各地独立，最终导致中央王权的衰微和统一司法体系的欠缺。另一个特点是：日耳曼部族法和德意志地区编纂的法规，是与罗马法并存在一起的。自蛮族建国起，各位统治者，一方面致力于继承和维护日耳曼的传统文化和部落习俗，另一方面，又吸收强势的罗马文化，以为通过将两种形态不同的文明合二为一，有利于建立相对稳定的日耳曼王朝秩序。因此，唯有从日耳曼民族的角度入手研究德意志法律，才能够揭示法律体系发展的阶段和各类法典的历史变迁。问题在于：为什么在已有成熟的罗马法典作为参照系的情况下，德意志还要坚持编纂和使用相对原始的部族法规？

对早期的日耳曼国王而言，统治曾经高度发展的西罗马帝国是一项艰巨的任务。他们的做法，是将不同的族群"分而治之"，分别加以管理。以加洛林王朝的统治者查理曼为例，通过征服异族萨克森部落,他认识到"分而治之"、使各地民族相互制衡的有效性;13世纪德意志的统治者,在波罗的海与外国势力进行贸易战时,授予城市特权并允许其建立独立和灵活的海法体系,结果有效获得了国际海上贸易中的优势;对萨克森地区的人民而言,一部维护传统部落习俗、尊重地方文化差异、加强民族团结的法规文献,才是最适合的维护社会稳定的法律体系。尽管根据不同社会状况实行"分而治之",但从部族法到根据实情编写新法,却是司法体系发展的基本趋势。即便是处于中世纪政治相对分裂的状况下,这一发展趋势也没有改变,而是随着时间变得越来越明显。

因此,从部族法入手研究德意志法律体系,能够为德国史研究提供一个新的研究思路和一个研究领域,具有学科发展的创新意义。本研究拟围绕着中世纪德意志中央和地方的多部法典与手稿,以王国的发展为主体,以萨克森部族的变化为辅助,在整个德意志的大背景下展开对地方法律规则的细微研究,揭示中世纪德意志在政治、经济、社会、文化以及性别等方面体现的法律特征。在方法上,本研究不直接按照传统法制史的纵向书写方式,而是采取多角度、多类型和多层次的比较分析,试图揭示一个相对滞后的蛮族部落是如何在法律和政治的层面上,打破强势文明的统治体系,确立自己的历史定位,并在随后建立真正国家的经验与教训。

在理论和实际应有价值的层面,本研究力图回答一些人们感兴趣的问题。这些问题是:(1)德意志的法律究竟是起源于罗马法,还是起源于日耳曼的部族法规?(2)日耳曼王国时期是如何解决国家对罗马人的治理问题,是使用部族的习惯法来治理罗马人,还是"分典而治",通过编写蛮族罗马法规,对罗马人进行了有效治理?(3)查理曼进行了何种司法改革,是否有效?查理曼编写或颁布的法令,是否全面地取代了部族法规,进入由国王统辖全国司法的时代?(4)什么法规支撑着德意志商人的对外贸易?成效如何?能否有效保障德意志商人的利益?(5)中世纪晚期的法规是否保障妇女和儿童的权益,其财产继承和生活状况如何？（6）从大的方面看，是否存在中世纪德意志的法律体系？具有何种司法特点？民众的权益能否得到保障，或者，德意志法律体系只是完全维护统治者的利益，甚至罔顾民生？本研究从实际出发，结合宏观的司法体系考察与微观的地区司法考证，与跨学科研究相结合，通过收集和掌握大量从古代到中世纪的法典、法规与手稿，尽可能真实并客观地再现德意志民族从部落法律到国家法律的发展历程。在此基础上，运用跨学科的方法，合理地吸纳历史学和法学研究的特点，以及图像学研究的方法，剖析中世纪德意志是如何在统治面积辽阔、地方势力强大、外国文明强势的情况下，开辟具有自己民族特色、相对独立的法治道路的。

目前国内外研究的现状和趋势

中世纪的德意志法律，因政治分裂和邦国林立造成的多元化，在很长的一段时期被人们忽视。在我国，以德意志中世纪法制史为整体研究对象的专著相对匮乏，对各种法典的专项研究则主要开始于20世纪80年代。有些学者关注了日耳曼法的发展过程，譬如北京大学的由嵘教授在1987年撰写了专著《日耳曼法简介》[1]，华东政法大学的李秀清教授在2005年出版《日耳曼法研究》[2]。前部作品是我国第一部研究日耳曼法专著，对各部法典做了详尽的介绍，后部作品主要对《西哥特法典》《勃艮第法典》《伦巴第法典》和《撒里克法典》等多部日耳曼法典进行了详细的研究。近年来，对德意志中世纪法律的关注开始增加，这体现在德意志中世纪史专著以及分析蛮族法典和加洛林条令的论文的问世上。

在德意志中世纪史方面，北京师范大学侯树栋教授撰写有《德意志中古史》，仔细探讨了中古时期的德意志封建主义和王权的政治关

---

[1] 由嵘：《日耳曼法简介》，北京：法律出版社，1987年。
[2] 李秀清：《日耳曼法研究》，北京：商务印书馆，2005年。

系;①天津师范大学王亚平教授在著作《西欧法律演变的社会根源》中,从社会史的角度梳理日耳曼人的习惯法体系,并且分析了德意志王室法庭的特点。②在加洛林王朝研究方面,东北师范大学王晋新教授和朱君杙博士撰写的论文《论世界编年史体裁在加洛林时代的延续和创新》,探讨了加洛林时代的史学体系;③复旦大学赵立行教授撰写的论文《查理大帝"法令集"浅析》,分析了法令集的出台背景和性质。④北京大学李隆国教授深入研究查理曼的改革措施和政治影响,撰写了《查理曼称帝与神圣罗马帝国的形塑》和《加洛林早期史书中的丕平称王》等论文⑤;暨南大学的李云飞教授撰写了多篇有关查理曼时期钦差巡查的重要论文,譬如《钦差巡察与查理曼的帝国治理》和《加洛林王朝代际更替中的疆土分治与王国一体》,⑥并译有法兰克时代的重要历史文献《圣伯丁年代记》。美国圣母大学刘寅博士生的论文《"训诫"话语与加洛林时代的政治文化》,对查理曼的法令进行了细致的分析。⑦ 中国政法大学的高仰光老师在2008年出版专著《〈萨克森明镜〉研究》,对《萨克森明镜》作了详细研究。⑧

特别需要提到的是,北京大学历史系马克垚先生和北京师范大学刘家和先生都曾经对中国和西欧历史和封建制度的发展历程进行过深入的比较研究。马克垚先生曾经提到,"西欧的中世纪是日耳曼人的统治,许多国家都是日耳曼人扩张、征服的结果。后来在西欧专制

---

① 侯树栋:《德意志中古史——政治、经济社会及其他》,北京:商务印书馆,2006年。
② 王亚平:《西欧法律演变的社会根源》,北京:人民出版社,2009年;王亚平:《中世纪晚期德意志的邦国制》,《世界历史》2018年第2期。
③ 朱君杙、王晋新:《论世界编年史体裁在加洛林时代的延续和创新》,《史学集刊》2013年第3期。
④ 赵立行:《查理大帝"法令集"浅析》,《山东社会科学》2008年第11期。
⑤ 李隆国:《查理曼称帝与神圣罗马帝国的形塑》,《史学集刊》2018年第3期;李隆国:《加洛林早期史书中的丕平称王》,《历史研究》2017年第2期。
⑥ 李云飞:《钦差巡察与查理曼的帝国治理》,《中国社会科学》2017年第8期;李云飞:《加洛林王朝代际更替中的疆土分治与王国一体》,《历史研究》2021年第2期;李云飞:《圣伯丁年代记》,北京:人民出版社,2021年。
⑦ 刘寅:《"训诫"话语与加洛林时代的政治文化》,《历史研究》2017年第1期。
⑧ 高仰光:《〈萨克森明镜〉研究》,北京:北京大学出版社,2008年。

王权兴起时,就有了征服而来的国家学说",他认为西欧封建国家的政治体制中残留有不少原始传统习惯的成分。①刘家和先生和刘林海教授在论文《3—6世纪中西历史及文明发展比较研究》中提到了"日耳曼王国的法律是属人法而非属地法"这一特点,认为他们的成文法典保留了部族的法律传统。②复旦大学夏洞奇副教授在《尘世的权威:奥古斯丁的社会政治思想》一书中对318年君士坦丁大帝统治时期司法管辖权和裁判权的探讨也十分重要,认为世俗案件和刑事案件的审理人选是一个值得深思的问题。③在欧洲层面,中国社会科学院郭方研究员的《中世纪欧洲民主与共和制度的发展演变》一文,围绕中世纪欧洲政体、立法和司法制度进行讨论。④ 中国人民大学孟广林教授发表《西欧"封建主义"刍议——对冈绍夫〈何为封建主义〉的思考》,对封建主义概念之范畴和本质进行剖析。⑤这些研究成果,对本书的研究有着极为关键的启迪和影响。

在欧美学界,对德意志法制史的研究主要集中在德语世界,德国法学者撰写涉及法律的专著的角度和方式也各有特色,可以归纳为三条研究道路:一是德国法制史,二是法制史,三是城市史。

在德国法制史方面,奥地利因斯布鲁克大学(Universität Innsbruck)的格哈德·科布勒(Gerhard Köbler)教授撰写的《德国法制史》(*Deutsche Rechtsgeschichte*)一书分别从罗马和日耳曼入手,然后按照时间顺序以文献和论述相结合的方式展开论述,但中世纪部分较为简略。⑥德国法学者乌尔里希·艾森哈特(Ulrich Eisenhardt)的《德国

---

① 马克垚:《论家国一体问题》,《史学理论研究》2012年第2期,第27页;马克垚:《中国和西欧封建制度比较研究》,《北京大学学报(哲学社会科学版)》1991年第2期。
② 刘家和、刘林海:《3—6世纪中西历史及文明发展比较研究》,《北京师范大学学报(社会科学版)》2019年第5期,第87页。
③ 夏洞奇:《尘世的权威:奥古斯丁的社会政治思想》,上海:上海三联书店,2007年。
④ 郭方:《中世纪欧洲民主与共和制度的发展演变》,《史学理论研究》1997年第4期。
⑤ 孟广林:《西欧"封建主义"刍议——对冈绍夫〈何为封建主义〉的思考》,《清华大学学报(哲学社会科学版)》2017年第4期。
⑥ Gerhard Köbler, *Deutsche Rechtsgeschichte*, München: Verlag Franz Vahlen Gmbh, 1990.

法制史》以专题和事件的叙述方式揭示了德意志法律的发展过程。①德国哥廷根大学（Universität Göttingen）卡尔·克罗谢尔（Karl Kroeschell）教授的《德国法制史》一书是一部法律文献汇编。②维尔茨堡大学（Universität Würzburg）汉斯·费尔（Hans Fehr）教授撰写的《德国法制史》则是四部同名著作中最关注德意志中世纪法制史的作品，其内容分为六个部分，分别为：日耳曼时期、法兰克时期、皇帝时期、选帝侯时期、邦国时期与宪政国家时期，非常细致地对早期德意志法律的发展过程和特点进行了分析和总结。③

在法制史方面，以《法制史》（Geschichte des Rechts）为题的德语法律著作中，柏林自由大学（Freien Universität Berlin）的乌韦·韦瑟尔（Uwe Wesel）教授从法律的概念出发，对法制史从古代到现代的发展历程进行了宏观、深入的探讨，然后，按照历史时期分章介绍古代、日耳曼中世纪和现代的法制发展，其中日耳曼中世纪一章分为三个主题：日耳曼、法兰克王国和中世纪德意志王国，在整部《法制史》中，德意志部分可以说占据了较大的篇幅。④另一部同名作品由比勒费尔德大学（Universität Bielefeld）的苏珊娜·汉欣（Susanne Hähnchen）教授编写，虽然著作的名称是《法制史》，但实际上是一部围绕德意志法律发展撰写的法制史著作，其特点在于篇幅不长，但是对每部法典都进行了简要的介绍，是一部非常好的德意志法制史入门书。⑤

在城市史方面，苏黎世大学（Universität Zürich）教授卡尔·S. 巴德尔（Karl S. Bader）和格哈德·迪尔彻（Gerhard Dilcher）的著作《德

---

① Ulrich Eisenhardt, *Deutsche Rechtsgeschichte*, München: Verlag C. H. Beck, 2004.
② Karl Kroeschell, *Deutsche Rechtsgeschichte*, Wiesbaden: Westdeutscher Verlag, 2001.
③ Hans Fehr, *Deutsche Rechtsgeschichte*, Berlin: Walter de Gruyter & Co., 1962.
④ Uwe Wesel, *Geschichte des Rechts: Von den Frühformen bis zur Gegenwart*, München: Verlag C. H. Beck, 2006.
⑤ Susanne Hähnchen, *Rechtsgeschichte: Von der Römischen Antike bis zur Neuzeit*, Heidelberg: C. F. Müller, 2012.

国法制史:领地与城市——古代欧洲市民与农民》引人瞩目,尽管在名称上可以归入第一类作品,但是由于其独特的视角和分析方式,被单独列入城市史。该书首先从领地和早期德意志的经济形式出发,探讨其土地资源的状态,然后,按照社会的不同聚居形式加以分类处理,在后半部特别关注农民和城市法法规的发展状况,是一部兼具深度和广度的德意志法制史研究著作。① 从 20 世纪开始,德国出现了两类特殊作品,一类是专门探讨城市里的犯法行为,论述了有违不同系统法规的情况;②另一类是研究中世纪晚期德意志法律的"继受",既有对罗马法的继受,也有对中世纪早期日耳曼法的继受。③

研究目标和内容

德意志中世纪法律研究是一个时间跨度很大,内外支系庞杂的研究课题,加上王国、地区、城市和民族的法律由于其数百年来的政治特殊性,长期处于不平衡的发展状态。与其他欧洲国家的区别在于:一般而言,国家法典都是由统一的政府领衔编纂,而德意志地区从蛮族王国时期开始,便处于多部法典同步运作的状况,查理曼在 802 年颁布的承认部族法典的举措,又进一步加剧了地方司法权的独立和盛行。后期的德意志统治者,出于鼓励城市发展经济、推动乡村城市化的考虑,不断以"帝国城市"(Reichstadt)的名义授予地区自治和立法权,有时候为了与外国势力争夺城市的统治权,甚至会同时敕封地区领导者贵族的头衔,以及将城市升级为拥有自治权的帝国城市,导致

---

① Karl S. Bader, Gerhard Dilcher, *Deutsche Rechtsgeschichte*: *Land und Stadt Bürger und Bauer im Alten Europa*, Berlin: Springer Verlag, 2013.
② Ludwig Schmugge, *Illegitimität im Spätmittelalter*, Oldenbourg: De Gruyter, 1994.
③ Wolfgang Kunkel, „Das Wesen der Rezeption des Römischen Rechts," in *Heidelberger Jahrbücher*, Vol. 1, Heidelberg: Springer, 1957, S. 1-12; Eva Schumann, „Zur Rezeption frühmittelalterlichen Rechts im Spätmittelalter," in Bernd-Rüdiger Kern, Elmar Wadle, Klaus-Peter Schroeder, Christian Katzenmeier, Hrsg., *Humaniora*: *Medizin-Recht-Geschichte*, Berlin: Springer, 2016, S. 337-386.

德意志的中世纪法律文献始终属于地区自主编写的局面。有鉴于此，本书的研究，力求尽量展现各种法律产生的特殊历史背景；同时，也通过对同时并存的法律的分析，说明这些法律在当时社会状况下表现出来的特征和作用。为了更加清晰地展现中世纪德意志的法律发展，将按照时间顺序，围绕法典的编纂和法规细则，将萨克森地区或部族作为牵引全书的线索，以专题性的书写，透视中世纪德意志的社会状况、民族特性以及关于女性和未成年人的法律权利。①

因此，本书的每一项研究都试图论述人们所面临的问题和其时法律上的特点：

第一项研究名为"法的起源：日耳曼人的族群生成与法律构建"，旨在通过研究两份古代至中世纪描述日耳曼部落和萨克森部落的作品，了解其法律的形式和执行的过程。第一份材料是塔西佗的《日耳曼尼亚志》②。塔西佗作品的重点在于其写作意图和首次提到日耳曼的执法组织人民集会。他撰写《日耳曼尼亚志》是为了献给新继位的罗马皇帝图拉真，图拉真曾经担任过日耳曼总督，而历任罗马皇帝都将征服日耳曼人视为自己在位期间最重要的功绩。因此，这部作品的实际功能是一部民族志和调查报告，即全面描述日耳曼的族群结构、生活习俗和法律审判，帮助罗马皇帝了解他们的政治和司法形式，以便罗马制定军事和统治政策。第二份材料是撰写于9世纪左右的《勒本传》(*Vita Lebuini antiqua*)。③作者胡巴拉德(Hucbald)综合此前的材料，描述了中世纪萨克森人的状况，其中也包含了部落集会，即人民集

---

① 本书的研究使用了"法律图书馆"(Bibliotheca Legum)、"LegIT：蛮族法典中的俗语"(LegIT: Der Volkssprachige Wortschatz der Leges Barbarorum)、"德意志中世纪历史文献"(Geschichtsquellen des deutschen Mittelalters)以及其他相关数据库。由于各章使用材料不一，为了详细标注，初次引用文献时全名标出并附有网址，后续则正常标注。另外，查询资料和术语时使用的工具书等电子资源请见"参考文献"。

② Tacitus, *Dialogus*, *Agricola*, *Germania*, M. Hutton, W. Peterson, trans., London: W. Heinemann, 1920.

③ Hucbald, „Vita Lebuini antiqua," in A. Hofmeister, Hrsg., *MGH*, *Scriptores* 30.2, Lipsiae: Impensis Karoli W. Hiersemann, 1934, S. 789-795, https://www.dmgh.de/mgh_ss_30_2/index.htm#page/789/mode/1up.

会举行的情况。通过比较两份材料,可以加深对早期日耳曼部落的法律审讯仪式的了解,这两份材料也是目前仅存的有关日耳曼集会的史料。

第二项研究名为"习惯法:日耳曼王国时期的蛮族法典与法律体系",旨在揭示蛮族王国如何在曾受罗马法管辖的土地上建立起自己的日耳曼法体系。日耳曼部族进入罗马帝国并建立王国之后,首先要确立自己的统治地位和执法方式。为了更好地管制土地上的日耳曼人和罗马人,他们发明了"分典而治"的特殊方式:一方面颁布适用于部族人民的蛮族法典如《西哥特法典》(*Lex Visigothorum*)①、《勃艮第法典》(*Lex Burgundionum*,也称 *Lex Gundobada*)②、《伦巴第法典》(*Lex Langobardorum*)③;另一方面颁布适用于领地内罗马人的法典,如《勃艮第罗马法典》(*Lex Romana Burgundionum*)④。蛮族法典在内容上以部落传统为撰写基础,蛮族罗马法法典则是以东罗马帝国制定的罗马法法典《狄奥多西法典》(*Codex Theodosianus*)为基础而重新编写而成的。此外,还建立起了两位法官同时执法的规定:一位是勃艮第人,另一位是罗马人,保证了两族人民的和平共处。两部法典在内容和形式上存在明显差异,前者原始简单缺乏条理性,后者则直接引用罗马法典。同一时期的法兰克法典《撒里克法律公约》(*Pactus legis Salicae*)也沿袭了蛮族法典的特殊撰写形式,法规内容带有明显的部落特征,反映的是法兰克人的司法习俗,以拉丁语和日耳曼语相结合写成。

---

① „Leges Visigothorum," in Karolus Zeumer, Hrsg., *MGH*, *LL nat. Germ. 1*, Hannoverae: Impensis Bibiopolii Hahniani, 1902, https://www.dmgh.de/mgh_ll_nat_germ_1/index.htm#page/(III)/mode/1up.

② „Leges Burgundionum," in Ludovicus Rudolfus de Salis, Hrsg., *MGH*, *LL nat. Germ. 2,1*, Hannoverae: Impensis Bibiopolii Hahniani, 1892, https://www.dmgh.de/mgh_ll_nat_germ_2_1/index.htm#page/(III)/mode/1up.

③ „Leges Langobardorum," in Friedrich Bluhme, Alfred Boretius, Hrsg., *MGH*, *LL 4*, Hannoverae: Impensis Bibliopolii Hahniani, 1868, https://www.dmgh.de/mgh_ll_4/index.htm#page/(III)/mode/1up.

④ „Lex Romana Burgundionum," in Ludovicus Rudolfus de Salis, Hrsg., *MGH*, *LL nat. Germ. 2,1*, Hannoverae: Impensis Bibiopolii Hahniani, 1892, S.123-163, https://www.dmgh.de/mgh_ll_nat_germ_2_1/index.htm#page/(123)/mode/1up.

第三项研究名为"成文法：查理曼的部族治理与《萨克森条令》"。这项研究主要围绕查理曼对萨克森地区的征服与立法展开。查理曼在其父矮子丕平去世之后，首先在 769 年通过对阿奎丹部落的征服，稳定了王国内部的统治基础，也开始了法令和法典相结合的司法改革。随后在对萨克森启动长达三十年的征服战争后，更是让他意识到法律条文的必要性，查理曼接连颁布了《萨克森地区条令》(*Capitulatio de partibus Saxoniae*)①、《萨克森条令》(*Capitulare Saxonicum*)②，以及《萨克森法典》(*Lex Saxonum*)③，在其中不断调节对萨克森部落的统治策略，并在随后进一步确定加洛林王朝司法体系的特点：各地区部族可以拥有自己的法典。查理曼在 802 年前后根据部族颁布了六部法典：《撒里克法典》(*Lex Salica*)④、《利普里安法典》(*Lex Ribuaria*)⑤、《阿勒曼尼法典》(*Leges Alamannorum*)⑥、《勃艮第法典》《萨克森法典》和《图林根法典》(*Lex Thuringorum*)⑦，从此

---

① „Capitulatio de partibus Saxoniae," in Claudius Freiherrn von Schwerin, Hrsg., *MGH*, *Fontes iuris 4*, Hannover: Hahnsche Buchhandlung, 1918, S. 37-44, https://www.dmgh.de/mgh_fontes_iuris_4/index.htm#page/(37)/mode/1up.

② „Capitulare Saxonicum," in Claudius Freiherrn von Schwerin, Hrsg., *MGH*, *Fontes iuris 4*, Hannover: Hahnsche Buchhandlung, 1918, S. 45-49, https://www.dmgh.de/mgh_fontes_iuris_4/index.htm#page/(45)/mode/1up.

③ „Leges Saxonum," in Claudius Freiherrn von Schwerin, Hrsg., *MGH*, *Fontes iuris 4*, Hannover: Hahnsche Buchhandlung, 1918, S. 7-50, https://www.dmgh.de/mgh_fontes_iuris_4/index.htm#page/(7)/mode/1up.

④ „Lex Salica," in Karl August Eckhardt, Hrsg., *MGH*, *LL nat. Gem. 4, 2*, Hannoverae: Impensis Bibiopolii Hahniani, 1969, https://www.dmgh.de/mgh_ll_nat_germ_4_2/index.htm#page/(IV)/mode/1up.

⑤ „Lex Ribuaria," in Franz Beyerle und Rudolf Buchner, Hrsg., *MGH*, *LL nat. Germ. 3, 2*, Hannoverae: Impensis Bibiopolii Hahniani, 1954, https://www.dmgh.de/mgh_ll_nat_germ_3_2/index.htm#page/(2)/mode/1up; Lex Salica, Lex Ribuaria (Cod. Guelf. 299 Gud. lat.; Katalog-Nr. 4606), http://diglib.hab.de/mss/299-gud-lat/start.htm?image=00001.

⑥ „Leges Alamannorum," in Karl Lehmann und Karl August Eckhardt, Hrsg., *MGH*, *LL nat. Germ. 5, 1*, Hannoverae: Impensis Bibiopolii Hahniani, 1966, https://www.dmgh.de/mgh_ll_nat_germ_5_1/index.htm#page/(1)/mode/1up.

⑦ „Leges Saxonum und Lex Thuringorum," in Claudius Freiherr von Schwerin, Hrsg., *MGH*, *Fontes iuris 4*, Hannover: Hahnsche Buchhandlung, 1918, https://www.dmgh.de/mgh_fontes_iuris_4/index.htm#page/(2)/mode/1up.

奠定了"各族各法"的加洛林法律传统,这项法规将在以后的德意志王国内发挥重要影响,中世纪德意志的地区法典都将查理曼视为"立法者",并奉行他的地方自治政策。

第四项研究名为"海法:德意志与波罗的海之间的海权边界"。这项研究主要围绕中世纪波罗的海的海上贸易与海事法规的制定展开讨论,同时也结合《学说汇纂》(Digesta seu Pandectae)的内容研究海法的普遍规定。①中世纪的《维斯比海法》(Codex iuris maritimi Visbyensis)是波罗的海航运体系中为各国普遍使用的海上习惯法规,其名字来源于法规的诞生地:瑞典统治下的哥特兰岛上的维斯比城。②这时期海事规则的编写与德意志吕贝克商人的贸易活动密切相关。早在13世纪,吕贝克商人便在维斯比建立德意志社区,并通过从瑞典国王手中获取特权,建立起自己的海上贸易体系。同时,吕贝克城也在1299年编写了自己的独立海法法规《吕贝克城海法》(Jus maritimum Lubecense)③,两份海法在一定程度上反映了德意志和斯堪的纳维亚的海上习惯法,但同时也吸收了《学说汇纂》中有关海洋资源和海损海难的相关规定,在法规中提及了多种货币和商品,既有来自英格兰的

---

① „Digesta seu Pandectae," in Paul Krueger und Theodor Mommsen, Hrsg., *Corpus Iuris Civilis*, *Volumen primum*, *Institutiones*, *Digesta*, Berlin: Weidmann, 1888-1895, https://droitromain.univ-grenoble-alpes.fr/Corpus/digest.htm.

② "The Laws of Wisby," in Travers Twiss, ed., *Monumenta Juridica*, *The Black Book of the Admiralty*, London: Longman, 1876, pp. 265-284; „Ius maritimum Visbyense Germanice compositum," in C. J. Schlyter, Hrsg., *Corpus iuris Sueo-Gotorum antiqui. Samling af Sweriges gamla lagar*, VIII, *Wisby stadslag och sjörätt*, Lund: Z. Haeggström, 1853, S. 185-258; „Iuris maritimi Visbyensis versio Hollandica," in C. J. Schlyter, Hrsg., *Corpus iuris Sueo-Gotorum antiqui. Samling af Sweriges gamla lagar*, VIII, *Wisby stadslag och sjörätt*, S. 259-296; „Ius maritimum Visbyense ex versione Hollandica iterum Germanice translatum," in C. J. Schlyter, Hrsg., *Corpus iuris Sueo-Gotorum antiqui. Samling af Sweriges gamla lagar*, VIII, *Wisby stadslag och sjörätt*, S. 297-348; „Iuris maritimi Visbyense versiones Danicae," in C. J. Schlyter, Hrsg., *Corpus iuris Sueo-Gotorum antiqui. Samling af Sweriges gamla lagar*, VIII, *Wisby stadslag och sjörätt*, S. 349-408; „Fontes iuris maritimi Visbyensis," in C. J. Schlyter, Hrsg., *Corpus iuris Sueo-Gotorum antiqui. Samling af Sweriges gamla lagar*, VIII, *Wisby stadslag och sjörätt*, S. 409-466.

③ „Jus maritimum Lubecense in usus Osterlingorum," in Travers Twiss, ed., *Monumenta Juridica*, pp. 358-383.

羊毛，也有拉罗谢尔（Rochelle）的葡萄酒，德意志商人的贸易谈判对象还涉及英格兰国王、瑞典国王、挪威国王和丹麦国王等各国统治者，充分体现出中世纪波罗的海贸易的国际性与复杂性。因此，法规的撰写宗旨和颁发组织会一定程度影响条文的内容，此时的波罗的海成文海法可分为两个体系，一是海洋习惯法（Seegewohnheiten），二是城市法（Stadtrecht）中的海法（Seerecht）。前者如《维斯比海法》不涉及政治权威，具有更广泛的普适性；后者如《维斯比城市法与海法》（Wisby Stadslag van Scriprechte）[①]和《吕贝克城海法》则适用于某一特定地区的海事从业者，触犯法规的后果更为严重。

第五项研究名为"财产法：《萨克森明镜》中妇女与未成年人的权益"，这项研究使用的材料为诞生于13—14世纪萨克森地区的法规《萨克森明镜》（Sachsenspiegel）[②]。《萨克森明镜》的重要性在于它是第一部德意志成文习惯法法规，作者艾克·冯·雷普科（Eike von Repgow）从日常担任法务工作中汲取经验，结合萨克森的习俗完成了法规的撰写。由于《萨克森明镜》的14世纪抄本皆附有插图，安排在条文旁边辅助解释，因此本章也会结合抄本进行分析。[③]对《萨克森明镜》的研究分为三个方面：一是法律文本与图像释法，二是萨克森妇女

[①] „Wisby Stadslag van Scriprechte," in Travers Twiss, ed., *Monumenta Juridica*, pp. 390-412；"Codex iuris urbici Visbyensis, Visby Stadslag, III. III, Tercia pars tercii," in C. J. Schlyter, Hrsg., *Corpus iuris Sueo-Gotorum antiqui. Samling af Sweriges gamla lagar*, VIII, *Wisby stadslag och sjörätt*, S. 131-146.

[②] „Sachsenspiegel, Landrecht und Lehnrecht," in Karl August Eckhardt, Hrsg., *MGH, Fontes iuris N. S.*, 1, 1-2, Göttingen: Musterschmidt-Verlag, 1955, https://www.dmgh.de/mgh_fontes_iuris_n_s_1_1/index.htm#page/(3)/mode/1up.

[③] „Sachsenspiegel," Herzog August Bibliothek Wolfenbüttel, Cod. Guelf. 3.1 Aug. 2°, http://www.sachsenspiegel-online.de/export/ssp/ssp.html；"Sachsenspiegel", Universitätsbibliothek Heidelberg, Cod. Pal. Germ. 164, http://digi.ub.uni-heidelberg.de/diglit/cpg164；Dietlinde Munzel-Everling, *Der Sachsenspiegel. Die Heidelberger Bilderhandschrift: Faksimile, Transkription, Übersetzung, Bildbeschreibung CD-ROM*, Heidelberg: Universitätsbibliothek Heidelberg, 2009；"Sachsenspiegel", https://digital.lb-oldenburg.de/ihd/content/pageview/193290；"Sachsenspiegel", Die Dresdner Bilderhandschrift des Sachsenspiegels—Mscr. Dresd. M. 32, https://digital.slub-dresden.de/werkansicht/dlf/6439/1/；Eike von Repgow, *Der Sachsenspiegel*, Zürich: Manesse Verlag, 1984.

的财产权与监护权,三是罗马法与萨克森法中的未成年人。《萨克森明镜》除了有完整的文本保存在《德意志文献集成》之外,还有多份抄本流传至今,其中德国沃尔芬比特尔奥斯特公爵图书馆(Herzog August Bibliothek Wolfenbüttel)的抄本最为完整清晰,是本研究主要使用的材料之一。运用图像帮助释法是中世纪法律手稿的重要特征,绘制图像的目的也是为了更好地展示法规的内容,以及通过具体的画面场景来讨论案件,《萨克森明镜》的图像也具有这个特点。譬如在中世纪的德意志并没有专职法官,在不同状况和阶级的诉讼过程中,担任"法官"一职的人物也不尽相同,虽然在法规中并没有明确说明,但从图像里却可以知道其身份何属。第二个要讨论的是女性的财产权益,研究方式是以图像与法规相结合来了解中世纪德意志女性的财产权和监护权。因为许多具体事务在文本中只是一个简单词汇,但在图像中却会展现出更加丰富的内涵。第三项是分析法规中关于未成年人的条文。这一部分研究既延续了前面的讨论,也试图从罗马法中寻找未成年人在法律中的地位和权益。因此,将《学说汇纂》和《萨克森明镜》中有关未成年人的法规内容逐一整理和比较分析,将有助于理解萨克森社会的特点。罗马法中与未成年人相关的法规,主要出于保护人身安全和父权制家庭的角度。未成年人处于被动地位。其财产占有权完全归父亲所有;萨克森法则是把重点放在了血缘和封建法,在《萨克森明镜》第一卷领地法(Landrecht)中叙述了德意志血缘计算到七等亲的细则,同时还强调了如果法规与其他法规相悖,则以萨克森法为依归;在第四卷封建法(Lehnrecht)中则非常详尽地规定了封地继承和认定的细则,呈现出稳定延续封建关系对德意志社会的重要性。

本书的最后部分是结论,阐述了德意志人的法律在中世纪从部落习俗发展为法律法规之后,终于在14—16世纪迎来了一系列的变化。德意志的人文主义者开始讨论自然法和罗马法,德意志民族的神圣罗马帝国的皇帝查理五世(Karl V.)也在1532年推动帝国刑事法院程序改革，颁布了德意志第一部刑法典《加洛林纳刑法典》(*Constitutio Criminalis Carolina*)①，以及《帝国治安法规》(*Reichspolizeiordnung*)②作为补充条令。《加洛林纳刑法典》的诞生，标记着德意志的法庭审讯、法规编写和法院人员的进一步规范化。与此同时，德意志大学学者也展开对法律和教育的讨论。譬如德意志人文主义者菲利普·梅兰希通（Philipp Melanchthon）倡导复兴罗马法，认为罗马法学中的和平和公正观点将有助于加强德意志政治制度的稳定性。③无论是在中世纪的德意志，还是在近代早期的神圣罗马帝国，立法者和法学者的关系都是一个值得深入讨论的题目，在结论的部分略为提及，但目前还没有形成完整的想法，有待后续补充和完善。

日耳曼人、德意志人、神圣罗马帝国是本书经常用到的一些称谓。本书称日耳曼人各部族编纂的法律为部族法，旨在揭示日耳曼各部族法律的总体特征，以及具体阐释法的起源和其对部落、国家、城市、工商业者、妇女和未成年人分别产生的影响。日耳曼人原指居住在莱茵河以东从莱茵河到维斯瓦河、从多瑙河到北海和波罗的海之间的部落居民，罗马帝国时期的罗马人视其为三大蛮族之一。486年，日耳曼法兰克族建立了法兰克王国。800年查理加冕称帝，法兰克王国成为查理曼帝国。843年，查理曼的三个孙子签署《凡尔登条约》，把帝国分为三个部分，莱茵河以东地区称东法兰克王国，领土大致为现今德国中

---

① Karl V., Heiliges Römisches Reich, Kaiser, Nicolaus Vigelius, *Constitutiones Carolinae publicorum judiciorum, in ordinem redactae, cumque jure communi collatae, per Nicolaum vigelium jurisconsultum. Inserta item & in ordinem redacta est constitutio Carolina de fracta pace: per eundem. Constitutio de fracta pace von dem landfriedensbruch*, Basel: ex officina Johann Oporinus (Nachfolger) [per Balthasar Han et Hieronymus Gemusaeus], 1583, https://www.digitale-sammlungen.de/en/view/bsb00017828.

② Matthias Weber, *Die Reichspolizeiordnungen von 1530, 1548 und 1577, Historische Einführung und Edition*, Frankfurt am Main: Klostermann, 2002, S. 13; Karl V, *Römischer Keyserlicher Maiestat Ordnung vnd Reformation guter Pollicey im Heyligen Römischen Reich: anno 1530 zu Augspurg uffgericht*, Mentz: Schöffer, 1531, https://www.digitale-sammlungen.de/en/view/bsb00029224?page=1.

③ Mathias Schmoeckel, *Das Recht der Reformation: Die epistemologische Revolution der Wissenschaft und die Spaltung der Rechtsordnung in der Frühen Neuzeit*, Tübingen: Mohr Siebeck, 2014, S. 80-84.

部区域,境内阿勒曼尼人、萨克森人等部落逐渐融合为一个民族,具有共同的语言、文化、习俗与族群认同,称自己为德意志人。10世纪神圣罗马帝国(962—1806)兴起,其统治者自命为古罗马帝国、查理曼帝国的继承者,在中世纪被称为罗马帝国、神圣罗马帝国和德意志民族的神圣罗马帝国,强盛时疆域包括了德意志、捷克、意大利的一部分及勃艮第、尼德兰等地,一直延续到1806年。

| 第一章

法的起源：日耳曼人的族群生成与法律构建

第一节　塔西佗《日耳曼尼亚志》中的日耳曼人
第二节　日耳曼人的族群结构与军事实力
第三节　人民集会与日耳曼人的司法审判

日耳曼人的司法体系起源于罗马帝国时期的部族传统。在西罗马帝国尚未瓦解时,日耳曼人的政治舞台是部族而非国家。与此相适应,日耳曼人奉行的是部族传统而非国家法典,作为司法审判的主要执行人是人民集会而非国家的法庭。西罗马帝国瓦解后,随着日耳曼王国的出现,其法律也随之发生变化。国家编写的法规与部族习俗同时存在,司法上也出现了国家法庭和部落集会并存的二元结构,日耳曼法律体系的特色进一步凸显了。

古代日耳曼民族的部落习俗和法律传统,对中世纪德意志的法律文献和部族法治有着重要影响。有关日耳曼法律的文字记录主要有两部,一部是塔西佗的《日耳曼尼亚志》,[①]另一部是写于840—930年间的《勒本传》。[②]后者详细记录了中世纪萨克森地区的人民集会。人民集会(Volksversammlung)向来是德意志人进行法律审判的重要场合,直到13世纪萨克森人仍然将部族集会作为最高的法律权威,甚至凌驾在成文法典之上,足见其保存部落习俗和尊重传统的决心。[③]法学

---

① Tacitus, *Dialogus*, *Agricola*, *Germania*;译文部分参考〔古罗马〕塔西佗:《阿古利可拉传,日耳曼尼亚志》,马雍、傅正元译,北京:商务印书馆,2018年。

② Hucbald, „Vita Lebuini antiqua," S. 789-95; Andreas Mohr, *Das Wissen über die Anderen. Zur Darstellung fremder Völker in den fränkischen Quellen der Karolingerzeit*, München: Waxmann Verlag, 2005, S. 285.

③ H. O. Zimmermann, „Die Volksversammlung der alten Deutschen," in Heinrich Bernhard Christian Brandes, Hrsg., *Erster Bericht über die Germanistische Gesellschaft an der Universität Leipzig*, Leipzig: Dürr, 1863, S. 29-40.

家通常把法兰克王国法典诞生前的日耳曼集会看作是集政治和司法为一体的会议,而这种部族集会不仅在德意志地区出现,也存在于北欧的斯堪的纳维亚地区,在后者的法律文献记载中,时常可见以部族集会为载体的法律审判。①

学界关于"人民集会"的讨论,一般会围绕塔西佗的《日耳曼尼亚志》展开。塔西佗对人民集会的描述,不仅影响了数十年来人们对人民集会的理解,也引发人民集会进行审判是否与中世纪的司法体系存在联系的争论。2013年,挪威学者弗罗泽·艾弗森(Frode Iversen)重新审视了早期日耳曼人的集会传统,他从词源的角度,分析出该词带有空间和时间两个维度的含义,认为人民集会是地方社区在一定的时间和一定的地点解决公共事务的场合。艾弗森结合塔西佗《日耳曼尼亚志》和1883年发现的3世纪碑文指出,文中出现的"Thincso"一词,印证了日耳曼部落中集会系统的存在,而到了中世纪,又发展出了季度集会(liodthing)和特别集会(bodthing)。② 剑桥大学的史蒂芬·布林克(Stefan Brink)也注意到古代日耳曼人民集会的一些特点,他认为人民集会对于加强群体意识和维持社区稳定有着特殊的作用,譬如祭司会要求民众在参加集会时保持安静,处罚轻重会按照案件性质分为不同等级,这些都体现出个体服从集体的部落基本规则。③ 由此可见,人民集会作为一种早期的部落组织和行政机构,执行着部落的司法审理,了解这一时期日耳曼部族集会的形式和要点,不仅有助于认

---

① 譬如在《冰岛传奇》(*Icelandic Sagas*)中,会把民众集会称为"thing"(古诺斯语为"þing"),在第七章中把所有部族的集会称为"Althing"(古诺斯语为"Alþingi")。参见 Alexandra Sanmark, *Viking Law and Order: Places and Rituals of Assembly in the Medieval North*, Edinburgh: Edinburgh University Press, 2017, p.30; International Association for Philosophy of Law and Social Philosophy, *Law, Justice and the State: Nordic Perspectives*, Stuttgart: Franz Steiner Verlag, 1995, p.53; Dieter Strauch, *Mittelalterliches Nordisches Recht bis 1500: Eine Quellenkunde*, Berlin: Walter de Gruyter, 2011, S.115。

② Frode Iversen, "Concilium and Pagus—Revisiting the Early Germanic Thing System of Northern Europe," *Journal of the North Atlantic*, Vol.5 (2013), pp.5-17.

③ Stefan Brink, "Law, Society and Landscape in Early Scandinavia," in James A. R. Nafziger, ed., *Comparative Law and Anthropology*, Cheltenham: Edward Elgar, 2017, p.322.

识古代日耳曼人的社会结构,对分析后来的中世纪萨克森法律文献也大有裨益。

塔西佗在《日耳曼尼亚志》中详细描述了日耳曼的族群结构和法律审判的过程,而他写作的目的却是为了献给新继位的罗马皇帝图拉真(Trajan),因为图拉真曾经担任过日耳曼总督,并拥有"日耳曼尼库斯"(Germanicus)的荣誉称号。① 历任罗马皇帝都把对日耳曼人的征服视作自己在位期间的伟大功绩,连著名的查理曼也持续对萨克森人用兵三十二年,不惜一切代价要将其纳入加洛林王朝的版图之内。② 最后,萨克森人在宣誓服从加洛林王朝的统治者后,查理曼也允许他们将部落传统完整地保留下来。从日耳曼人的法律可以看到,他们在许多方面都与罗马社会存在差异,譬如前面提到的人民集会,还有对奴隶的处置方式,日耳曼人的奴隶更近似于佃农,在婚姻法上日耳曼妇女拥有更多财产权,日耳曼人也更看重军事能力和武器装备的传承。以传统习俗为核心构建而成的部落组织,既加强了族群的认同感和凝聚力,也解释了为什么萨克森人民在往后的数百年间,一直在罗马帝国的框架下保持着旺盛而又独特的生命力。③

第一节　塔西佗《日耳曼尼亚志》中的日耳曼人

如果对日耳曼法律追本溯源的话,就要追究到日耳曼人的风俗习惯和部族传统。德国历史法学派的创始人弗里德里希·卡尔·冯·萨维尼(Friedrich Carl von Savigny)出版的《论立法与法学的当代使

---

① Yann Le Bohec, *Die römische Armee: Von Augustus zu Konstantin d. Gr.*, Stuttgart: Franz Steiner Verlag, 2007, S. 229.
② Laura Endrizzi, *Die Sachsenkriege Karls des Großen 772-804 und deren politische Konsequenzen*, München: Grin Verlag, 2015; Matthias Becher, *Karl der Grosse*, München: C. H. Beck, 1999, S. 46.
③ Peter Hoffmann, „Niedersachsen," in Hans-Georg Wehling, Hrsg., *Die deutschen Länder: Geschichte, Politik, Wirtschaft*, Wiesbaden: Verlag für Sozialwissenschaften, 2004, S. 186.

命》(Vom Beruf unsrer Zeit für Gesetzgebung und Rechtswissenschaft)中提出了法律(Recht)乃民族精神(Volksgeist)的产物,与其血统、语言及风俗习惯有着密不可分的观点。① 由此可见,一国或一族之法律制度的创设和社会秩序的建立,必须回到其民族发展的根源上去探索其形成的特质与具体状况。普布里乌斯·克奈里乌斯·塔西佗(Publius Cornelius Tacitus)的《日耳曼尼亚志》正是一部从文字上全面详细记载日耳曼人的文献,内容涉及日耳曼的部落分布、风俗习惯和法律制度的形成。德国历史学家莱因哈德·温斯库斯(Reinhard Wenskus)在1961年撰写的《部落形成与组织》(Stammesbildung und Verfassung)中也曾经表示:日耳曼在向罗马帝国迁徙的过程中,业已形成较大规模的族群,并朝着建立国家的方向迈进。在其"族群生成"(Stammesbildung)的过程中,法律制度的形成与其民族认同之间存在着密不可分的关系。②

在德国法制史的书籍当中,对日耳曼人的称呼,也有着不同层次的说法,有的时候将日耳曼人称之为日耳曼"民族"(Volk),而次一级的部落如东日耳曼人和西日耳曼人曾称之为"部落"(Stamm)。今天的德国人属于西日耳曼人的一支,其他的小部落(civitas)还包括伦巴第人(Langobardn)、阿勒曼尼人(Alemannen)、施瓦本人(Schwaben)、巴伐利亚人(Bayern)、萨克森人(Sachsen)、图林根人(Thüringen)、弗里斯兰人(Friesen)和法兰克人(Franken)。而东日耳曼人则包括斯堪的纳维亚人、哥特人(Goths)和汪达尔人(Vandal)。

需要注意的是,作为罗马人的塔西佗在撰写《日耳曼尼亚志》时记

---

① 萨维尼将"民族精神"视为特定人群在特定的时间和地点的产物,譬如罗马法便是古罗马人的民族精神的产物。参见 Friedrich Carl von Savigny, Vom Beruf unsrer Zeit für Gesetzgebung und Rechtswissenschaft, Heidelberg: Mohr und Zimmer, 1814, http://www.deutschestextarchiv.de/book/view/savigny_gesetzgebung_1814? p=7; Frederick C. Beiser, The German Historicist Tradition, Oxford: Oxford University Press, 2011, pp. 214-249.

② Reinhard Wenskus, Stammesbildung und Verfassung: Das Werden der frühmittelalterlichen Gentes, Köln: Böhlau Verlag, 1961, S. 1-13.

载的并不是他本民族的历史,而是从旁观者的角度,细致观察帝国边境北方部落的族群特征之后,通过把它们写进文献从而将北方蛮族带入人类的历史记载之中。由此可见,《日耳曼尼亚志》的出现,不仅说明最早有关日耳曼人的记载是由罗马人书写的,[1]也印证了日耳曼部落对于帝国的重要性日渐增加,此时日耳曼部落业已显示出较为完整的统治体系,让罗马人不得不心生警惕。

德语世界有关法制史的书写分为两条路径:一是从日耳曼民族的起源谈起,二是从中世纪的法律文献开始动笔。在第一条路径中,科隆大学(Universität zu Köln)法学家赫尔曼·康拉德(Hermann Conrad)教授在《德国法制史》中,提到德意志民族(Deutsche Volk)一词出现于10世纪,此前仅有日耳曼部落与部族(Stämme und Völkerschaften)。[2]因此,德意志人来源于日耳曼民族,在研究德意志法律的时候也必须从日耳曼民族的法律谈起,在德国法制史的分期中也时常把公元500年之前的时期称为日耳曼时期(Germanische Zeit)。[3]日耳曼(Germanen)民族之名也是因罗马人的命名而来,他们的先祖居住在斯堪的纳维亚半岛,其中的一支于公元前向欧洲中南部移动,并分裂为东日耳曼人和西日耳曼人。[4]美国埃默里大学(Emory University)托马斯·S.伯恩斯(Thomas S. Burns)教授指出,正是他们向罗马边境迁徙的行迹在公元1世纪末引起塔西佗的注意。[5]

---

[1] 日耳曼时期的北方蛮族部落缺乏系统表达语义的文字,唯一使用的古代文字是"卢恩符文"(Runen)。慕尼黑大学的西奥·范尼曼(Theo Vennemann)和帕特里齐亚·尼奥·阿齐兹·汉纳(Patrizia Noel Aziz Hanna)曾编写著作《日耳曼闪语》(*Germania Semitica*),多角度详细阐述了古日耳曼的语言的词汇、语法和语言结构。参见 Theo Vennemann und Patrizia Noel Aziz Hanna, *Germania Semitica*, Berlin: De Gruyter Mouton, 2012。

[2] Hermann Conrad, *Deutsche Rechtsgeschichte*, Band I: Frühzeit und Mittelalter, Karlsruhe: F. Müller, 1962.

[3] Hans Fehr, *Deutsche Rechtsgeschichte*, Berlin: W. de Gruyter, 1962, S. 1.

[4] 东日耳曼人和西日耳曼人的主要差异是语言。参见 T. E. Karsten, *Die Germanen: Eine Einführung in die Geschichte ihrer Sprache und Kultur*, Berlin: Walter de Gruyter & Co., 2017.

[5] Thomas S. Burns, "Theories and Facts: The Early Gothic Migrations," *History in Africa*, Vol. 9 (1982), p. 1.

因此，本章首先将回溯罗马帝国的日耳曼族群书写，然后从塔西佗《日耳曼尼亚志》的文本出发，聚焦其对日耳曼部落族群和法律制度的描述，从而研究日耳曼民族在公元 1 世纪前后的族群生成与早期日耳曼法的形成特质，并在后面的章节中对日耳曼习俗在中世纪的继受进行分析，以期更好地追溯德意志法律的起源以及观察其发展脉络。

古罗马作家关于日耳曼族群的书写

罗马帝国时期，先后有多位作家在作品中叙述过日耳曼人的具体状况，其中部分被认为是塔西佗《日耳曼尼亚志》的资料来源。了解塔西佗之前的罗马作家对日耳曼民族的族群书写，将可从文本的角度展现罗马人和日耳曼人之间的族群关系，也可以观察从凯撒到塔西佗，日耳曼民族在 150 年里组织结构和习俗文化的变迁。下面按写作的时间顺序叙述各位作家的具体写作内容。

首先，记录下日耳曼人踪迹的重要作家是尤利乌斯·凯撒（Julius Caesar，公元前 100—44 年），他在《高卢战纪》（De Bello Gallico）中记载了日耳曼人的生活习惯。[1]凯撒的创作时间是公元前 58—52 年，正值他在高卢作战期间，作战时写下来的笔记汇集成了作品《高卢战纪》。《高卢战纪》的第一卷（31—53 节）、第四卷（1—4 节）和第六卷（21—24 节）都涉及日耳曼部落的生活和风俗内容。在第一卷第 31—53 节，主要叙述日耳曼人的地理位置，以及苏维汇人（Suebos）的首领阿利奥维斯塔（Ariovistus）与凯撒交战的经过。[2]日耳曼人生活在莱茵河以外地区，后来在高卢人的召唤下越过莱茵河进入了高卢，居住人数达到 120 000 名。[3]阿利奥维斯塔骁勇善战，其不断向外扩张的举动

---

[1] Caesar，The Gallic War，H. J. Edwards，trans.，Cambridge：Harvard University Press，1917.
[2] 阿利奥维斯塔是高卢边境上最强大的势力。参见 Stephen L. Dyson，The Creation of the Roman Frontier，Princeton：Princeton University Press，2014，p. 134。
[3] Caesar，The Gallic War，p. 46.

引起罗马人和凯撒的注意。①在双方的谈判中,阿利奥维斯塔展现出了有礼有节、论据充分的领袖风范。②这一部分提到的日耳曼部落有 7 个:哈鲁德人(Harydes)、马尔科曼尼人(Marcomanni)、特里波契人(Triboces)、汪吉奥人(Vangiones)、奈梅特人(Nemetes)、塞都斯人(Sedusios)、苏维汇人。③阿利奥维斯塔的两位妻子,分别是苏维汇人和诺里库姆人(Noricum)。④在第四卷第 1—4 节中,提到的日耳曼部落有乌西彼得人(Vsipetes)、邓克特累人(Tencteri)和乌比夷人(Ubii)。⑤在公元前 55 年,苏维汇人是人数最多和最强大的日耳曼部落,他们分为一百个区,每个区每年可以提供多达一千名士兵为部落奋战。⑥这些士兵采取交替的方式作战,他们会轮流更换居住地,同时在一个地方的居住时间也不得超过一年。士兵们的食物是牛奶和牛肉,狩猎是他们获取食物的主要途径,天气寒冷只会身披兽皮,以此强健体魄来为艰苦的战斗做好准备。⑦日耳曼人的战术也与罗马人不同,他们擅长于近身搏斗而不是骑兵作战。⑧聚居地最靠近罗马边界的乌比夷人,同时也是文化程度最高的部族,他们经常与苏维汇人发生冲突。⑨在第六卷第 21—24 节中,凯撒谈及日耳曼人的生活方式。他们主要以狩猎和打仗为主,很少参与农业活动,每年会举行部落会议,然后再按照土地的情况重新决定居住的地点。⑩同时,这些日耳曼人也没有常设的官员,主要由酋长召集人员决定事务和平息纠纷,所有事情

---

① Caesar, *The Gallic War*, pp. 48-52.
② Ibid., pp. 66-78.
③ Ibid., p. 82.
④ Ibid., p. 84.
⑤ Ibid., p. 182.
⑥ Ibid., p. 180.
⑦ Ibid., pp. 180-182.
⑧ Ibid., p. 182.
⑨ Ibid., p. 184.
⑩ Ibid., p. 346.

都以公开的方式讨论和决定。①

其次,古罗马地理学家斯特拉波(Strabo,公元前64—25年)在亲身游历欧洲大陆后,撰写有《地理学》(*Geographica*)一书。斯特拉波是阿玛西亚的希腊人,在公元前44年之后居住在罗马,他的《地理学》也以希腊语写成。《地理学》全书共有十七卷,其中第四卷是关于西班牙和高卢地区,自然也涉及日耳曼人。在斯特拉波的时代,"日耳曼尼亚"是一个新近出现的词语,据推测,该词第一次用作描述族群概念的是古希腊地理学家波西多尼(Poseidonios)。②当论及罗马人与日耳曼人的战争时,他在第四卷和第七卷提到的日耳曼部落有:特里波契人(Tribocchi)③、乌比夷人、特雷维里人(Treveri)、拿尔维人(Nervii)、梅纳皮人(Menapii)、苏甘布里人(Sugambri)、辛布里人(Cimbri)、条顿人(Teutones)④、车茹喜人(Cherusci)、卡狄人(Chatti)、甘布里维人(Gamabrivii)、查图阿里人(Chattuarii)、苏加布里人(Sugabri)、考比人(Chaubi)、卜茹克特累人(Bructeri)、考西人(Cauci)、考尔奇人(Caülci)、坎普西亚尼人(Campsiani)⑤和苏维汇人(Suevi),其中苏维汇人最为强大。⑥在第七卷关于欧洲北部的描述中,描述了日耳曼人居住的位置是在莱茵河以东,他们沿河而居,河流包括威悉河(Visurgis)、利珀河(Lupias)、图林根的萨勒河(Sasle)。⑦他们在体貌上与凯尔特人(Celtic)大不相同:日耳曼人更加粗野和高大,有着黄色的头发,生活方式和习惯上则与凯尔特人相似。⑧斯特拉波认为罗马人

---

① Caesar, *The Gallic War*, p. 348.
② Duane W. Roller, *A Historical and Topographical Guide to the Geography of Strabo*, Cambridge: Cambridge University Press, 2018, p. 118.
③ Strabo, *Geography*, Volume II: Book 3-5, Horace Leonard Jones, trans., Cambridge: Harvard University Press, 1923, p. 229.
④ Ibid., p. 240.
⑤ Strabo, *Geography*, Volume III: Book 6-7, Horace Leonard Jones, trans., Cambridge: Harvard University Press, 1924, p. 158.
⑥ Strabo, *Geography*, Volume II: Book 3-5, p. 230.
⑦ Strabo, *Geography*, Volume III: Book 6-7, p. 158.
⑧ Ibid., p. 152.

称呼他们为"日耳曼人"(Germani)的原因是,认为他们是"真正的"(Genuine)加拉太人,因为在罗马人的语言里,"germani 是'真正的'的意思"。①在阿尔卑斯山以外的日耳曼南部地区,与河流毗连的部分是苏维汇人的居住地。②他们还占领了欧洲中西部地区的海西尼亚森林(Hercynia silva)。③位置大概是从现在的法国东北部到喀尔巴阡山脉。虽然占领的区域很广,但是苏维汇人不愿意从事耕种或者储存食物,他们生活在仅作为临时住所的小木屋里。④

另一位是维雷乌斯·帕特尔库鲁斯(Velleius Paterculus,公元前19—31年),他撰写有《罗马史纲要》(*Historiae Romanae*),帕特尔库鲁斯是奥古斯都和提比略统治时期的历史学家。《罗马史纲要》分为上下两卷,由于帕特尔库鲁斯曾经连续八年在提比略手下工作,担任过骑兵中队长和军团指挥官,也参加了提比略在公元前8年的日耳曼战役。⑤帕特尔库鲁斯对日耳曼部落的描写可以说来自他的亲身观察,具有较大的可靠性。在第二卷第12节中,他提到盖乌斯·马略(Gaius Marius)的日耳曼战争,在公元前105年,"由辛布里和条顿人组成的日耳曼部落大军,在高卢击败了总督凯皮奥(Caepio)和曼利乌斯(Manlius)的军队"。⑥在昆克提尼乌斯·瓦鲁斯(Quinctilius Varus)获得日耳曼尼亚的控制权后,"他认为日耳曼人是只会使用四肢和大呼小叫的人,如果不能被剑征服,可以用法律说服。抱着这样的想

---

① 古代作家如凯撒、塔西佗和普林尼一般将日耳曼人视为高卢人。德国历史学家理查·布朗嘉特(Richard Braungart)出版两卷本的著作考证总结,博伊人(Boii)、温德里奇(Vindelici)、雷蒂人(Rhaeti)、诺里库姆人、陶里希人(Taurisci)和其他部落都是日耳曼人,不是凯尔特人。参见 Richard Braungart, *Die Südgermanen: Die Bojer, Vindelizier, Räter, Noriker, Taurisker etc. waren nach all ihren landwirtschaftlichen Geräten und Einrichtungen keine Kelten, sondern Urgermanen, höchst wahrscheinlich das Stammvolk aller Germanen*, Heidelberg: C. Winter, 1914.
② Strabo, *Geography*, Volume III: Book 6-7, p. 172.
③ Ibid., pp. 155, 164, 286.
④ Ibid., p. 156.
⑤ Velleius Paterculus, *Compendium of Roman History*, Cambridge: Harvard University Press, 1924, p. xi.
⑥ Ibid., p. 72.

法,他进入日耳曼尼亚的核心地带,坐在他的法庭上浪费整个夏天开庭和履行司法程序。然而,日耳曼人具备的强大身体素质和战斗技艺,对于没有实际跟他们接触过的人来说是难以想象的"①。当罗马法进入到他们的生活后,以往用武斗解决纷争的方式被法律取代,昆克提尼乌斯也将自己视为法官,而不是日耳曼尼亚的将军。②在昆克提尼乌斯的叙述中,开始出现"日耳曼地区",说明在这时期日耳曼人生活的地区已经成为一个明确的行政区,奥古斯都派遣尼禄·克劳狄·德鲁苏斯(Nero Claudius Drusus)前往日耳曼地区平息战火,从而获得"日耳曼尼库斯"的头衔,进一步凸显日耳曼尼亚地区对罗马帝国的重要性。③帕特尔库鲁斯对日耳曼部族的描述甚少,并没有像前面两位作家那样细致地列出日耳曼各部族的名称和特征,而是直接以日耳曼人为代表,在描述凯撒与日耳曼人的战争时,也只提及了辛布里人和条顿人④,而没有提及苏维汇人。换句话说,在这时期,罗马人对日耳曼人已经有了一个相对整体的认识。

老普林尼(Gaius Plinius Secundus)的主要作品是《自然史》(*Naturalis Historia*)和《日耳曼尼亚战争》(*Bella Germaniae*)⑤。前者分为三十七卷,在第四卷提到日耳曼尼亚。老普林尼在描述多瑙河(Danube)以北的人口时,描述了日耳曼边界和苏维汇人(Suebi),以及

---

① Velleius Paterculus, *Compendium of Roman History*, pp. 296-299.
② Ibid., p. 299.
③ Ibid., p. 309; Barbara Levick, "Velleius Paterculus as Senator: a dream with footnotes," in Eleanor Cowan, ed., *Velleius Paterculus: Making History*, Swansea: Classical Press of Wales, 2011, pp. 7-13.
④ Velleius Paterculus, *Compendium of Roman History*, p. 303.
⑤ 《日耳曼尼亚战争》现已遗失,关于这部书的信息主要来自小普林尼(Gaius Plinius Caecilius Secundus)的信件。小普林尼在写给朋友巴伊庇乌斯·马塞尔(Baebius Macer)的信中表示,他的舅舅老普林尼写有一部关于日耳曼战争的作品,共有二十卷,他的写作动机一方面来自在日耳曼地区作战的亲身经历,另一方面是由于他"在梦中接到建议,尼禄·克劳狄·德鲁苏斯的鬼魂站在他的床前,这位曾经在广袤的日耳曼地区取得多场胜利的(将军),把他的记忆交给了我的舅舅"。于是,老普林尼便开始撰写这部作品。参见 Pliny the Younger, "Book III, 13. To his friend Caecilius Macrinus," in Pliny the Younger, *Complete Letters*, P. G. Walsh, trans., Oxford: Oxford University Press, 2006, p. 60。

万纽斯（Vannius）的王国，还有巴斯特奈人（Basternae），他们占据了从多瑙河到海洋的土地，长度为1 200米，宽度为396米。①同时在第三十七卷也提到根据皮提亚斯（Pytheas）关于波罗的海的记载，日耳曼人的一支圭昂斯人（Guiones）居住在岸边，他们会在春天前往附近的岛屿，收集海浪带来的琥珀。这些琥珀会被日耳曼人用作燃料，并将其出售给附近同为日耳曼人的条顿人。②老普林尼也指出，希腊和罗马作家认为日耳曼海峡的长度有2 500米。欧洲北部的日耳曼部族分为五支：第一支为汪达尔人，包括勃艮第人（Burgodiones）、瓦累尼人（Varinnae）、查里尼人（Charini）和古通人（Gutones）。第二支是因盖沃人（Inguaeones），包括辛布里人、条顿人（Teutoni）、考契人（Chauci）。第三支是靠近莱茵河的伊斯泰沃人（Istiaeones），包括斯卡姆布里人（Sicambri）。第四支是内陆的赫尔敏人（Hermiones），包括苏维汇人、赫尔门杜累人（Hermunduri）、卡狄人和车茹喜人。第五支是培契尼人（Peucini）和巴斯特奈人。③老普林尼在作品里普遍使用"日耳曼地区"来统称日耳曼人生活的范围，譬如第二卷的领地④，第三卷的边界⑤，第九卷的河流⑥，第十卷的鸟类⑦，第十六卷的森林⑧，第三十七卷的海岸、琥珀和矿物产地⑨。

---

① Pliny，*Natural History*，Volume Ⅱ：Books 3-7，H. Rackham，trans.，Cambridge：Harvard University Press，1942，pp.178-180.

② Pliny，*Natural History*，Volume Ⅹ：Books 36-37，D. E. Eichholz，trans.，Cambridge：Harvard University Press，1962，p.190.

③ Pliny，*Natural History*，Volume Ⅱ：Books 3-7，pp.194-196.

④ Pliny，*Natural History*，Volume Ⅰ：Books 1-2，H. Rackham，trans.，Cambridge：Harvard University Press，1938，pp.303，305，371.

⑤ 老普林尼认为阿尔卑斯山是日耳曼地区和意大利的边界，将两地划分开来。参见Pliny，*Natural History*，Volume Ⅱ：Books 3-7，p.98。

⑥ 老普林尼指出在日耳曼地区的美因河里有一种长得像海猪的鱼。参见Pliny，*Natural History*，Volume Ⅲ：Books 8-11，p.193。

⑦ 日耳曼人最喜欢白鹅的羽毛，德语名字是"Gans"，每磅羽毛的售价是5便士。参见Pliny，*Natural History*，Volume Ⅲ：Books 8-11，p.326，Lübben，"gans"。

⑧ Pliny，*Natural History*，Volume Ⅳ：Books 12-16，H. Rackham，trans.，Cambridge：Harvard University Press，1945，p.389.

⑨ Pliny，*Natural History*，Volume Ⅹ：Books 36-37，pp.191，197，211，127.

塔西佗与《日耳曼尼亚志》

塔西佗出生于公元54年罗马的一个贵族家庭,这一年尼禄成为罗马帝国的皇帝。他曾经跟随史上第一位钦定修辞学教授昆体良(Quintilian)学习,在跟随阿浦尔(Aper)和塞孔都斯(Secundus)学习法律后成为一位有名的辩护律师。[①]在77年或78年,塔西佗迎娶了著名罗马政治家阿古利可拉的女儿,写于98年的《阿古利可拉传》(Agricola)正是他在岳父身后为其撰写的传记。在随后的16年间,塔西佗官运亨通,在88年成为大法官,97年成为罗马执政官。到了112年,塔西佗进一步成为小亚细亚行省的执政官,这也是罗马帝国里个人所能担任的最高职务。最后,塔西佗于117年去世。他的一生经历过尼禄、加尔巴(Galba)、奥索(Otho)、维特里乌斯(Vitellius)、弗拉维王朝的韦帕芗(Vespasian)、提图斯(Titus)、图密善(Domitian)、涅尔瓦(Nerva)和图拉真共九位罗马皇帝的统治。所以,在研读塔西佗著作的时候,要注意到他不仅是一位经验丰富的政治家,同时也是一位受过良好法律训练的律师,罗马法的知识会影响他的分析角度和叙述的方式。塔西佗对日耳曼人的关注自始至终贯穿在他的多部作品之中,说明他与同时代的古罗马作家一样,深刻地意识到日耳曼人在未来将会与罗马不断发生交融与碰撞。[②]

关于塔西佗的生平文献记载甚少,除了从他的作品之中寻找线索之外,直到1996年德国盖萨·阿尔福尔蒂(Géza Alföldy)教授通过研究刻有塔西佗名字的碑文(CIL VI 1574),才对他的个人历史有了更加深入的了解。[③]塔西佗的墓碑以大理石制成,宽84厘米,高61厘米,

---

① T. D. Barnes, "The Significance of Tacitus' *Dialogus de Oratoribus*," in R. J. Tarrant, ed., *Harvard Studies in Classical Philology*, Vol. 90, Cambridge: Harvard University Press, 1890, p. 228.

② Louis E. Lord, "Tacitus the Historian," *The Classical Journal*, Vol. 21, No. 3 (December 1925), p. 177.

③ G. Alföldy, "Bricht der Schweigsame sein Schweigen?" *MDAI (R)* 102 (1995), S. 252-268.

在尚存的三行文句里有少量的描写。石碑是在罗马诺门塔纳大道（Via Nomentana）南部的帕特里齐别墅（Villa Patrizi）里被发现的，现在该址成为公共事务部的办公场所。石碑原件能达到 400 厘米高，90 厘米宽，是一件非常精美的墓葬纪念碑。阿尔福尔蒂教授的发现补充了对塔西佗政治生涯的认识：塔西佗曾经担任过奥古斯都时期的财务官（quaestor），也几乎可以确定他担任过护民官（tribune）。①在确认墓碑主人身份的时候，阿尔福尔蒂教授首先是从"塔西佗"（Tacitus）的名字着手的。在墓碑"CIL VI 1574"的第一行写着[P. ⁴Cornelio P.（?）f.（tribe）Ta]cito，其中[---]CITO C[---]是墓碑主人的名字。在当时的罗马帝国里，只有少量的拉丁名字是以"-citus"结尾的。阿尔福尔蒂教授列出了名字以同样字母结尾的名单：Adscitus、Citus、Implicitus、Incitus、Placitus、Scitus、Sollicitus 和塔西佗（Tacitus）。其中只有最后的塔西佗属于社会的上层阶级，而墓碑的第二行和第三行碑文里提到该墓碑的主人在参议院任职，所以结合第一行的名字便确定了是塔西佗的墓碑。从碑文对人物的称谓和字母的书写方式，又继而确认石碑是公元 1 世纪末期或 2 世纪初期的作品，这个时期的上层人士中只有塔西佗一人（[Ta]cito）的名字是以"cito"结尾的。②

　　塔西佗与小普林尼之间的通信是另一项能够加深对前者生平认识的重要史料。③在一封由小普林尼于 104 年或 105 年写给塔西佗的

---

① Anthony R. Birley, "The Life and Death of Cornelius Tacitus," *Historia: Zeitschrift für Alte Geschichte*, Bd. 49, H. 2 (2nd Qtr., 2000), p. 230.
② G. Alföldy, "Bricht der Schweigsame sein Schweigen？" S. 252-268.
③ 小普林尼共写过十一封信给塔西佗，在与其他人通信的时候也经常提及塔西佗。他写给塔西佗的第一封信出现在 98 年之前，最后一封在 107—108 年。塔西佗在《日耳曼尼亚》中提及的卜茹克特累人，也曾在小普林尼的信件中出现，他在 97—98 年写给好友马克里努斯（Macrinus）的信中，提到罗马元老院向皇帝提议，要为日耳曼尼亚郡守维斯特里乌斯·斯普林纳（Vestricius Spurinna）造像的事情。而斯普林纳的最大功绩便是用武力强迫卜茹克特累人服从他们的统治。在塔西佗的《日耳曼尼亚志》中也提到这件事情：卜茹克特累人爆发内乱，导致六万多人死于战斗之中，罗马人对此感到非常高兴，因为"如果这些部落不能对我们保持友好，但愿他们彼此仇视起来"。参见 Pliny the Younger, "Book II, 13. To his friend Cornelius Tacitus," in Pliny the Younger, P. G. Walsh, trans., *Complete Letters*, p. 35; Tacitus, *Dialogus, Agricola, Germania*, p. 310。

信里,提到自己知道朋友已经从远方安全地返回罗马,他放心了许多。"我很高兴您平安地回到城市,您的到来恰好是我最渴望见到您的时刻。"①这段文字意味着塔西佗曾经离开首都到外地工作。安东尼·R. 伯利(Anthony R. Birley)教授综合前人的观点,认为虽然可能性很小,但塔西佗有可能在那些年到日耳曼尼亚郡和塔拉科(Tarraconensis)担任行省长官。②而他在《阿古利可拉传》第十节中对不列颠地貌的描述,曾提到日耳曼尼亚的位置:"大不列颠是最大的一个岛,在它的东边是日耳曼尼亚;西边是西班牙,遥远的南边是高卢。"③这是塔西佗第一次在作品中提到"日耳曼尼亚",也预示了他后来的写作方向。

塔西佗在98年写作的《阿古利可拉传》,显示出他对军事史的研究兴趣。《阿古利可拉传》是塔西佗为他尊敬的岳父阿古利可拉撰写的传记,记录下后者一生伟大的成就。阿古利可拉是罗马的军政界要人,曾经帮助罗马完成对不列颠的征服,因此,这部传记的大部分篇幅都是用来叙述阿古利可拉在不列颠的活动和军功。作为一部传记,《阿古利可拉传》的史料价值有限,但它很好地反映了塔西佗的写作兴趣和观察角度,以及他在史料分析上的弱项:塔西佗长于描述罗马的政治斗争,但在地理和军事上的知识则相对匮乏,在叙述煽动性的誓师词时又格外能够直击人心,显示出律师出身的塔西佗在法庭上的辩论功底。④

紧随其后的《日耳曼尼亚志》是他在同年动笔的作品,所以可以说

---

① Pliny the Younger, "Book II, 13. To his friend Cornelius Tacitus," p. 93.
② Anthony R. Birley, "The Life and Death of Cornelius Tacitus," p. 235.
③ Tacitus, *Dialogus, Agricola, Germania*, p. 184.
④ 老普林尼在其《自然史》中也曾经对日耳曼尼亚的地理位置进行详细的描述,可将两者进行对比。有学者指出,塔西佗提及了三大日耳曼部落,一是北边海岸的印盖窝内斯人,二是中央的赫敏人,三是东部和南部地区的伊斯泰沃人,老普林尼则分为五支,包括斯堪的纳维亚人。参见 Zoë M. Tan, "Subversive Geography in Tacitus' Germania," *The Journal of Roman Studies*, Vol. 104 (2014), pp. 181-204; Charles Grenfell Nicolay, *A Manual of Geographical Science: Ancient Geography*, London: J. W. Parker, 1859, p. 120。

前后两部作品几乎是在同一时期写作的,相互之间既有着内在的联系,在主题和内容上又显示出作为历史学家的塔西佗在史学研究上的逐渐深入,史料的运用也逐渐成熟,为他后来的巨著《历史》(Historiae)打下早期的基础。《日耳曼尼亚志》的章节安排与《阿古利可拉传》相同,都分为 46 节,在内容上可分为上下两部:前部的第 1—27 节是叙述性的篇章,以概括性的方式对日耳曼民族作为群体的特征进行刻画;后部是第 28—48 节,按照各个部落的详细情况分别介绍。相比前作,这本书在内容上增添了更多细致和具体的描写,在分析日耳曼人的部落特征时从地理、民族和风俗习惯三方面入手,既可以视为对凯撒《高卢战记》第六卷日耳曼人描写的补充,也为日耳曼的民族起源提供了最早的历史蓝本。①

需要注意的是,塔西佗的《日耳曼尼亚志》的文本流传经历了一番波折,直到几个世纪之后再度出现。包含《阿古利可拉传》《日耳曼尼亚志》和《演说词》(Dialogus de Oratoribus)三部作品在内的赫斯费尔德抄本(Codex Hersfeldensis)写于 9 世纪,在 11—12 世纪的意大利卡西诺山(Monte Cassino)发现了一份抄本,后在 15 世纪德意志的富尔达修道院(Fulda)也发现了一份抄本。② 在 1425 年左右,有传言说在德意志的手稿中有一份罗马史家的作品。波乔·布拉乔利尼(Poggio Bracciolini)对此表现出极大的兴趣,他获悉在富尔达附近有一份手稿。到了 1426 年,安东尼奥·贝卡迪利(Antonio Beccadelli)发现了塔西佗的《阿古利可拉传》《日耳曼尼亚志》和《演说词》,以及弗罗伦蒂

---

① Louis E. Lord, "Tacitus the Historian," *The Classical Journal*, Vol. 21, No. 3 (December 1925), p. 177.

② Dieter Mertens, „Die Instrumentalisierung der ‚Germania' des Tacitus durch die deutschen Humanisten," in Heinrich Beck und Dieter Geuenich, Hrsg., *Zur Geschichte der Gleichung*, „germanisch-deutsch": *Sprache und Namen*, Berlin: De Gruyter, 2013, S. 40-42; Michael Fleck, „Der Codex Hersfeldensis des Tacitus: Eine abenteuerliche Geschichte aus der Zeit der Renaissance," in Hersfelder Geschichtsverein, Hrsg., *Hersfelder Geschichtsblätter Band 1/2006*, Bad Hersfeld: Hersfelder Geschichtsverein, 2006, S. 98-113.

努斯(Frontinus)和苏埃托尼乌斯(Suetonius)的作品。①在接下来的数年间,波乔一直致力于寻找塔西佗的抄本,但是一无所获。直到1431年,意大利人文主义者尼科洛·德·尼科利(Niccolò de' Niccoli)在波乔的帮助下整理了一份《日耳曼备忘录》(Commentarium in peregrinatione Germaniae),内容涵盖了在丹麦和德意志的五个地方找到的塔西佗作品,包括《日耳曼尼亚志》(12折页)、《阿古利可拉传》(14折页)、《演说词》(18折页)。尼科利后来把他的《评论》的抄本送给了朱利亚诺·塞萨里尼(Giuliano Cesarini)。这份抄本在1455年抵达罗马,皮尔·坎迪多·德琴布里奥(Pier Candido Decembrio)看到过这份手稿抄本。皮尔·坎迪多表示这份抄本和1455年从赫斯费尔德(Hersfeld)带到罗马的原件是一样的。原件是在接到教宗尼古拉斯五世(Papst Nikolaus V.)要求收集欧洲北部希腊和罗马作家作品的命令之后,由阿斯科利的伊诺克(Enoch d'Ascoli)在1451年收集而来。②现在的研究发现,伊诺克带回罗马的其实也是一份抄本。③

从赫斯费尔德到意大利,在1460年之后制作了好几份塔西佗作品的抄本,除了前面提到的皮尔·坎迪多曾经见过和经手过的抄本之外,在耶西(Iesi)的古列尔米—巴利亚尼(Guglielmi-Balleani)伯爵图书馆里也有一份15世纪的抄本,其中部分内容是抄写自伊诺克带回的赫斯费尔德抄本。④现存的抄本来自两个版本系统,通常被命名为"X系统"(X Family)和"Y系统"(Y Family),现在两个系统的原件都

---

① Egert Pöhlmann, „Codex Hersfeldensis und Codex Aesinas. Zu Tacitus' Agricola," in Egert Pöhlmann, Hrsg., *Gegenwärtige Vergangenheit*, Berlin: De Gruyter Verlag, 2008, S. 225.

② Tacitus, *Dialogues, Agricola, Germania*, pp. 3-4.

③ "Niccoli, Nicolò," in Enciclopedia Treccani, https://www.treccani.it/enciclopedia/nicolo-niccoli_(Dizionario-Biografico)/; Manfred Landfester, Hrsg., *Renaissance-Humanismus: Lexikon zur Antikerezeption*, Berlin: Springer Verlag, 2016, S. 291.

④ Dieter Mertens, „Die Instrumentalisierung der ‚Germania' des Tacitus durch die deutschen Humanisten," S. 59.

已经消失了。在 X 系统里有两份抄本,分别是:收藏在梵蒂冈图书馆的"B 版本"(手稿编号:BAV, Ms. Vat. Lat. 1862)①;收藏在莱顿的"b 版本"(手稿编号:Leid. Periz. XVIII. Q. 21),又称为"彭塔诺抄本"(Pontanus),据说是由乔凡尼·彭塔诺(Giovanni Pontano)从伊诺克抄本复制而来的。Y 系统也有两个抄本,分别是:收藏在梵蒂冈图书馆的"C 版本"(手稿编号:Vat. Lat. 1518)和那不勒斯的"c 版本"(手稿编号:Neapol. IV C. 21)。在四个版本之中,普遍认为 B 版本是最好的版本。②

英国中世纪史专家苏珊·雷诺兹(Susan Reynolds)教授指出,塔西佗《日耳曼尼亚志》在 15 世纪的再发现激发了人们对古代日耳曼人的兴趣,当时的人们也对罗马和德意志文化的差异性产生兴趣。塔西佗撰写的民族志结合了语言学和法学,为学者们提供了新的思路,他们开始组织书写欧洲的通史。③因此,在中世纪的德意志,实际上从没使用过"日耳曼"一词,直到 1455 年之后塔西佗的《日耳曼尼亚志》被重新发现后,同时在德意志对土耳其用兵的背景下,德意志人文主义者如康拉德·策尔蒂斯(Conrad Celtes)、约翰尼斯·阿文迪诺斯(Johannes Aventinus)和乌尔里希·冯·胡腾(Ulrich von Hutten)开始使用该文本研究古代日耳曼人的军事能力,"日耳曼"一词才逐渐流行

---

① 埃希纳斯抄本(Codex Aesinas)被认为最接近于赫斯费尔德抄本。参见 S. P. Oakley, *Studies in the Transmission of Latin Texts*: *Volume I*: *Quintus Curtius Rufus and Dictys Cretensis*, Oxford: Oxford University Press, 2020, pp. 315-320; Tacitus, Cornelius. photographic reproduction of the Codex Aesinas (Iesi Codex) of the Bellum Troianum of Dictys and of the Agricola and Germania of Tacitus]. 19--] 1900, Harvard University, https://iiif.lib.harvard.edu/manifests/view/drs:425333309 $ 1i。

② Tacitus, *Dialogus*, *Agricola*, *Germania*, p. 255.

③ Susan Reynolds, "Our Forefathers? Tribes, Peoples, and Nations in the Historiography of the Age of Migrations," in Alexander Callander Murray, ed., *After Rome's Fall*: *Narrators and Sources of Early Medieval History*, Toronto: University of Toronto Press, 1998, p. 28.

起来。①

图 1 《日耳曼尼亚志》，埃希纳斯抄本（Codex Aesinas），
15 世纪，手稿编号：seq. 134②

---

① 《日耳曼尼亚志》最早的印刷本之一在 1473—1474 年间由印刷商弗里德里希·克罗斯内尔（Friedrich Creussner）在纽伦堡出版，然后罗马的版本在 1473 年或 1477 年由约翰尼斯·舒伦内尔·德·博帕迪亚（Johannes Schurener de Bopardia）出版。《日耳曼尼亚志》其中一个重要版本，是由策尔蒂斯整理完成，交由约翰·温特贝尔格（Johann Winterburg）于 1500 年左右在维也纳出版。参见 Frode Iversen, "Concilium and Pagus—Revisiting the Early Germanic Thing System of Northern Europe," *Journal of the North Atlantic*, Vol. 5 (2013), pp. 5-17; John L. Flood, "Humanism in the German-speaking Lands during the Fifteenth Century," in David Rundle, ed., *Humanism in Fifteenth-Century Europe*, Oxford: The Society for the Study of Medieval Languages, 2012, p. 90; Gernot Michael Müller, *Die "Germania generalis" des Conrad Celtis: Studien mit Edition, Übersetzung und Kommentar*, Tübingen: Niemeyer, 2001, S. 29; Cornelius Tacitus, *Germania: De situ, moribus et populis Germaniae*, Nürnberg: Friedrich Creussner, about 1473-1474, https://daten.digitale-sammlungen.de/~db/0004/bsb00040516/images/index.html; Cornelius Tacitus, *Germania: De situ, moribus et populis Germaniae*, Roma: Johannes Schurener de Bopardia, about 1473; Cornelius Tacitus, *Germania: De situ, moribus et populis Germaniae. Conrad Celtis: Carmen de Germania*, Wien: Johann Winterburg, about 1498-1502, https://daten.digitale-sammlungen.de/bsb00002452/images/。

② Tacitus, Cornelius. photographic reproduction of the Codex Aesinas (Iesi Codex) of the Bellum Troianum of Dictys and of the Agricola and Germania of Tacitus]. 19--] 1900, Harvard University, https://iiif.lib.harvard.edu/manifests/view/drs:425333309 $ 1i.

塔西佗撰写《日耳曼尼亚志》的原因

塔西佗在撰写《阿古利可拉传》和《日耳曼尼亚志》的这一年,正是罗马皇帝图拉真登基的年份。图拉真作为安敦尼王朝的第二位皇帝,他在继位前曾经担任过日耳曼总督,也曾因为与日耳曼人作战时的英勇表现,被授予"日耳曼尼库斯"的荣誉称号。[①]因此,作为经验丰富的政治家,塔西佗非常了解图拉真的政治背景和军事兴趣,或许是因为新皇帝的继任,让塔西佗对日耳曼尼亚产生了新的兴趣,开始动笔撰写《日耳曼尼亚志》,而巴塔威人(Batavian)曾经的反叛又印证了罗马统治的脆弱性[②]:日耳曼人的诸部落分支有可能团结起来挑战罗马帝国的权威。[③]因此,无论是在《日耳曼尼亚志》还是后来的《历史》,塔西佗在开篇的第一句,都展现出强烈的领土意识,"未经划分的日耳曼尼亚,在它和高卢人、瑞提亚人、帕诺尼亚人之间,横跨着莱茵河和多瑙河。在萨尔马泰人和达契人那边或因猜疑引发分歧,或因地理产生隔阂"。[④]

居住在多瑙河以北和莱茵河以东的日耳曼人,在公元前58年凯撒远征高卢的时候便开始渡过莱茵河下游入侵到高卢人的领地。来到莱茵河下游西岸的日耳曼人紧随在高卢人后臣服于罗马人,他们居住的地带被划分为两个区域:上日耳曼尼亚和下日耳曼尼亚,统称为"罗马的日耳曼尼亚"。而未归属罗马的日耳曼尼亚则称为"大日耳曼尼亚"(Germania Magna),塔西佗在《日耳曼尼亚志》开篇第一句的"未经划分的日耳曼尼亚",所指的便是这一片未归顺罗马帝国的土地。

---

① 从图密善开始,一些罗马皇帝喜欢在名字里加入"日耳曼尼库斯",显示自己曾经征服过日耳曼人,譬如图密善和图拉真,但是也部分是通过继承而来,譬如卡利古拉(Caligula)、克劳狄一世(Claudius I)和尼禄。参见Reinhold Merkelbach, *Philologica*: *Ausgewählte kleine Schriften*, Stuttgart: B. G. Teubner, 1997, S. 40-42。

② 塔西佗在《历史》的第四卷和第五卷中都提到过巴塔威人的叛乱。参见Tacitus, *Histories*: *Books IV-V. Annals*: *Books I-III*, Clifford H. Moore, trans., Cambridge: Harvard University Press, 1931。

③ Anthony R. Birley, "The Life and Death of Cornelius Tacitus," p. 240.

④ Tacitus, *Dialogus*, *Agricola*, *Germania*, p. 264.

第一章　法的起源：日耳曼人的族群生成与法律构建

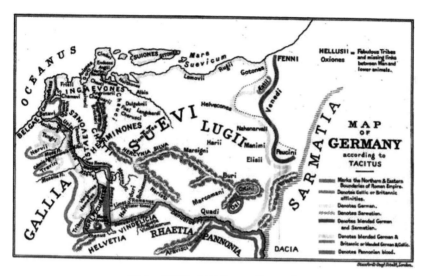

图 2　塔西佗眼里的日耳曼尼亚①

在此之前，由于地方阻隔，高山林立，直到不久之前罗马人出于军事的原因，对那一地带的人民有所了解。在这里，塔西佗所进行的乃是宏观的描述，在他的第一部作品《阿古利可拉传》中，因其岳父阿古利可拉担任军事的统帅，塔西佗对军队中的日耳曼人产生兴趣。他描述喀利多尼亚居民"有红色头发和健壮的身体"，他们显然是"日耳曼人"，与此相对的是西鲁尔人（Silures），他们有着"黝黑的面色和卷曲的头发"。②所以，体貌特征是识别日耳曼人种的主要方式。随后，塔西佗也在文中详细描述了罗马人从日耳曼尼亚地区征集来的士兵发生叛乱的过程：

> 在同一年的夏天，有一支从日耳曼尼亚征集、后送到不列颠的乌昔鄙夷人（Usipi）军队，闯下了一个大祸。这些乌昔鄙夷人杀死了一个百夫长（centurion）和一些为了教导他们纪律安排给他们的士兵教练，然后，他们坐上三艘帆船……后来因为不会驾

---

① Tacitus, *Dialogus*, *Agricola*, *Germania*, London: W. Heinemann, 1914, p. 373.
② Ibid., p. 188.

驶船只，抛下了船只回到岸上。他们被人们当做海盗卖作奴隶，后来，他们又落入苏维汇人和弗里斯兰人（Frisii）的手中。①

这里塔西佗提到的乌昔鄙夷人、苏维汇人和弗里斯兰人都是日耳曼部落，在随后的《日耳曼尼亚志》中，塔西佗对他们进行了描述：乌昔鄙夷人是一个住在莱茵河附近的部落。②而苏维汇人的构成较为复杂，苏维汇是多个不同部落的总称，他们占据了日耳曼尼亚地区大部分的土地，从外表上来看，他们习惯把头发系在脑后。③弗里斯兰人包括了大弗里斯兰人和小弗里斯兰人，两个部落的作战能力存在着差异。④关于日耳曼兵团，据塔西佗在《阿古利可拉》中描述，他的岳父麾下有两个日耳曼步兵团，分别由巴塔威人和佟古累人（Tungri）组成。⑤巴塔威人是日耳曼部落中最骁勇善战的，塔西佗在《日耳曼尼亚志》里提及他们加入罗马军团的原因：这些巴达威人是因为内乱迁往罗马帝国境内的，罗马人发现他们作战时非常勇敢，开始笼络这些强大的蛮族士兵，免除了他们的税项和其他劳作，只需要他们为罗马战斗。⑥巴塔威人后来也成为皇帝近卫亲兵中的主要成员。佟古累人则是最早越过莱茵河的部落，他们在当时被称为"日耳曼人"，后来由于这个名称逐渐流行，以至于把整个部落统称为"日耳曼人"。

乌昔鄙夷人被维比人和弗里斯兰人卖为奴隶，以及巴塔威人和佟古累人效力于罗马军队，说明此时的日耳曼部落内部经罗马帝国的渗透，出现了各部落自奉其主的局面，有些归顺罗马帝国，有些与罗马军队为敌，而在高卢北部已归属帝国统治的"日耳曼尼亚郡"，也不断发生战事。在日耳曼尼亚，罗马曾经损失了不少军队，"许多将军和士卒

---

① Tacitus, *Dialogus, Agricola, Germania*, p. 216.
② Ibid., p. 308.
③ Ibid., p. 316.
④ Ibid., p. 310.
⑤ Ibid., p. 230.
⑥ Ibid., p. 304.

都被敌人围攻和被俘虏"①。塔西佗笔下的"敌人",指的就是该地的日耳曼人。他进一步描述这些敌人的意图:"敌人所威胁的不仅有帝国的边境和河岸,也包括军队的冬营和国境之内的土地。"②这也说明,此时的日耳曼人虽然已经生活在罗马帝国境内,但是他们仍然在伺机反扑,并把目标直指帝国军队和罗马本土地区。塔西佗清楚地意识到,帝国境内的日耳曼人的聚集地是频繁产生叛乱的地区,其骁勇善战的能力又使得他们成为帝国军队不可或缺的左臂右膀。因此,由于复杂的边境和军事形势,促使塔西佗在完成《阿古利可拉传》的写作后,马上执笔撰写《日耳曼尼亚志》,完成他对日耳曼部落的后续研究。③

第二节　日耳曼人的族群结构与军事实力

不同于朱利乌斯·凯撒在《高卢战记》中对日耳曼人零星的片段描述,《日耳曼尼亚志》是第一部正式以日耳曼人为主角的历史著作,为后来的日耳曼民族研究奠定了重要的史料基础。恩格斯在其经典作品《论日耳曼人的古代历史》中,也高度评价和引述了塔西佗的记载,认为"凯撒逝世一百五十多年以后,塔西佗供给我们一本关于日耳曼人的名著",还指出塔西佗撰写《日耳曼尼亚志》的材料来源于老普林尼,"塔西佗便是从这里汲取资料的。并且,普林尼又是不但在政治、军事观点上,而且在理论观点上,对于在一个野蛮地区里所进行的战争发生兴趣的第一个罗马人"④。因此,战士、军队和战争是北方蛮族引起罗马人兴趣的主要原因。德国洪堡大学迈克尔·泽雅特克(Michael Zerjadtke)教授在《罗马在莱茵河上的敌人》一文中也点出了

---

① Tacitus, *Dialogus*, *Agricola*, *Germania*, p. 240.
② Ibid.
③ 关于塔西佗写作时的史料来源,美国学者阿尔弗雷德·古德曼(Alfred Gudeman)有详细研究。参见 Alfred Gudeman, "The Sources of the Germania of Tacitus," *Transactions and Proceedings of the American Philological Association*, Vol. 31 (1900), pp. 93-111.
④ 恩格斯:《论日耳曼人的古代历史》,《马克思恩格斯全集》中文第 1 版第 19 卷,北京:人民出版社,1956 年,第 489,525 页。

日耳曼部落军事力量的强大以及作为罗马帝国军力的一大来源。①其与罗马帝国似友非友、亦亲亦疏的关系让罗马人不得不细加考察日耳曼人的具体状况,但值得注意的是,塔西佗本人在描述文明程度较罗马相对落后的蛮族时,秉持的是自己客观治史的一贯原则:既要真实再现日耳曼人的社会结构和组织状况,也要指出他们遭到罗马人奴役的真实原因。

日耳曼人的部族分类很大程度上来自于罗马人的构建。罗马人凭借其强大的官僚体制和军事力量,采用全面种族分类系统分析身边的世界。他们构建出以罗马文明为核心、以地域关系为基础的分析模型,向外辐射,把边疆的蛮族囊括进来,用自己的解释体系对其进行描述并持续地进行教化。②在罗马人的分类系统中,居住在帝国边疆西北部的蛮族被总称为"日耳曼民族",详细记述日耳曼民族的部落构成,则成为塔西佗写作《日耳曼尼亚志》的一个重要主题。塔西佗于公元98年完成的这部作品,既可以看作是《阿古利可拉传》的续篇,也承载了他在《编年史》(Annales)中对北方蛮族的后续观察,这时候塔西佗转而使用"蛮族"来称呼部落人群,"日耳曼尼亚"则成为一个地域概念。③

《日耳曼尼亚志》被一些学者视为一本民族志著作。塔西佗在书的前半部首先对日耳曼民族的起源及风俗习惯作了全面的叙述,然后,在后半部中逐一探讨各个部落各自的组织结构,内容既涉及到各部落的地理位置,也注意描述各部落的战斗能力及其与罗马人的交往。实际上,罗马帝国对日耳曼人的征服在图密善统治期间便已经开始,与塔西佗同时代的小普林尼在献给图拉真的《颂词》(Panegyricus)中,也提到图拉真与图密善之间的区别:图拉真带来的是真正的荣誉与和平,而图密善给日耳曼人的却是一场虚假的胜利。④然而,图

---

① Michael Zerjadtke, „Roms Feind am Rhein: Über Krieger, Heere und Kriegsführung im Germanien des 1. Jhs. n. Chr.", *Antike Welt*, No. 6 (2014), S. 38-45.

② Nico Roymans, *Ethnic Identity and Imperial Power*, Amsterdam: Amsterdam University Press, 2004, pp. 3-4.

③ Tacitus, *Histories*: Books IV-V. *Annals*: Books I-III.

④ Pliny, *Letters Books VIII-X*, *Panegyricus*, Betty Radice, trans., Cambridge: Harvard University Press, 1969, p. 361.

密善却把战胜日耳曼人的功绩视为荣耀所在,称自己为"日耳曼尼库斯",并把这个代表他胜利者身份的词汇刻在帝国的钱币上,后来他又对日耳曼人进行了全面的征服。① 在《日耳曼尼亚志》里,塔西佗更是把罗马人对日耳曼人的征服追溯到公元前 113 年:"罗马纪元六百四十年,当车契利乌·麦特鲁(Caecilio Metello)和帕庇累乌·卡尔波(Papirio Carbone)担任执政官的时候,我们首次听说辛布里人的侵略。从那时起,直到皇帝图拉真第二次担任执政官为止,共计有两百一十年左右,我们用于征服日耳曼尼亚的时间竟达如此之久。"② 这里塔西佗的计算方式显示出,他或许已经预见或者知道罗马帝国的下一任统治者将是图拉真,而图拉真在即帝位之前,曾两度担任执政官,第二次是在公元 97 年,正是塔西佗撰写《日耳曼尼亚志》的前一年,因此在塔西佗落笔之时,他已然把对日耳曼的全面征服视为图拉真执政官时期的一大目标,而在后续的记载里他也进一步确认了他的想法。

塔西佗认为,日耳曼人比罗马帝国长久以来的宿敌安息帝国更加令人畏惧。③ "日耳曼人捍卫自由的抗争,让他们成为比专制的阿萨色斯(Arsacis)更为可怕的敌人。东方的人曾被温提底乌斯(Ventidius)击溃过,也失去了他们的巴可茹斯(Pacorus),他们除了杀死我们的克拉苏之外,还有什么可以嘲笑我们的地方呢? 但是,日耳曼人曾经打败和抓获了卡尔波、卡修斯和曼利乌斯,让罗马失去了五个执政官统领的军队,另外还从奥古斯都手中夺取了瓦鲁斯率领的三个军团。"④ 虽然日耳曼人在军事上一度非常强大,但是也曾经被凯撒击败于高

---

① 图密善在公元 84 年前后把"Germanicus"印在钱币上,学者们对于确切的年份有不同意见。关于古代罗马钱币资料,可查询"罗马帝国钱币在线数据库"(Online Coins of the Roman Empire, OCRE)和"罗马行省钱币数据库"(Roman Provincial Coinage, RPC),这两个数据库收集有大量图密善时期印有"日耳曼尼库斯"字样的钱币。参见 Anthony R. Birley, "The Life and Death of Cornelius Tacitus," p. 240; B. W. Jones, "The Dating of Domitian's War against the Chatti," *Historia: Zeitschrift für Alte Geschichte*, Bd. 22, H. 1 (1st Qtr., 1973), pp. 79-90; Online Coins of the Roman Empire, OCRE, http://numismatics.org/ocre/; Roman Provincial Coinage, RPC, https://rpc.ashmus.ox.ac.uk/.

② Tacitus, *Dialogus, Agricola, Germania*, p. 314.

③ Anthony R. Birley, "The Life and Death of Cornelius Tacitus," p. 240.

④ Tacitus, *Dialogus, Agricola, Germania*, pp. 314-316.

卢,塔西佗继而表示,近年来罗马军队在面对日耳曼军队时并不占据绝对优势,所谓的胜利并不是真正的胜利。为了展现罗马帝国曾经的辉煌,他在《编年史》第一卷中以"日耳曼尼库斯"直接指代奥古斯都的继任者提比里乌斯。①

不同于罗马人以文字记载历史,古日耳曼人是以歌谣的方式将民族起源代代相传。在歌谣中,他们把涂士妥(Tuisto)和他的儿子曼努斯(Mannus)奉为全民族的始祖。曼努斯有三个儿子,居住在海边的因盖沃人(Ingaevones)、中央地区的赫尔敏人(Herminones)和伊斯泰沃人(Istaevones)便是以三个儿子的名字命名的族人。②也有一些人根据古代的事迹传说给曼努斯增添了许多儿子,如马昔人(Maris)、甘布里维人(Gambrivii)、苏维汇人、汪达尔人(Vandilii)等。塔西佗的书写中指出这些是日耳曼人在后来增加的名字,由于入侵高卢的佟古累人自称为日耳曼人,随后逐渐流传起来,并成为全族的名字。③据凯撒在《高卢战记》里记载,"日耳曼人"指的是在高卢东北边生活的人,是高卢人最先使用这个名字,然后罗马人也把他们称为"日耳曼人"。在公元前120—102年入侵高卢的日耳曼部族还包括辛布里人、条顿人、阿姆布昂人(Ambrones);随后在公元前100年进攻高卢的有苏维汇人、汪吉奥人、特里波契人(Triboci)和奈梅特人;最后在公元前55年出现的有乌昔鄙夷人(Usipetes)和邓克特累人。

在所有的部落之中,塔西佗首先详细介绍了巴达威人。一方面是由于他对巴达威人最为熟悉——巴达威人自公元前12年便臣服于罗马人,这也正是罗马执政官德鲁苏斯启动征服日耳曼部落计划的时候。④巴达威人原先居住在现在的荷兰一带,他们拥有莱茵河下游瓦尔河(Waal)南部的土地,在归顺罗马帝国后,前往罗马边疆奈梅根(Nymwegen)扎营,而瓦尔河北岸地区是罗马帝国的"从属地区"(reg-

---

① Tacitus, *Histories*: *Books IV-V. Annals*: *Books I-III*, p. 300.
② Tacitus, *Dialogus*, *Agricola*, *Germania*, p. 267.
③ Ibid.
④ Johan Nicolay, *Armed Batavians*: *Use and Significance of Weaponry and Horse Gear from Non-military Contexts in the Rhine Delta*(*50 BC to AD 450*), Amsterdam: Amsterdam University Press, 2007, p. 60.

no cliente)。在塔西佗的记载中,先后有两个日耳曼部族加入罗马兵团为之效劳,如佟古累人和巴塔威人,塔西佗的岳父阿古利可拉也曾经率领过这两支部族部队前往不列颠作战。近年来,国外学术界开始对罗马人麾下的日耳曼人部队进行研究,尤其探究罗马人如何对日耳曼人的族群进行改造和如何对日耳曼人的族群进行认同。①罗马人在弗拉维王朝之前便开始在日耳曼部落活动范围针对性地招募士兵,以充当军团的辅助部队(见图3),一些骁勇善战的日耳曼人自然成为他们招募的主要对象,为了笼络战场上的对手为自己效劳,罗马向他们提供了优厚的待遇。

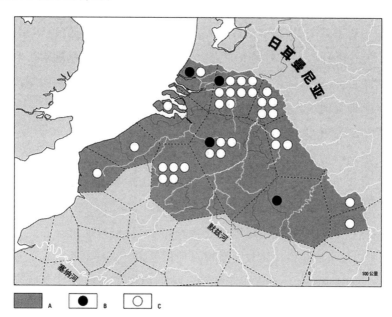

图3　弗拉维王朝前期(Pre-Flavian)罗马在高卢北部的招募情况
(A:招募辅助部队的地区;B:翼队(Ala);C:步兵分队(Cohort)②

在塔西佗于公元105年写成的《历史》第一卷中,有着对巴达威部队更为详细的叙述:"在林哥尼斯人(Lingones)的地区有巴达威人的

---

① Nico Roymans, *Ethnic Identity and Imperial Power: The Batavians in the Early Roman Empire*, p.221.
② Ibid., p.222.

八个步兵分队,这是属于第十四军团的辅助部队,那时巴达威人由于一时与罗马人不和而脱离了原先的组织。他们作为盟友还是敌人,将会对战争的结果产生举足轻重的作用。"①接着在第六十四卷,他又对巴达威人与罗马人的冲突作了描述:"林哥尼斯人是忠诚的,罗马士兵在那里受到了热情的招待,因此士兵们也表现得格外客气,但是高兴没有持续多久,因与巴达威步兵分队的暴力冲突而中断了。巴达威步兵分队从第十四军团分出来后,被法比乌斯·瓦伦斯(Fabius Valens)吸纳进自己军队。事情伊始是由于巴达威人和军团士兵发生口角,继而演变成谩骂。由于士兵分为两派,几乎就要大打出手,幸好瓦伦斯及时惩罚了几个人,提醒巴达威人:他们忘记了要尊重他的领导。"②

瓦伦斯作为一个战场上的指挥者是非常成功的,但是随着胜利他的喜悦过度高涨,他的行为也越发过分。到了后来,他开始向军团经过的土地上的主人进行勒索和交易,否则就要把土地付之一炬。③塔西佗在第二卷第27章中说道:"巴达步兵中队在向不列颠进军途中听到维提里乌斯的叛乱后,便在反尼禄的兵变中从第十四军团中退出。然后在林哥尼斯人的地区参加了法比乌斯·瓦伦斯的队伍。从那时候起,巴达威步兵中队就变得傲慢起来,到每一个军团的营地去吹嘘,表示是他们制服了第十四军团的正规军,从而从尼禄那里夺去了意大利,所以战争胜负的决定权是掌握在他们手中。这样的举动大大地侮辱了军团士兵,也严重冒犯了统帅。他们内部不断地爆发争吵和冲突,他们的蛮横无理让瓦伦斯开始怀疑他们的忠诚。"④接着,由于奥拓的海军击败了罗马军团,瓦伦斯便派出部分巴达威步兵中团的人员前往支援行省,这样的举动导致巴达威人剧烈的反应,他们认为在战争

---

① Tacitus, *Histories, Books I-III*, p. 101.
② Ibid., p. 109.
③ Nico Roymans, *Ethnic Identity and Imperial Power: The Batavians in the Early Roman Empire*, p. 113.
④ Tacitus, *Histories, Books I-III*, p. 207.

胜利在望之际自己却被派往行省，这对他们不公平，于是便爆发了兵变。①

在第四卷第19章中，塔西佗又描述了巴达威人发生叛乱的情况："在这个时候，奇维里斯（Civilis）派出的一名使节，赶上了奉维提里乌斯之命前往罗马的巴达威人和坎宁尼法提斯人的步兵中队。这个消息使他们立刻神气和骄傲起来，他们要求为这次行军付酬，坚持要双份的军饷，并增加步兵的数量。这些事情确实是维提里乌斯曾经答应过的，但是中队的真正目的却是要寻找一个发动叛变的借口。"②

如果把塔西佗在不同作品中对巴达威人的描写结合起来阅读的话，会对他们与罗马军团的关系有一个更加全面和深入的了解。塔西佗撰写《日耳曼尼亚志》的时候是98年，这时他对巴达威人还抱有相当的好感，把巴达威人看成是臣服于帝国的一分子。有意思的是，塔西佗并没有把发生在69年由于种族冲突而爆发的巴达威人起义写进《日耳曼尼亚志》，而是在写于105年的《历史》中对此次事件进行了详细的交代。两部著作对巴达威人的态度差异如此巨大，不得不让人深思其中的差异。是什么因素让塔西佗决定在前作中省略掉巴达威人和罗马人的冲突、描绘出一幅最强大的日耳曼部族完全臣服于罗马帝国统治的面貌？而在后作的描述中，塔西佗分别在第一卷、第二卷和第四卷中分别讲述两方矛盾的主要起因。

要回答这个问题，要从三个方面开始着手。首先，《日耳曼尼亚志》和《历史》的写作背景分别是什么？是哪些差异导致了塔西佗在落笔时对巴达威人采取了不同的态度？同时代的罗马作家又是如何看待日耳曼人的？是把他们看作"鲁莽傲慢"、易于贿赂的蛮族部落吗？其次，塔西佗笔下的其他日耳曼部落又是怎样的状况？这些部落和巴达威人一样易怒无知或有着其他的特征。再次，臣服于罗马帝国的巴达威人是后来忘记自己的族群身份的"巴达威人"了吗？他们在墓碑

---

① Tacitus, *Histories*, Books I-III, pp. 207-208.
② Tacitus, *Histories*, Books IV-V, *Annals*, Books I-III, p. 37.

上是怎样标示自己的？①

首先，莫里斯·赫顿（Maurice Hutton）教授在《日耳曼尼亚志》译本的介绍中指出，塔西佗应该是在图拉真即位后完成了这部作品的。关于他的写作意图，有可能是模仿他的偶像萨鲁斯特（Sallust）写的《朱古达战争》（*Jugurtha*）。至于为什么要关注那些落后、简单又鲁莽的日耳曼民族的生活状况并将其用文字记录下来，赫顿教授认为这是历史学家应当做的事情，塔西佗要把目光从战争和国王的身上移向普通人，而日耳曼人正好成为了他的观察目标。② 哈佛大学古典学教授理查德·F.托马斯（Richard F. Thomas）表示，20世纪之后的学者在研读《日耳曼尼亚志》的时候，把眼光转向了以民族志学为导向（ethnographically oriented），"塔西佗在前半部中对日耳曼民族的整体刻画更是被认为使用了民族志学的概括方法"③。同时代的罗马作家如凯撒的《高卢战记》、曾在日耳曼军中服役的老普林尼的《日耳曼尼亚战争》和《自然史》、奥菲迪乌斯·巴苏斯（Aufidius Bassus）的《日耳曼战记》（*Bellum Germanicum*）也曾经留下关于日耳曼人的记录，他们对日耳曼民族的描写集中在商业和战争两个方面，这恰恰在塔西佗的《日耳曼尼亚志》中踪迹全无。④ 在后者的篇章中对历史、地理和事件的描写少得可怜，几乎难以称得上是一部历史作品，更像是一部《日耳曼民族构成与族群演变研究》。由于缺乏具体的事件，加上时间也几乎是隐形的，塔西佗的撰写方式似乎也是在呼应日耳曼人讲述历史的

---

① 有学者发现尼禄身边有一位名叫因杜斯（Indus）的亲兵，他在36岁时在罗马去世，在其墓碑上刻有显示他为巴达威人的字样。后来在弗里斯兰士兵的墓碑上也出现过标识其出身的字样，譬如"nat(ione) Friseo"。参见 Guy de la Bédoyère, *Gladius*：*The World of the Roman Soldier*, Chicago：University of Chicago, 2020, p. 54; M. C. Galestin, "Frisian soldiers in the Roman Army," in A. Morillo, N. Hanel and E. Martin, eds., *Limes XX*：*XX Congreso Internacional de Estudios sobre la Frontera Romana*, *Volume 2*, Madrid：Consejo Superior de Investigaciones Cientificas, 2009, p. 838.

② Tacitus, *Dialogus*, *Agricola*, *Germania*, pp. 256-257.

③ Richard F. Thomas, "The Germania as Literary Text," in A. J. Woodman, ed., *The Cambridge Companion to Tacitus*, Cambridge：Cambridge University Press, 2009, p. 59.

④ Ibid.

歌谣,采用了罗马人传统的史诗写作体裁,而他后来的《编年史》同样采用了史诗般的写作风格,印证了他要与古罗马诗人如维吉尔等人相媲美的想法。

塔西佗笔下的第二个详细描述的是卡狄人的部落,在描写完卡狄人居住地的特点后,塔西佗开始称赞他们的智力水平,认为他们是日耳曼人里较为聪明的一些人。卡狄人的社会有着详细的分层,也会把时间安排得井井有条,而且军队的纪律严明,将军身先士卒,可以与罗马军队的纪律相媲美。在描述巴达威人的时候,塔西佗没有提到他们的兵种,也没有提到他们的作战风格,由于卡狄人是以步兵为主,所以塔西佗特意记载了他们临敌迎战时的战术,指出他们的步兵会携带兵器和工具,善于展开大规模的战役。①在描述完卡狄人的兵种和具体战术后,塔西佗转而描述战士们的奇特外表,日耳曼人的奇怪装束似乎总能让罗马人感到不适应。他指出最勇敢的卡狄人战士会去除掉脸上的须发,手戴铁戒指,在战争中"总是排在前排"。②擅长骑兵的邓克特累人则居住在莱茵河东岸,他们曾经渡过莱茵河,在被凯撒击败后返回原地居住。塔西佗指出,邓克特累人的骑兵与卡狄人的步兵齐名,③马匹是他们最宝贵的财产,将会由最英勇的儿子们继承。日耳曼西部还居住了卜茹克特累人、安格里亚人(Angrivarii)和弗里斯兰人。

在日耳曼北部居住着考契人,他们是日耳曼人中比较高尚的一支,与其他部族保持和平的关系,但是战争能力也不容小觑。④接下来还提到了车茹喜人和辛布里人。接下来,塔西佗开始详细描述日耳曼民族中强大的一支苏维汇人。苏维汇人占据了日耳曼尼亚的大部分地区,分为名称各异的许多部落,包括塞姆诺内斯人(Semnones)、伦巴第人(Langobardi)、柔底尼人(Reudigni)、阿威约内斯人(Aviones)、

---

① Tacitus, *Dialogus*, *Agricola*, *Germania*, p. 307.
② Ibid., p. 309.
③ Ibid.
④ Ibid., p. 313.

益格鲁人（Anglii）、瓦累尼人（Varini）、欧多色斯人（Eudoses）、斯瓦多内斯人（Suardones）和努伊托内斯人（Nuithones）等部落。其中塞姆诺内斯人内部又分为一百个分部，是苏维汇人中最强大的一支。①

在多瑙河附近离罗马人最近的是赫尔门杜累人，他们是效忠于罗马的，可以到瑞提亚行省最繁荣的殖民城来进行贸易，而且罗马人对他们也毫无防范之心。赫尔门杜累人旁边是纳累喜人（Narisci）、马尔科曼尼人和夸第人（Quadi）。这三个日耳曼部族与罗马关系友好，得到罗马在兵力或财力上的支援。其他的还有马昔尼人（Marsigni）、布累人（Buri）、鲁给夷人（Lugii）的部族。鲁给夷人中还包括了阿累夷人（Harii）、厄尔维科内斯人（Helvecones）、马尼密人（Manimi）、厄利昔夷人（Elisii）和纳阿纳瓦利人（Nahanavali）。鲁给夷人中最强大的一支是阿累夷人，不仅实力强大，而且装扮特别"恐怖"，他们使用的是黑色的盾，身体涂满颜色以便在黑夜时分战斗。②而哥特人（Gothones）是来自瑞典，老家为约塔兰（Götaland），他们拥有自己的国王。对这样重要的日耳曼部族，塔西佗仅用了寥寥两句便简单带过。哥托内斯人旁边是茹给夷人（Rugii）和勒莫威夷人（Lemovii）。对这两个部族塔西佗简单介绍了他们使用"圆形的盾、短剑"。③下一个详细介绍的是绥约内斯人（Suiones），他们拥有强大的海军，而且还拥有造型奇特的船只。④在苏维汇海东岸居住着伊思替夷人（Aestii）、昔托西斯人（Sitones）以及塔西佗无法判断其民族的培契尼人⑤、维内狄人（Veneti）等。塔西佗在《日耳曼尼亚志》中一共列出和介绍了三十五个日耳曼部族的特点（见下表）。

---

① Tacitus, *Dialogus*, *Agricola*, *Germania*, p. 319.
② Ibid., p. 325.
③ Ibid.
④ Ibid., p. 327.
⑤ 近代学者认为培契尼人也是日耳曼人，所以在计算部族总数时也将其计算在内。

表 1　塔西佗《日耳曼尼亚志》中各部族总汇表①

	始祖	部落	分支
1	涂士妥（Tuisto）	因盖沃人（Ingaevones）	
2	曼努斯（Mannus）	赫尔敏人（Herminones）	
3		伊斯泰沃人（Istaevones）	
4		马昔人（Maris）	
5		甘布里维人（Gambrivii）	
6		苏维汇人（Suebi）	塞姆诺内斯人（Semnones）、伦巴第人（Langobardi）、柔底尼人（Reudigni）、阿威约内斯人（Aviones）、盎格鲁人（Anglii）、瓦累尼人（Varini）、欧多色斯人（Eudoses）、斯瓦多内斯人（Suardones）和努伊托内斯人（Nuithones）
7		汪达尔人（Vandilii）	
8		佟古累人（Tungri）	
9		汪吉奥人（Vangiones）	
10		特里波契人（Triboci）	
11		奈梅特人（Nemetes）	
12		乌比夷人（Ubii）	
13		巴达威人（Batavi）	
14		马提亚契人（Mattiaci）	
15		卡狄人（Chatti）	
16		邓克特累人（Tencteri）	
17		卜茹克特累人（Bructeri）	
18		安格里亚人（Angrivarii）	
19		弗里斯兰人（Frisii）	
20		车茹喜人（Cherusci）	
21		辛布里人（Cimbri）	

① 表格内容根据塔西佗《日耳曼尼亚志》整理绘制而成。

(续表)

	始祖	部落	分支
22		赫尔门杜累人（Hermunduri）	
23		纳累喜人（Narisci）	
24		马尔科曼尼人（Marcomanni）	
25		夸第人（Quadi）	
26		马昔尼人（Marsigni）	
27		布累人（Buri）	
28		鲁给夷人（Lugii）	阿累夷人（Harii）、厄尔维科内斯人（Helvecones）、马尼密人（Manimi）、厄利昔夷人（Elisii）和纳阿纳瓦利人（Nahanavali）
29		哥特人（Gothones）	
30		茹给夷人（Rugii）	
31		勒莫威夷人（Lemovii）	
32		绥约内斯人（Suiones）	
33		伊思替夷人（Aestii）	
34		昔托西斯人（Sitones）	
35		培契尼（Peucini）	

在《日耳曼尼亚志》的最后，塔西佗没有对全文进行总结，也没有交代他的写作意图，只是表示除了他的记载以外，日耳曼人有许多传说都是虚构和不存在的，因此，他也就不一一详细叙说了。我们无法得知塔西佗在完成写作后，如何处置这份文稿，也无法得知与他同时代的人是如何评价《日耳曼尼亚志》的。塔西佗的好友小普林尼曾经在写给塔西佗的信件里，对他所撰写的《历史》进行表扬："我预言你的《历史》将会永垂不朽，所以我也非常渴望你会在书中提到我，如果我们经常小心地确保我们的事迹由最好的学者写就的话，那么我们一定

希望自己的行为是由你这样的作家来撰写。"①小普林尼提到的《历史》正是塔西佗在后半生写成的从公元69年到罗马皇帝图善密去世为止的那部史学巨著。这部作品无论是在篇幅还是在内容上,都要远远超过塔西佗年轻时候的作品。而他的三部短篇作品通常被编纂在赫斯费尔德抄本之中。该抄本是公元9世纪在德意志中部地区的赫斯费尔德和富尔达修道院制作而成的。②

日耳曼民族是罗马帝国最重要的周边外族组织。一方面,罗马帝国采取怀柔政策,吸纳勇敢强悍的日耳曼战士为其作战,同时给予他们优厚的酬劳和免除赋役作为回报;另一方面,对付叛乱不断的问题地区,罗马帝国持续不断地派出军团进行彻底征服,以实现所谓的"真正的胜利"。公元前1世纪,罗马帝国把日耳曼地区一分为二,分别对待。臣服的日耳曼部族和地区被划入罗马帝国的统治范围,称为"小日耳曼尼亚"(Germania Inferior),并派遣第一米涅尔瓦军团(Legio I Minervia)来治理。在图拉真统治晚期,日耳曼尼亚郡的长官是卢基乌斯·李锡尼·苏拉(Lucius Licinius Sura),在图拉真继位之后,由于苏拉也是图拉真的亲密好友,图拉真非常相信他的能力和判断,于是他继续担任日耳曼尼亚郡的长官,同时他也是军队里仅次于图拉真的军事长官,他任职的时间从公元97年一直到公元107年为止。③图拉真本人在成为皇帝之前也与日耳曼人有着密切的来往。据小普林尼《颂词》中记载,图拉真的事业便起源于日耳曼尼亚:"现在,凯撒,让我转向您的事业的本源。当您还是年轻人的时候,您在帕提亚帝国(Parthia)取得的胜利便让您父亲挣得名声,也让您获得了'日耳曼尼库斯'的称号。您的胜利让野蛮的帕提亚人也不禁瑟瑟发抖,连莱茵

---

① Pliny the Younger, "33 To his friend Cornelius Tacitus," in Pliny the Younger, P. G. Walsh, trans., *Complete Letters*, p. 186.

② Herbert W. Benario, "Tacitus' 'Germania' and Modern Germany," *Illinois Classical Studies*, Vol. 15, No. 1 (Spring 1990), p. 166.

③ Robert Sherk, "Specialization in the Provinces of Germany," *Historia: Zeitschrift für Alte Geschichte*, Bd. 20, H. 1 (1st Qtr., 1971), p. 113.

河和幼发拉底河那里的人都团结起来拥护您。您的名声在您到来前便已传遍世界，但是后来认识您的人更知道了这种名声还远远不如您人本人伟大。那时您还不是罗马帝国的皇帝，也不是神的儿子。西班牙和日耳曼的一些地区，由于许多人的干预被分割开来。"①据小普林尼的记载，图拉真在军队里任职护民官（Tribunus）的时候还处在未成年的年龄，②通过不断地作战而学会治理的本领。图拉真在日耳曼尼亚郡待了很长一段时间，"在十年的服役过程中，您熟悉了日耳曼人的风俗习惯，各国的地理位置、土地的方位，让您对每条河流和气候了如指掌，像对您自己国家中的泉水和气候一样熟悉"③。

罗伯特·施尔克（Robert Sherk）教授指出，普林尼提到的"莱茵河"指的就是日耳曼地区，年轻的图拉真被图善密从西班牙召到莱茵河区域去制止安东尼奥·萨图尼努斯（Antonius Saturninus）的起义，在平定叛乱后他可能陪同图善密到了多瑙河视察军团。在公元91年，图拉真成为执政官，随后担任下莫西亚（Moesia Inferior）总督。在涅尔瓦任罗马皇帝期间，图拉真成为大日耳曼尼亚的总督，在这个位置上他成为涅尔瓦的养子，并最终成为罗马帝国的皇帝。④在图拉真即位后发行的钱币上，也往往刻有他头戴月桂花环的侧面像，以及环绕着的"AVG"和"GERM"的字样，说明他的身份为"奥古斯都"和"日耳曼尼库斯"。⑤虽然无法确认即将继位的罗马皇帝的日耳曼渊源与塔西佗撰写《日耳曼尼亚志》是否有直接的关系，但塔西佗的写作的确为日耳曼民族留下了一份珍贵的文字记录，让后人清楚了解日耳曼部落的法律传统和部族构成，也让罗马军队深入认识了日耳曼各族的据点、兵种、战斗实力和弱点。如果说老普林尼的《自然史》记录了部分日耳

---

① Pliny, *Letters, Books VIII-X, Panegyricus*, p. 355.
② Ibid., p. 357.
③ Ibid., p. 359.
④ Robert Sherk, "Specialization in the Provinces of Germany," pp. 114-115.
⑤ Online Coins of the Roman Empire, OCRE, http://numismatics.org/ocre/; Gerald L. Stevens, *Stevens Greek Workbook: A Companion to the Accordance Module*, Eugene: Wipf and Stock Publishers, 2017, p. 134.

曼人的事件,那么塔西佗提供的就不只是一份日耳曼叙述,它还有着清晰的指向性和重点论述。如果从战前调查报告的角度来阅读的话,会发现《日耳曼尼亚志》具有很强的实用性:不仅对日耳曼人的政治状况、权力核心、地理位置有着详细的交代,所有部族与罗马帝国的远近亲疏关系也是一览无遗。

第三节 人民集会与日耳曼人的司法审判

日耳曼法与罗马法同为欧洲两大法律体系,其中日耳曼法对后来德意志法律的发展有着直接并且深远的影响。有关日耳曼法的早期记载主要散见于公元1世纪前后塔西佗撰写的《日耳曼尼亚志》、凯撒写的《高卢战记》以及后来的《勒本传》之中。日耳曼人的最高权力组织由酋长们组成,大事是由全体部落成员共同议决。在召开人民集会之时,酋长掌握了会议的提案权,会议的召开则由祭司负责,祭司并且拥有维护秩序的权力。日耳曼人的时间概念也与今日不同,他们认为夜晚在白天之前,所以会议和政令都是在晚上来议决和颁布的。在下达召集会议的命令后,需要两三天的时间才能集合完毕,然后由祭司正式宣布会议开始。从国王、酋长或者合适的人选中推举一位出来讲话,人们以叹息声表示不满意,以挥舞武器表示满意。①

人民集会兼具法庭的功能。在会议中,可以提起诉讼或者要求处以死刑。处罚的程度与犯罪的轻重相关。一些犯人会被吊死在树上,还有一些会被用树枝制成的囚笼囚禁起来再投入沼泽中淹死。②两种不同的处罚方式,显示出日耳曼人对罪行的性质有着更为深层的思考:叛逆犯和逃亡犯所犯下的是公开违背军纪的重罪,因此需要以公开的方式进行处罚:悬尸示众,以儆效尤。怯敌者、厌战者和性犯罪者

---

① Tacitus, *Dialogus*, *Agricola*, *Germania*, pp. 278-280.
② Ibid., p. 280.

的罪行则属于丑闻恶迹,有可能会动摇军心,造成不良影响,所以要刻意隐瞒,将他们沉入沼泽之中而不得开口。轻微的罪行以缴纳罚金的方式进行处理。不同的罪行也有着相应的不同金额的惩罚,侵害他人身体而被判处有罪,需要交出马或牛作为赔偿,其中一半归国王或族人所有,另一半则交给被害人及其家属。①

人民集会还具有选举部族代表的功能。会议上出身良好的族人中选举长官,让他们到各个地区和乡村去宣讲法律并审理案件,每一位长官身边都陪同一百名陪审员作为顾问,这一百名陪审员也是从人民当中挑选出来的,他们共同审理案件决定惩处。②这一百位陪审者既起到了参谋的作用,同时也为长官增添声势和权威。在日耳曼部落中,身边侍从的数量往往也代表了领导者的威望和地位,如果一位酋长有数量众多且骁勇善战的侍从跟随的话,说明他在部落中获得人们的尊敬。在与其他部落来往时,外族派来的使臣会因为他的侍从声势壮大而赠予他礼物,甚至能够获得不战而胜的效果。③

日耳曼人对奴隶的管理不同于罗马法中的规定。古罗马历史学家李维的《建城以来史》就有了关于奴隶的记载。④首先在公元前357年,罗马便有人头税,人头税的出现说明有区别人员身份的情况,这也和《十二铜表法》(Lex Duodecim Tabularum)上的记载一致。⑤其次,在谈及独裁官卡米勒斯(Camillus)的时候,李维提到卡米勒斯在击败魏埃人(Veii)后,将战俘卖作奴隶的事情,当时罗马共和国不断扩张,急需不断补充新的劳动力。在罗马法中,更是明确指出战争中的俘虏有可能被杀,成为奴隶则可以拯救其生命,因此,这些人被称为战俘

---

① Tacitus, *Dialogus*, *Agricola*, *Germania*, p. 280.
② Ibid., p. 282.
③ Ibid.
④ Keith R. Bradley, "The Early Development of Slavery at Rome," *Historical Reflections/Réflexions Historiques*, Vol. 12, No. 1 (Spring 1985), p. 6.
⑤ William Warwick Buckland, *The Roman Law of Slavery: The Condition of the Slave in Private Law from Augustus to Justinian*, Cambridge: Cambridge University Press, 2010, pp. 1-2.

(servi),而拉丁语中"奴隶"(servus)一词是源于战争中的俘虏。①虽然在不同时段,对奴隶的定义有所变化,总体而言,奴隶被视作"物"(res),可以通过购买的手段获得,主人也有权将之释放、恢复自由。②在日耳曼部落里,奴隶分为两类:一类是由于赌博的缘故,将自己卖作奴隶的普通族民,他们情愿将自己当作赌本。③另一类是一般的战俘,他们更像是罗马人的佃农,有房屋和家庭,只需要缴纳一定数量的谷物、牛马和衣服。主人跟奴隶之间是一种简单的从属关系,而没有隶属关系。奴隶的家务由妻子和孩子承担。④原是奴隶身份被主人赐予自由的"自由奴"(liberti)的地位不高,但是,如果是在由国家统治的部落里,自由奴的地位甚至高过自由民和贵族。⑤

在婚姻法方面,日耳曼人的婚姻制度奉行严格的一夫一妻制,只有少数的君主和贵族有所例外。在嫁妆方面,日耳曼人的习俗不同于罗马法的规定。罗马法把嫁妆分为两类,一类是"非父予嫁资"(dos adventitia),来自女方或者其他人,如果妻子去世的话,丈夫可以继续持有嫁妆;如果离婚的话,妻子可以取回所有嫁妆。另一类是"父予嫁资"(dos profecticia),如果妻子去世或者离婚,即使男方不同意,女方父亲也可以取回嫁妆。⑥日耳曼人在结婚时,则是由男方给予女方父母礼物,由女方的父母和亲戚负责接收。礼物带有浓厚的军事色彩:可以是牛、马、盾牌、长矛或者剑。这些礼物显然不是供新娘使用,也不

---

① 也有学者指出拉丁语中的"servus"源自希腊语"束缚"(εἴρερος)一词。参见 C. W. Westrup, *Some Notes on the Roman Slave in Early Times: A Comparative Sociological Study*, København: Munksgaard, 1956, p. 4.

② Andrew Lewis, "Slavery, Family, and Status," in David Johnston, ed., *The Cambridge Companion to Roman Law*, Cambridge: Cambridge University, 2015, pp. 151-174.

③ Tacitus, *Dialogus, Agricola, Germania*, pp. 286-288.

④ Ibid., p. 289.

⑤ Ibid.

⑥ Jane F. Gardner, "The Recovery of Dowry in Roman Law," *The Classical Quarterly*, Vol. 35, No. 2 (1985), p. 450.

是生活常用物品。① 在完成迎亲手续之后，妻子会回赠盔甲给丈夫。双方互相赠送军事用品的行为，意味着往后家庭成员要在作战时并肩奋斗，不离不弃，妻子要支持丈夫征战远方，并把自己得到的结婚礼物再传给孩子、儿媳妇和孙子。②

日耳曼人对通奸案件的处理也极为严厉。如果妻子与人通奸，丈夫有权将其头发剃光，剥去衣服，并当着亲戚的面将她逐出家门，带着她在全村游斗。日耳曼人视失去贞节为严重的罪行，犯过通奸罪的女性将无法找到下任丈夫，有些部落甚至要求只有处女才可以结婚，③ 在婚姻中也不得节育和杀死婴儿。④ 罗马法对通奸的处罚则随着帝国的不断扩大而有所松懈，但皇帝奥古斯都在公元前 18 年颁布《尤里乌斯通奸法》(Lex Julia de adulteriis coercendis)，来重建家庭道德和促进正常生育。⑤ 该法规定，如果在丈夫的家中抓到通奸的妻子和姘夫，将由女方的父亲将两人处死，丈夫可以杀死女方但不可以杀死姘夫，常见的惩罚是将有罪的双方流放到帝国不同地区，并没收部分姘夫财产和一半的女方嫁妆。丈夫也可以到官员处递交因通奸导致的离婚申请。⑥ 著名罗马史学家卡西乌斯·狄奥(Cassius Dio)曾经在公元 2 世纪担任过法官，根据其描述，他在第一次任职期间审理过多达三千件通奸案。⑦ 加州州立大学北岭分校(California State University,

---

① Tacitus, *Dialogus*, *Agricola*, *Germania*, p. 288.
② Ibid., p. 290.
③ Ibid.
④ Ibid.
⑤ Thomas A. J. McGinn, *Prostitution*, *Sexuality*, *and the Law in Ancient Rome*, Oxford: Oxford University Press, 1998, pp. 70-104; Diana C. Moses, "Livy's Lucretia and the Validity of Coerced Consent in Roman Law," in Angeliki E. Laiou, ed., *Consent and Coercion to Sex and Marriage in Ancient and Medieval Societies*, Washington, D. C.: Dumbarton Oaks, 1998, pp. 39-82; Amy Richlin, *Arguments with Silence: Writing the History of Roman Women*, Ann Arbor: University of Michigan Press, 2014, pp. 40-41.
⑥ Vern L. Bullough, "Medieval Concepts of Adultery," *Arthuriana*, Vol. 7, No. 4, Arthurian Adultery (Winter 1997), p. 7.
⑦ Dio Cassius, *Roman History*, *Books 71-80*, Cambridge: Harvard University Press, 1955, p. 275.

Northridge)维尔恩·L. 布罗(Vern L. Bullough)教授指出,塔西佗如此的记载,明显是要表扬日耳曼家庭的纯洁和稳定,但是他又不满于对女性采用双重标准,因为只有女性在通奸事件中遭到严厉的惩罚。①据考古挖掘证明,在财产继承方面,日耳曼人没有立遗嘱的习惯,继承者是自己的儿子,如果没有儿子的话,则依次按照亲属关系的远近由兄弟和叔父姨舅继承遗产。因此,如果一个人的亲属和姻亲越多,他得到财产继承的可能性也越大。②塔西佗在《日耳曼尼亚志》中对人民集会的描述,让我们对日耳曼人的司法审讯的具体程序有了一定的了解,《勒本传》中记载的公元 8 世纪时期在萨克森地区举行的集会,又为了解集会的过程提供了另一份参考资料,通过分析这两份材料,对部族时期的司法审判有着相对清晰的认识。

《勒本传》中的萨克森集会

《勒本传》最早成书于 840—865 年,在沃尔登(Werden)撰写而成,后在 918—930 年间由胡巴拉德重新修订。③胡巴拉德修订时依据的史料包括英吉利学者比德的作品和《洛尔施年代记》(*Annales Laureshamenses*)。④英国学者托马斯·福克纳(Thomas Faulkner)指出,胡巴拉德对和平时期的兴趣,以及社会参与和调停争议的部分明显受到比德的影响,而对法律的记载则是新加入的部分,这一部分关于制定法律

---

① Vern L. Bullough, "Medieval Concepts of Adultery," p. 6.
② Malcolm Todd, *Everyday Life of the Barbarians: Goths, Franks and Vandals*, New York: Putnam, 1972, pp. 30-31.
③ Matthias Becher, "Non enim habent regem idem Antiqui Saxones... Verfassung und Ethnogenese in Sachsen während des 8. Jahrhunderts," in Hans-Jürgen Häßler, Hrsg., *Studien zur Sachsenforschung*, Band 12, Oldenburg: Isensee Verlag, 1999, S.1-31; Walther Lammers, *Entstehung und Verfassung des Sachsenstammes*, Darmstadt: Wissenschaftliche Buchgesellschaft, 1967, S. 403.
④ 《洛尔施年代记》是在法兰克统治者的要求下,于 687 年丕平二世期间开始编写,直至查理曼为止。本书有关中世纪书籍信息查阅自"德意志中世纪历史文献数据库"。参见 Geschichtsquellen des deutschen Mittelalters, https://www.geschichtsquellen.de/start。

过程的内容,正好反映了当时沃尔登地区的处境,它正在试图巩固其在萨克森范围内的地产。①

《勒本传》描述的是圣勒本生活时期即公元 8 世纪萨克森地区的社会状况,其中包含了关于部落集会的重要记载。圣勒本从英格兰远渡重洋抵达伊瑟尔河(Isel)畔萨克森人生活的地方,然后记录下他们召开会议的情形。胡巴拉德在 840 年出生,生活在卡尔普地区。在年轻时,胡巴拉德曾向约翰·司各特·爱留根纳(John Scotus Eriugena)的学生欧塞尔的埃里克(Heiric of Auxerre)学习,然后前往圣贝尔丁修道院(St. Bertin)的学校担任校长,后来又返回阿德曼德,最后在 931 年 6 月 20 日去世。胡巴拉德是应乌得勒支(Utrecht)主教鲍德里克(Baldric)的要求撰写了《勒本传》。胡巴拉德在作品中对萨克森早期社会结构的描写,一般认为来自查理曼时期的史学家尼特哈德(Nithard),他借用了后者在其作品《历史四卷》(*Historiarum libri II-II*)中对"同盟者"(Stellinga)的划分②,将萨克森社会中的"氏族"划分为三个等级,"直到今天为止,氏族分为三个等级。事实上,用他们的语言来称呼的话,这些等级分别称为'edhilingui''frilingi''lazzi',在拉丁语里对应的是贵族(nobiles)、自由民(ingenuiles)和奴隶(serviles)"③。胡巴拉德兼用古萨克森语和拉丁语的描述方式,也是来自尼

---

① Thomas Faulkner, *Law and Authority in the Early Middle Ages: The Frankish leges in the Carolingian Period*, Cambridge: Cambridge University Press, 2016, pp. 55-56.

② Nithard, „Nithardi Historiarum libri IIII," in Ernst Müller, Hrsg. , *MGH*, *SS rer. Germ*. 44, Hannoverae: Impensis Bibiopolii Hahniani, 1907, S. 41, https://www.dmgh. de/mgh_ss_rer_germ_44/index. htm#page/41/mode/1up; Ian Wood, "Beyond Satraps and Ostriches: Political and Social Structures of the Saxons in the Early Carolingian Period," in Dennis Howard Green and Frank Siegmund, eds. , *The Continental Saxons from the Migration Period to the Tenth Century: An Ethnographic Perspective*, Woodbridge: The Boydell Press, 2003, p. 277;关于尼特哈德的历史书写,东北师范大学王晋新教授撰有重要文章,参见王晋新:《尼特哈德〈历史〉的再认识》,《经济社会史评论》2021 年第 4 期。

③ Hucbaldo Monacho S. Amandi, „Ex Vita Sancti Lebuini," in Georg Heinrich Pertz, Hrsg. , *MGH*, *SS 2*, Hannoverae: Impensis Bibiopolii Hahniani, 1829, S. 361, https://www. dmgh. de/mgh_ss_2/index. htm#page/361/mode/1up; Eric J. Goldberg, "Popular Revolt, Dynastic Politics, and Aristocratic Factionalism in the Early Middle Ages: The Saxon Stellinga Reconsidered," *Speculum*, Vol. 70, No. 3 (July 1995), pp. 467-501.

特哈德的记载。这三个古萨克森语称谓,可追溯至古萨克森史诗《海兰德》(Heliand)。[1]值得注意的是,在萨克森的语境里,三种等级的含义并不完全等同于罗马社会的分类:"贵族"(edhilingui)是血缘关系源自公元3世纪荷尔施泰因(Holstein)地区的军事精英,也是最为富裕和最有权势的阶级;"自由民"(frilingi)是前者的部下,"农民"(lazzi)没有失去自由的奴隶的含义,他们不属于贵族,而是与土地永久联系在一起的农民。[2]从经济的层面而言,农民的地位与自由民相当,两者与贵族之间的关系为贡金关系,在萨克森法里禁止三个阶级之间通婚,违者将判处死刑作为惩罚的方式。[3]

通过研究萨克森集会的具体召开过程,可以更加清楚地了解其法律制定的过程,以及三个等级的政治权利和法律行为。有关集会情况的记载如下:

> 在古老的时代,萨克森人没有国王,每个村由指定的统治者进行管理。他们的习俗是在每年萨克森的中心地区,靠近伊瑟河(Yserr)的一个称为马克洛(Marklo)的地方举行集会(consilium)。所有的部落首领到时候都会聚集起来,其他代表还包括每个村庄派出的十二位贵族,以及许多自由民和奴隶。他们在会议中会确认法律,对严重的案件作出裁决,并且在得到大多数人同意的情况下起草下一年的计划,决定是维持和平还是要发动战争。[4]

通过上述的描述,可以观察到萨克森社会具有明显的共和制特征。首

---

[1] Eduard Sievers, Hrsg., *Heliand*, Halle: Verlag der Buchhandlung des Waisenhauses, 1878, http://www.wulfila.be/lib/sievers/1878/Index.html.

[2] Eric Joseph Goldberg, *Struggle for Empire: Kingship and Conflict under Louis the German, 817-876*, Ithaca: Cornell University Press, 2006, p. 108.

[3] Auctoribus Rudolfo et Meginharto, „Translatio S. Alexandri," in Georg Heinrich Pertz, Hrsg., *MGH, SS 2*, Hannoverae: Impensis Bibiopolii Hahniani, 1829, S. 675, https://www.dmgh.de/mgh_ss_2/index.htm#page/675/mode/1up.

[4] Hucbald, „Vita Lebuini antiqua," S. 793.

先，贵族不拥有所有的政治权力，每年都必须举行公共集会讨论重大事件。其次，集会具有最高法律效力，可以确认法律，做出案件裁决，以及进行投票。第三，每个阶级拥有平等的投票权，自由民和农民可以参与萨克森的政治事务，并对重要事项表达看法。这也意味着，自由民和农民可以联合起来，以多数决定原则组成共同体否定贵族的意愿。

如果将胡巴拉德与塔西佗的描述对照的话，会发现前者对萨克森集会的描述要比塔西佗更加集中，对举行集会的时间和地点只有简单介绍，把重点放在投票过程，表明举行集会的主要目的是处理法律相关事务和确保三个阶级各自的法律权益。塔西佗在谈及日耳曼集会的时候则没有涉及具体人物，只是广泛地描绘了会议的大致面貌，胡巴拉德则加入了更多细节，譬如萨克森首领福尔克博特（Folcbert）担心儿子赫尔科（Helco）在参加集会时被害的忧虑过程，说明当时部落首领之间存在一些矛盾。① 塔西佗记录的日耳曼人的集会情况如下：

> 在开会的日子来临，所有的部落领袖和必须参与者都出席了会议。然后，他们聚集在一起……接着，他们坐成一圈讨论事情……次要的事情，由部落首领们决定，重要的事情，需要由整个部落集体决定。即使在普通群众也有决定权的情况下，也首先是由部落首领们仔细考虑案情。除非发生了意外或者紧急状况，他们一般都是在固定的日子集会……在向群众宣布开会的决定后，与会者们会全副武装就座。然后，主持人要求全体与会者保持安静，在这个场合中只有他有权力发号施令要求全体与会者服从。接着，任何年龄、等级、有军事职务或者有说话权利的人，都能够参加国王或者首领召开的听证会，与其说他们是作为权威，倒不如说是作为顾问。如果对提案不满意，民众就大声提出抗议；如果同意提案，民众就撞击长矛发出声响。没有任何形式的批准比

---

① Hucbald, „Vita Lebuini antiqua," S. 793.

敲响武器的表达方式更为荣耀。①

日耳曼的集会与后来的萨克森的集会，在一定程度上延续了传统的部落议事方式，即使是在三百年之后的萨克森法庭上，在出现异议时，也是以决斗的方式解决争端，但是形式上改为武装决斗，人数定为七位对七位，取胜最多的一方赢得审判。②结合上述两份材料，可以对当时的部落状况有进一步的了解：日耳曼人的部落以村庄为单位，一位部落首领（principes）大概有百名随从（centena），这些人员构成了出席集会的基本与会者。可以出席集会的人除了上述的核心人员外，整个社区的人都可以参加，但是"代表"（legationes）会在特定的地点碰面。到了法兰克王朝时期，胡巴拉德笔下的萨克森部落集会则是采取代表制，每个部落派出固定人数参与集会，以保证部落之间均拥有平等的政治权利。

因此，马克洛集会应该是萨克森人最高级别的会议，所讨论的问题包括法律案件和军事事务。至于会议举行的日期，据塔西佗描述是在固定的日子，而萨克森人的会议则是一年一次，这应该是时间固定的会议。在塔西佗论述的会议上，部落首领拥有最高的权威，而萨克森的会议，与会人员的等级更为多样，除了首领之外，也特意强调了贵族、自由民和农民列席。广泛的人民代表，说明萨克森人意图在不同社会群体之间保持平衡，从而维系和谐的部落关系。一方面，让实力各异的部落皆拥有平等的法律权益，另一方面，也充分保障弱势群体如自由民和农民的权利。

胡巴拉德描述的萨克森集会，时间上比较接近查理曼的统治时期，成为了解该时间段的萨克森人状况的重要参考资料。集会作为部族的一种法律审讯仪式，被多部蛮族法典（Leges Barbarorum），如《撒里克法典》和《利普里安法典》频繁提及，而贵族、自由民和农民三个阶

---

① Tacitus, *Dialogus*, *Agricola*, *Germania*, pp. 276-280.
② „I 18," in Karl August Eckhardt, Hrsg., *Sachsenspiegel. Teil 1: Landrecht*, MGH, *Fontes iuris N. S.*, 1, 1, S. 83-84.

级的划分,也在《萨克森法典》中以"偿命金"(Wergeld 或 Wergelt)①的方式被重新界定,如贵族的偿命金最多,数额为 1440 索里达,自由民的偿命金为 240 索里达,农民的则为 180 索里达。②由此可见,部落组织的集会习俗,被完整地保留了下来。加洛林时期的蛮族法典虽然在法条排列和编写上欠缺条理和逻辑性,无论形式还是内容上都不同于罗马法典,但是却是认识日耳曼人部落传统和文化特征的非常宝贵的记录。

小结

根据罗马作家对日耳曼各个部族的描述和分类,可以看到,与具有完整的国家制度的罗马不同,日耳曼人是由各个族群组成的,并且已经发展出了比较完善的两元部族管理体系。族群的最高权力由酋长们执掌,但其时人民也拥有一定的权利,重大的事情要得到人民的同意、并通过全部部落成员的会议才能够决定。酋长和祭司等上层领导在族群的各项事务中发挥着十分重要的作用。作为族群领袖,他们承担着许多职责,既要为整个族群谋取利益,又要维持族群的基本秩序,为此建立了自己的亲信队伍,并且在一定程度上决定着财产分配。人民会议也是由祭司负责召开的,酋长掌握了会议的提案权,影响着整个会议过程。但是,其时民众也拥有着同意和批准的权利,酋长祭司的需求受到人民会议的制约。族群高层与族群民众互动,产生了最早的部族审判的两元执法。

比较明确的结论是:日耳曼人法律的起源于各个族群的部族法规,与罗马法没有交集。部族法规有三个主要特点:一是部族法规必须与部族利益互相一致;二是部族法规来自于各个部族的习惯;三是

---

① "偿命金"在中古高地德语中为"wërgëlt",后在《班贝克刑事诉讼法》(*Bambergische Peinliche Halsgerichtsordnung*)中发展为"wetgëlt",意思是触犯法庭的罚金。参见 *BMZ*, 1, 524; *MWV*, 3, 780; *DWB*, 2, 480。

② „Lex Saxonum, Cap. XIV, XVI," S. 21-22.

部族法规要得到民众的同意。部族法规之所以有权威性,是因为法规代表的不仅仅是族群高层的利益,而是包括民众需求在内的、更为广泛的多元利益。这种多元组合形成了司法审判的两元结构,一方面是族群高层的意志,另一方面,是民众会议的最后裁决,旨在保障民众利益和部族的整体利益。酋长、祭司和民众都是部族法规的编写者和执行者,因此在执行法规的时候,族群酋长、祭司只具有建议权而非决定权,重要案件的审理,需由人民集会来决定。这种具有两元性质的司法制度,既支撑着部族的秩序,又为部族的传统所制约。

日耳曼法系起源于部族的法规法则,因此具有与罗马法系不同的、独立生成的特点。在公元4—6世纪的民族大迁徙(Völkerwanderung)之前,日耳曼民族几乎与罗马法没有完整的接触,当各部族在罗马帝国疆域内分别建国之后,才开始编纂适用于罗马帝国环境的蛮族罗马法典(Leges Romanae Barbarorum),这被德国法学家称之为对罗马法的"早期继受"(Frührezeption des römischen Rechts)。与罗马法接触之前,关于日耳曼部落的文字记载以塔西佗的《日耳曼尼亚志》最为重要。塔西佗的原文以拉丁文写成,而在德国康斯坦茨大学曼弗雷德·福尔曼(Manfred Fuhrmann)教授的德文译本中,则按照其主题意旨为各段落加上了小标题,可视为福尔曼教授对文本的理解和诠释。作为致力于接受史研究的康斯坦茨学派(Konstanzer Schule)的主要成员,福尔曼教授也在译本的结语处,对塔西佗和《日耳曼尼亚志》做出了深入的介绍和分析。①

公元1世纪的日耳曼民族尚未有完整的政治体系,人们是以"军事系统"(Heerwesen)为依托,发展出独特的政治权力结构。统治权力分别由国王、将军、祭司和酋长执掌。国王按照出身,以推举的方式产生,其权力并不是无限的,需要出席重要会议并在特殊的情况下作公开演说;将军的选拔标准则是以勇力为主,祭司的挑选方式不明,但是

---

① P. Cornelius Tacitus, *Germania*, *Lateinisch/Deutsch*, Manfred Fuhrmann, trans., Stuttgart: Philipp Reclam, 2007.

判处死刑、囚禁和鞭挞等的司法权主要掌握在祭司手中,他们认为自己是在代神行罚。日耳曼人的神有魏乐坦(Veleda)、奥利尼亚(Aurinia)、墨丘利(Mercurius)和外来的埃及女神伊西斯(Isis)。① 在重要的战役进行之前,人们会从本族中挑选一名战士来与敌族的俘虏作战,以搏斗的结果来预测战争的胜负。

日耳曼部族法律条文的书写和编纂在6—7世纪才正式出现,但是通过研读塔西佗《日耳曼尼亚志》中对日耳曼部落的记载,可以看到早期日耳曼部落的法律状况正在朝着制度化的方向发展,无论是对国王权力的解释、人民集会兼法庭的召开,还是奴隶的管理和通奸的处罚,都保留着日耳曼人自己的特色。同时,日耳曼部族法律条文与罗马法也有着许多不同,具体表现在对官员审判权力的约束上。罗马人有常设审判机关,而日耳曼的最高审判权力则掌握在人民集会手中,这样一来,既赋予了人民更多参与的权利,也让审判的过程变得更加公开和透明。

日耳曼法律条文的独立发展还可归因于日耳曼人与罗马人长期的军事对峙。当战争成为人民主要的生活内容的时候,一套新的行为方式和法律制度也会应运而生。大卫·哈里·米勒(David Harry Miller)教授曾经指出,这套新的价值体系所强调的是人如何能够在充满暴力的社会中生存下去的本领,从而发展出一股极其强大的战士文化,让日耳曼人获得了能够与罗马军队抗衡的实力。② 虽然日耳曼部落在与罗马军队交锋的时候有时不免落败,部分族人由于战败等原因导致军队的人数下降,但是日耳曼人并没有因此忘记自己的日耳曼部族身份。譬如巴塔威人虽然加入了罗马兵团并协助后者征服了不列颠,但是他们在69—70年的反叛足以说明日耳曼人是不会忘记自己

---

① Allan A. Lund, „Zur interpretatio Romana in der ‚Germania' des Tacitus," *Zeitschrift für Religions- und Geistesgeschichte*, 2007, Vol. 59, No. 4 (2007), S. 289-310.

② David Harry Miller, "Ethnogenesis and Religious Revitalization beyond the Roman Frontier: The Case of Frankish Origins," *Journal of World History*, Vol. 4, No. 2 (Fall 1993), pp. 277-283.

的民族身份的,在关键时候会团结起来反抗罗马人的统治。①日耳曼人强烈的民族意识也让身为罗马人的塔西佗非常担忧,在他的著作《阿古利可拉传》《日耳曼尼亚志》和《历史》中反复提到这件事情,后来日耳曼人以蛇吞象的方式消灭罗马帝国也印证了他的预感。

---

① M. W. C. Hassall, "Batavians and the Roman Conquest of Britain," *Britannia*, Vol. 1 (1970), pp. 131-136.

第二章

习惯法：日耳曼王国时期的蛮族法典与法律体系

第一节　古日耳曼语的形成与发展
第二节　日耳曼王国的两套治理法制
第三节　西哥特人、罗马人与分典而治
第四节　勃艮第人、罗马人与法的精神
第五节　克洛维、法兰克人与《撒里克法律公约》

西罗马帝国的瓦解和日耳曼人的入主欧洲,引起了剧烈的社会动荡和历史剧变,欧洲进入了日耳曼王国时期。这一时期,国家参与编写法律,以治理好各个日耳曼部落和原罗马帝国土地上的罗马人。公元500—800年间,编写了不少法律,维持和安抚了各地人民,也协调了日耳曼人与罗马人的关系。德意志的法律进入了新的发展阶段。

尽管这个时期法律显得零碎和芜杂,但大致可以分为两个大类:用于日耳曼人的蛮族法典和用于罗马人的蛮族罗马法典。蛮族法典为原地方传统的延续,保留着许多原来的部落习惯;蛮族罗马法典专为罗马人所编写,保留着原罗马法系中的一些内容。日耳曼人实行两种法典的分典而治,例如哥特人有《西哥特法典》,同时还有《西哥特罗马法典》,主要是用于日耳曼人治下的罗马人。

原来的罗马法,经过日耳曼人改造,被后来的学者们称之为"粗俗罗马法",成为日耳曼人编写的罗马法的别称。公元5世纪末期,将西罗马帝国灭亡后蛮族国王所颁布的法律的性质及法律的运作方式,向来是学界富有争议的问题之一。柏林洪堡大学海因里希·布伦纳(Heinrich Brunner)教授率先在1880年使用"粗俗罗马法"(Römisches Vulgarrecht)来概括日耳曼国王统治下罗马人所使用的法律,同时他也指出,这种粗俗法并非源自正规的罗马法典,而是来自于罗马人日常的法律观念。①东哥特王国使用的《狄奥多里克法令集》(*Edictum Theodorici regis*)包含了大量的粗俗罗马法。②因此,分析蛮族王国如何为拥有不同习俗传统,文化程度又存在差异的人们制定法规,具有重要的政治意义。一方面,如果在曾经受罗马法管辖的帝国土地上,颁布充满日耳曼部落习俗的法律,将表明此前的罗马帝国不仅在领地上已经失陷,在传统上也将失守,从而彻底地被"蛮族化"③。另一方面,如果蛮族国王颁布的法典内容部分吸收了罗马人的习俗,那将表明罗马和蛮族之间的关系不是简单的对立,而是相互妥协和调和,在权力已经顺利地从罗马人过渡到蛮族国王手里的状况下。如前所言,法律乃是民族精神的产物,而法律作为统治者治国的主要手段和规章制度,更是有着重中之重的地位。为了更有效统治来自不同文化习俗背景的人民,知识精英在协助国王制定新法的时候,不仅要考虑到统治者的立场,也要照顾到人民的个体需要。

关于习俗与法规相遇的情况,学者们提出了各自的看法,主要围绕两个问题展开。一是5世纪之后出现的蛮族法规中包含了多少日耳曼部落习俗?在与罗马人的长期接触中,日耳曼人是不是也会受到罗马习俗的影响?二是蛮族国王颁布充满部落习俗法规的目的是什么?是要制定规则加强管理,还是有其他目的?牛津大学的保罗·巴恩韦尔(Paul Barnwell)从习惯法的起源出发,指出习惯法是在4世纪初首次出现在罗马帝国的法令之中的,从此被认为是民法的一个有效来源,罗马帝国后期的法律中已经包含了一些外省习俗的成分。另外,不同地区的蛮族法规对待习俗的态度也不一样,其中有些是要协调日耳曼人和罗马人的习俗,"让罗马人遵守与罗马法不同的规定,让日耳曼人遵守一些罗马人的惯例"。④德国明斯特大学的克里斯蒂安·

---

① Heinrich Brunner, *Zur Rechtsgeschichte der römischen und germanischen Urkunde*, Berlin: Weidmannsche Buchhandlung, 1880, S. 113-129.
② Rainer Schröder, *Rechtsgeschichte*, Münster: Alpmann und Schmidt, 2004, S. 16-19.
③ P. S. Barnwell, "Emperors, Jurists and Kings: Law and Custom in the Late Roman and Early Medieval West," *Past & Present*, No. 168 (August 2000), p. 6.
④ P. S. Barnwell, "Emperors, Jurists and Kings: Law and Custom in the Late Roman and Early Medieval West," pp. 6-29.

朔尔（Christian Scholl）教授则表示，蛮族国王颁布法律是要"模仿帝国"（imitatio imperii）进行统治，立法只是模仿帝国统治元素中一个方面，其他方面还包括了宫廷礼仪、马戏表演和城市建筑等。① 美国学者丽兹·奥立弗（Lisi Oliver）在她的专著《蛮族法中的法律体》中肯定了蛮族法典的价值。她表示，虽然罗马法已经确定了立法的范围，但是日耳曼人还是发展出了带有本地色彩的法律文化，蛮族独立于罗马的一个最显著标记就是其颁布了各自的地区法规，并根据自己的成文法来对人民进行统治。②

在早期蛮族的历史中，第一个日耳曼部落出现在北欧的斯堪的纳维亚地区，最后在波罗的海南部也开始出现越来越多的日耳曼人村落，日耳曼人随后在公元前5世纪左右南迁，进入欧洲各地和英吉利半岛居住。③实际上，在中世纪德意志的文献记载中，经常会出现关于北边日耳曼部落的记载，日耳曼人在进入罗马帝国北边地区后，不断地被罗马军队吸纳以雇佣军的身份为罗马效力，此时，日耳曼人还没有文字，他们是以歌谣的方式记录法律和传颂历史，日耳曼部落的习惯法也由此代代相传。④在古罗马作家的笔下，无论是凯撒的《高卢战纪》、塔西佗的《日耳曼尼亚志》，还是《勒本传》，其写作目的都是为了向不了解蛮族人的当权者提供一份文字记录。但是，随着日耳曼人和罗马人的接触日益频繁，日耳曼人终于在4世纪下半叶发展出自己的字母体系。到了5世纪，狄奥多里克（Theoderich）建立东哥特王国之

---

① Christian Scholl, "Imitatio Imperii? Elements of Imperial Rule in the Barbarian Successor States of the Roman West," in Christian Scholl, Torben R. Gebhardt, Jan Clauß, eds. *Transcultural Approaches to the Concept of Imperial Rule in the Middle Ages*, New York: Peter Lang AG., 2017, pp. 19-32.

② Lisi Oliver, *The Body Legal in Barbarian Law*, Toronto: University of Toronto Press, 2011, pp. 12-13.

③ 关于不同日耳曼部族迁移的时间和地点，参见 Arnulf Krause, *Die Geschichte der Germanen*, Main: Campus, 2002, S. 269-272。

④ Anette Kremer and Vincenz Schwab, "Law and Language in the *Leges Barbarorum*: A Database Project on the Vernacular Vocabulary in Medieval Manuscripts," in Jenny Benham, Matthew W. McHaffie and Helle Vogt, eds., *Law and Language in the Middle Ages*, Leiden: Brill, 2018, p. 239.

后，蛮族语言中出现了更多具有军事、司法和政治含义的词汇，譬如"战争"(drauhtiwitop)、"军事随从"(drauhti)、"集会"(mapl)。① 在西哥特国王尤列克(Euric I)统治时期颁布的《尤列克法典》(*Codex Euricianus*)中，少有日耳曼词汇或日耳曼习俗，却充斥着大量的粗俗罗马法。②

由此可见，在欧洲西部地区，罗马人的法律并没有随着帝国的瓦解而灰飞烟灭。西班牙、高卢南部、不列颠、日耳曼边疆地带罗马法的一些内容仍然保留着，西哥特的阿拉里克二世(Alaric II.)为境内罗马人在506年颁布的《西哥特罗马法典》(*Lex Romana Visigothorum*)③中，也保留了大量的罗马法内容。④《西哥特罗马法典》成了法律的主体，后来逐渐发展成为高卢东南部和南部习惯法的核心。虽然蛮族法典以及中世纪德意志法规的撰写方式，没有很好地吸收罗马法的术语，也缺乏其精密和逻辑化的结构，但是正如罗马帝国从来没有从欧洲人的意识中消失一样，罗马法也默默地沉睡在时代的迷雾中，安静等待11世纪晚期复兴的到来。⑤

---

① Carl D. Buch, "Words for 'Battle,' 'War,' 'Army,' and 'Soldier,'" *Classical Philology*, Vol. 14, No. 1 (January 1919), p. 16; Winfred P. Lehmann, "Gothic and the Reconstruction of Proto-Germanic," in Ekkehard Konig, Johan van der Auwera, eds., *The Germanic Languages*, London: Routledge, 2013, p. 20.

② G. Ausenda and P. C. Diaz, "Current Issues and Future Directions in the Study of Visigoths," in Peter Heather, ed., *The Visigoths from the Migration Period to the Seventh Century: An Ethnographic Perspective*, Woodbridge: Boydell & Brewer Ltd, 2003, p. 509.

③ Gustavus Haenel, Hrsg., *Lex Romana Visigothorum*, Lipsiae: Teubner, 1849, https://www.digitale-sammlungen.de/en/view/bsb10520137?page=.

④ James Bryce, *The Holy Roman Empire*, London: Macmillan and Co., Ltd, 1901, p. 32; George Mousourakis, *Roman Law and the Origins of the Civil Law Tradition*, Heidelberg: Springer, 2015, p. 242.

⑤ 罗马法的复兴是从意大利开始，然后在11世纪逐渐传播到法国南部和英格兰等地。关于罗马法在中世纪欧洲的复兴参见 Moritz Nissen, *Das Recht auf Beweis im Zivilprozess*, Tübingen: Mohr Siebeck, 2019, S. 45; Johannes Kabatek, *Die Bolognesische Renaissance und der Ausbau romanischer Sprachen: Juristische Diskurstraditionen und Sprachentwicklung in Südfrankreich und Spanien im 12. und 13. Jahrhundert*, Tübingen: Walter de Gruyter, 2005, S. 69-112; Frank Hennecke, *Trilogie der Rechtsgeschichte: Zur Geschichte, Rezeption und Fortgeltung des Römischen, des Kanonischen und des Griechischen Rechts*, Baden-Baden: Tectum Verlag, 2022, S. 3-5。

第一节　古日耳曼语的形成与发展

日耳曼人说的语言被后人称为日耳曼语系。日耳曼语系是统称，其下又可分为各个部族的语言。今日在欧洲普遍使用的语言，如德语、英语、荷兰语、瑞典语、丹麦语和挪威语都属于日耳曼语系。这些语言在近代民族国家发展过程中成为各国的官方标准语言，却共同源于同一个祖先——日耳曼语。因此，"日耳曼"（Germanic）一词不仅可以用来形容欧洲大陆上的"日耳曼民族"，同样可以用来指代在语言上相通的原始印欧语（Indogermanische Ursprache），因为使用印欧方言的人们早年主要生活在北欧的斯堪的纳维亚半岛、丹麦和波罗的海沿岸地区，后逐步向欧洲中部迁移。① 在公元 3 世纪左右，日耳曼部族终于扩展至奥得河（Oder）和东部的维斯杜拉河（Vistula），然后再深入到易北河（Elbe）、威悉河（Weser）、莱茵河（Rhine）和默兹河（Meuse）的山谷。② 学者们一般认为，在民族大迁徙之后，日耳曼各部族之间的语言基本定型。由于日耳曼人散居在不同地区，又会各自与当地土著发生接触，原始语言也随之发生变化，最后发展出三个独具特色的语言分支，分别是"西日耳曼语"（Westgermanisch）、"北日耳曼语"（Nordgermanisch）和"东日耳曼语"（Ostgermanisch）。③ 第一支"西日耳曼语"是迁往欧洲中部和北部的部族所使用的语言，后来演变成相当于现代德国和低地国家一带的方言。第二支"北日耳曼语"是留在斯堪的纳维亚原居地的部落所使用的语言。第三支"东日耳曼语"是居住在东

---

① Hermann Luckenbach, *Kunst und Geschichte Gesamtausgabe：I. Teil：Altertum—II. Teil：Mittelalter—III. Teil：1500-1800—IV. Teil：Neuzeit*，München：Walter de Gruyter，2019，S. 8-9.

② Robert B. Howell，"The Older German Language," in Francis G. Gentry, ed.，*A Companion to Middle High German Literature to the 14th Century*，Leiden：Brill，2002，p. 27.

③ Hans Ulrich Schmid，*Einführung in die deutsche Sprachgeschichte*，Stuttgart：Metzler Verlag，2009，S. 9.

部和南部的哥特人使用的语言。①三种语言在尾音上有明显差异,譬如"群体"在西日耳曼语、北日耳曼语和东日耳曼语中分别是"dag""dagaz""dags"。②

古日耳曼语文字形成的年代不详,但在公元 5 世纪时已有明确的文字记载。古日耳曼字母来源于地中海的字母体系,称为"原始日耳曼语"(Urgermanisch),其字母体系与欧洲和亚洲的源语有关,包括梵文(Sanskrit)、拉丁文和希腊文。③最早的记录来自公元 5 世纪瑞典发现的"凯尔弗石板"(Steinplatte von Kylver),石头上刻有古日耳曼语字母的铭文,这种被称为"卢恩符文"的语言体系共有 24 个字母(见图 4):

图 4 古日耳曼语字母④

日耳曼语的某些文字和发音与拉丁文类似。在罗马人与日耳曼人接触的过程中,罗马人在记录日耳曼人活动时也留下了关于他们语言的记载。譬如凯撒在《高卢战记》中,列举出一些动物,拉丁语中的"麋鹿"(alces)在日耳曼语里是"Elche",拉丁语中的"野牛"(uri)相当

---

① Hilkert Weddige, *Mittelhochdeutsch: Eine Einführung*, München: C. H. Beck, 2009, S. 4-5.
② Günther Schweikle, *Germanisch-deutsche Sprachgeschichte im Überblick*, Stuttgart: Springer-Verlag, 2016, S. 28.
③ Hermann Pfister, *Über urgermanische Formenlehre: Beitrag zu unserer Ältesten Deklination und Konjugation*, Marburg: N. G. Elwert'sche, 1889, S. 12.
④ Wolfgang Krause, *Runen*, Berlin: Walter de Gruyter, 1993, S. 15.

于日耳曼语里的"Auerochsen"。老普林尼在《自然史》中也指出拉丁语"公鹅"（ganta）在日耳曼语里是"ganter"，塔西佗在《日耳曼尼亚志》中也提到日耳曼人把琥珀称为"glaesum"。①

公元 4 世纪后，罗马人和西日耳曼部族的接触越发频繁，尤其是在莱茵河畔生活的日耳曼部落。其中，法兰克人在迁往罗马帝国边疆之后，罗马人和法兰克人在军事上时有交锋或有合作，两种语言也不断发生碰撞，结果就是诞生了一批与战争相关的、语音和词义接近的词，大量的粗俗拉丁语词汇开始进入了古日耳曼语，相互交融又产生出新的词汇，其存在发音相似和拼写相近的情况（见下表）：

表 2　粗俗拉丁语和古日耳曼语词汇对照表②

	粗俗拉丁语	古日耳曼语
囚禁	carcer	kerker
箭	pilum	pfeil
税费	zoll	toloneum
安全	sēcūrus	sicher
街道	strāta	straße

在日耳曼部族与罗马人的互动上升到日常生活层面的时候，带来了日常用语渐趋一致，譬如"杯子"在拉丁语里是"bicārium"，在日耳曼语里是"becher"，"饮料"的拉丁语是"biber/bibere"，在日耳曼语里是"bier"；"桌子"在拉丁语里是"discus"，在日耳曼语里是"tisch"。③虽然日耳曼语在早期的发展历程没有详细的记录，但是这些相近词汇的出现，说明双方在军事和生活方面都朝着更加紧密的方向发展。

加洛林王朝兴起后，王国中心逐渐向莱茵河转移，虽然其时的官方语言是拉丁语，但是为了更好地对日耳曼部落进行规劝和教化，也

---

① Günther Schweikle, *Germanisch-deutsche Sprachgeschichte im Überblick*, S. 5; Robert B. Howell, "The Older German Language," p. 31; Tacitus, *Dialogus, Agricola, Germania*, p. 329.

② Thorsten Roelcke, *Geschichte der deutschen Sprache*, München: C. H. Beck, 2009, S. 71.

③ Robert B. Howell, "The Older German Language," p. 33.

开始鼓励将德语作为一种写作语言加以使用。在语言的分布上，书面语主要分为高地德语（Hochdeutsch）和低地德语（Niederdeutsch），其中南部和部分中部地区使用高地德语，东部和北部使用低地德语，同时也分为古代、中世纪和近代早期三个时期。① 以高地德语为例，发展阶段按照普通语言学（Allgemeinen Sprachwissenschaft）可分为以下三类（见下表）：

表 3　中世纪—近代早期高地德语的发展阶段②

语言	时间	特点
古高地德语（Althochdeutsch）	700—1050 年	辅音变化，出现书面文字
中古高地德语（Mittelhochdeutsch）	1050—1350 年	后缀弱化，新的文字类型
近代早期高地德（Frühneuhochdeutsch）	1350—1650 年	音节延长，复合印刷形式

第一份古高地德语文字记载出现在巴伐利亚和阿勒曼尼。巴伐利亚的文献名为"阿勃根斯抄本"（Codex Abrogans）。这份收藏在圣加仑修道院（St. Gallen）的抄本撰写于 790 年左右，大小为 17×10.5 厘米，是一份拉丁文和古高地德语同义词词表，手稿的名称来自词表的第一个词条"Abrogans"，意思是"谦卑"。③ 全份抄本共有 323 页，包含了 3670 个罕见的古高地德语词汇，所有词汇按照字母顺序排列，拉丁语在前，高地德语在中，然后是拉丁语同义词。这份词表的抄本一共存在三个版本。④ 除了巴伐利亚的抄本外，还有 810 年抄制于穆尔

---

① 古德语（Altdeutsch）包含古高地德语（Althochdeutsch）、古萨克森语（Altsächsisches）和古弗里斯兰语（Altfriesisches），本书在参考文献中统一以"古德语"标记。

② 表格内容来自 Rolf Bergmann und Claudine Moulin, *Alt- und Mittelhochdeutsch*, Göttingen: Vandenhoeck & Ruprecht, 2016, S. 19。

③ St. Gallen, Stiftsbibliothek, Cod. Sang. 911: Abrogans—Vocabularius (Keronis) et Alia, https://www.e-codices.unifr.ch/en/csg/0911/4.

④ Helmut de Boor, *Geschichte der deutschen Literatur von den Anfängen bis zur Gegenwart*, Band 1, München: C. H. Beck, 1979, S. 19-20; Alfred Holder, *Die Reichenauer Handschriften*, Bd. 1: *Die Pergamenthandschriften*, Wiesbaden: Otto Harrassowitz, 1970, S. 286-289; Hanns Fischer, *Schrifttafeln zum althochdeutschen Lesebuch*, Tübingen: M. Niemeyer Verlag, 2011, S. 24.

巴赫(Murbach)的"巴黎抄本"(Codex Parisinus 7640)①，以及802—817年间抄制于赖兴瑙(Reichnau)，现藏于卡尔斯鲁厄巴登州立图书馆(Badische Landesbibliothek, Karlsruhe)的"卡尔斯鲁厄抄本"(Cod. Aug. perg. 111)②。从地理位置来看，三份抄本的分布显现出语言和文化从东部向西部传播的特点。同时，词表的内容也进一步肯定了罗马人与日耳曼人的交流重点之一，是教日耳曼人学习拉丁语，因此词表在词条之下还列举出多个拉丁语同义词，以增加日耳曼人的词汇量，帮助他们提高拉丁语的表达水平。

第二节　日耳曼王国的两套治理法制

征服罗马帝国的日耳曼人对罗马人并不陌生，一直有着由蛮族人来建国、来管理原罗马帝国故土的冲动。其中法兰克人是日耳曼人中最早越过边境的部落之人，他们在公元3世纪便已经与罗马人发生接触，一部分人得到许可进入帝国内生活，另外的一部分人则以缓慢、温和的方式逐步向罗马渗透。这种和平交融的过程让法兰克人避免了与罗马人的直接军事冲突，一部分人通过加入罗马军团为之效劳而获得正式的身份，另一部分也以罗马盟友(laeti)的形式参与战争。随着军事殖民范围不断扩大，到了公元4世纪的时候，罗马对蛮族也有了更深的认识，少数法兰克人如阿波加斯特(Arbogast)、里西默(Ricimer)、梅罗鲍德斯(Merobaudes)，成为了罗马军团的上层军事长官(magistri militum)。③这一时期蛮族军事长官的特点在于，他们没有

---

① 1.°Glossarium vetus: authore anonymo; desideratur initium. —2.°Glossarium vocabulorum Veteris et Novi Testamenti: authore anonymo; desinit in littera I, Bibliothèque nationale de France. Département des manuscrits. Latin 7640, https://gallica.bnf.fr/ark:/12148/btv1b9077678f.

② Cod. Aug. perg. 111, Glossar: glosae ex novo et vetere (Abrograns), https://digital.blb-karlsruhe.de/blbhs/content/pageview/396861.

③ Friedrich Anders, *Flavius Ricimer: Macht und Ohnmacht des weströmischen Heermeisters in der zweiten Hälfte des 5. Jahrhunderts*, Frankfurt: Peter Lang, 2010, S. 58-59.

推翻罗马统治者的想法,只倾向于参与政治事务并发挥影响力。譬如阿波加斯特是瓦伦提尼安二世(Valentinian II.)的宫廷重臣,里西默更是能够影响帝位的更迭,他参与了废黜马约里安(Majorian)改立元老利比乌斯·塞维鲁(Libius Severus)为帝。① 这些蛮族军官在血缘上反映出罗马帝国时期蛮族间通婚的情况开始变得普遍,譬如里西默的父亲是苏维汇人,母亲是西哥特人。②

军事交往成为罗马人和日耳曼人关系的基本底色,但日耳曼部族原有的风俗习惯并没有因此而被罗马人同化。日耳曼人的法律规范和习惯规范是一致的,他们的法律又被称为"民众法"(Volksrecht)或"习惯法"(Gewohnheitsrecht)。③ 19 世纪的德国学者普遍认为,公元 500 年以前的日耳曼法律文字记载主要来自于塔西佗《日耳曼尼亚志》,其时日耳曼民族的法律意识(Rechtsbewußtsein)和法律生活(Rechtsleben)尚未充分发展,更多的是通过建立普遍的服从和提倡个人的荣誉来保证行为规范合乎部族传统,从而维持集体内部的秩序。这样的团体主义带有强烈的部族色彩,个人的主观判断要屈居于氏族或者家族的集体意识,即重大事件要由人民集会进行裁决。

---

① Alexander Demandt, *Die Spätantike: Römische Geschichte von Diocletian bis Justinian, 284-565 n. Chr.*, München: C. H. Beck, 2007, S. 312.

② Moritz Schönfeld, *Wörterbuch der altgermanischen Personen-und Völkernamen: nach der Überlieferung des klassischen Altertums*, Heidelberg: Carl Winter, 1911, S. 189-192.

③ "民众法"的概念由德国法学家乔治·贝塞勒(Georg Beseler)在 1843 年的专著《民众法与学术法》(*Volksrecht und Juristenrecht*)中提出。他认为,民众法乃德意志法制史的第一阶段,其基础是建立在日耳曼人的民族精神之上,而不是罗马人的"学术法"。他的观点在 19 世纪的德国具有重要的影响,尤其是在呼唤国家统一的法学者之中。这一时期的法学者譬如卡尔·弗里德里希·埃赫霍恩(Karl Friedrich Eichhorn)和奥托·冯·基尔克(Otto von Gierke),他们都开始寻找法律中的德国元素,埃赫霍恩与萨维尼一起在 1815 年创立《历史法理学杂志》(*Zeitschrift für geschichtliche Rechtswissenschaft*),基尔克则撰写了四卷本的《德国社团法》(*Das deutsche Genossenschaftsrecht*)。参见 Georg Beseler, *Volksrecht und Juristenrecht*, Leipzig: Weidmann, 1843, https://www.deutschestextarchiv.de/book/show/beseler_volksrecht_1843; Otto von Gierke, *Das deutsche Genossenschaftsrecht*, Band 1-4, Berlin: Weidmann, 1868-1913, https://www.digitale-sammlungen.de/de/view/bsb10551339?q=%28Das+deutsche+Genossenschaftsrecht%29&page=,1.

在欧洲大陆上建立众多王国之后,日耳曼人开始各自编写法典。这时期陆续出现的蛮族法典主要可以按照族群分为四组:哥特、法兰克、萨克森和巴伐利亚。哥特人的法典有:《西哥特法典》(*Lex Visigothorum*,后续抄本又称 *Liber Iudiciorum*)、《勃艮第法典》和《东哥特法典》。法兰克人的法典有《撒里克法典》《利普里安法典》,以及源于《利普里安法典》的《图林根法典》。萨克森人的法典有《萨克森法典》《弗里斯法典》和《盎格鲁-撒克逊法》。巴伐利亚人的法典有《巴伐利亚法典》(*Lex Baiwariorum*)[①]、《阿勒曼尼法典》。[②]其中墨洛温王朝的国王,致力于消融日耳曼和高卢罗马人之间的文化差异,因此法典的精神,是以团体为单位,以此约束个体从而维持蛮族统治者的政治地位。尽管在编纂法典的过程中,各日耳曼王国皆在不同程度上吸收了罗马法的基本原则和法律术语,但在基本上没有对公法和私法加以区分,以至在国家与人民的关系、私人之间的利益关系方面,在法典中缺乏界定和分类。这导致法律界限相对模糊:对个人权利没有清晰的说明,对统治者的权限也没有明确的限制。

在罗马法继受方面,早期继受了罗马法的蛮族法典共有三部,分别是西哥特(Westgoten)王国的《西哥特罗马法典》,乃是西哥特国王阿拉里克二世(Alarich II.)在公元506年为解决境内罗马人的法律纠纷而颁布的法典。第二部是勃艮第(Burgund)王国的《勃艮第罗马法典》,是勃艮第国王贡多巴德(Gundobald)在公元501年颁布的法典,内容涵盖刑法、民法和诉讼过程。第三部是东哥特(Ostgoten)王国的《狄奥多里克法令集》,包括序言、155条法规和结语,由国王狄奥多里克于公元508年颁布。法令的序言指明,"居住在东哥特的蛮族人和

[①] „Lex Baiwariorum," in Ernst von Schwind, Hrsg., *MGH*, *LL nat. Germ.* 5,2, Hannoverae: Impensis Bibiopolii Hahniani,1926, https://www.dmgh.de/mgh_ll_nat_germ_5_2/index.htm#page/(III)/mode/1up.

[②] Zane Ma Rhea, *Land and Water Education and the Allodial Principle*, Singapore: Springer, 2018, p.21; Gerald A. Hodgett, *A Social and Economic History of Medieval Europe*, London: Routledge, 2013, p.10.

罗马人要遵守以下法规"。①

这些日耳曼法典在形式上均借鉴了罗马法的编写方式,采用拉丁文写作,只有盎格鲁-撒克逊法是用俗语写作,但是随后盎格鲁-撒克逊法也逐渐受到拉丁文化影响而广泛使用了拉丁语。②以往的研究通常认为各部族法典存在很多的共同点和相似性,因为日耳曼人在向西迁徙之前许多基本的风俗习惯是一致的,但近年来学者通过比较研究发现,蛮族法典之间实际上有着相当明显的差异性。在分析公元6—8世纪不同部族的法律后发现,各部族间存有一定的交流和接触,而差异主要体现在法律实践而不是法律条文当中。譬如说,神判法仍然是日耳曼审讯中最常使用的方法,伦巴第人倾向于司法决斗(Gerichtskampf),而盎格鲁-撒克逊人则喜欢火审和水审。③

因此,从法典的适用范围来看,这时期的蛮族法典可分为两大类。第一类是适用于部落人民的法典,分别是《西哥特法典》《勃艮第法典》和《伦巴第法典》。第二类是带有属人法性质的蛮族罗马法典,包括《西哥特罗马法典》《勃艮第罗马法典》和《狄奥多西法令集》,它们的法源主要来自公元3—5世纪的三部罗马法法典:《格里高利法典》(*Codex Gregorianus*)、《海默根法典》(*Codex Hermogenianus*)和《狄奥多西法典》。④下面将讨论蛮族王国分典而治的情况,并从"杀人获刑"这一角度来比较两类法典中的具体差异。

---

① Bibliotheca Legum, http://www.leges.uni-koeln.de/;„Edictum Theoderici regis," in Friedrich Bluhme, Hrsg., *MGH*, *LL* 5, Hannoverae: Impensis Bibiopolii Hahniani, 1875-1889, S. 145-179, https://www.dmgh.de/mgh_ll_5/index.htm#page/145/mode/1up.

② Walter Ullman, *Law and Politics in the Middle Ages*, Cambridge: Cambridge University Press, 1975, p. 194.

③ Antonio Padoa-Schioppa, *A History of Law in Europe: From the Early Middle Ages to the Twentieth Century*, Cambridge: Cambridge University Press, 2017, p. 26.

④ Adolf Berger, *Encyclopedic Dictionary of Roman Law*, Philadelphia: The American Philosophical Society, 1991, p. 559; Arthur Schiller, *Roman Law: Mechanisms of Development*, The Hague: Mouton Publishers, 1978, p. 56; Theodore John Rivers, *Laws of the Alamans and Bavarians*, Philadelphia: University of Pennsylvania Press, 1977, p. 20.

第三节 西哥特人、罗马人与分典而治

随着罗马帝国的衰落,日耳曼部落在公元 5 世纪开始不断迁入罗马的边境。西哥特人占领高卢南部和后来的伊比利亚半岛;勃艮第人占据了日内瓦和里昂之间的地区;法兰克人在 481 年之后定居于高卢北部地区;伦巴第人则在 568 年迁到意大利的北部和中部地区,盎格鲁-撒克逊人在公元 6 世纪上半叶开始在英格兰居住,其他的日耳曼部族也逐渐占据了欧洲大陆上的大部分领土,同时也逐渐开始统治习惯于使用罗马法的人民。① 明显的文化和种族差异对蛮族统治者造成巨大的挑战,作为庞大国家统治体系里的少数异族,要面对的不仅是如何适应更为先进的文化和政治体系,同时也要极力保护自己的传统,避免被强势文明同化。罗马人建立的复杂、烦琐、庞大又富有逻辑的法律体系经过千年的发展后,已经相当成熟和体制化,与罗马人民的关系无论是在政治制度、社会组织还是生活习惯上都密不可分。逻辑严密的罗马法体系,对后来的法典编纂既起到榜样的作用,也提出了更高和更专业的要求。因此,蛮族王国的法典编纂者既要尽可能保存自己的法律传统习俗,也要注意到罗马人民的司法制度和需要,在大多数情况下,蛮族国王允许日耳曼保留自己的传统,也让其他人按照自己的罗马传统处理司法案件,但前提是要服从新政权的统治。②

西哥特人编纂法典的过程可分为三个阶段:第一个阶段是《尤列克法典》和《西哥特罗马法典》时期,其特点是在内容上模仿公元 5 世纪东罗马帝国狄奥多西二世颁布的《狄奥多西法典》,显得缺乏原创性。要求区别对待罗马人和西哥特人,从而解决双方之间的纷争,也

---

① Roger Collins, *Early Medieval Europe*, *300-1000*, London: Macmillan, 1991, pp. 109-126.

② Antonio Padoa-Schioppa, *A History of Law in Europe: From the Early Middle Ages to the Twentieth Century*, p. 27.

有学者指出这一阶段法典的诞生背景与复杂的政治形势有关。①第二个阶段是柳维吉尔德(Liuvigild,519—586)国王的《修订法典》(Codex Revisus),主要目标是消除地方差异,加强各族统一。第三个阶段是编纂《西哥特法典》,吸收前面法典的内容,一视同仁地对待王国内的所有居民。②

西哥特人是蛮族部落中第一个尝试挑战制定新法典的,一方面由于他们是在罗马帝国内首个建立蛮族王国的国家的日耳曼人,另一方面,是他们在如何对待本族人民和罗马人的问题上内部存在分歧。③一开始,西哥特遵循的是各族各法原则,在司法上对罗马人和日耳曼人区别对待。尤列克国王的辖区包括高卢和伊比利亚半岛的部分地区。他首先委托大臣,高卢-罗马法官利奥·冯·纳博讷(Leo von Narbonne)按照古老的哥特人法律和习俗,用拉丁语为哥特人编纂国家法典。④虽然《尤列克法典》包含许多罗马法的内容,但它仅用于西哥特

---

① 《狄奥多西法典》是罗马法历史上的第一部官方法典,收录自312年以来所有帝国法规的简短版本,分为16编。其中只有第6—16编相对完整地保存下来,第1—5编则在《西哥特罗马法典》的基础上辑佚而成。参见 Theodor Mommsen und Paul Martin Meyer, Hrsg., *Theodosiani libri XVI cum Constitutionibus Sirmondianis et Leges Novellae ad Theodosianum pertinentes*, Berlin: Apud Weidmannos, 1905; Stefan Esders, "Roman Law as an identity marker in post-Roman Gaul (5th-9th centuries)," in Walter Pohl, Clemens Gantner, Cinzia Grifoni, Marianne Pollheimer-Mohaupt, eds., *Transformations of Romanness: Early Medieval Regions and Identities*, Berlin: Walter de Gruyter, 2018, pp. 332-335。

② Alan Watson, *The Evolution of Western Private Law*, Baltimore: The Johns Hopkins University Press, 2001, p. 207.

③ Antti Arjava, "The Survival of Roman Family Law after Barbarian Settlements," in Ralph W. Mathisen, ed., *Law, Society, and Authority in Late Antiquity*, Oxford: Oxford University Press, 2001, pp. 35-36.

④ 纳博奈的利昂是从474年开始担任尤里克的顾问。参见 Jill Harries, "Not the Theodosian Code: Euric's law and Late Fifth-Century Gaul," in Ralph Mathisen, Danuta Shanzer, eds., *Society and Culture in Late Antique Gaul: Revisiting the Sources*, London: Routledge, 2001, pp. 39-51; Ralph W. Mathisen, *Roman Aristocrats in Barbarian Gaul: Strategies for Survival in an Age of Transition*, Austin: University of Texas Press, 2013, p. 127; Joh. B. Weiß, *Weltgeschichte: III. Band: Das Christentum—Die Völkerwanderung*, Wien: Verlags-Buchhandlung Styria, 1910, S. 691.

人,而高卢和西班牙—罗马人可以按照原先的罗马法生活。①后者采用的主要是东罗马帝国皇帝狄奥多西二世(Theodosius II.)在438年编纂的《狄奥多西法典》②,因此也遵循了狄奥多西严格限制罗马人与蛮族人通婚的规定。譬如在《狄奥多西法典》第三编第14条第1则"与外族通婚"(De Nuptiis Gentilium)中有以下规定:

> 任何等级或级别的行省官员都不得迎娶蛮族妻子,任何行省的妇女也不得与任何外族人通婚。如果通过联姻在行省与外国之间建立同盟、并发现有涉嫌犯罪的话,则应当处以死刑。③

因此,这时期的罗马人不能够迎娶来自其他国家的蛮族女子为妻,任何罗马女性也不能够与蛮族人通婚,如果他们违背了上述规定,将会被处死。④蛮族人在《狄奥多西法典》中被视为"可怕的野蛮人",字里行间带有贬抑的含义。⑤与蛮族人来往会被认为有犯罪嫌疑,罗马人还认为蛮族不会造船,并且害怕受到蛮族文化的影响,因此法典中不允许城里人穿着日耳曼人相似的靴子和裤子、留长发、穿戴皮制的服饰。因此,罗马帝国对蛮族影响的限制一直存在,早在397年,在罗马的图拉真广场上便贴出布告,禁止在庄严的罗马城街道上穿着蛮族的靴子

---

① William D. Phillips, Carla Rahn Phillips, *A Concise History of Spain*, Cambridge: Cambridge University Press, 2016, p. 47.
② Marie Regina Madden, *Political Theory and Law in Medieval Spain*, New Jersey: The Lawbook Exchange, Ltd., 2005, p. 32.
③ "III. 14. 1, De Nuptiis Gentilium," in Theodor Mommsen und Paul Martin Meyer, Hrsg., *Theodosiani libri XVI cum Constitutionibus Sirmondianis et Leges Novellae ad Theodosianum pertinentes*, S. 155.
④ 蛮族人被称为"gentiles""gentes",外族人被称为"peregrini",指的是来自帝国其他地区的人;移民称为"advenae",他们被认为是非行省居民,通常是无嗣的罗马公民买来的人。参见 Miroslava Mirković, *The Later Roman Colonate and Freedom*, Philadelphia: American Philosophical Society, 1997, pp. 86, 94, 104-105.
⑤ 后来在《撒里克法律公约》K版本中也沿用了"野蛮人"(bararum)的表达方式,所指的是生活在撒里克法下的特定人群。参见 LegIT, "bararum"; Klasse K, Tit. XLIII, 1; "VIIII, 12, 1, Imp. Constantinus a. ad Bassum," in Theodor Mommsen und Paul Martin Meyer, Hrsg., *Theodosiani libri XVI cum Constitutionibus Sirmondianis et Leges Novellae ad Theodosianum pertinentes*, Volumen I, S. 455。

和裤子,否则会遭流放和没收财产。①

《狄奥多西法典》中对蛮族人的区别对待,与它作为法律文献在日耳曼占领地区的留存和使用,形成了强烈影响,法规内容在不同历史阶段与蛮族法典的融合和相适应,也成为意义深远的统治策略。在法典编纂的第一个阶段,于 476 年制定的《尤列克法典》中可以看到尤列克国王禁止日耳曼人与罗马人通婚的规定,此时的禁婚规定,或许更多出于习惯和对统治罗马人的不确定性。②正如罗马人一直以来畏惧蛮族人对自己的影响,反过来说,蛮族人也不知道与罗马人通婚会对蛮族王国产生什么样的后果。《狄奥多西法典》主要针对的是罗马行省官员与蛮族的通婚,避免因异族通婚导致的行省统治危机。在《西哥特罗马法典》中更是强化了这一项规定,禁止罗马人与蛮族人结婚,对危害政府的婚姻会处以惩罚。在《西哥特罗马法典》第三编第 14 条中注明:"任何罗马人都不得迎娶蛮族妇女为妻,罗马妇女也不得与蛮族结婚。如果他们违背规定,将会被处以死刑。"③如果将前后两个条文进行比较的话,会发现《狄奥多西法典》中婚姻双方的身份重点在于行省人(provinciales)和为罗马提供军事服务的蛮族人(gentiles),而《西哥特罗马法典》在前者的基础上调整为罗马人(Romani)和蛮族人(barbari),显示此时族群概念得到进一步强化,而蛮族这一词语的含

---

① „XIIII, 10, 2, Impp. Arcadius et Honorius aa. ad populum," in Theodor Mommsen und Paul Martin Meyer, Hrsg., *Theodosiani libri XVI cum Constitutionibus Sirmondianis et Leges Novellae ad Theodosianum pertinentes*, Volumen I, S. 788.

② 《尤列克法典》目前只剩余片段保存下来,其内容被吸收进了《巴伐利亚法典》《西哥特法典》和其他的蛮族法典。在《德意志文献集成》中,《尤列克法典》的残篇编入了《西哥特法典》之内。参见 „Legum Codicis Euriciani fragmenta," in K. Zeumer, Hrsg., *MGH, LL nat. Germ. 1*, Hannoverae: Impensis Bibiopolii Hahniani, 1902, https://www.dmgh.de/mgh_ll_nat_germ_1/index.htm#page/(1)/mode/1up.

③ „Titulus XIV. De Nuptiis Gentilium," in Gustavus Haenel, Hrsg., *Lex Romana Visigothorum*, S. 92.

义也因复杂多变的政治环境而存在着多种解读。①

禁止通婚的做法,反映出蛮族统治者希望保存血统纯正性的考虑,但随着时间的推移,有学者指出,出于经济和政治的考虑,蛮族人和罗马人之间的通婚逐渐变得难以避免。例如,在哥特人的治下,罗马人享有财产权,但是他们不能参与政治活动,这促使罗马人生出改变身份的意图。但是哥特法律中并无哥特人的身份定义,因为哥特人的身份认定权是在国王手中。②

尤列克的继承人阿拉里克二世上任后,为了加强对哥特—高卢—西班牙地区的统治,506 年 2 月 2 日颁布了仅适用于罗马人的法典,一般称为《西哥特罗马法典》,又称《阿拉里克法律汇编》(*Breviarium Alaricianum*)。③ 这时期法典的颁布程序有一定规范:首先法典是由高卢罗马法学家们参照《狄奥多西法典》起草而成,在国王挑选的代表召开的会议上获得通过,然后在图卢兹(Toulouse)公布,正本需要存放在国库里,副本经大臣阿尼亚诺(Aniano)确认后,再交到各地区开始使用。④ 无论是《尤列克法典》还是《西哥特罗马法典》,内容实际上基于同源的《狄奥多西法典》。因此,在《西哥特罗马法典》的前言里,阿拉里克二世把自己编纂新法典的行为形容为"对旧法典的纠正与厘

---

① Hagith Sivan, "The Appropriation of Roman Law in Barbarian Hands: 'Roman-Barbarian' Marriage in Visigothic Gaul and Spain," in Walter Pohl, Helmut Reimitz, eds., *Strategies of Distinction: The Construction of Ethnic Communities, 300-800*, Brill: Leiden, 1998, pp. 192-204.

② Patrick I. Geary, *The Myth of Nations: The Medieval Origin of Europe*, Princeton: Princeton University Press, 2002, pp. 131-132.

③ Ian Wood, "Nachleben: The Code in the Middle Ages," in Jill Harries and Ian Wood, eds., *The Theodosian Code: Studies in the Imperial Law of Antiquity*, London: Gerald Duckworth, 1993, p. 159.

④ Rafael de Ureña y Smenjaud, *La Legislación Gótico-Hispana (Leges Antiquiores. Liber Iudiciorum)*, Madrid: Establecimiento Tipográfico de Idamor Moreno, 1905, pp. 298-299.

清,现在他要把所有条文汇编在一本书里"①。值得注意的是,《狄奥多西法典》在 438 年颁布之后,在之后的数十年间主要是在其发源地东罗马帝国使用,但是当查士丁尼启动罗马法改革后,不符合时政所需的《狄奥多西法典》迅速从日常法律事务中隐退。但是在西边的欧洲世界中,《狄奥多西法典》却获得了新的生命。美国学者格哈特·B. 拉德纳(Gerhart B. Ladner)指出,《西哥特罗马法典》或许是罗马法传播到中世纪西部地区的最重要的文献材料,在 12 世纪之前,中世纪西部地区的罗马法更多是受到 4—5 世纪粗俗罗马法的塑造,而不是晚些时候出现的查士丁尼《民法大全》(Corpus Iuris Civilis)。②

《西哥特罗马法典》的内容与正统官方法典存在一定差异,遗存片段中的法规与粗俗罗马法近似,没有与日耳曼习俗相关的内容,甚至没有使用任何日耳曼词汇。有学者指出,原因是《西哥特罗马法典》是在托莱多(Toledo)的宫廷颁布的,那里较少受到日耳曼习俗的影响。③不过,《西哥特罗马法典》在中世纪早期的高卢地区和意大利持续发挥着重要的影响力,在后来查理曼颁布的法规中可能包含了部分《西哥特罗马法典》的内容。④西哥特国王颁布《尤列克法典》和《西哥特罗马法典》的本意,是清除日耳曼人和罗马人之间的统治障碍,同时也是为了解决王国内两族之间的习俗矛盾,为此还聘请了专门人员协助编订、加入了《格里高利法典》来顾及罗马人的各项需求,法典的出现并没有取得理想预期效果。随后,尤列克二世与克洛维(Chlodwig)率领的法兰克军队在 507 年爆发战争,最后以西哥特人的惨败告终,阿拉

---

① Gerhart B. Ladner, "Justinian's Theory of Law and the Renewal Ideology of the *Leges Barbarorum*," *Proceedings of the American Philosophical Society*, Vol. 119, No. 3 (June 1975), p. 195.

② Ibid; Paul Krüger, Hrsg., *Codex Iustinianus*, Berlin: Apud Weidmannos, 1877; Paul Krüger, Hrsg., *Iustiniani Institutiones*, Berlin: Apud Weidmannos, 1908.

③ G. Ausenda and P. C. Diaz, "Current Issues and Future Directions in the Study of Visigoths," p. 509.

④ P. D. King, *Law and Society in the Visigothic Kingdom*, Cambridge: Cambridge University press, 1972, pp. 10-11.

里克二世在战争中丧生,克洛维则将法兰克人的势力范围延伸至高卢西南地区。①

西哥特法律编纂的第二个阶段主要以柳维吉尔德国王颁布的《修订法典》为代表。《修订法典》是在《尤列克法典》的基础上进行了修订和增补的新法典,虽然没有手稿留下来,部分内容包含在《德意志文献集成》的《西哥特法典》之中,以"Recc.""Forma Reccessvindiana"标记。从柳维吉尔德国王到瑞卡尔德(Reccared)和斯赛布特(Sisebut)的前后三位西哥特国王都致力于取缔阿里乌斯派,以及努力消除日耳曼习俗与罗马法之间的隔阂,企图将两者融合成为领地内所有人民都能够接受的法典条例。在钦达斯温特(Chindaswinth,642—653)执政时期,他希望能够重新编纂一部统一的新法典,可惜在他去世前心愿尚未达成。②最后他的儿子累斯温斯(Recceswinth,649—672)在把首都迁往西班牙的托莱多,在他父亲的基础上于654年颁布了十二编的新法《西哥特法典》。这部法典吸收了《修订法典》的主要条文,包含了324条柳维吉尔德的法令、99条钦达斯温特的法令,以及87条累斯温斯的法令,③还增加了有关上诉的新条款。④

《西哥特法典》按照罗马法典的方式撰写,取代了以往的《西哥特罗马法典》,也补充了部分日耳曼习惯法,涵盖了从立法规则到诉讼管理、从婚姻到商业、从刑法到异端等内容,是一部适用于国内日耳曼人和罗马人的法典,也是第一部真正的普适性法典,同时也延续了柳维吉尔德《修订法典》中允许异族通婚的规定。⑤从体系上来看,《西哥特法典》的篇幅长度要短于《狄奥多西法典》,它分为十二编,而《狄奥多西法典》有十五编。但是,其按照编、章、条划分,以及章节都加上大小

---

① Julia M. H. Smith, *Europe after Rome: A New Cultural History, 500-1000*, Oxford: Oxford University Press, 2005, p. 200.
② Marie Regina Madden, *Political Theory and Law in Medieval Spain*, p. 36.
③ Theodore John Rivers, *Laws of the Alamans and Bavarians*, p. 20.
④ Erica Buchberger, *Shifting Ethnic Identities in Spain and Gaul, 500-700: From Romans to Goths and Franks*, Amsterdam: Amsterdam University Press, 2017, p. 82.
⑤ Theodore John Rivers, *Laws of the Alamans and Bavarians*, p. 20.

标题的方式明显受到罗马法的影响。在语言上,使用的是蛮族拉丁语,没有塔西佗和西塞罗的精美修辞,也没有罗马法典的严谨缜密,可见该法典的撰写人并非是受过良好罗马法学教育的学者。在内容上,也在原来的基础上增添、修订和加入了许多变化,但是大致的顺序跟原来还是有一定的相似之处,譬如婚姻法都是放在第三编,与土地森林相关的则放在第十编。①

在婚姻法方面,《西哥特法典》第三编第 1 章第 1 条中便允许"罗马女性嫁予哥特男性,哥特女性嫁予罗马男性",在法规下方是《修订法典》的内容:

> 罗马妇女嫁给哥特人应为合法,哥特妇女嫁给罗马人也为合法。为了将来的利益,也为了给人民提供更好的生活,人们应该感受到诸侯对人民的热心照顾。如果限制人们婚姻从而损害尊严和宗族平等的古老法律没有被废除的话,也不值得祝贺结婚。因此,我们特此批准更好的法规,并宣布如果有任何哥特人希望迎娶罗马妇女,或者任何罗马人想要与哥特妇女结婚,在提出请求后,都会得到允许。任何自由民均有权与任何自由妇女结婚,事先需要获得伯爵和女方家庭的许可。②

由此可见,公元 6—7 世纪的西哥特国王,都致力于加强族群融合,取消法律中限制罗马人与蛮族人通婚的规定。③英国历史学家沃尔夫·利贝舍耶茨(Wolf Liebeschuetz)曾经指出,利维吉尔德并没有消除哥特人和罗马人之间的区别,只是在婚姻的资格上认为双方是平等的,他的政策加速了哥特人和罗马人的融合,而在法律之外的其他方面,

---

① „Liber Tertius," Karolus Zeumer, Hrsg., *MGH*, *LL nat. Germ. 1*, S. 121-122; „Liber Decimus," in Karolus Zeumer, Hrsg., *MGH*, *LL nat. Germ. 1*, S. 382.

② „Liber Tertius, I, I," in Karolus Zeumer, Hrsg., *MGH*, *LL nat. Germ. 1*, S. 121-122.

③ Guy Halsall, *Barbarian Migrations and the Roman West*, Cambridge: Cambridge University Press, 2007, p. 487.

哥特人与罗马人之间的差异也逐渐缩小。①哥特人与罗马人的结婚限制彻底取消之后,从时间上来看,此时的西哥特王国已经统治了罗马人达两百年之久,在两族的融合上也终于取得了明显的进展。②

《西哥特法典》中涉及罗马人的条款共有 6 条,第 1 条是上述的"两族通婚法",其他 5 条法规皆与土地财产权相关,包括"关于哥特人和罗马人之间的土地划分"③"关于哥特人和罗马人之间的尚未划分的森林"④"凡哥特人占用了罗马人所有的第三部分土地,应根据法院命令,将土地还给罗马人""五十年时限过后,哥特人和罗马人都无权主张财产所有权""任何对罗马时代的土地边界变动提出的控诉都不得通过"。从上述的条文中,可以看到哥特人对罗马人的统治是建立在保证其土地占有权的基础上的,要求哥特人不得任意侵犯或者占有原先属于罗马人的土地,让后者的生活资源在法律的规定下得到妥善保护。土地和林地的划分,也是建立在平等和公开的原则之上,被哥特人私自占有的土地,将由法官等官员重新还给罗马人,罗马人在哥特

---

① J. H. W. G. Liebeschuetz, "Goths and Romans in the Leges Visigothorum," in Gerda de Kleijn and Stephane Benoist, eds., *Integration in Rome and in the Roman World*, Leiden: Brill, 2014, pp. 93-94.

② 《西哥特法典》中另外两项有关婚姻的规定(嫁妆和公开仪式),也来自罗马法。据格罗宁根大学(Rijksuniversiteit Groningen)学者卡尔·海德克(Karl Heidecker)指出,在传统罗马法中,嫁资(dos)由新娘的家庭给予新郎。在日耳曼人的习俗中,嫁妆则是由新郎的家庭给予新娘。随后,加洛林人和其他的日耳曼人对嫁妆的定义,都是由新郎的家庭给予新娘。参见 Karl Heidecker, *The Divorce of Lothar II: Christian Marriage and Political Power in the Carolingian World*, Ithaca: Cornell University Press, 2002, p. 30。

③ 法规内容为:在任何情况下都不得干涉哥特人和罗马人之间对耕地和森林的划分,前提是划分必须公开进行的。任何罗马人不得占有或者宣称,自己拥有上述属于哥特人的土地中的三分之二份额,任何哥特人也不得占有或者宣称,自己拥有属于罗马人的土地中的三分之一份额,除非是慷慨赠予他们的土地。任何后代都不能够违背父母或邻居间的土地划分结果。参见 „Liber Decimus, I, VIII," in Karolus Zeumer, Hrsg., *MGH, LL nat. Germ. 1*, S. 385-386。

④ 法规内容为:对于哥特人或罗马人占有同等份额的,并在该处进行了耕种而又尚未划分的森林,特此规定。如果任何属于上述当事人的林地,在依法进行赔偿的情况下,接受赔偿的当事人不得拒绝接受上述林地。但是,如果前者对土地没有拥有权的话,正在耕种的土地应由双方平等划分。参见 „Liber Decimus, I, IX," in Karolus Zeumer, Hrsg., *MGH, LL nat. Germ. 1*, S. 386。

人到来之前的土地买卖行为和土地拥有权益,会继续得到法律的保护而维持不变。所以,哥特人在对待罗马人的态度上,基本是秉持公平和公开原则,分配土地和森林资源时对哥特人和罗马人一视同仁,要求他们都服从国家法规,但是从另一方面看,也蕴含着由于"哥特人的慷慨",罗马人才得以继续持有土地的意思。因此,《西哥特罗马法典》的诞生,起到了将《狄奥多西法典》保存和传播至中世纪甚至更后的欧洲大陆的重要作用。①

格拉斯哥大学(University of Glasgow)罗马法教授艾伦·沃森(Alan Watson)曾经总结过654年颁布的《西哥特法典》对罗马法的继承特征,认为有以下三点:一是在文本上复制了罗马资料,包括亲属关系等级和正当防卫;二是对罗马法进行了借用、改造和彻底改变,这点在婚姻法上有具体表现;三是以间接的方式借用罗马法。②到了公元7世纪,情况开始发生变化。当《西哥特法典》在654年颁布后,同时也禁用了此前的《尤里克法典》和《西哥特罗马法典》。一般而言,法兰克统治者不愿意将以前的法典纳入当下的法典之内,但是罗马法作为欧洲大陆上法律的源泉,又是上层人士接受法学训练的基本材料,不可避免地会受到罗马法系的影响,这点在后来墨洛温王朝编纂的法典中也有显现。因此,东罗马帝国编纂的罗马法汇编《狄奥多西法典》在6—8世纪仍然具有广泛的影响力。③在公元711年之后,托莱多王国在阿拉伯穆斯林军队的入侵下崩溃了,但是《西哥特法典》却被保存了下来,作为西班牙土地上非穆斯林人使用的法典而持续发挥着作用。④卡斯蒂利亚人富埃罗·朱戈(Fuero Juzgo)在13世纪将其翻译成西班牙语,后来被收录进卡斯蒂利亚国王阿方索十世(Alfonso X de Castil-

---

① William Livesey Burdick, *The Principles of Roman Law and Their Relation to Modern Law*, New Jersey: The Lawbook Exchange, 2012, p. 150.
② Alan Watson, *The Evolution of Western Private Law*, p. 208.
③ Ian Wood, "Introductory Note," in Jill Harries and Ian Wood, eds., *The Theodosian Code: Studies in the Imperial Law of Late Antiquity*, p. 159.
④ Antonio Padoa-Schioppa, *A History of Law in Europe: From the Early Middle Ages to the Twentieth Century*, p. 29.

la)编订的《七编法》(Siete Partidas)内。①

第四节　勃艮第人、罗马人与法的精神

老普林尼在《自然史》第四编中曾经提到"勃艮第"一词,成为"勃艮第"最早的文字记录之一。他表示共有五支日耳曼部落,第一支是汪达尔人,包括勃艮第人、瓦林奈人、查里尼人和古滕人。②勃艮第聚居地在公元 5 世纪左右开始成型。一支属于日耳曼部落的勃艮第人越过莱茵河,随后在沃尔姆斯、施派尔(Speyer)和斯特拉斯堡(Straßburg)附近形成了他们的定居点。③过后不久,这个定居点便被西罗马将军埃提乌斯(Aëtius)以雇佣的匈奴人军队在 436 年歼灭。④剩下的勃艮第人在贡多克(Gundeuch)的率领下,重新在日尔瓦湖北部地区汇集,沿着罗纳河(Rhone)建立起了一个新的王国。随后其子贡多巴德于 474 年继承了父亲的王位。⑤ 贡多巴德在位期间,勃艮第王国达到了前所未有的盛期,同时他也是一位重要的立法者。继位之后,贡多巴德开始思考如何管理广袤领土上日耳曼人和罗马人混居的问题。日耳曼人部落习俗与罗马法之间存在许多差异和冲突。有鉴于此,贡多巴德在 500 年左右决心要编纂一部勃艮第人的法典,名为

---

① 《七编法》是西班牙最重要的法律典籍之一,也是现代西班牙法律的基础文献。同时,该法典对西班牙前殖民地的法律也有着重要影响,包括得克萨斯州、加利福尼亚州和路易斯安那州。参见 Floyd Seyward Lear, "The Public Law of the Visigothic Code," *Speculum*, Vol. 26, No. 1 (January 1951), p. 3; Samuel Parsons Scott and Robert I. Burns, trans., *Las Siete Partidas*, Volume 1-5, Philadelphia: University of Pennsylvania Press, 2001.

② Pliny, *Natural History*, Volume II, Books 3-7, pp. 192-194.

③ Ludwig Schmidt, "Mundiacum und das Burgunderreich am Rhein," *Germania*, Vol. 21 (1937), S. 264-266.

④ Conrad Mannert, *Geschichte der alten Deutschen, besonders der Franken*, Stuttgart: Cotta, 1829, S. 118.

⑤ Albert Jahn, *Die Geschichte der Burgundionen und Burgundiens bis zum Ende der I. Dynastie: in Prüfung der Quellen und der Ansichten älterer und neuerer Historiker*, Halle: Verlag der Buchhandlung des Waisenhauses, 1874, S. 528-529.

《勃艮第法典》。①条款内容来自传统的勃艮第部落法，全典以拉丁文写成。随后，他也为境内的罗马人在506年颁布一部专属于他们的法典《勃艮第罗马法典》，条款为蛮族化的罗马法简编。②从法典的性质而言，前者属于属地法，后者是属人法。③

（1）《勃艮第法典》：法典的内容分阶段性编写完成。第2—41条最早撰写于483年，与尤里克编纂《西哥特法典》于同一时间，也有学者认为贡多巴德是在尤力克的影响下而开始编纂法典。其后，贡多巴德的儿子西吉斯蒙德（Sigismund）继续编纂法典，部分条款结尾处留有详细的编写时间记录，譬如第42条（501年9月3日）④、第45条（501年3月28日）⑤、第52条（517年3月29日）⑥、第76条（513年6月27日）⑦、第79条（515年3月1日）⑧。由此可见，第42—88条是新加入的部分，在501—517年之间编写完成。⑨荷兰法学家海因·L. W. 纳尔逊（Hein L. W. Nelson）指出，当西吉斯蒙德在法兰克人的进攻中去世后，他的弟弟格多摩尔（Godomar，524—532年在位）成为勃艮第国王，并在后续的时间段里完成了剩余的第89—105条以及《附录》（*Constitutiones Extravagantes*）的修订。⑩勃艮第王国于534

---

① Johannes Hoops, *Reallexikon der germanischen Altertumskunde*, Band 4, Straßburg: Trübner, 1981, S. 246.

② Karl von Amira, *Grundriss des germanischen Rechts*, Strassburg: Verlag von Karl J. Trübner, 1913, S. 20.

③ Lisi Oliver, *The Body Legal in Barbarian Law*, pp. 8-25.

④ "XLII. De hereditatibus eorum, qui sine filiis moriuntur," in Ludovicus Rudolfus de Salis, Hrsg., *MGH, LL nat. Germ. 2, 1*, S. 73.

⑤ "XLV. De his qui obiecta sibi negaverint et praebendum obtulerint iusiurandum," in Ludovicus Rudolfus de Salis, Hrsg., *MGH, LL nat. Germ. 2, 1*, S. 76.

⑥ "LII. De mulieribus desponsatis, quae ad aliorum consortium adulterio instigante transierint," in Ludovicus Rudolfus de Salis, Hrsg., *MGH, LL nat. Germ. 2, 1*, S. 87.

⑦ "LXXVI. De wittiscalcis," Ludovicus Rudolfus de Salis, Hrsg., *MGH, LL nat. Germ. 2, 1*, S. 101.

⑧ "LXXIX. De praescriptione temporum," Ludovicus Rudolfus de Salis, Hrsg., *MGH, LL nat. Germ. 2, 1*, S. 104.

⑨ "Lex Burgundionum," in Johannes Hoops, *Reallexikon der germanischen Altertumskunde*, Band 2, Straßburg: Trübner, 1915-1916, S. 154.

⑩ Minna Mensching, *Das Strafrecht der Lex Burgundionum*, Turbenthal: R. Furrer's Erben, 1928, S. 9.

年被法兰克王国击败后,法典依然保留了下来,并在原来的地区持续发挥着影响力。

《勃艮第法典》的修订版,即《法规汇纂》(Liber Constitutionum),全文共有 105 条,附录有 5 条,517 年 3 月 29 日由西吉斯蒙德于里昂颁布。① 法典的第一句话指出编纂的时间始于贡多巴德统治的第二年。② 在《附录》的最后一条(第 21 条)中提到"勃艮第人的集会"(conventu Burgundionum),说明此时"勃艮第人的集会"在司法管理中还占有重要的位置。③ 每个条款均附有小标题,说明其内容。《勃艮第法典》中与罗马人相关的条款非常有限,只有一些条款中会提到了与罗马有关的事情,譬如罗马的钱币,有 96 条提到了索里达(solidus)④,2 条提到半西斯金币(semissis)⑤,8 条法条提到西斯金币(tremissis)。⑥ 条文提到罗马钱币的目的,据说是蛮族人为了与罗马人在法律层面上建立

---

① Karl Ubl, *Inzestverbot und Gesetzgebung: Die Konstruktion eines Verbrechens (300-1100)*, Berlin: Walter de Gruyter, 2008, S. 128.

② „Prima Constitutio," in Ludovicus Rudolfus de Salis, Hrsg., *MGH*, *LL nat. Germ. 2*,1, S. 30.

③ „XXI. Incipit capitulus, quem domnus noster gloriosissimus Ambariaco in conventu Burgundionum instituit," in Ludovicus Rudolfus de Salis, Hrsg., *MGH*, *LL nat. Germ. 2*,1, S. 119.

④ „B. I. 7, I. 11, I. 12, II. 2, II. 5, IV. 1, IV. 3, IV. 7, V. 1, V. 2, V. 3, V. 4, VI. 1, VI. 4, VI. 7, VI. 8, VIII. 4, X. 1, X. 2, X. 3, X. 4, X. 5, XII. 1, XII. 2, XV. 1, XVII. 3, XVII. 4, XIX. 1, XIX. 3, XIX. 4, XIX. 11, XX. 4, XXI. 7, XXI. 10, XXII, XXIII. 1, XXIII. 3, XXV. 1, XXVI. 1, XXVI. 2, XXVI. 5, XXVII. 3, XXVII. 7, XXVIII. 3, XXX. 1, XXXII. 1, XXXII. 2, XXXII. 3, XXXIII. 1, XXXIII. 2, XXXIII. 3, XXXIV. 2, XXXVI; XXXVIII. 1, XXXVIII. 2, XXXVIII. 3, XXXVIII. 6, XXXVIII. 7, XXXVIII. 10, XLIV. 1, XLIV. 2, XLV, XLVI. 2, L. 1, L. 2, L. 4, LII. 3, LII. 4, LV. 3, LV. 4, LVIII, LXX. 2, LXX. 3, LXX. 4, LXXI. 2, LXXVI. 1, LXXVII. 1, LXXX. 2, LXXXI. 2, LXXXIX. 5, XC. 1, XC. 2, XCII. 1, XCII. 3, XCII. 5, XCIII, XCIV. 1, XCV., XCVII, XCVIII, CI. 1, CI. 2, CII. 2, CIII. 1, CIII. 6, CV, EX," in Ludovicus Rudolfus de Salis, Hrsg., *I. MGH*, *LL nat. Germ*, *2*,1, S. 32, 33, 42, 43, 45, 46, 47, 49, 50, 51, 54, 55, 57, 58, 59, 60, 61, 63, 64, 65, 66, 67, 68, 69, 74, 75, 77, 81, 82, 85, 86, 90, 91, 96, 100, 101, 104, 105, 110, 111, 112, 113, 114, 115, 120, 121.

⑤ „V. 2, VI. 1," in Ludovicus Rudolfus de Salis, Hrsg., *MGH*, *LL nat. Germ. 2*, 1, S. 45, 46.

⑥ „B. I. 7, IV. 3, V. 3, VI. 1, XXIII. 3, XXVII. 1, LXXXIX. 4, XCV," in Ludovicus Rudolfus de Salis, Hrsg., *MGH*, *LL nat. Germ. 2*,1, S. 32, 44, 45, 46, 61, 64, 110, 112.

平等的交往，建立了自己的价值体系。结合前后双方的交往状态，这样的可能性比较大。因为勃艮第人在货物交换体系中基本使用的也是罗马钱币。

在对罗马人的管辖方面法典也划分出更为清晰的界限。法典中的"我们的人民"(populus noster)是专指"勃艮第人"，而在勃艮第人集会上所决定的法律，将会适用于包括勃艮第人和罗马人在内的所有人。据里兹大学伊恩·N. 伍德(Ian N. Wood)教授指出，《附录》第21条关于的集会规定，仅在少数的法典手稿中有所记载，而且从内容上来看，显然是指在非常特殊的情况下举行的集会，或者是起因于一场战斗，颁布的时间大约在西吉斯蒙德退隐到瑞士的阿加恩(Agaune)后所颁布。在言辞上的有意划分或撰写法条的表现手法，也向外界传递出勃艮第人统治罗马人是成功的这一重要信息。①勃艮第国王特别看重罗马人的统治者身份，尤其是在获得东罗马帝国皇帝赐予的罗马官职"军事长官"之后，他们更倾向于展现出较为开明的政治态度，以期在皇帝面前有所表现。

"军事长官"这一称号，让勃艮第国王在面对其他的蛮族部落首领时，能够以更加正统的统治者身份自居，因为西哥特和法兰克人首领都没有获得这一称号。②贡多巴德在同时代的人笔下，也被视为名副其实的统治者。譬如高卢地区维埃纳的阿维图斯(Avitus von Vienne,

---

① Ian N. Wood, "Gentes, kings and kingdoms—the emergence of states. The Kingdom of the Gibichungs," in Hans-Werner Goetz, Jorg Jarnut, Walter Pohl, eds., *Regna and Gentes: The Relationship between Late Antique and Early Medieval Peoples and Kingdoms in the Transformation of the Roman World*, Leiden: Brill, 2003, p. 256.

② 第一位获得敕封的勃艮第国王是贡多克，他是在463年于罗马帝国皇帝利比乌斯·赛维鲁在位期间得到称号。参见 Herman Fischer, "The Belief in the Continuity of the Roman Empire Among the Franks of the Fifth and Sixth Centuries," *The Catholic Historical Review*, Vol. 10, No. 4 (January 1925), pp. 536-553; John Drinkwater and Hugh Elton, *Fifth-century Gaul: A Crisis of Identity?* Cambridge: Cambridge University Press, 1992, p. 172; Friedrich Anders, *Flavius Ricimer: Macht und Ohnmacht des weströmischen Heermeisters in der zweiten Hälfte des 5. Jahrhunderts*, S. 440。

470—520)与勃艮第多位前国王均有信件往来①,他们在信件里也谈论过法律事务,譬如关于罗马法的奴隶庇护问题。②阿维图斯在写往君士坦丁堡的信里,不仅称呼贡多巴德为"我的领主"(domnus meus)③。也尝试为其儿子西吉斯蒙德争取继承祖父和父亲的"军事长官"头衔,在贡多巴德仍然在世的时候(515—516/518),多次以西吉斯蒙德的名义代为写信给拜占庭皇帝阿纳斯塔修斯(Anastasius)。④阿维图斯的种种举动说明此时勃艮第人已经建立起对罗马人的稳定统治,而罗马官员的身份,也将促使勃艮第的蛮族国王在后续颁布的法令中,更加充分和平等地照顾到双方的权益。

譬如,《勃艮第法典·总则》的第 8 条和第 11 条提到罗马人的性犯罪时规定:

> (第 8 条)因为罗马人也禁止性犯罪等类似事情的发生。我们命令罗马人按照我们的前人已经确定的规则那样,罗马人按照罗马法裁决。让他们知道他们在做出决定时必须顺从成文法的规定,任何人都不得宣称无知而逃过法律的制裁。⑤

> (第 11 条)无论是蛮族人还是罗马人,由于对法规的无知或

---

① 阿维图斯来自高卢地区最显赫的家族。作为高卢—罗马人,阿维图斯经历了家乡从罗马统治者到勃艮第统治者的转变过程。他的父亲赫西奇奥斯(Hesychius)也担任过维埃纳地区官员,曾经在西罗马帝国皇帝伊帕修斯·阿维图斯(Eparchius Avitus)手下任职,两人之间也可能有血缘关系。因此,阿维图斯的信件是研究贡多巴德的重要史料,他共有超过 90 封书信存留下来。参见 "Alcimi Ecdicii Aviti viennensis episcopi Opera quae supersunt," in Rudolf Peiper, Hrsg., *MGH*, *Auct. Ant.* 6, 2, Berolini: Apud Weidmannos, 1883, https://www.dmgh.de/mgh_auct_ant_6_2/index.htm#page/(LXXVII)/mode/1up。

② "XXXXIII, Avitus episcopus domno Gundobado regi," in Rudolf Peiper, Hrsg., *MGH*, *Auct. Ant.* 6, 2, S. 73.

③ "VIIII, Avitus episcopus papae Constantinopolitano," in Rudolf Peiper, Hrsg., *MGH*, *Auct. Ant.* 6, 2, S. 43.

④ "LXXVIII, Sigismundus rex domno imperatori," Rudolf Peiper, Hrsg., *MGH*, *Auct. Ant.* 6, 2, S. 93; "LXXXXIII, Sigismundus rex domno imperatori," in Rudolf Peiper, Hrsg., *MGH*, *Auct. Ant.* 6, 2, S. 100.

⑤ "VIII. Liber Constitutionum," in Ludovicus Rudolfus de Salis, Hrsg., *MGH*, *LL nat. Germ.* 2, 1, S. 32.

者无视,而没有按照法律记载的规定做出决定,因为这个原因而偏离了司法程序的话,所有法官都需要通知当事人支付 30 索里达的罚款,并且必须代表受害方再次审理该案。①

罗马人第一次出现在《勃艮第法典》中是《总则》第 3 条款,其内容是在借性犯罪为例子,说明罗马人适用的法律为罗马法。条款中的"罗马法",指的是勃艮第国王专门为在国内生活的罗马人制定的法典,即统治者此时已经决定要专为罗马人编纂一部成文法,以免罗马人因为对蛮族习惯法不熟悉,或者以没有成文法为借口,躲避法律的约束和逃避司法责任。因此,法典也多次强调"以下规定适用于勃艮第人和罗马人",共有三条法规提到了同等对待勃艮第人和罗马人,分别为第 7 编第 1 条、第 15 编第 1 条、第 31 编第 1 条,内容涉及对奴隶和农奴的处置、斗殴的处置和种植葡萄园。②因此,《勃艮第法典》从名称上来看,是一部专门颁发给勃艮第族人的法典,但是大部分的条文也都涉及罗马人,以"勃艮第人或罗马人"(Burgundio quam Roamnus)颁布的法条共有 26 条,内容有第 4 条的盗窃、第 6 条的逃亡、第 7 条奴隶和农奴犯罪等,都将勃艮第人和罗马人同时列出,显示出在法典中两族人民享有平等地位,正如设立了两位法官一样。

另一方面,《总则》也透露了一个重要信息,那就是官员的身份来源。在第 5 条中描述了官员由下列人员构成:贵族(obtimates)、顾问(consiliarii)、管家(domestici)、宫相(maiores domus nostrae)、大臣(cancellarii)、城市或村庄的伯爵(comites),以及所有受到委任的法官(judices)。③据学者猜测,勃艮第的法院体系是由两位伯爵组成,由他

---

① "XI. Liber Constitutionum," in Ludovicus Rudolfus de Salis, Hrsg., *MGH, LL nat. Germ.* 2,1, S. 33.

② "VII. De servis et originariis, qui vocantur in crimine," in Ludovicus Rudolfus de Salis, Hrsg., *MGH, LL nat. Germ.* 2,1, S. 48; "XV. De commotione litium," in Ludovicus Rudolfus de Salis, Hrsg., *MGH, LL nat. Germ.* 2,1, S. 54; "XXXI. De plantandis vineis," in Ludovicus Rudolfus de Salis, Hrsg., *MGH, LL nat. Germ.* 2,1, S. 66.

③ "V. Liber Constitutionum," in Ludovicus Rudolfus de Salis, Hrsg., *MGH, LL nat. Germ.* 2,1, S. 31.

们担任法官,一位是勃艮第伯爵,一位是罗马伯爵。因此在勃艮第的法庭中,是一套由日耳曼人和罗马人相互配合的审理体系,具备法官资格的伯爵既有日耳曼人,也有罗马人。在后面的第 13 条规定中也确认了两位并行法官的存在,以及禁止在另一位法官缺席时单独审理的情况。据第 13 条记载:"在另一位法官缺席的情况下,无论多么希望由自己亲自参与,任何罗马或者蛮族伯爵都不得单独审理案件。"①在第 14 条中列出了王国内伯爵的名字,共有 31 位,以成对的方式列出,只有他们有权力签署法律文件(见下表)。

表 4 《勃艮第法典》中的勃艮第人伯爵与罗马人伯爵名单②

(1.) Signum Abcaris comitis².	(17.) Signum Wallaerii comitis.
(2.) Signum Aunemundi comitis.	(18.) Signum Siggonis comitis.
(3.) Signum Unnani comitis.	(19.) Signum Fredemundi comitis.
(4.) Signum Hildeulfi comitis.	(20.) Signum Avenaharii comitis.
(5.) Signum Hildegerni comitis.	(21.) Signum Vulfiae comitis.
(6.) Signum Usgildi comitis.	(22.) Signum Sigisvuldi comitis.
(7.) Signum Walesti comitis.	(23.) Signum Suniae comitis.
(8.) Signum Aumemundi comitis.	(24.) Signum Gundefulsi comitis.
(9.) Signum Andari comitis.	(25.) Signum Gundemundi comitis.
(10.) Signum Amgathei comitis.	(26.) Signum Effonis comitis.
(11.) Signum Auderici comitis.	(27.) Signum Widemeris comitis.
(12.) Signum Aumemundi comitis.	(28.) Signum Wadahameris comitis.
(13.) Signum Aveliemeris comitis.	(29.) Signum Silvani comitis.
(14.) Signum Conigasdi comitis.	(30.) Signum Fastile comitis.
(15.) Signum Viliemeris comitis.	(31.) Signum Come comitis.
(16.) Signum Coniarici comitis.	

在《附录》第 21 条第 11 则中,又再次重申勃艮第和罗马伯爵在判决时必须保持公正的态度,具体规范了"双法官制"的具体实施方式。

---

① „XIII. Liber Constitutionum," in Ludovicus Rudolfus de Salis, Hrsg., *MGH*, *LL nat. Germ.* 2,1, S. 33.

② „XIV. Liber Constitutionum," in Ludovicus Rudolfus de Salis, Hrsg., *MGH*, *LL nat. Germ.* 2,1, S. 34.

担任法官一职的勃艮第伯爵和罗马伯爵应该：

> 对犯下暴力、殴打或其他罪行的人们进行严厉的报仇和惩罚，让任何人都不得在我们的国家内犯下此类罪行。同时法官也需要受我们祖先所规定的正义法令的约束，公正地依法处理所有案件。我们认识到庭审是公开进行的行为：如果你在亲属面前对各种罪行作虚假的陈述，导致案件没有依法判决。结果，人民沦为卑鄙者，他们也会犯下类似的罪行。①

以上对法官职责的陈述，明显是在《总则》第13条的基础上进一步完善，同时显示出勃艮第人对罗马人的态度变得更加缓和，目标也更加明确。在法律方面做了妥善安排后，《附录》也继续对两族人民的经济利益作出规定，在第21条的第12则中指出："我们对罗马人作出这样的规定，生活在他们地域内的勃艮第人在获得一半的土地之后，对目前的状态已经很满足。事实上，罗马人可以保留另一半土地以及土地上的所有奴隶，但是不得对奴隶施以暴力。"②

如果将这条条文与前面有关土地分配的部分（正文第54条）结合起来进行分析的话，会发现两点。一是双方的经济利益主要为土地和奴隶。这一点与原先罗马人对日耳曼人的安排密切相关。在罗马帝国时期，进入帝国的日耳曼人会以同盟者（foederati）的身份获得庇护（hospitalitas）③，作为"客人"（hospes），他们可以拥有原主人的三分之一土地。④当勃艮第人成为罗马人的统治者之后，按照《勃艮第法典》规

---

① „XXI. 11. Incipit capitulus, quem domnus noster gloriosissimus Ambariaco in conventu Burgundionum instituit," in Ludovicus Rudolfus de Salis, Hrsg., *MGH, LL nat. Germ. 2*, 1, S. 121.

② „XXI. 12. Incipit capitulus, quem domnus noster gloriosissimus Ambariaco in conventu Burgundionum instituit," in Ludovicus Rudolfus de Salis, Hrsg., *MGH, LL nat. Germ. 2*, 1, S. 121.

③ *HRG*, 1, 774-448; *HRG*, 1, 1607-1608.

④ Katherine Fischer Drew, *Law and Society in Early Medieval Europe: Studies in Legal History*, London: Variorum Reprints, 1988, p. 91.

定,他们可拥有"三分之一的奴隶和三分之二的土地"。①因此,多次以同盟者身份从罗马人处获得土地的勃艮第人,已经掌握了罗马的统治技巧,即庇护政策,他们在反客为主后,也以同样的方式对待罗马人。而他们在土地需求量上的大幅度增加,有可能说明勃艮第人相比罗马人更倾向于进行农业生产。二是双方强弱关系的互换。通过比较正文第 54 条和《附录》第 21 条可以发现,在西吉斯蒙德统治期间,他致力于团结不同民族的人,同时勃艮第人和罗马人的社会地位和经济状况也发生一定的转变:勃艮第人通过多年的统治和经营,整体控制的资产已经有了长足的增长,罗马人虽然也得到了政策的照顾,但是在一定程度上是逐渐走向衰落的,他们与勃艮第人在文化和财力上不再处于不对等的位置。

关于勃艮第人和罗马人的身份,还有两个比较特殊的规定。第一,是审讯的排他性(第 22 条)。在"在涉及罗马人的诉讼中废除蛮族人的辩护权"中,规定"任何罗马人将他与涉及另一个罗马人的案件交由蛮族人作为辩护人处理时,让他直接输掉案件,并让接受案件的辩护人缴纳 12 索里达的罚款"。②从这条法规可以看到勃艮第立法者决心让两族人民司法各自独立的决心,即使在法官的位子上作出了两位并列的安排,但是在实际案件的诉讼过程中,蛮族人不得以辩护人的身份参与罗马人的案件。在此情况下,双方都会遭到处罚:罗马人直接输掉官司,蛮族人则被罚款。第二,是两族人民的身份等级(第 2 条和第 26 条)。勃艮第王国的人民分为四个等级,第一等是最高等级的勃艮第人和罗马贵族;第二等是中等阶级的自由民,包括勃艮第人和罗马人;第三等是最低阶级的自由民;第四等是奴隶。他们的身份划分可以通过赔偿金额来区分,伤害不同等级的人的赔偿金是不一样

---

① „LIV. De his, qui tertiam mancipiorum, et duas terrarum partes contra interdictum publicum praesumpserint,"in Ludovicus Rudolfus de Salis, Hrsg., *MGH*, *LL nat. Germ.* 2,1, S. 88-89.

② „XXII. De damnis, quae ab animalibus inferuntur," in Ludovicus Rudolfus de Salis, Hrsg., *MGH*, *LL nat. Germ.* 2,1, S. 60.

的。杀死第一等人，即最高等级的勃艮第人和罗马贵族的罚金是 300 索里达，第二等是 200 索里达，第三等是 150 索里达。[1]如果是敲掉别人的牙齿，第一等的罚金是 15 索里达，第二等是 10 索里达，第三等是 5 索里达，如果是自由民敲掉奴隶的牙齿，罚金是 2 索里达。[2]在上述的规定中，如果是奴隶杀害他人或者遭到别人伤害，罚金都是由主人承担或由主人缴纳。从数额上来看，第一等和第三等之间的赔偿价格差距可以达到两到三倍之多。

西吉斯蒙德统治期间的《勃艮第法典》在编写上显得更加规范。比如他在位期间，《附录》部分第 20 条的开头处便提及了国王西吉斯蒙德的名字，结尾处注明颁布时间为 516 年 3 月 8 日。[3]条文的法律语言比起前面的条文，在结构和文字上都更为复杂，行文排列也具有更为严密的逻辑，一反以往平铺直叙式的规则陈述。可见，有了过去数十年的法典编纂的经验，西哥特的法学家对罗马法有了进一步的学习。

此外，勃艮第与邻近国家的外交关系也发生了变化。随着法兰克人在克洛维的率领下迅速崛起后，勃艮第人的政治任务从管理罗马人转变为应对法兰克人，或者说此时的勃艮第人和法兰克人已经处于敌对的竞争关系之中。撒里法兰克人（Salfranken）在克洛维继位之后变得强盛起来，他们开始从西北方对勃艮第王国构成威胁。勃艮第和法兰克曾经在 507 年联手击败西哥特王国，但是到了西吉斯蒙德在位期间，双方的关系开始恶化。[4]作为日耳曼蛮族部落的一支，法兰克人比勃艮第人踏入罗马帝国的时间稍晚一些，在早期发展程度也不如勃艮

---

[1] „II. De homicidiis," in Ludovicus Rudolfus de Salis, Hrsg., *MGH*, LL nat. Germ. 2,1, S. 42-43.

[2] „XXVI. De excussis dentibus," in Ludovicus Rudolfus de Salis, Hrsg., *MGH*, LL nat. Germ. 2,1, S. 63.

[3] „XX. De collectis edictum," in Ludovicus Rudolfus de Salis, Hrsg., *MGH*, LL nat. Germ. 2,1, S. 119.

[4] Patrick J. Geary, *Die Merowinger: Europa vor Karl dem Großen*, München: C. H. Beck, 2003, S. 93.

第人,勃艮第人对法兰克人的关注程度较低,因此在《勃艮第法典》编纂的第一个阶段,即贡多巴德在位期间(516 年之前),条文中没有提到过法兰克人。法兰克首次出现在《勃艮第法典》之中,是在《附录》的第 21 条。第 21 条中曾两次出现法兰克人的身影,分别是在第 4 则和第 9 则,显示出双方的关系十分微妙或者说对彼此有所提防,同时也说明双方实际上已经处于戒备状态,战争有可能一触即发。

首先,在第 4 则中规定:"如果任何曾经被法兰克人俘虏的自由哥特人进入我们的领地并希望定居在这里,我们不得拒绝其请求。"①这里的哥特人应当是指勃艮第和法兰克曾经联手对付过的西哥特人。其次,另一处提到法兰克人的是在第 9 则,条文中规定:

> 如果有人从法兰克人处购买了其他人的奴隶,他需要与符合资格的证人们一起说明他支付的费用或代价,证人们需要按照以下方式宣誓:"我们目睹了他支付费用,他购买奴隶的事情不存在任何与敌人有关的欺诈或者默许。"如果证人这样宣誓,他可以收回他所支付的款项,但抚养奴隶的费用则不得讨回,并且要立即将奴隶还给以前的主人。②

从上述两条细则的内容可以看到,勃艮第人知道法兰克与西哥特之间存在严重矛盾,原因是法兰克与西哥特一直在边疆问题上纠纷不断,第 4 则的出现明显是为调和与西哥特人的关系,此时勃艮第或许已经意识到法兰克的扩张意图,要在未来吞并勃艮第王国。因此,西吉斯蒙德下令,如果有被法兰克人俘虏的哥特人希望进入勃艮第居住,王国官员应当全部接收。他希望通过对西哥特人的友好态度,团结各方

---

① "XXI. 4. Incipit capitulus, quem domnus noster gloriosissimus Ambariaco in conventu Burgundionum instituit," in Ludovicus Rudolfus de Salis, Hrsg., *MGH*, *LL nat. Germ.* 2, 1, S. 120.

② "XXI. 9. Incipit capitulus, quem domnus noster gloriosissimus Ambariaco in conventu Burgundionum instituit," in Ludovicus Rudolfus de Salis, Hrsg., *MGH*, *LL nat. Germ.* 2, 1, S. 121.

力量一同对抗法兰克人。另一方面,为了防止勃艮第人与法兰克人之间产生不必要的接触,西吉斯蒙德不希望勃艮第人从法兰克人处购买奴隶。在这种情况下,勃艮第人自然要避免与国内的罗马人产生矛盾,一切要以和为重,因而在后面的第 12 则中也表现得对罗马人更为友善,在土地的分配比例上有所调整。①

(2)《勃艮第罗马法典》:法典的编纂时间无法完全确定,但一般认为是在 506 年前动笔,约与《勃艮第法典》编写的第一阶段同时,是由勃艮第国王贡多巴德颁布的。②现存仅有一份较为完整的单独的抄本,制作于 8—10 世纪③,其余的抄本大多与《勃艮第法典》或《西哥特罗马法典》汇编在一起。④实际上,在 5 世纪末—6 世纪初,共有三部蛮族化的罗马法典相继出现,除了《勃艮第罗马法典》外,另外两部法典分别是西哥特国王阿拉里克二世在为境内罗马法人颁布的《西哥特罗马法典》,以及东哥特的《狄奥多里克法令集》。⑤可见,日耳曼王国的统治者都是在这一时间点,经过长时间与罗马人的接触不断加深对罗马法的认识,终于决定,在把自己的部落习惯法编纂成日耳曼法典的同时,也让境内的罗马人拥有属于他们的法典。

蛮族罗马法的特点之一,是大部分法规来源于罗马法的法律文献,并且会在条文中注明出处。经常引用的罗马法律文献有《狄奥

---

① „XXI. 12. Incipit capitulus, quem domnus noster gloriosissimus Ambariaco in conventu Burgundionum instituit," in Ludovicus Rudolfus de Salis, Hrsg., *MGH*, *LL nat. Germ*. 2,1, S. 121.

② Karl von Amira, *Grundriss des Germanischen Rechts*, Cyprus: Verone, 2016, S. 20.

③ Vatican, Biblioteca Apostolica Vaticana Vat. Lat. 7277, 1v-23, http://www.leges.uni-koeln.de/en/mss/codices/vatikan-bav-vat-lat-7277/.

④ Paris Bibliothèque Nationale Lat. 4758, https://gallica.bnf.fr/ark:/12148/btv1b90668811; Berlin Staatsbibliothek—Preußischer Kulturbesitz Lat. fol. 270, http://gutenberg.beic.it/view/action/nmets.do?DOCCHOICE=10556081.xml&dvs=1641262445785~367&locale=en_US&search_terms=&show_metadata=true&adjacency=&VIEWER_URL=/view/action/nmets.do?&DELIVERY_RULE_ID=7&divType=.

⑤ Paul Vinogradoff, *Roman Law in Medieval Europe*, London: Harper & Brothers, 1909, p. 7.

多西法典》、法学家保罗(Paulus)的《判决集》(Sententiae)、盖尤斯(Gaius)的《法学阶梯》。《勃艮第罗马法典》全典共有 47 条法规。从其法律源头来看,与前面的《勃艮第法典》存在一定差异。《勃艮第法典》虽然汇集了日耳曼习惯法和粗俗罗马法,总体而言主要还是勃艮第王室法令汇编;《勃艮第罗马法典》则明显是由法学者编写的罗马法汇编,两者在形式和内容上俱存不同之处。还有一个问题是编写的视角,前者由于是多部族法的混合体,构建出了一个生动的勃艮第法律世界:由国王、法官、勃艮第和罗马贵族组成的法治共同体。在这里,"勃艮第人"和"罗马人"作为术语俱得到了重新的定义,从而适应了勃艮第王国的统治方式。①然而,在《勃艮第罗马法典》中,没有再使用此类术语来划分种族,却转为了强调统治者的存在,在第 2 条第 6 则中便提到了"国王"(domini regis),即勃艮第国王。②

两部勃艮第法典在编写的时间上存在重叠,虽然《勃艮第罗马法典》没有注明与《勃艮第法典》的关联性,但是仔细考察其条文的内容,尤其是前半部分的条款,与《勃艮第法典》的条文存在一定的相似之处(见下表):

表 5 《勃艮第法典》与《勃艮第罗马法典》条文对比③

法条	《勃艮第法典》	《勃艮第罗马法典》
第 1 条	关于允许父亲拥有授予礼物的特权,以及王室的礼物和赏钱(De libertate donandi patribus adtributa et muneribus regiis)	关于父亲或母亲的礼物,或者主人的赏赐(De patris vel matris donatione vel munificentia dominorum)

---

① Patrick Amory, "The Meaning and Purpose of Ethnic Terminology in the Burgundian Laws," *Early Medieval Europe*, Volume 2, 1(1993), p. 6.
② "Titulus II. De homicidiis," in Ludovicus Rudolfus de Salis, Hrsg., *MGH, LL nat. Germ.* 2,1, S. 127.
③ "Leges Burgundionum," in Ludovicus Rudolfus de Salis, Hrsg., *MGH, LL nat. Germ.* 2,1, S. 36; "Lex Romana sive forma et exposition legume Romanarum," in Ludovicus Rudolfus de Salis, Hrsg., *MGH, LL nat. Germ.* 2,1, S. 123.

（续表）

法条	《勃艮第法典》	《勃艮第罗马法典》
第 2 条	关于谋杀（De homicidiis）	关于谋杀（De homicidiis）
第 3 条	关于奴隶解放（De libertatibus servorum nostrorum）	关于赐予（奴隶）自由（De libertatibus）

从表中可见，《勃艮第罗马法典》在一定程度上与《勃艮第法典》存在呼应关系。下面选取第 2 条的法规"关于谋杀"进行详细对比。首先是《勃艮第法典》的规定：

2.1　如果任何人胆大妄为或以轻率的态度想要杀死我们国家任何一个自由民或者国王的仆人，即蛮族部落的人，我们都要让他血偿自己犯下的罪行。

2.2　我们将下面的条款增补进法律是出于合理的考虑，即如果任何人对他人实施暴力，导致另一人遭到鞭打或者受伤，如果受害者向迫害者进行复仇，并由于悲痛和愤慨杀死了对方，他的行为动机应当由可以信任的证人加以证明。然后，过错方应当根据死者的身份向其亲属支付赔偿金：也就是说，如果他杀害的是高等级的贵族（optimas nobilis），我们决定，赔偿金额为 150 索里达，即偿命金的一半；如果死者是中等等级的人（populo mediocris），赔偿金为 100 索里达；如果是低等级的人（minor persona），赔偿金为 75 索里达。①

其次是《勃艮第罗马法典》的规定：

2.1　凡是在教堂外发现犯下谋杀罪的人，不论他是自由民还是奴隶，均应判处死刑。

2.2　根据狄奥多西和瓦伦提尼安的《新敕》中记载的，将根据马西姆斯（Maximus）方式处理案件，如果是出于自卫而意外

---

① "II. De homicidiis," in Ludovicus Rudolfus de Salis, Hrsg., *MGH, LL nat. Germ. 2,1*, S. 42.

杀人,则法官应当将案件移交给诸侯处理。①

通过比较两份条文可以发现,《勃艮第罗马法典》关于谋杀的规定更为简单,它使用了罗马法的《新敕》作为法律规则,所援引的是《瓦伦提尼安三世的新敕》(Legum Novellarum Divi Valentiniani)的第 19 条"谋杀,意外或非意外"。② 在标题上,两份条文几乎是一致的。《新敕》在"关于谋杀"一条中首先做了三段的论述说明,在强调法的精神之后,规定无论谋杀是否出于意外,杀人者首先都要到皇帝面前说明情况,由行省长官进行调查,然后"向帝国库房赔偿 5 磅黄金,此外剥夺他的皇室职务,并判处流放五年作为惩罚"③。

所以,从内容和篇幅上来看,《勃艮第罗马法典》都大大地简化了《新敕》中的规定,或者是因为它在法律陈述中已经标注了罗马文献而不需要详加说明,因此也大大提高了对判案法官知识程度的要求,该法官必须非常熟悉罗马法典籍,才能依法作出判决。从这个方面来看,《勃艮第法典》明显简单许多,直截了当地列出处罚的方式以及赔偿的细则和金额,简化了法规的解释和审讯的过程。另一方面,《勃艮第法典》和《勃艮第罗马法典》在采证上也存在一定差异,前者更多依赖证人,尤其是"可以信任的证人",说明该证人的身份大概率为部落中的长者,他的证词将起到决定性的作用,而《勃艮第罗马法典》则是按照传统罗马法处理。如果将后面有关搜集证据的条文一并比较的话,可以更加清晰地看到两部法典的区别。《勃艮第法典》第 8 条对应的是《勃艮第罗马法典》第 7 条,前者更依赖于誓言,后者则相信证据和证人。《勃艮第法典》第 8 条"关于本地蛮族犯罪行为的指控"规定:

---

① "Titulus II. De homicidiis," in Ludovicus Rudolfus de Salis, Hrsg., *MGH*, *LL nat. Germ. 2*,1, S. 125-126.

② "Titulus XVIIII. (= brev. III) De homicidiis casu factis necne," in Theodor Mommsen und Paul Martin Meyer, Hrsg., *Theodosiani libri XVI cum Constivtionibvs Sirmondianis et Leges Novellae ad Theodosianvm pertinentes*, S. 105-107.

③ Ibid., S. 105-106.

如果本地自由民,蛮族人或者罗马人,因涉嫌犯罪而被指控,请让他宣誓,并让他的妻子和儿子,以及12位亲属起誓。如果他没有妻子和儿子,有母亲或父亲,就让他与父母一起发誓。但是如果他没有父亲或者母亲的话,就让他与12位亲属一起宣誓。①

上述条文对应的是《勃艮第罗马法典》第7条"关于对自由民或奴隶犯罪行为的指控",这条法规的法律根源是《狄奥多西法典》第9编第1条第14则,规定起诉者在向他人发起指控时,有两个先决条件:一是不能为了证据折磨奴隶,二是将自己与惩罚绑定,若输掉诉讼的话将受到同等的处罚。②由此可见,《勃艮第罗马法典》遵循的是罗马法采用的证据形式:证据和证人。

"誓言"的效用在《勃艮第法典》和《勃艮第罗马法典》中都有独立的条文单独说明。在《勃艮第罗马法典》第23条"关于誓言"中规定:

1. 如果是由法官下令或者经当事双方同意,要求对存疑的事项发誓,当事人必须亲自发誓,不得要求别人代为发誓。宣誓完成后,所有对此事的诉讼都将终止。

2. 按照格里高利(Gregory)和赫尔莫吉亚努斯(Hermogenianus)的规定,该套程序不适用于臭名昭著的人。③

这条规定说明罗马法对宣誓人有一定信任度的要求,宣誓仅适用声誉良好的人,并且要求当事人亲自发誓,由于发誓是在法庭上公开进行的行为,伴随宣誓人身份地位自然形成一定的约束力度。《勃艮第法典》第45条也对宣誓人的道德品质有一定的要求,论述要比前者更为

---

① „VIII. De obiectione criminum, quae ingenuis intenduntur," in Ludovicus Rudolfus de Salis, Hrsg., *MGH, LL nat. Germ. 2*,1, S. 49.

② „VIIII. 1. 14, De accusationibus et inscriptionibus," in Theodor Mommsen und Paul Martin Meyer, Hrsg., *Theodosiani libri XVI cum Constitutionibus Sirmondianis et Leges Novellae ad Theodosianum pertinentes*, S. 435.

③ „Titulus XXIII De sacramentis," in Ludovicus Rudolfus de Salis, Hrsg., *MGH, LL nat. Germ. 2*,1, S. 146.

详细:

> 我们知道,我们的许多人民出于无法立案或因贪婪的本性而腐败堕落,经常会毫不犹豫地对不确定的事情发誓,也会在已知的事情上作伪证。这种违法行为经常发生,一些被指控的人通过宣誓就否认了他所欠的债款,成功逃避了处罚。为此,我们将按照下列方式对诉讼作适当调整:如果诉讼方不愿意接受当事人的宣誓,要求通过比武来证明对方证词的真实性,受到指控的被告不得投降、不得拒绝决斗。而且,为被告发誓作证的证人也必须参与决斗。因为如果有人表示知道事情的真相并愿意宣誓,那他也不会畏惧战斗。如果宣誓的证人输掉了战斗,所有承诺宣誓的证人都必须被罚 300 索里达。如果拒绝接受誓言的起诉方被杀害的话,胜利的一方需要从他们的财产中取出九倍于其所欠债务的金额作为赔偿。因为,人们可能会更喜欢真相,而不是伪证。①

誓言作为古老的证词,向来被法庭作为带有约束力的证词来采用。但是,由于其本身的性质,也容易导致不确定性和伪证出现。所以,无论是《勃艮第罗马法典》还是《勃艮第法典》,都对誓言的使用保持尊重又怀疑的态度,继而在一定程度上限制了其使用的方式和范围。前者要求宣誓人必须是有名的人或声誉良好的人,后者则提出更为实际的要求:如果被控方企图以宣誓的方式逃避债务,那他就要接受对方提出决斗的要求,同时为他宣誓的证人也必须参与决斗。如果被控方输掉决斗,证人被罚 300 索里达;如果起诉方死于决斗,被控方和证人则要付出九倍于债务的赔偿金。从逃避债务的角度来说,两个结果都不是十分理想,一来证人的罚金高达 300 索里达,是一笔非常大的数字;二来决斗也非常危险,当事人和证人都有可能因此丧生,即使活下来了,也要赔偿巨额的罚款。所以从实际的角度说,倒不如直接承认债务并

---

① „XLV. De his, qui obiecta sibi negaverint et praebendum obtulerint iusiurandum," in Ludovicus Rudolfus de Salis, Hrsg., *MGH*, *LL nat. Germ. 2*, 1, S. 75.

进行赔偿。

通过比较两个法典的条文,《勃艮第法典》明显更加简单有效,《勃艮第罗马法典》虽然每个法条都有其文本渊源,出自罗马法经典,但是其规定更为复杂烦琐,对法官或涉案者的知识程度具有非常高的要求,另一个问题是,一部在近百年前写于东罗马帝国的法典,是否适用于生活在蛮族王国内的罗马人,尚且存在疑问。两部独立法典的出现,如果是从统治需要而作出安排,其出发点是可以理解的,毕竟罗马人和蛮族人除了刑事法规外,在生活习俗上也存在着许多差异,譬如在处理离婚的问题上也有所不同。

《勃艮第罗马法典》第 21 条中对"离婚"(De divortiis)做出了三条细致规定:

1. 经父亲同意,可以废除婚姻并解除婚姻关系。

2. 如果男方提出离婚,妻子反对,如果他证明她犯了通奸罪、下毒或者淫秽的罪行,妻子不得反对离婚。只要其中一项罪行被证明,应允许他抛弃妻子,并拥有追讨回结婚礼物(nuptiale donatione)的权利。

3. 但是,如果女方想要提出离婚,遭到丈夫反对,除非她能证明丈夫是杀人犯、掘墓者或者下毒者,否则不允许离婚。如果她证明了其中一项罪行,她可以离开该男子,并有权利按照《狄奥多西法典》"关于断绝关系"一章中的规定,保留她的丈夫给予她的礼物。[①]

《勃艮第法典》将有关离婚的规定放在第 34 条,分为四条细则:

1. 任何妇女如果离开(抛弃)与其合法结婚的丈夫,则把她沉入泥潭。

2. 如果任何人希望无故抛弃妻子,则除了保留给予她的婚

[①] „Titulus XXI. De divortiis," in Ludovicus Rudolfus de Salis, Hrsg., *MGH*, LL nat. Germ. 2,1, S. 143.

钱(pretium)①外,再支付给她12索里达罚款。

3. 如果一个男子想要抛弃妻子,并且能够证明以下三项罪行之一属实:通奸、巫术或盗墓,他便有权利离婚。同时让法官对她宣布法律判决,正如对待罪犯一样。

4. 如果她否认以上任何一条罪名,她的丈夫则不能因为其他罪行将妻子抛弃。如果他决意结束关系,他可以离开家,留下所有家庭财产,他的妻子和孩子可以拥有他的财产。②

上述两部法典对"离婚"的规定呈现出完全不同的面貌。从《勃艮第罗马法典》的条文可以总结出三点:第一,罗马家庭是父权制家庭,父亲掌管家中的一切事务,因此在父亲同意的情况下可以离婚;第二,妇女在家中拥有一定的权利,女性和男性都有提出离婚的权利,但是否获得通过,取决于另一方的个人品德,如犯下三项罪行之一(男女的罪行定义有别),则判处离婚;第三,妇女拥有财产权,可保留丈夫在成婚时给予的结婚礼物。由此可见,罗马人在离婚的问题上对性别持较为平等的态度,允许男女双方在一定情况下提出离婚。蛮族人对"离婚"和女性的态度则截然不同,被丈夫以犯罪为由离弃还会受到罪犯的待遇。第一,妇女不得提出离婚,否则会被直接处死,将之"沉入泥潭",这种处理方式实际上是对待罪犯一样对待提出离婚要求的女性;第二,男方可以提出离婚,只要支付一定费用便可结束婚姻关系;第三,如果是在妻子无过错情况下要求结束婚姻,丈夫只能选择离开,其家庭财产则由妻子和孩子支配。

在对待牲畜的态度上,罗马人和蛮族人也有很大区别。《勃艮第罗马法典》在第13条讨论了"牲畜造成的损失",《勃艮第法典》则是在第18章作出了规定。《勃艮第罗马法典》指出:"如果任何人的牲畜造

---

① 在中古低地德语中仍然存在女性嫁资一词,写为"prēciōs"。参见 Köbler,"prēciōs"。
② „XXXIV. De divortiis," in Ludovicus Rudolfus de Salis, Hrsg., *MGH*, *LL nat. Germ.* 2,1, S. 68.

成损失,牲畜的拥有者应当支付损失的估算费用并移交该牲畜。"①罗马人在牲畜造成损失后,会要求牲畜的主人进行赔偿并交出牲畜处死,而蛮族人则非常维护牲畜,基本是既往不咎的态度,但这里也存在一个问题:牲畜的主人可能出于私人恩怨,让牲畜伤害他人致死,在这种情况下应当如何处理,在条文中没有说明。其中一种猜测是,或许蛮族人有长期饲养牲畜如狗的情况,平日出行也会携带牲畜,所以牲畜伤人的情况可能十分普遍,而牲畜与牲畜之间的撕咬冲突也一般难以界定其根本性质。

由此可见,从贡多巴德在 476 年颁布《勃艮第法典》伊始,历经三代勃艮第国王的统治,以及三部法典的相继颁发,罗马人和蛮族人在生活习惯和法律规定上仍然存在着明显的差异。从《勃艮第法典》有关刑法(第 26 条)的规定中可以看到,罗马人和勃艮第人在社会生活中可能有着相当程度的分歧,但是这种状况没有社会等级的划分来得明显,《勃艮第法典》也没有像《西哥特法典》那样对蛮族人和罗马人的通婚作出明确的规定,而是含糊地在第 12 条"关于偷走女孩"的第 5 则中说:"如果一个罗马女孩,在没有得到父母的同意或者知情下,与一个勃艮第男子成婚,她将不会得到其父母的任何财产。"②从这条法规来看,勃艮第人实际上是不鼓励两族通婚的,而且法规的制定非常不利于罗马女子的利益,她将失去家族财产继承权,同时也没有规定要惩罚勃艮第男子。如果是蛮族之间的私自结婚,按照《勃艮第法典》第 12 条第 4 则规定,男方需要支付给女方三倍的婚钱。③或许对蛮族人来说,加强部族内部的团结,并与罗马人保持一定程度上的正常来往,是维持两个在文化和习俗上都存在极大差异的民族和谐共处的唯

---

① "Titulus XIII De damnis animalium, vel si quid per ea casu evenerit," in Ludovicus Rudolfus de Salis, Hrsg., MGH, LL nat. Germ. 2,1, S. 137.
② "XII. 5. De raptibus puellarum," in Ludovicus Rudolfus de Salis, Hrsg., MGH, LL nat. Germ. 2,1, S. 52.
③ "XII. 4. De raptibus puellarum," in Ludovicus Rudolfus de Salis, Hrsg., MGH, LL nat. Germ. 2,1, S. 51.

一办法。

总而言之,《西哥特罗马法典》和《勃艮第罗马法典》的相继出现,说明两个王国的统治者都已经认识到日耳曼人和罗马人在法治概念上存在的较为明显差异。美国中世纪史专家罗伯特·S.罗伊特(Robert S. Hoyt)曾经提出下列两点。一是日耳曼人的法律意识存在南北差异。颁布罗马法法典的日耳曼王国主要位于原罗马帝国的南方地区,说明北部和南部的日耳曼人的法律认知程度不一。原因是南方部落较早与罗马发生接触,在进入帝国后受到罗马法律文化影响的程度更高,所以这些地区的日耳曼国王倾向于采纳罗马法和推动罗马法实践。北部部落的统治者由于受到罗马法的影响较小,因此也较少颁布罗马法法典或者要求法官接受罗马法教育,他们的法典较少照顾到领地内的罗马居民。二是日耳曼人和罗马人对法律的定义不同。日耳曼人存在"法律的私人化"现象。他们会将法律视为国家财产,每一个部落王国都拥有自己的法典和习俗,这些部落和部落成员在迁移时还会将法律带往迁徙地继续使用,也就意味着在一定程度上带有强烈的属人法性质,与领地法概念形成强烈对比。也正因为如此,西哥特国王和勃艮第国王会在获得统治权后,允许各民族继续生活在自己的法律之下,让日耳曼人遵守传统的部落习惯法,罗马人则沿用以往的罗马法。①

第五节　克洛维、法兰克人与《撒里克法律公约》

从公元 3 世纪开始法兰克人缓慢地沿着莱茵河向罗马帝国边境迁徙。在与罗马人频繁的接触过程中,尽管不断受到罗马帝国的阻拦和防卫,但是法兰克人还是逐步迁入罗马帝国,深入到高卢地区。这

---

①　Katherine Fischer Drew,"The Barbarian Kings as Lawgivers and Judges," in Robert S. Hoyt, ed., *Life and Thought in the Early Middle Ages*, Minneapolis: University of Minnesota Press, 1967, pp. 11-12.

时候的日耳曼人以加入罗马军团的方式成为罗马的同盟者,帮助守卫帝国的边界。①在公元 4 世纪中期—5 世纪,法兰克人以部落为单位,在军事首领的领导下活动,而大部分的法兰克人仍然居住在莱茵河东部地区。公元 5 世纪,由于匈奴人入侵高卢,生活在高卢地区的法兰克人与其他蛮族部落如勃艮第人、西哥特人一起加入罗马军团与其并肩作战。②在击败匈奴之后,罗马帝国对高卢的统治迅速瓦解,剩下的半独立军队无法阻止法兰克军队的向西推进。与此同时,先前散落在各地的法兰克部落也逐渐汇集成两大集团,一支是撒里法兰克人,另一支是利普里安人(Rheinfranken 或称 Ripuarii)。③

撒里法兰克人在首领希尔代里克(Childerich)的率领下开始发展壮大,随后其子克洛维以 15 岁之龄在 481 年继承父位后,成功击败其他敌对的部落首领,把势力扩展到索姆河地区(Somme),图尔奈(Tournai)则成为撒里法兰克的权力中心。④接下来,克洛维在 506 年将其他的法兰克人陆续置于他的指挥之下。⑤此外,在即位后不久的 486 年,克洛维便在苏瓦松战役中瓦解罗马军团的剩余部队。罗马总督西阿格里乌斯(Syagrius)在苏瓦松附近被克洛维击败后逃往西哥特

---

① 撒里法兰克人和利普里安人的名字来源于两个子部落的定居点,撒里法兰克人居住在西边的撒兰德地区(Salland),利普里安人则住在莱茵河畔。参见 Nils Aberg, *Die Franken und Westgoten Während in der Völkerwanderungszeit*, Leipzig: Harrassowitz, 1922, S. 1; Reinhard Paulsen, *Schifffahrt, Hanse und Europa im Mittelalter: Schiffe am Beispiel Hamburgs, europäische Entwicklungslinien und die Forschung in Deutschland*, Köln: Böhlau Verlag, 2016, S. 327。

② Gustav Richter, *Annalen des Fränkischen Reichs im Zeitalter der Merovinger: Vom ersten Auftreten der Franken bis zur Krönung Pippins*, Halle: Verlag der Buchhandlung des Waisenhauses, 1873, S. 23.

③ Rudolf Hoke, *Österreichische und Deutsche Rechtsgeschichte*, Wien: Böhlau Verlag, 1996, S. 1.

④ Ludwig Stacke, *Erzählungen aus der Geschichte des Mittelalters in biographischer Form*, Oldenburg: Stalling 1867, S. 33; Johannes Hoops, *Reallexikon der germanischen Altertumskunde*, Band 3, S. 266.

⑤ Herwig Wolfram und Andreas Schwarcz, Hrsg., *Die Bayern und ihre Nachbarn*, Wien: Verlag der Österreichischen Akademie der Wissenschaften, 1985, S. 123.

王国,但是被引渡到克洛维手中后随即去世。①他的军队被收编到克洛维麾下,克洛维也将部分土地分给自己的随从,剩余的归自己所有。克洛维以苏瓦松辖区为基础建立起法兰克王国,这时的外交策略是要与高卢—罗马人保持和平关系,同时积极拓展王国版图和缔结政治联盟。他在493年与勃艮第公主克洛蒂尔德(Chrodechild)结婚,他的妹妹奥多弗雷达(Audofleda)也在同一年嫁给东哥特国王狄奥多里克。②一种观点认为,克洛维是在婚后才颁布了《撒里克法律公约》③,也有学者指出法典是墨洛温王朝后继者不断编纂的成果。目前存有七个版本(A、C、D、E、K、S、V),分为墨洛温时期和加洛林时期两组。④通常认为A版本(Klasse A)是在克洛维在位期间完成的,是最古老的版本,⑤其他的版本包括墨洛温时期编纂的C版本(Klasse C),还有在8世纪和9世纪的版本,最广为流传的是K版本(Klasse K),该版本由查理曼在802年汇编而成,慕尼黑的巴伐利亚国立图书馆收藏的抄本"Lat. 4155"便是K版本。⑥

《撒里克法律公约》一般被认为颁布于507—511年。⑦全文共有65条,条款内容细碎缺乏体系,以盗窃罪和杀人罪为主,此外又有许多

---

① Alexander Demandt, *Die Spätantike: Römische Geschichte von Diocletian bis Justinian, 284-565 n. Chr.*, S. 215.

② Martina Hartmann, *Die Merowinger*, München: C. H. Beck, 2012, S. 20.

③ „Pactus legis Salicae," in Karl August Eckhardt, Hrsg., *MGH, LL nat. Germ. 4,1*, Hannoverae: Impensis Bibiopolii Hahniani, 1962, https://www.dmgh.de/mgh_ll_nat_germ_4_1/index.htm#page/(II)/mode/1up; *HRG*, 3, 20, 924-940; *HRG*, 4, 26.

④ Karl Ubl, *Inzestverbot und Gesetzgebung: Die Konstruktion eines Verbrechens (300-1100)*, S. 176.

⑤ Matthias Becher, *Eid und Herrschaft: Untersuchungen zum Herrscherethos Karls des Grossen*, Sigmaringen: Thorbecke, 1993, S. 147.

⑥ Lex Salica, http://www.leges.uni-koeln.de/lex/lex-salica/?noredirect=de_DE; *The Laws of the Salian Franks*, Katherine Fischer Drew, trans., Philadelphia: University of Pennsylvania Press, 1991, pp. 5-7, 28; Lex Ripuariae constituta a Francis, Bayerische Staatsbibliothek, München, Lat. 4115(Klasse K), http://daten.digitale-sammlungen.de/bsb00060127/image_1.

⑦ Susanne Hähnchen, *Rechtsgeschichte: Von der Römischen Antike bis zur Neuzeit*, Hamburg: C. F. Müller, 2013, S. 113.

零散的具体条款掺杂其中,更像是一部法律条文汇编,而不是成文法典,带有明显的部落习惯法特征。意大利法学家安东尼奥·帕多瓦·斯基奥帕(Antonio Padoa-Schioppa)教授指出,这是因为《撒里克法律公约》的大部分内容来自建国之前。它反映的是部族时期撒里法兰克人的司法习俗。因此,许多法律条款带有明显的部落特征,"它们很大程度上是由一系列针对不同罪行的经济制裁组成"①。值得注意的是,虽然《撒里克法律公约》是用拉丁文写成的,但在拉丁文难以表达的时候会使用日耳曼语,譬如第 1 条中的"mall(obergo)"②是审判地点的拉丁化词语,即一个本地的法律术语。③

《撒里克法律公约》前言中注明这是一部写给法兰克人的法规汇编。法规的内容主要依据"四位智者"的意见编纂而成,四位智者分别是:维索盖斯特(Wisogastus)、阿罗盖斯特(Arogastus)、萨勒盖斯特(Salegastus)和维多盖斯特(Widogastus)。他们居住在莱茵河的博斯耶姆(Bothem)、撒勒耶姆(Salehem)和维多耶姆(Uuidoham),四位智者在三地的法庭上会面,对一系列的案件进行审判后将裁决结果汇编成册。④ 由此可见《撒里克法律公约》实际上是一部集合了法兰克部族不同地区法律习俗的案件汇编,四位长老根据具体的案例,从中挑选富有代表性的案件,在经过讨论达成统一意见后,将处理方式作为典型记录在册。由于是一部部落习惯法的法规汇编,《撒里克法律公约》不具备完善的法律体系结构,同时也缺乏对法律关系的描述。对于权利主体和权利客体、公法和私法,以及私权和诉权均没有加以区分。

---

① Antonio Padoa-Schioppa, *A History of Law in Europe: From the Early Middle Ages to the Twentieth Century*, p. 30.
② 在中古低地德语中仍然沿用"mall"一词表示法庭集会(Gerichtsversammlung)。参见 *Köbler*, "mall"。
③ Brian Murdoch, "Textual Fluidity and the Interaction of Latin and the Vernacular Languages," in Ralph Hexter, David Townsend, eds., *The Oxford Handbook of Medieval Latin Literature*, Oxford: Oxford University Press, 2012, p. 285; "I. De Mannire," in Karl August Eckhardt, Hrsg., *MGH, LL nat. Germ.* 4,1, S. 19; *HRG*, 2, 171-178.
④ "Kurzer Prolog," in Karl August Eckhardt, Hrsg., *MGH, LL nat. Germ.* 4,1, S. 3.

所以,在《公约》中无法找到有关个人和国家的关系的界定,也没有明确说明个人的权利,法律条文集中在处理个人的经济事务,对公共利益、国家秩序、危害社会关系则缺乏概念性的定义和防范性的设置。

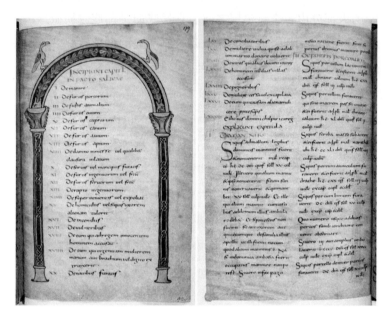

图 5　9 世纪的《撒里克法律公约》(A 版本),
法国国家图书馆藏(Bibliothèque nationale de France),手稿编号：Latin 4404①

从法规内容来看,《公约》带有以下几个特点：第一,这是一部只适用于法兰克本族人的法律文献,由于是按照部落传统和习惯进行裁判,显示法兰克王国仍处于部落建国的初期阶段;第二,《公约》的制定者没有经过严谨的罗马法训练,或者说他们受罗马法的影响有限,只是吸收了罗马法的形式而没有采纳其具体内容,譬如对罗马法中有关公法和私法的区分没有加以借用;第三,《公约》涉及的法律领域并不全面,大多集中在民事和刑事案件,对国家管理事务几乎没有涉及,同

---

① "Latin 4404"抄本中除了《撒里克法律公约》,还包括《西哥特罗马法典》《阿勒曼尼法典》和《利普里安法典》等法律文献。参见 Breviarium Alarici, Bibliothèque nationale de France. Département des manuscrits. Lat. 4404, 179r -194v (Klasse A), https://gallica.bnf.fr/ark:/12148/btv1b8426042t/f371.item；*HRG*, I, 4, 936-940。

时也缺乏对法律程序的说明,程序法的规定散布在条文之中,法条的排列没有逻辑关系。

值得注意的是,《撒里克法律公约》在处理涉及罗马人的案件时有着详细的规定。在第14条《关于拦路抢劫》中,《公约》对不同民族的抢劫有不同的处置方式:

1. 如果一个法兰克人抢劫了自由民,罪名成立的话,需要支付2500德涅尔(denarii)罚金。

2. 如果是罗马人抢劫了撒里克蛮人(barbarum Salicum),罪名未能证实的情况下,他可以找25个人宣誓担保,半数由他自己选择;如果他无法找到宣誓助手(mosido)的话,他要进入沸水中接受神判法审讯或者按照前例的规定执行。

3. 如果法兰克人抢劫了罗马人,在罪名未能证实的情况下,他可以找20个人宣誓担保,半数由他自己选择,如果仍无法找到宣誓助手且罪名成立的话,需要支付1200德涅尔罚金。①

审理以上三种抢劫案件,对撒里法兰克人和罗马人区别对待。②如果法兰克人抢劫了本族人的话,惩罚最重,抢劫罗马人的话,只需要支付一半费用,而罗马人抢劫法兰克人的话,甚至需要接受神判法的审判,而且宣誓助手的数量要求也比法兰克人多。可见法兰克王国并未把罗马人当本族人公平对待,而是把他们视作需要防范的对象。在第32条《关于捆绑自由民》中,也对罗马人作出了单独的规定:"法兰克人无

---

① 第14条法规的第1则与《勃艮第法典》的第29条第1则存在相关性,但前者更强调了自由人的身份,后者只是普遍意义上的人。参见"XIV. De superuenientes uel expoliationibus," in Karl August Eckhardt, Hrsg., *MGH*, *LL nat. Germ. 4*,1, S. 64-65;"XXIX. De superventoribus et effractoribus," in Ludovicus Rudolfus de Salis, Hrsg., *MGH*, *LL nat. Germ. 2*,1, S. 66.

② "撒里法兰克人"的使用方式几乎只在《撒里克法律公约》(K版本)中使用,其他法典很少提及撒里克一词。参见 *LegIT*, "salica"。

故捆绑自由民的话,需要支付 1800 德涅尔(等于 45 索里达)①,如果罗马人无故捆绑法兰克人的话,需要支付 1200 德涅尔(等于 30 索里达);如果法兰克人无故捆绑罗马人的话,需要支付 600 德涅尔(等于 15 索里达)。"②可见在同等条件下,罗马人的惩罚是法兰克人的双倍,条文也明显倾向法兰克人,法兰克人捆绑罗马人的话惩罚会轻微很多。与此同时,在《公约》中提及罗马人的条文,都是与暴力有关的情况,可见这一时期法兰克人和罗马人之间仍然存在着明显的身体冲突。

另一方面,处罚都是以金钱赔偿为主。即使是最严重的杀人罪,譬如在第 41 条"论杀自由民"里,法兰克人杀死一个自由的法兰克人或者受撒里克法约束的其他蛮族,需要支付罚金 8000 德涅尔(等于 200 索里达),并不会被判处死刑。如果杀死的是当地主的罗马人,只需要支付 4000 德涅尔(300 索里达),如果被杀之人是当仆从的罗马人,仅要付 1200 德涅尔(100 索里达)。③在《勃艮第法典》中,杀死一个蛮族人则必须血偿,在第 2 条"谋杀"的第 1 则中,虽然没有提到罗马人,但是意思非常明确,"如果任何人胆大妄为或以轻率的态度想要杀死我们国家的任何一个自由民或者国王的仆人,即蛮族部落的人,我们都要让他为自己犯下的罪行以血偿还"④。由此可见,勃艮

---

① "德涅尔"作为钱币,也只在《撒里克法律公约》(K 版本)和《巴伐利亚法典》中使用。在《巴伐利亚法典》中更为常用的是索里达。参见 *LegIT*, "denari"; *LegIT*, "solidi"。

② 第 32 条法规对应的是《勃艮第法典》的第 32 条,规定如下:"如果一个本地自由民捆绑另一个本地自由民的话,让他向受害人支付 12 索里达,同时罚款 12 索里达。"与《撒里克法典》相比,后者的罚款有了明显的增加和更多偏向法兰尼人,《勃艮第法典》则更加公平地对待蛮族人与罗马人之间的冲突。参见 „XXXII. De ligaminibus ingenuorum," in Karl August Eckhardt, Hrsg., *MGH*, *LL nat. Germ.* 4, 1, S. 122-123; „XXXII. De eo, qui hominem inlicite aut sine causa ligaverit," in Ludovicus Rudolfus de Salis, Hrsg., *MGH*, *LL nat. Germ.* 2, 1, S. 67。

③ „XLI. De homicidiis ingenuorum," in Karl August Eckhardt, Hrsg., *MGH*, *LL nat. Germ.* 4, 1, S. 154-155。

④ „II. De homicidiis," in Ludovicus Rudolfus de Salis, Hrsg., *MGH*, *LL nat. Germ.* 2, 1, S. 42。

第人对蛮族人被谋杀的定罪远比法兰克人严厉。

在偿命金(wergeld)方面,《勃艮第法典》会按照身份等级划分,譬如最高等级的贵族为 300 索里达。①《公约》的偿命金也与身份相关,法典中提及的身份包括"伯爵"(Grafione)②、"司法助理"(sagibaron)、"自由民"(baro ingenuus)③、"半自由民"(litus)④、"仆人"(pueri)⑤和"奴隶"(servi)⑥。其中伯爵的偿命金为 600 索里达(第 54 条第 1 则)⑦,司法助理为 600 索里达(第 54 条第 3 则)⑧,王室随从为 600 索里达(第 41 条第 5 则)⑨,如果杀死的是在军队里服役的人,金额上升到 1800 索里达(第 63 条第 2 则)⑩,仆人为 300 索里达(第 54 条第 2 则)⑪。在罗马人方面,较高等级的罗马人的偿命金则是 300 索里达(第 41 条第 8 则)⑫,杀死罗马地主和法兰克自由民的偿命金一样,均

---

① "偿命金"是最为普遍的刑罚,在所有蛮族法典中都有提及该词,所以偿命金的变体也最多,共有 16 个,包括"wergeld""wergeldus""wergeldum/-us""weregeldum""wergelt""weregeld""weregelt""werageld""weragelt""werageld""weragelt""weragild""wergilt""wirgelt""wirngeld""wiregildo"。参见 *LegIT*,"wergeld"; *DWB*,29,320-324; *DRW*,3,1543-1544; *HRG*,3,842-846。

② *HRG*,2,509-522; *DRW*,4,1051-1052; *DWB*,8,1698-1712; Lübben,"wer(e)-gelt"。

③ "baro"在 6—8 世纪时,主要含义为"自由人",在 9 世纪之后就带有地位崇高,封臣的含义。参见 *DRW*,"baro"。

④ "半自由民"的拼写与"偿命金"一样,存在多种变体,有"litus""litis""letus""lidus",譬如《撒里克法典》使用的是"lidus",《萨克森法典》使用的是"litus",《阿勒曼尼法典》则使用"letus",而在中古高地德语和中古低地德语中都是"lat"。参见 *LegIT*,"litus"; *HRG*,3,1013-1015; *DRW*,8,1349-1350; Lübben,"lat"; Köbler,"lat"。

⑤ *HRG*,2,1909-1911。

⑥ *HRG*,3,869-878。

⑦ "LIV. 1. De grafione occiso," in Karl August Eckhardt,Hrsg.,*MGH*,*LL nat. Germ*. 4,1,S. 203.

⑧ "LIV. 3. De grafione occiso," in Karl August Eckhardt,Hrsg.,*MGH*,*LL nat. Germ*. 4,1,S. 204.

⑨ "XLI. 5. De homicidiis ingenuorum," in Karl August Eckhardt,Hrsg.,*MGH*,*LL nat. Germ*. 4,1,S. 156.

⑩ "LXIV. 2. De herburgium," in Karl August Eckhardt,Hrsg.,*MGH*,*LL nat. Germ*. 4,1,S. 231.

⑪ Ibid.,S. 204.

⑫ "XLI. 8. De homicidiis ingenuorum," in Karl August Eckhardt,Hrsg.,*MGH*,*LL nat. Germ*. 4,1,S. 157.

为 100 索里达(第 41 条第 9 则)①，罗马士兵是 100 索里达(《附令》第 117 条第 2 则)②。另外，在《附令》第 104 条"关于剪掉或拉扯妇女头发"中对伤害妇女有明确规定：

  1. 如果任何人拉扯妇女的头发导致她的头巾落地，他需要支付 15 索里达的罚金。

  2. 但是如果他解开她的头巾，让她的头发垂到肩上，他的罚金为 30 索里达。

  3. 如果奴隶攻击自由妇女或拉扯她的头发，他会被斩掉一只手掌或支付 5 索里达。

  4. 用拳脚击打怀孕自由妇女的肚子或肾脏，如果她没有失去孩子但是受到重创几乎死亡的情况下，需要赔偿 200 索里达的罚金。

  5. 如果胎儿死去而妇女还活着，袭击者应支付 600 索里达。

  6. 但是如果妇女因此死去，他需要支付 900 索里达。

  7. 如果死去的妇女是置于国王的保护之下，袭击者应支付 1200 索里达。

  8. 如果流产的孩子是女孩，他需要支付 2400 索里达。

  9. 半自由妇女或罗马妇女的罚金是以上的一半。③

从上述的条文可见，《撒里克法律公约》对女性的人身安全提供了一定的保护，同时罚金的数额与女性的年龄也有关系。首先，未成年女性的偿命金为 200 索里达(第 24 条第 8—9 则)④，育龄女性的偿命金为

---

  ① „XLI. 9. De homicidiis ingenuorum," in Karl August Eckhardt, Hrsg., *MGH, LL nat. Germ. 4,1*, S. 157.

  ② „Capitulare V. CXVII. 2," in Karl August Eckhardt, Hrsg., *MGH, LL nat. Germ. 4,1*, S. 263.

  ③ „CIV. 1-9. De muliere caesa uel excapillata," in Karl August Eckhardt, Hrsg., *MGH, LL nat. Germ. 4,1*, S. 260-261.

  ④ „XXIV. 8-9. De homicidiis parulorum ⟨et mulierum⟩," in Karl August Eckhardt, Hrsg., *MGH, LL nat. Germ. 4,1*, S. 92.

600 索里达(第 41 条第 16 则)①。其次,在男性的年龄方面,杀死自由男童或长发男童(未满 12 岁)的罚金为 600 索里达(第 24 条第 1,4 则)②,是成年男子的三倍(成年男子为 200 索里达,第 41 条第 18 则)③。与其他的蛮族法典相比,《撒里克法律公约》明显对侵犯女性的伤害罪有了细致的划分和严厉的处罚。在《勃艮第法典》中,剪掉自由女性头发的罚金仅为 12 索里达(第 33 条第 1 则)④,也没有明确提到女性的"偿命金"(pretium),偿命金的金额有可能与她的嫁妆数额直接相关。而在惩罚力度方面,《撒里克法律公约》则较为轻微,以罚金取代死刑,但罚金的额度要高于《勃艮第法典》。

相比之下,恶言中伤别人的惩罚却是相当严厉的。在第 30 条"论恶言中伤"中规定:

> 如果法兰克人叫别人"嫖客"(cinitum),需要支付对方 600 第纳尔作为赔偿,如果说别人"污秽者"(concagatum),需要支付 120 德涅尔作为赔偿;如果说一个女性或男性自由民是"娼妓"又无法证明的话,需要支付 1800 德涅尔作为赔偿。⑤

侮辱性的言语并不造成具体伤害,但在《公约》中却特意制定条款进行审理,可见法兰克人将名誉与生命、财产、身体放在同等的位置上,他们重视个人名誉如同重视个人的生命,一旦受到他人侮辱则视为巨大伤害,不亚于生存或利益的侵害。死刑和鞭刑等常见刑罚的缺失,说

---

① „XLI. 16. De homicidiis ingenuorum," in Karl August Eckhardt, Hrsg., *MGH*, *LL nat. Germ.* 4,1, S. 161.

② „XXIV. 1,4. De homicidiis parulorum ⟨et mulierum⟩," in Karl August Eckhardt, Hrsg., *MGH*, *LL nat. Germ.* 4,1, S. 89-90.

③ „XLI. 18. De homicidiis ingenuorum," in Karl August Eckhardt, Hrsg., *MGH*, *LL nat. Germ.* 4,1, S. 161.

④ „XXXIII. 1. De iniuriis, quae mulieribus inlatae fuerint," in Ludovicus Rudolfus de Salis, Hrsg., *MGH*, *LL nat. Germ.* 2,1, S. 67.

⑤ „XXX. De conuitiis," in Karl August Eckhardt, Hrsg., *MGH*, *LL nat. Germ.* 4, 1, S. 118-119; Leopold Peeters, "Merovingian Foxes and the Medieval Reynard," in Arend Quak, Florus (Floor) Rhee, eds., *Palaeogermanica et onomastica*, Amsterdam: Rodopi, 1989, p. 133.

明法兰克人不愿意取走同族人的性命,或者对其肢体进行伤害减损其战斗能力。在《公约》的最后规定"七种案件"(Hoc sunt septem causas)中,把案件按照赔偿金额的多寡分为八种,分别是 15 索里达、35 索里达、45 索里达、62 个半索里达、100 索里达、200 索里达、600 索里达和 1800 索里达。①

在《撒里克法律公约》中没有对法官(thungine)的身份进行说明②,只在第 50 条第 2 则提及"法官"一词③,在第 51 条提及可以邀请伯爵协助法庭办案,到涉事人家中没收财产④。除此之外,关于法庭的性质、安排、人名等没有像《西哥特法典》或者《勃艮第法典》那样作详细说明。虽然《公约》的编纂时间要晚于前两者,但是无论法规的形式还是内容都要比前两部法典粗糙和原始,无论是在编排还是形式上都保持了原始部族刚接触成文法的风格,即把口语化的语言直接写成法规,缺乏法律条文应有的推理论证。

小结

本章着力于描述和解释日耳曼人在进入西罗马帝国故土后的法律演变,论述传统意义上的日耳曼部族法规在日耳曼王国时期有了新的发展。在作者看来,日耳曼人的部族法规是一种能够适应新的时局变化的法律,利用编写新的法规和"分典而治"的办法,解决了在新的背景下依法治理的难题。部族时期的传统仍然得到最大程度的保留。为罗马人编写的蛮族罗马法典,则解决治理罗马人的问题。

既然这个时期的部落联盟在向国家制度转变,随之而来的,就是部族习惯法向王国法律的转变。从政治上看,王国名义上是统一的,

---

① "Hoc sunt Septem Causas," in Karl August Eckhardt, Hrsg., *MGH, LL nat. Germ.* 4,1, S. 269.
② "thungine"一词仅在 A 版本中出现过,亦有多种变体。参见 *LegIT*, "thunginus"。
③ "L. De fides factas," in Karl August Eckhardt, Hrsg., *MGH, LL nat. Germ.* 4,1, S. 190.
④ "LI. Si quis grafionem ⟨iniuste⟩ ad res alienas tollendas inuitauerit," in Karl August Eckhardt, Hrsg., *MGH, LL nat. Germ.* 4,1, S. 196.

但王国的权限还不足以建立全国统一的司法制度。"分典而治"的政策,一方面能够充分保障部族习惯法的延续,另一方面能够通过编写蛮族罗马法来治理罗马人。部族法规中的古老习惯、公民道德、自然权利和族群各自认同的奖惩标准得到贯彻,而对罗马人也能够加强管理。

通过对部族习惯法向王国治下法律转变的分析,本研究指出了三种发展趋势:第一种是日耳曼人与罗马人开始融合,例如从禁止两者之间通婚到允许两者之间能够通婚;第二种是等级关系的发展,其核心是按照族群和身份进行管理;第三种是国家正式把"分典而治"当作了司法实践,出现了多部法规共同执法的法律实践。

王国时期的日耳曼法律体系具有相当的活力。首先,它意味着部族法规能够以地方习惯法的方式在新的形势下长期存在;第二,它能够因地制宜,根据碰到的新问题来修订和编写法律;最后,它保留着"古法"的传统,能够灵活地用来调整新旧交替时期出现的不同状况。

此外,还必须提到《撒里克法律公约》的法律起源的问题。有学者认为它吸收了罗马的《十二铜表法》,但是至于为什么选择产生于公元前5世纪的罗马习惯法《十二铜表法》,而不是像其他蛮族法典那样选择更加成熟和完备的《狄奥多西法典》,则让人感到疑惑不解。本书认为,《撒里克法律公约》与罗马法无关。《撒里克法律公约》用拉丁文书写,但它的编写者明显不熟悉罗马法,也没有模仿《西哥特罗马法典》或《勃艮第罗马法典》,按照两族将法兰克人和罗马人分典而治,罗马人在《公约》中出现时大多与刑事案件有关,地位等同于半自由民[①],出现的次数也明显较少。《公约》的条文也没有提到西哥特人或勃艮第人,这一点也与其他的蛮族法典大相径庭。

然而,在其他蛮族法典里绝迹的神判法,却作为正规的司法审判程序出现在《撒里克法律公约》里。此前的所有蛮族法典,如《西哥特法典》和《勃艮第法典》采用的都是按照法庭程序审判后,以罚款或决

---

① „XLII. 4. De homicidiis a contubernio factis," in Karl August Eckhardt, Hrsg., MGH, LL nat. Germ. 4,1, S. 164.

斗的方式解决纷争,但是《撒里克法律公约》却在第 53 条第 1 则中规定:"如果任何人被判处将手放入沸水里接受考验,那么,双方可达成协议,当事人可赎回自己的手,并邀请宣誓助手(iuratores)起誓作证。"① 这条法规的出现,一般被视为欧洲中世纪神判法的起源。在查理曼建立加洛林帝国之后,神判法继续获得保留和成为主要的司法程序之一。有人把它视为蛮族习惯法的传统,也有人为之添上神秘的色彩。

但是,如果仔细考察早期的蛮族法典的话,可以发现以下三点:第一,《撒里克法律公约》可以说是内容上最为开明、罗马色彩最为淡薄的部落法典,罗马人的身份仅分为"罗马地主"(Possessor Romanus)和"罗马纳税人"(Tributarius Romanus)②,而没有出现其他蛮族法典中的"罗马贵族",说明罗马人的身份在法兰克人眼里已经发生了巨大的转变,成为拥有土地的人和纳税的人。第二,除了《撒里克法律公约》以外,其他蛮族法典也没有出现过类似的神判法,所以似乎也不能将之归为蛮族的习惯法。更准确地说,它应该称之为"沸水判"。既与神祇无关,也与其他的蛮族习惯法无关,它只能是"法兰克人的习惯法"。第三,《撒里克法律公约》没有提及与罗马人通婚的问题,这一点向来是其他蛮族法典的核心内容之一,同时也没有《西哥特法典》和《勃艮第法典》表现出的民族融合的态度,即将罗马人与蛮族人并列、视其为王国内两族人。《撒里克法律公约》的撰写者无意从根本上或在表面上,将法规装扮成一部适用于"全国各部族"的法典,它仅仅是一份供部分法兰克人使用的法律材料。但是,即使《撒里克法律公约》的部落原始性非常强烈,也无妨它在查理曼时期作为法兰克人最重要的法律渊源而获得进一步的修订和补充。

---

① "iuratores"主要在 K 版本中使用,亦具有陪审员的意思。参见 *HRG*,1,6,1261-1265; *HRG*,2,16,1843-1858; *LegIT*,"iuratores"; „LIII. 1. De manu ad inium redemenda," in Karl August Eckhardt, Hrsg., *MGH*,*LL nat. Germ.* 4,1,S. 200-201。

② „XLI. 9-10. De homicidiis ingenuorum," in Karl August Eckhardt, Hrsg., *MGH*,*LL nat. Germ.* 4,1,S. 157。

❘ 第三章 ❘

成文法:查理曼的部族治理与《萨克森条令》

第一节　修订和重新颁布地区法典

第二节　萨克森《第一条令》和《第二条令》

第三节　忠诚誓言与部族治理政策

罗马法系和日耳曼法系的重要区别之一在于前者注重国家的意志,后者注重地方上部族的传统。查理曼得益于国力强盛进行了国家层面的司法改革,在"分典而治"部族法典的基础上逐渐增强国家的干预。他的改革主要有四个内容:一、由国王来重新颁布部族法规,抬高部族法典的地位,并把部族法典置于国家的控制之下;二、颁布法律条令,使其具有法律的地位,并加上了服从中央政府的内容;三、利用原有的"忠诚誓言",逐步使其法律化,要求部族和被征服地区不得背叛国家,违者将予以严惩;四、完善司法程序,指派伯爵、巡视法官等官员执掌法庭,加强了政府对司法程序的控制。这些改革凸显了国家的力量,但"分典而治"仍然存在,部族的传统并未因为国家的强大而被抹杀。

　　查理曼能够进行大刀阔斧的司法改革与他自身王权的不断强大密切相关。800年是查理曼司法改革的分界线,他在传播成文法方面也作出了重要贡献。在此之前,作为加洛林王国的两位继承人之一,查理曼在父亲矮子丕平在768年去世后,与弟弟卡洛曼分别统治王国的不同地区。① 从继承的范围来看,早年的查理曼实际上处于不利的位置:卡洛曼继承的是传统的加洛林统治区,查理曼继承的是其父新近征服的土地,如纽斯特里亚和部分阿奎丹地区。② 战功显赫的查理曼常

---

① 丕平和查理曼时期颁布的条令主要收录在《德意志历史文献集成》的《法兰克王国条令》第一卷。

② Felix Dahn, *Urgeschichte der germanischen und romanischen Völker: Dritter Band, Zweiter Teil*, Berlin: Verone, 1883, S. 950.

年追随父亲南征西讨,这些新获得的土地上都有他的赫赫战功。①为了完成父亲的征服战争,查理曼在父亲死后,并没有停止对阿奎丹的用兵。最后终于完成了对阿奎丹部落的征服。在公元800年的圣诞夜,查理曼在罗马加冕成为"罗马皇帝",将法兰克王国统治者提升到比其他欧洲国王更高的地位。因此,从789年至802年,查理曼完成了由国王转变为皇帝的过程,在要求所有臣民向他效忠的同时,他也需要重新思考国家和人民的关系,以便建立全新的治理体系以适应庞大的帝国政治架构。作为帝国的主人,查理曼对自己作为立法者的权力也有了更深的认识。②一方面要努力维持帝国的内部秩序,在与拜占庭帝国保持和平友好关系的同时,也要保持对拉文纳的控制,他决意要建立一个完善的司法体系并且保证国家和平统一。在《丕平阿奎丹条令》(*Pippini capitulare Aquitanicum*,768年)③中,允许罗马人拥有自己法律的规定,也为查理曼和虔诚者路易(Ludwig der Fromme)所继承。④查理曼以此为基础,在779年(一说789年)颁布了《阿奎丹特使备忘录》(*Breviarium missorum Aquitanicum*),延续了其父亲对其他部族的统治政策。⑤

查理曼此举不仅稳定了自己在王国内部的统治基础,也让他开始

---

① Jörg W. Busch, *Die Herrschaften der Karolinger 714-911*, München: Oldenbourg Verlag, 2011, S. 19-20.

② F. L. Ganshof, *The Carolingians and the Frankish Monarchy*, p. 69.

③ 乌得勒支大学(Utrecht University)的鲁特格尔·克莱默(Rutger Kramer)教授指出,矮子丕平在征服阿奎丹后立即颁布了《丕平阿奎丹法令》,它既是矮子丕平的最后声明,也是查理曼作为法兰克国王的第一个法令。参见"18. Pippini capitulare Aquitanicum," in Alfredus Boretius, Hrsg., *MGH, Capit. 1*, Hannoverae: Impensis Bibliopoli Hahniani, 1983, S. 42-43; Rutger Kramer, "Franks, Romans, and Countrymen: Imperial Interests, Local Identities, and the Carolingian Conquest of Aquitaine," in Walter Pohl, Rutger Kramer, eds., *Empires and Communities in the Post-Roman and Islamic World*, C. 400-1000 CE, Oxford: Oxford University Press, 2021, p. 274。

④ Rudolf Schieffer, *Schriftkultur und Reichsverwaltung unter den Karolingern: Referate des Kolloquiums der Nordrhein-Westfälischen Akademie der Wissenschaften am 17./18. Februar 1994 in Bonn*, Wiesbaden: Springer Verlag, 2013, S. 42.

⑤ "24. Breviarium missorum Aquitanicum," in Alfredus Boretius, Hrsg., *MGH, Capit. 1*, Hannoverae: Impensis Bibliopolii Hahniani, 1983, S. 65-66.

展开以法令和法典相结合的司法改革。①作为国王的查理曼颁布的法律条令数量较少,798 年的《艾曼达撒里克法典》(*Lex Salica Emendata*,即 E 版本)是以墨洛温时期的法兰克部族文献《撒里克法律公约》为基础修改后的版本②,他把执政重心放在统一战争之上,对重要的对手萨克森掀起了长达 32 年的征服战争。萨克森人一次次在宣誓后又叛乱,让查理曼深恶痛绝,终于在 782 年屠杀了 4500 名参与叛乱的萨克森人。③与萨克森人作战的过程中,让查理曼进一步认识到法律条文的重要性,他接连颁布了《萨克森地区条令》(后称《第一条令》)④、《萨克森条令》(后称《第二条令》)⑤,以及《萨克森法典》⑥,希望借助强硬的立法措施来防止萨克森人的叛变。

在此过程中,查理曼也意识到两个重要的关键点,在以后的中世纪德意志司法体系中会发挥极大影响。

第一点是各族各法,各地区部族可拥有自己的法典。在与萨克森作战的 32 年中,查理曼对萨克森的统治策略不断作出调整,这也反映在前后颁布的《第一条令》和《第二条令》之中。日耳曼部族之间的差异,要远比想象中复杂。蛮族部落之间并没有密切的来往,更没有同样的文化传统,实际上是长期处于敌对状态。据前面一章的讨论,勃艮第人对于哥特人在自己的领地上的定居是有所保留的,他们制定了相关的

---

① 有关查理曼在位期间颁布的法令研究,参见赵立行:《查理大帝"法令集"浅析》,《山东社会科学》2008 年第 11 期。

② Knut Jungbohn Clement, *Die Lex Salica und die Text-Glossen in der Salischen Gesetzsammlung, germanisch nicht keltisch*, Mannheim: Fr. Bassermann, 1843, S. 9; Adrian Schmidt-Recla, *Kalte oder warme Hand?: Verfügungen von Todes wegen im mittelalterlichen Referenzrechtsquellen*, Köln: Böhlau Verlag, 2011, S. 151.

③ Markus Stettner, *Karl der Große und die Sachsenkriege*, München: Grin Verlag, 2010; Sven Häntzschel, *Die Sachsenfeldzüge Karls des Großen und die „capitulatio de partibus Saxoniae"*, München: Grin Verlag, 2010.

④ „Capitulatio de partibus Saxoniae," S. 37-44.

⑤ „Capitulare Saxonicum," S. 45-49.

⑥ „Lex Saxonum," S. 17-36.

限制,只有在与加洛林战争中落败的哥特人俘虏才被允许定居。所以,查理曼在 802 年后要相继颁布六部法典:《加洛林撒里克法典》(Lex Salica Karolina,即 K 版本)、①《利普里安法典》《阿勒曼尼法典》、②《勃艮第法典》、③《萨克森法典》④ 和《图林根法典》⑤,其中只有《撒里克法典》是撒里法兰克人的法典,另外五部皆为其他部族的法典,奠定了"各族各法"的加洛林司法传统。此外,罗马法被尽力排除在外,仅对高卢南

---

① Stefan Esders, *Römische Rechtstradition und merowingisches Königtum: Zum Rechtscharakter politischer Herrschaft in Burgund im 6. und 7. Jahrhundert*, Göttingen: Vandenhoeck & Ruprecht, 1997, S.59; "Lex Salica Karolina(Klasse K)," in Karl August Eckhardt, Hrsg., *MGH, LL nat. Germ. 4,1*, S.5-234.

② 《阿勒曼尼法典》一般认为出现于墨洛温国王克洛塔尔二世时期,后由 8 世纪的阿勒曼公爵兰特弗里德(Lantfrid)公爵在 712—730 年间编纂成书。现存最早版本是巴黎国家图书馆的抄本"Lat. 10753",大约制作于 9—10 世纪。参见 Vincenz Schwab, *Volkssprachige Wörter in Pactus und Lex Alamannorum*, Bamberg: University of Bamberg Press, 2017, S.26; "Leges Alamannorum," in Karl Lehmann und Karl August Eckhardt, Hrsg., *MGH, LL nat. Germ. 5,1*; Lex Alamannorum (Klasse A) und teilweise singuläre Überlieferung des Pactus Alamannorum (beide fragmentarisch), Bibliothèque nationale de France. Département des Manuscrits. Latin 10753, https://gallica.bnf.fr/ark:/12148/btv1b9066844r.

③ 《勃艮第法典》由贡多巴德和西吉斯蒙德两位勃艮第国王收集前任国王的敕令汇编而成,现存最早的版本之一是慕尼黑巴伐利亚国立图书馆(Bayerische Staatsbibliothek)所藏的抄本"Lat. 4115",制作于 8 世纪晚期—9 世纪早期。参见 Hans Hattenhauer, *Europäische Rechtsgeschichte*, Heidelberg: C. F. Müller, 2004, S.122; "Leges Burgundionum," in Ludovicus Rudolfus de Salis, Hrsg., *MGH, LL nat. Germ. 2,1*; Lex Burgundionum (cc. 78, 42 und 75), München, Bayerische Staatsbibliothek, 67r-v, https://daten.digitale-sammlungen.de/0006/bsb00060127/images/index.html?fip=193.174.98.30&id=00060127&seite=1。

④ 《萨克森法典》颁布于查理曼统治时期,时间为 802 年。该法典与查理曼针对萨克森人颁布的另外两个法令共同构成加洛林王朝对萨克森人的统治政策。目前仅存在两份手稿,其中之一收藏在德国的明斯特北威州档案馆威斯特伐利亚部(Landesarchiv NRW, Abteilung Westfalen, Münster)。参见 Martin Lintzel, *Zur altsächsischen Stammesgeschichte*, Band 1, Berlin: de Gruyter, 2021, S.196; "Lex Saxonum," in Claudius Freiherrn von Schwerin, Hrsg., *MGH, Fontes iuris 4*; Lex Saxonum, Münster, Landesarchiv NRW, Abteilung Westfalen, msc. VII. 5201, 5-19, http://dfg-viewer.de/show/?tx_dlf%5Bid%5D=http%3A%2F%2Fwww.landesarchiv-nrw.de%2Fdigitalisate%2FAbt_Westfalen%2FMsc_VII%2F05201%2Fmets.xml.

⑤ 《图林根法典》是在《利普里安法典》的基础上撰写而成,该法典也是查理曼在 802—803 年的法典改革成果,唯一一份抄本收藏在德国的明斯特北威州档案馆威斯特伐利亚部,与《萨克森法典》汇编在一起,编号为"Msc. VII. 5201"。参见 Lex Thuringorum, Münster, Landesarchiv NRW, Abteilung Westfalen, msc. VII. 5201, 19-27, http://dfg-viewer.de/show/?tx_dlf%5Bid%5D=http%3A%2F%2Fwww.landesarchiv-nrw.de%2Fdigitalisate%2FAbt_Westfalen%2FMsc_VII%2F05201%2Fmets.xml.

部和意大利的部分地区有效。

　　第二点是"忠诚誓言"(juramentum fidelitatis)的有效性。在日耳曼部落传统中,向来有发誓作证的传统,誓言一是在军事任务中使用,二是法庭作证时所用,由于缺乏约束性,经常会出现作伪证或者放弃誓言的情况。①查理曼在征服一族一地后,时常要求战败方向他宣誓效忠。但是,在与萨克人的交往过程中,誓言的效力似乎相当有限,出现过多次萨克森人发誓效忠后又背弃的情况。查理曼终于开始了他的誓言改革,在他802年颁布的法规中,进一步深化此前的忠诚誓言,不仅在篇幅上有增加,同时也赋予了誓言更多的内容和限定,法规要求全国人民无论身份和地位,凡是年满12岁的男性,都要在巡察使各地视察的时候,宣誓向查理曼效忠。②查理曼的规定,将传统的忠诚誓言从忠于一人拓展到忠于部族、忠于国家,以及忠于普遍的公义职责。"忠诚"和"法律"成为查理曼时期的治国手段,也促使了后来的德意志政治和思想在一个国家的前提下朝着属地化的方向发展。

　　在西方学界,比利时历史学家弗朗索瓦·路易斯·冈绍夫(François-Louis Ganshof)是研究封建主义和加洛林王朝的代表性学者。20世纪40年代,冈绍夫开始从法律的角度分析封建主义,他在著作《何为封建主义》中提出"加洛林封建主义",要求在详细审视加洛林法律文书的基础上,重新思考8—9世纪的封君封臣关系。随后他在《查理曼对誓言的运用》一文中探讨了誓言在加洛林王朝时期的含义以及其对于在君臣之间建立政治关系的重要

---

① 《西哥特法典》和《勃艮第法典》都将宣誓作为法律程序的一部分加以使用,法官也需要发誓以表示会公正审理案件。参见„II, 1, XVIII. Flavius Chindasvindus Rex., Title 1, XVIII.," in Karolus Zeumer, Hrsg., *MGH, LL nat. Germ. 1*, S. 68; „II, 4, II. Antiqua.," in Karolus Zeumer, Hrsg., *MGH, LL nat. Germ. 1*, S. 95; „XLV. De his, qui obiecta sibi negaverint et praebendum obtulerint iusiurandum," in Ludovicus Rudolfus de Salis, Hrsg., *MGH, LL nat. Germ. 2*, 1, S. 75; Simon Widmann, *Geschichte des deutschen Volkes*, Paderborn: Ferdinand Schöningh, 1894, S. 88。

② J. L. Nelson, "Religion and Politics in the Reign of Charlemagne," in Ludger Körntgen und Dominik Wassenhoven, Hrsg., *Religion und Politik im Mittelalter: Deutschland und England im Vergleich*, Berlin: De Gruyter, 2013, S. 22-25.

作用。① 1993 年，德国学者马提亚斯·贝歇尔(Matthias Becher)在著作《誓言与统治：查理曼统治思想研究》中则把宣誓行为分为两种类型，一是作为法庭证据的宣誓，一是规范个人行为的宣誓，他认为查理曼的一系列立法措施有助于加强王国内部的政治认同，以及增强他作为帝国统治者的合法性。② 其他欧美学者如查尔斯·E. 奥德加特(Charles E. Odegaard)和苏珊·雷诺兹也撰文探讨过加洛林时期立法、权力与治理之间的关系。③ 进入 21 世纪，部分学者把眼光投向了加洛林王朝晚期的政治和法律问题，包括西蒙·麦克莱恩(Simon Maclean)的《9 世纪晚期的王权与政治》和考特尼·M. 布克(Courtney M. Booker)的《虔诚者路易的忏悔和加洛林王朝的衰落》。④ 2022 年，德国学者海科·贝尔曼(Heiko Behrmann)梳理了加洛林王朝晚期法律文本以外的宣誓记录，用来分析其政治和社会功能。贝尔曼表示，中世纪早期的誓言被认为带有日耳曼文化的色彩，这一时期的宣誓行为有助于将权力集中在统治者身上，从而衍生出一种普遍的法治精神，他的研究集中探讨了 833 年之后政治形势与宣誓行为的互动，加深了对这一行为的广泛认识。⑤

第一节　修订和重新颁布地区法典

加洛林的司法体系在查理曼任内逐渐成型，发展成为"法典加法

---

① Ganshof, François-Louis, *Qu'est-ce que la féodalité?*, Brussels: Lebègue, 1944; Ganshof, François-Louis, "Charlemagne's use of the oath," in Ganshof, François-Louis, *The Carolingians and the Frankish Monarchy: Studies in Carolingian History*, trans. Janet Sondheimer, Longman, 1971, pp. 111-124.

② Matthias Becher, *Eid und Herrschaft: Untersuchungen zum Herrscherethos Karls des Grossen*, S. 13, 120-127.

③ Charles E. Odegaard, "Carolingian Oaths of Fidelity," *Speculum*, Vol. 16, No. 3 (July 1941), pp. 284-296; Susan Reynolds, *Fiefs and Vassals: The Medieval Evidence Reinterpreted*, Oxford: Oxford University Press, 1994.

④ Simon MacLean, *Kingship and Politics in the Late Ninth Century*, Cambridge: Cambridge University Press, 2003; Courtney M. Booker, *Past Convictions: The Penance of Louis the Pious and the Decline of the Carolingians*, Philadelphia: University of Pennsylvania Press, 2009.

⑤ Heiko Behrmann, *Instrument des Vertrauens in einer unvollkommenen Gesellschaft. Der Eid im politischen Handeln, religiösen Denken und geschichtlichen Selbstverständnis der späten Karolingerzeit*, Ostfildern: Jan Thorbecke Verlag. 2022, S. 11-19.

令"的特殊管理方式,对于治理缺乏行政组织的庞大帝国十分有效。在加洛林家族的矮子丕平在 751 年取代墨洛温家族坐上王位之后,广袤的领地在两代统治者的相继努力下,正式进入一个迅速扩张的时代。矮子丕平之子查理曼在 768 年继位后,把法兰克王国发展成为欧洲最强大的国家。他在 774 年征服伦巴第王国,将之并入法兰克王国版图,然后花费 32 年击败萨克森,将帝国的边界延伸至易北河。在一连串战果累累的胜仗背后,查理曼也对国家的体制进行全面的改造。他把王国分封给数百位宫廷伯爵(comes palatii)管理,伯爵由国王任命,领终身职,同时给予他们"禁令"(bannum)的权力,"禁令"是日耳曼词汇,意思是军事和民事命令。① 这些伯爵同时也要在司法审判上主持听证会,拥有保留诉讼当事人对国王的三分之一赔偿金的权限。② 在诉讼中,查理曼会在本地名人中加入半专业的法官,称为"斯卡比尼"(scabini)。③ 有些时候,伯爵会傲慢地对待平民导致司法不公正现象出现。为了避免这些问题,查理曼会派出代表,称为"巡察使"(missi dominici)④,负责调查和监督领地上的失职等不当行为。这些巡察使主要由查理曼的亲信和来自政府的教俗人员组成,他们通常为两人或三人一组,从宫廷前往地方传达王室法令。⑤ 巡察使的存在,让查理曼在一定程度上防范了地方政治家族插手地方事务。巡察使获得了皇家职位,在自己负责的地区里拥有更高的社会地位和更大的影响力。⑥ 据 9 世纪的意大利书吏汇总,100 个案件中有一半是经过巡察使之手

---

① *DWB*,1,1115-1117;*DRW*,1,1191-1192;*HRG*,3,1240-1242.

② „95. Pippini capitulare," in Alfredus Boretius, Hrsg., *MGH*, *Capit. 1*, Hannoverae: Impensis Bibliopolii Hahniani, 1983, S. 201.

③ Peter Oestmann, *Wege zur Rechtsgeschichte: Gerichtsbarkeit und Verfahren*, Köln: Böhlau, 2015, S. 64.

④ "巡察使"是法兰克人特有的职务,带有助手和部属的含义。在中古低地德语中也出现过"missive"一词,含义是传送法律信件。参见 *HRG*,1,253-254;Köbler,"missive"。

⑤ 加洛林王朝巡察活动的名单请见"Anhang I. Ueberblick über die Thätigkeit wandernder und ständiger Königsboten," in Victor Krause, *Geschichte des Institutes der missi dominici*, Innsbruck: Wagner, 1890, S. 66-88; Bernard Bachrach, *Charlemagne's Early Campaigns (768-777): A Diplomatic and Military Analysis*, Leiden: Brill, 2013, p. 23。

⑥ Wolfram Drews, *Die Interaktion von Herrschern und Eliten in imperialen Ordnungen des Mittelalters*, Berlin: Walter de Gruyter GmbH, 2018, S. 202.

审理的。①

原来的地方法典

查理曼遇到的第一大难题是如何在广袤的领土上进行国家整合和民族融合,为此他需要在法律层面上形成一套完整的国家机制,以立法为手段直接监管和处理事务,通过覆盖全国的法治网络以完善权力运行。在查理曼作为皇帝的 13 年间,他一共颁布了至少 55 条法令,相比之下,作为国王的 31 年里他只颁布了 14 条法令。②可见,身份的转变对查理曼有着巨大的影响,帝国统治者的身份赋予了他更多的权力,也附带着强烈的责任。他决心要对全国的司法体系进行改造,完成加冕后,随即展开了对各部族法典的修订。③

在日耳曼蛮族法典中,没有涉及王国和国家的内容,更没有关于反对王权者的处置方式。在法兰克人早期的法律文献《撒里克法律公约》中也是如此。加洛林王朝取代墨洛温王朝,也继承了《撒里克法律公约》,但并非全盘接受。矮子丕平早在 763—764 年间便进行过法律改革,制定出一份拥有 100 条(有些版本是 99 条)的法兰克法律文书,其中有 65 条来自克洛维的《公约》,以及希尔德贝尔特一世(Childebert I.)、克洛塔尔一世(Chlothar I.)和希尔佩里克一世(Chilperich I.)后续的补充法规。④这个版本经查理曼稍作修改后在 798 年颁布,称为《艾曼达撒里克法典》,在篇幅上也有一些调整。

以"撒里克"为名的法典,经收集整理后共有 8 个版本:(1)《撒里克法律公约》有 65 条法规,分为三个版本:A 版本是 501—511 年⑤、B

---

① Antonio Padoa-Schioppa, *A History of Law in Europe: From the Early Middle Ages to the Twentieth Century*, pp. 38-39.
② Ibid., p. 448.
③ Johannes Fried, *Charlemagne*, Cambridge: Harvard University Press, 2016, p. 448.
④ *The Laws of the Salian Franks*, p. 53.
⑤ 法国国家图书馆所藏的《撒里克法律公约》(手稿编号:Lat. 4404)是 A 版本(Klasse A)。参见 Bibliothèque nationale de France. Département des manuscrits, Lat. 4404, https://gallica.bnf.fr/ark:/12148/btv1b8426042t。

版本是 511—533 年①、C 版本是 567—593 年②。(2)《撒里克法典》有 99 条或 100 条法规,分为两个版本:D 版本是 763—764 年,由矮子丕平颁发③;E 版本即《艾曼达撒里克法典》,在 798 年由查理曼颁发。④ (3)《加洛林撒里克法典》有 70 条法规,分为三个版本:K 版本由查理曼在 802—803 年颁发⑤;S 版本在 830 年由马克伯爵艾瑞尔德斯(Everards)制作而成⑥;V 版本 830 年在富尔达或美因茨(Mainz)出现。在 8 个版本当中,《德意志文献集成》是将 D 版本和 E 版本合并列出,S 版本单独列出。⑦ 从内容上来说,目前通用的是 70 条的 S 版本,从时间点或历史的意义上来说,《加洛林撒里克法典》最为重要。查理曼颁发过两次法典,一是他作为加洛林国王时颁布的

---

① 德国沃尔芬比特尔奥斯特公爵图书馆所藏的《撒里克法律公约》(手稿编号:Cod. Guelf. 97 Weiss.)是 B 版本(Klasse B)。参见 Herzog August Bibliothek Wolfenbüttel, Cod. Guelf. 97 Weiss, http://diglib. hab. de/mss/97-weiss/start. htm。

② 荷兰莱顿大学图书馆(Leiden Bibliotheek)所藏的《撒里克法律公约》(手稿编号:BPL 2005)是 C 版本。参见 Universiteitsbibliotheek Leiden, BPL 2005, https://digitalcollections. universiteitleiden. nl/view/item/2042311♯page/1/mode/1up。

③ 瑞士圣加仑修道院图书馆(Stiftsbibliothek St. Gallen)所藏的《撒里克法典》(手稿编号:Cod. Sang. 731)是 D 版本(Klasse D)。参见 St. Gallen, Stiftsbibliothek, Cod. Sang. 731: Lex Romana Visigothorum, Lex Salica, Lex Alamannorum, http://www. e-codices. unifr. ch/de/list/one/csg/0731。

④ 德国柏林国立普鲁士文化遗产图书馆(Staatsbibliothek zu Berlin-Preussischer Kulturbesitz)所藏的《艾曼达撒里克法典》抄本(手稿编号:Phill. 1736)为 E 版本(Klasse E),E 版本的法规数量为 99 条或 100 条。参见 Staatsbibliothek—Preußischer Kulturbesitz, Berlin, Phill. 1736, https://digital. staatsbibliothek-berlin. de/werkansicht/? PPN=PPN82881614X。

⑤ 波恩大学与州立图书馆(Universitäts- und Landesbibliothek Bonn)所藏《撒里克加洛林法典》(手稿编号:S. 402)为 K 版本(Klasse K)。参见 Bonn Universitäts- und Landesbibliothek S. 402, http://www. manuscripta-mediaevalia. de/? xdbdtdn%22obj%2031275294%22&dmode=doc♯|4。

⑥ 德国埃尔福特大学的哥达研究图书馆(Forschungsbibliothek Gotha der Universität Erfurt)所藏的《艾曼达撒里克法典》抄本(手稿编号:Memb. I 84)是 S 版本(Klasse S)。参见 Gotha Forschungs- und Landesbibliothek, Memb. I 84, https://dhb. thulb. uni-jena. de/receive/ufb_cbu_00011566? &derivate=ufb_derivate_00010754。

⑦ „Einleitung," in Karl August Eckhardt, Hrsg., *MGH, LL nat. Gem. 4,1*, S. XL; „Recht," in Ernst Hellgardt, Hrsg., *Vom St. Galler Abrogans zum Erfurter Judeneid: Frühe deutsche Prosa von ca. 800 bis ca. 1200. Texte, Übersetzungen, Einführungen und Erläuterungen*, Berlin: Walter de Gruyter, 2022, S. 694.

《艾曼达撒里克法典》,二是他在 800 年加冕成为皇帝于 802 年颁布的《加洛林撒里克法典》,因此后者更加体现出查理曼作为加洛林帝国统治者的构想。

查理曼的法律改革方针,艾因哈德在其作品《查理大帝》中有详细描述:

> 在查理接过帝国头衔之后,发现他的人民的法律有严重缺陷(法兰克人有两个法律体系,一个是撒里克人的,另一个是利普里安人的,在许多细节上都不一致),他决心要添加必要的内容,以调和差异,纠正其中的错误和恶意的引用。然而,他并没有进行彻底的改革,而是通过颁布一些法令来对原有的不完善法律进行补充,但是他促使所有部族的不成文法都在他的统治时期汇编成成文法。①

因此,查理曼对法律的改造分为两条路径:第一条路径是在法兰克传统法律文献《撒里克法律公约》的基础上颁布经过修订的《加洛林撒里克法典》,这也是他作为国王统治时期颁布的《艾曼达撒里克法典》的第二版;第二条路径是颁布法令(capitulare),来针对性地传达自己的意旨,加强中央对地方的控制。②

802 年是查理曼专心思考法律体制的一年。此前两年间他有多达 162 天在路上度过,奔波里程 4884 公里,但是在 802 年却没有任何远行。③加冕后,查理曼开始把注意力转向如何成为狄奥多西一样伟大的

---

① 译文部分参考戚国淦先生的译本《查理大帝传》。参见〔法兰克〕艾因哈德著,《查理大帝传》,戚国淦译,北京:商务印书馆,1979 年;Einhardi, „Vita Karoli Magni," in Georg Waitz, Hrsg., *MGH, SS rer. Germ. 25*, Hannoverae: Impensis Bibliopolii Hahniani, 1911, S. 33, https://www.dmgh.de/mgh_ss_rer_germ_25/index.htm#page/33/mode/1up.

② Hubert Mordek, „Kapitularien und Schriftlichkeit," in Rudolf Schieffer, Hrsg., *Schriftkultur und Reichsverwaltung unter den Karolingern*, Wiesbaden: Springer Verlag, 1995, S. 34-66.

③ 查理曼从亚琛前往布洛涅(Boulogne),共 372 公里;从布洛涅前往鲁昂(Rouen),共 183 公里;从鲁昂前往图尔(Tours)。参见 Rosamond McKitterick, *Charlemagne: The Formation of a European Identity*, Cambridge: Cambridge University Press, 2009, p. 183.

罗马皇帝上,开始重新调整和修订国家的法律系统。《洛尔施年代记》作为同时代的作品①,详细记载了802年于亚琛召开大会的具体经过,在举行会议的同时,查理曼还召集了公爵、伯爵和其他人民,以及精通法律的人,让他们把王国内所有的法律以及每一个部族的法律都读出来,并对需要修订的部分予以记录。他宣布,法官应当按照所写的内容审理案件,不能为了私利接受馈赠,所有穷人和富人都应该在他的王国里享有正义。② 在会议上,查理曼要求对帝国不同地区的法律进行修订,这些法典包括:《撒里克法典》《利普里安法典》《阿勒曼尼法典》和《勃艮第法典》。③《萨克森法典》和《图林根法典》是按照此前其

---

① 《洛尔施年代记》是法兰克王朝的"帝国年鉴"(Reichsannalen)之一,涵盖的范围为703—803年,内容记载了加洛林王朝时期的重要政治和军事事件。在分析王朝的历史时,经常会将它与《法兰克王家年代记》比对研究。关于《洛尔施年代记》的文本历史存在两种意见:一是据洛尔施修道院图书馆(Bibliotheca Laureshamensis)网页介绍,虽然手稿的名字为《洛尔施年代记》,但是它并非在洛尔施修道院内完成,该院也没有收藏过该手稿,名字"洛尔施"可能来源于加洛林时期的院长理查博德(Richbod,784—804年)。二是手稿是辗转多处后分阶段陆续完成,其中也包括洛尔施。《洛尔施年代记》的珍贵之处在于它是查理曼在公元800年加冕的重要记录,该记载写于801年,而加冕之日(12月25日)则被视为是新年的第一天。年代最早的《洛尔施年代记》手稿存于维也纳的奥地利国家图书馆(Österreichische Nationalbibliothek),编号为"Cod. 515"。参见 Wien, Österreichische Nationalbibliothek, Cod. 515 Annales Laureshamenses; "Christus und die Samariterin"; Nicetas Remesianensis, Oberrhein, vermutl. Alemannien, um 800, https://bibliotheca-laureshamensis-digital.de/view/onb_cod515? ui_lang=ger; "Annales Laureshamenses," in Georg Heinrich Pertz, Hrsg., *MGH*, *SS I*, Hannoverae: Impensis Bibliopolii Hahniani, 1826, S. 19-39, https://www.dmgh.de/mgh_ss_1/index.htm#page/(19)/mode/1up.

② "Annales Laureshamenses," S. 38-39.

③ 现存的抄本大多在查理曼时期制成,譬如德国沃尔芬比特尔奥斯特公爵图书馆所藏的《撒里克法典》《利普里安法典》版本便制作于9世纪。关于《利普里安法典》的成文时间问题,德国法学家卡尔·奥古斯特·埃克哈特(Karl August Eckhardt)将其起源追溯至自墨洛温王朝的克洛塔尔二世(Chlothar II.)至最后一位国王达戈贝尔特一世(Dagobert I.)期间,时间大约是在7世纪上半叶。参见 Karl August Eckhardt, Hrsg., *Lex Ribuaria*: *Austrasisches Recht im 7. Jahrhundert*, Göttingen: Musterschmidt Verlag, 1959, S. 114; Annette Hoff, *Recht und Landschaft*: *Der Beitrag der Landschaftsrechte zum Verständnis der Landwirtschafts- und Landschaftsentwicklung in Dänemark ca. 900-1250*, Berlin: Walter de Gruyter, 2006, S. 33; "Lex Ribuaria," in Franz Beyerle und Rudolf Buchner, Hrsg., *MGH*, *LL nat. Germ. 3, 2*; Lex Salica, Lex Ribuaria (Cod. Guelf. 299 Gud. lat.; Katalog-Nr. 4606), http://diglib.hab.de/mss/299-gud-lat/start.htm? image=00001.

他法典的模式加上查理曼颁布的法令编纂而成的，故成文的时间较晚。① 除了《撒里克法典》，其余五部都属于部族法典，是在蛮族王国法典的基础上颁布的加洛林版本。查理曼的做法，一方面统一了全国的法律体系，另一方面也提高了自己作为立法者的地位，他所采取的一国多法的统治手段，又表现出他尊重部族差异和传统习俗的道德品质，大大增加了他作为皇帝的权威和声誉。实际上，当查理曼还是国王的时候，他对待其他部族的手段比较严厉和残忍，尤其是在对萨克森的征服过程中，他展现出的是一位强硬的统治者的形象，譬如扣留人质即是其中他的一项治理政策。②

设立巡察使和修订《撒利克法典》

802年共发生过三件重大事情：第一，查理曼要求臣民重新向作为皇帝的他宣誓效忠，作为新帝国开始的一个象征；第二，颁布在旧法典基础上的第二修订版《撒利克法典》；第三，由巡察使提交的报告形成的法令体系开始运转。③ 首先，重新宣誓的任务交由巡察使负责，他们会带着特殊的指导文件《巡察专用条令》(Capitularia missorum specialia)，前往巡察区。④ 据冈绍夫指出，现存的一份材料显示，有三个巡察组是可以确定的，分别是（1）巴黎巡察区，巡察使为圣丹尼斯修道院院长法杜尔夫(Fardulf)和巴黎伯爵斯蒂芬(Stephan)；（2）勒芒(Le

---

① Stefan Sonderegger, *Grundzüge deutscher Sprachgeschichte*, Band I *Einführung—Genealogie—Konstanten*, Berlin: Walter de Gruyter, 2011, S. 62-64；Karl Kroeschell, *Recht unde Unrecht der Sassen: Rechtsgeschichte Niedersachsens*, Göttingen: Vandenhoeck & Ruprecht, 2005, S. 18-19.

② Ernst Wilhelm Wies, *Karl der Grosse: Kaiser und Heiliger*, München: Heyne Verlag, 1988, S. 122.

③ Jürgen Strothmann, *Karolingische Staatlichkeit: Das karolingische Frankenreich als Verband der Verbände*, Berlin: Walter de Gryter, 2019, S. 394；Christof Paulus, *Das Pfalzgrafenamt in Bayern im Frühen und Hohen Mittelalter*, München: Kommission für bayerische Landesgeschichte, 2007, S. 148-150.

④ „34. Capitularia missorum specialia. 802," in Alfredus Boretius, Hrsg., *MGH*, *Capit. 1*, Hannoverae: Impensis Bibliopolii Hahniani, 1983, S. 99.

Mans)巡查区,巡察使为鲁昂大主教马格纳尔德(Magenard)和马德尔高德(Madelgaud)伯爵;(3)奥尔良(Orleans)巡察区,巡察使为桑斯(Sens)大主教马格努斯(Magnus)和戈德弗雷德(Godefred)伯爵。①据法令规定,巡察使有着让人民向皇帝宣誓效忠的职责。所有年满12岁的男性,无论是俗人还是教会人员,都需要向查理曼宣誓效忠。②

第二件事情是前面提到的重新颁布的第二版《加洛林撒里克法典》。《加洛林撒里克法典》一般被认为颁布于802年,也就是查理曼登基为皇帝后颁布的新法典。③作为《撒里克法律公约》的第二修订版,法典的内容令人迷惑。第一,法典几乎保留了《公约》65条法规的全部内容,部分法令甚至一致。第二,法令的用语也维持了《公约》的风格,比较原始直接,没有再对文本进行遣词造句,加以润色或者改写。第三,法令赔偿金使用的货币单位和数额几乎没有大的变化。譬如在《公约》第2条"关于盗窃猪"与《加洛林撒里克法典》第51条非常接近,尤其是关于偷盗三头以上猪的惩罚,都是1400纳德里(35索里达)。④盗窃鸟的罚金也没有变化,《公约》第7条盗窃树上的鹰的罚金为120纳德里(3索里达),与《法典》第49条的规定一样。⑤从时间上来看,颁布于公元6世纪的《公约》距离9世纪的《法典》已有300年之久,但是罚金的数额却没有明显变动,似乎与实际情况不符。第四,对动物顺序进行了调整。《公约》的第2—8条都与偷窃动物有关,《法典》则将偷窃动物移到了第47条、第49—54条,同时将顺序按照新的

---

① F. L. Ganshof, *The Carolingians and the Frankish Monarchy*, p. 115.
② „33. Capitularia missorum generale. 802," in Alfredus Boretius, Hrsg., *MGH, Capit. 1*, Hannoverae: Impensis Bibliopolii Hahniani, 1983, S. 92.
③ Rosamond McKitterick, *Charlemagne: The Formation of a European Identity*, p. 329.
④ „II. De furtis porcorum," in Karl August Eckhardt, Hrsg., *MGH, LL nat. Germ. 4,1, S.*24; „Text S 50, 16," in Karl August Eckhardt, Hrsg., *MGH, LL nat. Gem. 4,2*, S. 221.
⑤ „IV. De furtis ouium," in Karl August Eckhardt, Hrsg., *MGH, LL nat. Gem. 4,2*, S. 34; „Text S 49, 1," in Karl August Eckhardt, Hrsg., *MGH, LL nat. Gem. 4,2*, S. 219.

方式调整。《公约》的顺序为猪、牛、绵羊、山羊、狗、鸟和蜜蜂,《法典》改为狗、鸟、牛、猪、绵羊、山羊和蜜蜂。①顺序的调整,或许与动物对法兰克人的重要性有关,经过训练的狗和鹰可以帮忙看守田地和打猎。

《加洛林撒里克法典》与之前版本的最大变化,也表现在其他条文顺序的调整上。如果把两个版本进行对比的话,会发现前版《公约》条款的次序是简单地按照罪案的类型编排,先是盗窃罪,后是杀人罪,其他各罪散落其中,似乎是按照案件发生的频率来进行分类排序。但是,《法典》虽然原封不动保存了大部分的旧条文,但是在顺序的安排上却明显有了更加清晰的思路。全文共有70条,是按照案件的轻重程度排序的。蔑视法庭罪被放在首位和次位,分别是第1条"传唤出庭"和第2条"拒绝出庭者",第2条是前版中没有的。②然后,第3—7条,分别是关于伯爵、法官、国王和教士的条文。第3条是"不诚实地要求伯爵剥夺他人财产",第4条是"不按照法律公正地进行审判的法官",第5条是"在国王面前指责无辜者或者缺席者";第6条是"烧毁或抢劫神职人员";第7条是"杀害伯爵"。③

这七条法则表面上是对法庭上的基本行为作出限定,实际上却体现了帝国司法体系的基本构成,也意味着法兰克王国从蛮族王国转向帝国官僚体系已经渐见雏形。伯爵、法官和国王的重要性置于其他条款之前,同时对违反这几项法令的惩罚也极其严厉。譬如在第3条,对"不诚实地要求伯爵剥夺他人财产"的罪名一旦成立的话,需要缴纳8000纳德里④;而在第11条"自由民犯杀人罪"中,自由民杀死一个法

---

① "II-VIII," in Karl August Eckhardt, Hrsg., *MGH*, *LL nat. Germ. 4*, 1, S. 20-45; "Text S 47, 49-54," in Karl August Eckhardt, Hrsg., *MGH*, *LL nat. Gem. 4*, 2, S. 218-222.

② "Text S 2," in Karl August Eckhardt, Hrsg., *MGH*, *LL nat. Gem. 4*, 2, S. 200-201.

③ "Text S 3-7," in Karl August Eckhardt, Hrsg., *MGH*, *LL nat. Gem. 4*, 2, S. 201-202.

④ "Text S 3," in Karl August Eckhardt, Hrsg., *MGH*, *LL nat. Gem. 4*, 2, S. 201.

兰克人或生活在撒里克法下的野蛮人的赔偿金也是 8000 纳德里，①说明冒犯伯爵的罪与杀人罪的严重程度相当。"杀死伯爵"也从原来的 54 条调到《法典》的第 7 条。原来排在第 30 条的"恶言中伤"却被调整到了最后一条，即第 70 条。②

那么，为什么查理曼在即帝位后的重要时期，选择对旧法典进行复制、而不倾全国之力重新编纂一部新法典呢？从查理曼对《公约》的保留和修缮，可以看到这位国王在治理上维护部落传统的特性，同时，也反映出《加洛林撒里克法典》和《艾曼达撒里克法典》颁布期间查理曼心态的变化：《艾曼达撒里克法典》与《公约》在内容上更加相似，而几年后重新颁布的《加洛林撒里克法典》，则更明确地要求在传统的基础上作适度改造。作为国家颁布的法典，查理曼保留了希尔德贝尔特一世、克洛塔尔一世和希尔佩里克一世三位国王的名字，却没有加入新的序言；他对 802—803 年间颁布的其他部族法典的处理方式也是如此，没有加入自己的名字。一种解释是，查理曼希望最大程度上保留各部族的传统，法典可以视为记录部落习俗的最好文本。事实上，这些部落法典的条文内容都很好地承载了部落的社会结构和生活形态，法令则成为维持中央与地方之间政务沟通的最好工具。经过修订的条文可以及时解决地方出现的特殊问题，也可以把查理曼的命令清晰地传达到各个部落，让皇帝和官员之间建立起比较密切的联系，强化了皇帝作为统治者在地方的具体的政治作用。剑桥大学中世纪史学家罗莎蒙德·麦基特里克（Rosamond McKitterick）指出，莱顿抄本"Voss. Lat. Q. 119"是逐字抄写自原件的抄本，在这份抄本中除了《加洛林撒里克法典》之外，还包含了其他的法典和法令，而紧接着《法典》的部分便是《丕平阿奎丹条令》，显然这样的排列具有一定的意义。

---

① „Text S 11," in Karl August Eckhardt, Hrsg., *MGH, LL nat. Gem. 4, 2*, S. 203.

② „Text S 70," in Karl August Eckhardt, Hrsg., *MGH, LL nat. Gem. 4, 2*, S. 228-229.

《丕平阿奎丹条令》的核心内容是罗马人和撒里克人都拥有使用自己法律的权利。① 此外，这份抄本包含的法律文件较多，前面的文件为：(1)《撒里克法典》及以前的版本和法令；(2)《利普里安法典》；(3)《阿勒曼尼法典》；(4)《巴伐利亚法典》；(5)《丕平阿奎丹条令》(768)；(6)《附加条令》(*Capitulare legibus additum*, 803)；(7)《巡察专用条令》(802)；(8)《阿奎丹特使备忘录》(789)。②

莱顿抄本所涵盖的内容以及它的文本构成，充分说明加洛林帝国的法律体系是一个以《加洛林撒里克法典》为核心，各部族法典为基本内容，最后是皇帝颁布的法令而组成的三元结构。查理曼在802年的大会上，实际上是以部族集会的方式宣布了法律的重新颁布，同时他也再度确认了"王国内所有的法律"都将获得保留，每一族人民都可沿用以往的法律，以往没有写下来的法律也将在他的权威下记录为成文法的规定。因此，查理曼时期的成文法，是一个由多部族包含着各自习俗的法典构成的体系，在皇帝的确认下，它正式获得了合法的地位，形成一个行之有效的法律共同体。参与802年大会的人员，如公爵、伯爵和其他人民，以及精通法律的人都成为立法的见证者，重申了法律的出台需要经过会议的审议，部落集会也因此被固定下来，继续作为法律程序上不可或缺的重要环节。

德国中世纪史学家约翰尼斯·弗莱德（Johannes Fried）教授曾经指出，作为统治者，加洛林国王采取的是被动而不是主动的行政方式，臣民通常需要不断地进行咨询。一条法令有下述的记载："你问及当伯爵在与人民陪审员和公证人一起作判决笔录时，是否需要向他支付1先令的费用，去读罗马法和条例，你会找到答案；但如果案件与《撒里

---

① Rosamond McKitterick, "Charlemagne's missi and their books," in Stephen Baxter, ed., *Early Medieval Studies in Memory of Patrick Wormald*, Surrey: Ashgate Publishing, Ltd., 2009, p. 266.

② Hubert Mordek, *Bibliotheca capitularium regum Francorum manuscripta: Überlieferung und Traditionszusammenhang der fränkischen Herrschererlasse*, München: Harrassowitz Verlag, 2020, S. 212-215; Leiden Bibliotheek der Rijksuniversiteit Voss. Lat. Q. 119, http://gutenberg.beic.it/webclient/DeliveryManager?pid=14081932.

克法典》相关,而你没有找到任何相关的内容,那就在我们的法庭上提出此事"①。因此,"你问"隐含了有关行政效率和权力结构的关键因素。如果没有人询问,那么国王也不会发表任何声明。罗马法仅在高卢南部和意大利的部分地区有效,但仍保留了一些可供国王参考的部分规范。法兰克法则主要依靠口头传统和临时性的裁决,经常出现变化,无法构成行之有效的司法判决。②

第二节 萨克森《第一条令》和《第二条令》

德意志"帝国"(Reich)概念起源于查理曼,而查理曼成为罗马皇帝的关键之一是他对萨克森的征服。③查理曼花费了32年对萨克森进行的军事征服,也被认为是他在位期间最大的成就。④据曼彻斯特大学英格丽·伦博尔德(Ingrid Rembold)教授指出,关于加洛林时期萨克森地区的文字记载主要有法典、法令和档案三个方面。⑤

在法令方面,有关萨克森的司法记载有《第一条令》和《第二条令》。《第一条令》出现的时间有两个说法:一是782年,二是794/795年。支持第一个时间的学者认为《第一条令》中记载了查理曼在782年任命萨克森伯爵的事件和在费尔登(Verden)对萨克森人进行的大

---

① Johannes Fried, *Charlemagne*, p. 200.
② Ibid.
③ 有一个例子有助于从侧面理解查理曼对以往蛮族国王的态度。在拉文纳有一个东哥特国王狄奥多西的陵墓,陵墓前方有一个狄奥多西青铜骑马雕像,查理曼把雕像运往亚琛(Aachen),表明后者认为狄奥多西是重要的统治者,适合来证明他对帝位诉求的正当性。同时,查理曼也追随前人的脚步,模仿罗马皇帝用自己的名字为城市取名,譬如狄奥多西把城市命名为"Theodoricopolis",君士坦丁是"君士坦丁堡"(Constantinopolis)的创始人,查理曼也命名了自己的城市"卡尔斯堡"(Karlsburg)。事实上,查理曼也是第一位获得"皇帝"或者"奥古斯都"(Augustus)头衔的蛮族国王。参见 Christian Scholl, "Imitatio Imperii? Elements of Imperial Rule in the Barbarian Successor States of the Roman West," pp. 27-33。
④ Rosamond Mckitterick, *The Frankish Kingdoms Under the Carolingians, 751-987*, London: Longman, 1983, p. 61.
⑤ Ingrid Rembold, *Conquest and Christianization*, Cambridge: Cambridge University Press, 2018, pp. 24-26.

规模处决。①支持第二个时间的学者则指出条令内容包含了萨克森对查理曼的反叛,以及阿尔琴(Alcuin)在此时期写的回应条令的信件,说明条令的成文的时间段较晚。②《第二条令》的诞生时间是明确的,在第1条中便已说明条令写于797年,同时也描述了颁布的经过:查理国王10月28日在亚琛的宫廷举行会议,汇集了各伯爵和来自各个地区的萨克森人等众多人员,在大家的一致同意下通过了该条法令。③

在法典方面,《萨克森法典》出现的时间相对较晚一些,它与其他部族法典一起完成于802或803年。④作为加洛林法律汇编的一部分,这些文献不仅可以显示加洛林在征服萨克森期间所采用的政策,也可以提供此前萨克森人的法律传统与相关的习俗信息。托马斯·福克纳教授指出,前面两份法令主要是针对萨克森战争,法典有更多的实用价值,它是公元9世纪在萨克森地区普遍使用的法律规则,包含了大量的习惯法,吸收了许多早期日耳曼"蛮族法典"的内容,如《撒里法兰克法典》《利普里安法典》《阿勒曼尼法典》,以及一系列的条令,包括安塞奇(Ansegis)编纂的条令集。⑤

与加洛林时期的萨克森相关的档案集有《韦登档案集》(*Werdener Urbar*)⑥、《科维记录册》(*Catalogus abbatum Corbeiensium ab a*. 822

---

① Hans-Dietrich Kahl, *Heidenfrage und Slawenfrage im deutschen Mittelalter*, Leiden: Brill, 2011, S. 382; Robert Flierman, "Religious Saxons: paganism, infidelity and biblical punishment in the *Capitulatio de partibus Saxoniae*," in Rob Meens et al, eds, *Religious Franks: Religion and Power in the Frankish Kingdoms: Studies in Honour of Mayke de Jong*, Manchester: Manchester University Press, 2016, pp. 181-201.

② Ingrid Rembold, *Conquest and Christianization*, p. 24; Robert Flierman, *Pagan, Pirate, Subject, Saint: Defining and Redefining Saxons, 150-900 A.D.*, PhD dissertation, Utrecht University, 2015, p. 173.

③ „Capitulare Saxonicum," S. 45.

④ „Lex Saxonum," S. 17-36.

⑤ Thomas Faulkner, *Law and Authority in the Early Middle Ages: The Frankish Leges in the Carolingian Period*, Cambridge: Cambridge University Press, 2016, pp. 49, 72-73; Martin Lintzel, *Zur altsächsischen Stammesgeschichte*, S. 433-437.

⑥ Elis Wadstein, Hrsg., *Kleinere altsächsische Sprachdenkmäler: mit Anmerkungen und Glossar (Niederdeutsche Denkmäler 6)*, Norden: Diedr. Soltau's Verlag, 1899, S. 23; Rudolf Kötzschke, Hrsg., *Rheinische Urbare: Sammlung von Urbaren und anderen Quellen zur rheinischen Wirtschaftsgeschichte, Zweiter Band: Die Urbare der Abtei Werden a. d. Ruhr. A: Die Urbare vom 9.-13. Jahrhundert*, Bonn: Behrendt, 1906, S. 4-87.

ad a. 1147)①和《埃伯哈迪抄本》(*Codex Eberhardi*)。②除了官方的条令集和档案集之外,还有一类的关于该时期的资料包括《阿尔昆信件集》(*Epistolae*)③,描写萨克森人和查理曼的长诗作品④,以及由科维(Corvey)的萨克森的维杜京特(Widukind)撰写的《萨克森人史》(*Widukindi Res Gestae Saxonicae*)。⑤

查理曼与萨克森战争

征服萨克森人对查理曼帝国的后续发展有着极其重要的意义,一方面因为萨克森是法兰克王国在边疆最强大的对手之一,另一方面也因为萨克森人向加洛林王朝俯首称臣后迅速进入法兰克的政治和军事系统,他们的习俗和法律在帝国的框架下获得合法的地位,以法典为载体保留了下来。同时,部族的精英也进入国家的官僚体系,参与了治理土地。这一系列变化的结果是,萨克森逐渐从一方少数部族发展成为加洛林帝国的分王国。总而言之,被查理曼征服后的萨克森地区迎来了政治和经济上的变化,松散的传统萨克森部落走上了全新的发展道路。

---

① Catalogus abbatum Corbeiensium ab a. 822 ad a. 1147, Landesarchiv NRW, Abteilung Westfalen, Münster, Msc. I 133, https://corvey.ub.uni-marburg.de/handle/corvey/104; G. Bartels, *Abhandlungen über Corveyer Geschichtsschreibung*, Göttingen (Diss.) 1906, S. 105-107, https://digital.ub.uni-paderborn.de/retro/urn/urn:nbn:de:hbz:466:1-33284.

② Ingrid Rembold, *Conquest and Christianization*, p. 26; J. F. Böhmer, *Fontes rerum Germanicarum. Geschichtsquellen Deutschlands. 3: Martyrium Arnoldi archiepiscopi Moguntini und andere Geschichtsquellen Deutschlands im zwölften Jahrhundert*, Stuttgart: J. G. Cotta'scher Verlag, 1853, S. 165-173.

③ „Alcuin (Albini) Carmina," in Ernestus Dümmler, Hrsg., *MGH, Poetae 1*, Berolini: Apud Weidemannos, 1881, S. 160-351, https://www.dmgh.de/mgh_poetae_1/index.htm#page/(160)/mode/1up.

④ „De Conversione Saxonum Carmen," in Ernestus Dümmler, Hrsg., *MGH, Poetae 1*, S. 380-381; „Karolus Magnus et Leo Papa," in Ernestus Dümmler, Hrsg., *MGH, Poetae 1*, S. 377-379.

⑤ „Widukindi Res Gestae Saxonicae," in Georg Heinrich Pertz, Hrsg., *MGH, SS 3*, Hannoverae: Impensis Bibliopolii Hahniani, 1839, S. 408-416, https://www.dmgh.de/mgh_ss_3/index.htm#page/408/mode/1up.

第三章 成文法：查理曼的部族治理与《萨克森条令》

查理曼从父亲矮子丕平手里继承王位的时候，萨克森尚未完全臣服于法兰克王国。据艾因哈德描述，法兰克王国统治的地区"仅限于莱茵河、卢瓦尔河、巴利阿里海（Mare Balearicum）沿岸的高卢部分区域，以及所谓的东法兰克人居住的部分日耳曼地区，那里是萨克森、多瑙河、莱茵河和流经图林根人与索拉布人之间的萨尔河所围绕的地方，领土止于阿勒曼尼人和巴伐利亚人的居住地"①。其中，萨克森人"占据了日耳曼地区相当大的一部分土地，据推算，这块地方的宽度等于法兰克人所居住的日耳曼地区的一倍，长度大约与后者相等"②。因此，法兰克王国实际上是一个领土边界多变，边疆关系复杂的国家，萨克森作为靠近国界线的顽强部落，对王国的边境防线造成极大压力，对每一代的法兰克统治者造成巨大威胁，成为一个亟待解决的政治军事难题。

加洛林王国对萨克森的征服始于查理·马特时期。自称为"公爵"（dux）的查理·马特率领军队征服了部分萨克森土地。③到了矮子丕平继位之后，矮子丕平的兄弟卡洛曼在743年进军萨克森，按照和约他获得了霍恩塞堡（Hohenseeburg）。从地理位置上来看，塞堡（Seeburg）位于易北河畔，靠近图林根地区的艾斯莱本（Eisleben），处于萨勒河（Saale）的上游位置。卡洛曼的此次出兵，明显是想逐步靠近萨克森人的聚居地、帮助加洛林王国向欧洲北部扩张。744年，卡洛曼和矮子丕平再度进攻萨克森。747年的战事起因较为复杂，矮子丕平的异母兄弟格里佛（Grifo）从监禁中被释放后，逃到法兰克人的敌人萨克森人处寻求帮助，矮子丕平为此发动他的第一次萨克森战争："格里佛逃亡到萨克森，丕平由图林根前往萨克森，直到舍宁根（Schöningen）附近的迈绍河（Meissau）。格里佛加入奥鲁姆（Ohrum）

---

① Einhard, „Vita Karoli Magni," in Oswald Holder-Egger, ed., *MGH*, *SS rer. Germ. 25*, Hannoverae: Impensis Bibiopolii Hahniani, 1965, S. 17-18, https://www.dmgh.de/mgh_ss_rer_germ_25/index.htm#page/17/mode/1up.

② Einhard, „Vita Karoli Magni," S. 18.

③ 使用"dux"的时候，亦带有该人能够率领军队战斗的意思。参见 *DWB*, 10, 758-759.

附近奥克尔河(Oker)边上的萨克森人。"① 格里佛不接受矮子丕平的统治而逃到萨克森人的聚集地后,矮子丕平马上集结军队前往该地,在迈绍河附近与格里佛对峙。随后在 748 年出现了后续发展,"逃离萨克森的格里佛前往巴伐利亚,在征服该公爵领后,逮捕了希尔特鲁德(Hiltrude)和塔西洛(Tassilo),苏德格(Suidger)向他提供援手。矮子丕平听到消息后,迅速率领军队前往巴伐利亚,制止了上述的反叛,把格里佛和兰特弗里德(Lantfrid)带走,获他的恩准,塔西洛被封为巴伐利亚公爵。格里佛则被遣往纽斯特里亚(Neustria),封给他 12 个郡"②。这段记载清楚表明了矮子丕平时期兄弟间关于继承权的斗争,萨克森和巴伐利亚地区纷纷卷入其中,边疆部落之民成为加洛林王国的心腹大患,他们很可能倒向敌对势力而对王权造成危害。

753 年,矮子丕平第二次进军萨克森,因为萨克森人在伊堡(Iburg)杀死了科隆(Köln)的希尔迪加(Hildegar)。矮子丕平获胜后,率领军队深入到明登(Minden)附近的雷姆(Rehme)地区。在返程途中,他接到消息,他的兄弟格里佛在逃往加斯科尼途中被杀死。③ 758年,矮子丕平第三次发动针对萨克森的战争,具有国王身份的丕平"挥军直入萨克森后,袭击了萨克森人在西芬恩(Sythen)的据点,随即对萨克森人进行了血腥的屠杀。结果萨克森人向丕平做出承诺,将服从他所有的命令且每年将在集会上献上 300 匹马作为礼物"④。结合 757 年巴伐利亚公爵塔西洛宣誓事件来看,矮子丕平在成为国王后,对战争的处理方式有了很大的变化。⑤ 在 757 年以前的战事中,都是简单地以胜负结束战争,而在处理巴伐利亚公爵事件之后,获得了世俗认

---

① Einhard, „Annales regni Francorum, A. 741-829," in Friedrich Kurze, Hrsg., *MGH*, *SS rer. Gem. 6*, Hannoverae: Impensis Bibiopolii Hahniani 1895, S. 6, https://www.dmgh.de/mgh_ss_rer_germ_6/index.htm#page/6/mode/1up.

② Einhard, „Annales regni Francorum, A. 741-829," S. 6-7.

③ Ibid., S. 10.

④ Ibid., S. 16.

⑤ Peter Classen, „Bayern und die politischen Mächte im Zeitalter Karls des Grßen und Tassilos III," in Siegfried Haider, Hrsg., *Die Anfänge des Klosters Kremsmünster*, Linz: Oberösterr Landesarchiv, 1978, S. 183.

可的丕平国王,在随后的重要战役中,采用了宣誓仪式,作为达成停战协议的一种表现。①

查理曼与萨克森人的战争始于772年,艾因哈德在《查理大帝传》(Vita Karoli Magni)中也对"萨克森战争"作了详细的阐述。他指出,萨克森人和其他的部落的日耳曼人一样性情残暴,法治观念薄弱,不认为违背法律是一种可耻的行为。这些人经常在王国的边疆地区引发流血、冲突事件,导致人员伤亡,所以法兰克人最终决定向他们公开宣战。②对照《查理大帝传》和《洛尔施年代记》中对战事的记载,可更好地了解战争的详细经过。在《洛尔施年代记》772年的条目下,记录了"查理派遣军队前往摧毁了萨克森人的神社伊尔明苏尔(Irminsuul)"③。在《法兰克王家年代记》772年条目中则记载:"查理国王在乌尔姆斯(Worms)举行会议后,从乌尔姆斯率兵前往萨克森,在萨克森他首先占领了埃里斯堡(Eresburg),然后进军到伊尔明苏尔神社,消灭当地势力后,带走了他在神社里发现的金银财宝。查理在那里逗留了两三天,以便将当地的神社彻底摧毁。"④对查理曼来说,征服萨克森的军事行动存在两个难题,一是每次战斗都需要重新招募贵族与他并肩作战;二是在8世纪的时候,并无统治者完全了解边疆地区的地理状况。即使到了9世纪,据约翰尼斯·弗莱德教授指出:"没有一个来自阿勒曼尼亚地区(德意志西南部)或者巴伐利亚的人,没有一个伯爵能够列出东弗朗肯或萨克森的所有地区,甚至没有人能够列出自己国家的领地的每一部分。连国王在作战的时候都需要依赖特定地区的人的知识……即使在把萨克森纳入加洛林帝国版图之后,也没有编年史家记录该地区的状况,更没有任何一位法兰克国王曾派代表去调查。没有人关注或者评估这些外来民族的未来发展或人口数量,也就

---

① Matthias Becher, *Eid und Herrschaft*: *Untersuchungen zum Herrscherethos Karls des Grossen*, S. 17; Kurt Reindel, „Politische Geschichte bis zum Ausgang der Agilolfingerzeit," in Max Spindler, ed., *Handbuch der Bayerischen Geschichte Band I*: *Das Alte Bayern*, *Das Stammesherzogtum*, München: C. H. Beck, 1981, S. 167.

② Einhardi, „Vita Karoli Magni," S. 9.

③ „Annales Laureshamenses," S. 30.

④ Einhardi, „Annales regni Francorum," S. 33-34.

无法估量把其吸收进来后对帝国的社会和政治产生的后果。"①

无论是《洛尔施年代记》还是《查理大帝传》,都把大量篇幅集中在描述法兰克与萨克森之间的战争,对部族的政治、社会和文化的描述则相对缺失,萨克森在《洛尔施年代记》出现的次数非常频繁,772 年、775 年、776 年、777 年、778 年、779 年、780 年、782 年、783 年、784 年、785 年、789 年、793 年、794 年、796 年、797 年、798 年和 799 年都有记载,加洛林王朝几乎每年都会跟萨克森爆发不同程度的摩擦和军事冲突。②然而,《洛尔施年代记》对战争的描述总是一笔带过,没有详细记叙战争的细节,总是以萨克森挑起战争为由,以查理曼的回击结束,战争的结束语非常简单,直到 758 年才开始发生变化。《法兰克王家年代记》中记载的查理曼是在 772 年的战争中开始要求战败方萨克森交出人质,"他与萨克森人进行和谈,得到十二个人质,然后返回弗朗西亚(Francia)"③。

扣留人质在当时是和平谈判的常规项目。在赖兴瑙发现的一份手稿,记录了 9 世纪早期萨克森人质的情况。④这份手稿由两张羊皮纸组成,上面有一份名单,时间是在 802 年左右,记录了 37 位萨克森人质的名字和父姓,以及他们的阿勒曼尼守卫的名字。⑤名单按照人质所属的部族排列,分成三类,分别是西伐利亚人、东伐利亚人和安格里亚人。这些人质要被带到美因茨,然后交给巴塞尔主教海多(Haito)和希多(Hitto)伯爵。或许由于海多与雷舍瑙之间的关系,名单被夹在一本书里。名单对萨克森人的部族分类法和《萨克森条令》中的分类

---

① Johannes Fried, *Charlemagne*, p. 54.
② „Annales Laureshamenses," S. 30-37.
③ Einhardi, „Annales regni Francorum," S. 33-34.
④ Janet L. Nelson, *King and Emperor: A New Life of Charlemagne*, Oakland: University of California Press, 2019, p. 406; Heinrich Tiefenbach, *Von Mimigernaford nach Reganespurg: Gesammelte Schriften zu altsächsischen und althochdeutschen Namen*, Regensburg: Edition Vulpes, 2009, S. 351.
⑤ „Mandatum de Saxonibus Obsidibus," in Georg Heinrich Pertz, Hrsg., *MGH, LL 1*, Hannoverae: Impensis Bibliopolii Hahniani, 1835, S. 89-90, https://www.dmgh.de/mgh_ll_1/index.htm#page/89/mode/1up.

也保持一致。①

表6　37位萨克森人质的记录(802)②

西伐利亚人(De Westfalahis)
海多和希多伯爵接受他们
10个男性的名字，除了第一个人"Leodac filium Bodoloni"之外，其他的人列有其父亲的名字和接管人的名字，譬如"Adalradum filium Marcradi habuit Aino episcopus"。
东伐利亚人(De Ostfalahis)
15个名字
安格里亚人(De Angrariis)
12个名字，有些接管人的名字缺失。
总数为37人。
这些人要在四旬节前往美因茨。

这些萨克森部落在战败后交出的人质，自然是部落领袖的亲属，查理曼将他们带回弗朗西亚拘留，目的是防止萨克森部族再度反叛。而他在782年对萨克森人的大屠杀，将曾经宣誓效忠但参与叛乱的4500名萨克森人全部杀死，则充分显示出查理曼对"忠诚"的看重。③

在9世纪的时候，仅剩下图林根、黑森、苏多地(Suduodi)和格拉费蒂(Grafelti)四个部族，以及哈鲁德、巴尔迪(Bardi)和其他几个部族。在法兰克人眼里，萨克森地区分为三个部分：东法利亚、西法利亚和安格里亚。此外还包括不来梅附近的维格莫迪恩(Wigmodien)，易北河下游的巴登高(Bardengau)，易北河以北的北阿尔宾吉亚(Transalbingia)以及其他一些小的地区。④萨克森地区称领袖为"总

---

① Jane L. Nelson, "Charlemagne and Empire," in Jennifer R. Davis and Michael McCormick, eds., *The Long Morning of Medieval Europe: New Directions in Early Medieval Studies*, Hampshire: Ashgate, 2008, p. 226.

② „Mandatum de Saxonibus Obsidibus," S. 89-90.

③ Laura Endrizzi, *Die Sachsenkriege Karls des Großen 772-804 und deren politische Konsequenzen*, München: Grin Verlag, 2015; Matthias Becher, *Karl der Grosse*, C. H. Beck, 1999, p. 46.

④ Peter Johanek, „Der Ausbau der sächsischen Kirchenorganisation," in Christoph Stiegemann, Hrsg., *Kunst und Kultur der Karolingerzeit*, Mainz: Verlag Phillip von Zabern in Wissenschaftliche Buchgesellschaft 1999, S. 496-506.

督"(satraps),实际上是小的部落统领。萨克森人内部分为三个社会等级:贵族、自由民和农民(laten)。据说每年都会举行部落集会,由各地区的总督以及来自三个阶层的 12 位代表共同参加。在会上修订法律、通过司法裁决,并就战争等各种事务做出议决。[1]萨克森人没有国王,在发生战争的时候,人们会选出一位总督作为军事指挥官"公爵",统领作战。文字记录对萨克森人来说是一个陌生的概念,他们从来没有记载过自己的历史,也没有留下任何刻有铭文的石碑,后人只能通过法兰克史家的记载试图重现他们的生活踪迹。[2]

查理曼对萨克森的最后一次出兵是在 804 年。这一年的夏天,查理曼率兵前往萨克森,并把所有居住在易北河和维穆迪(Wihmuodi)的萨克森人连同他们的妻儿驱逐到弗朗西亚,然后把易北河以外的地区交给奥博德利特人(Obodrites)。艾因哈德在《查理大帝传》中也提及这件事情,说查理曼"将居住在易北河两岸的一万萨克森人,连同他们的妻子和儿女,一并转移到日耳曼和高卢的地方居住"[3]。这场旷日持久的战争最后以萨克森人接受查理曼提出的条件结束:萨克森人放弃自己本族的习俗,要与法兰克人融为一体。在作战的过程中,查理曼也迎娶了多位妻妾,她们分别来自不同的部落。第一位妻子是伦巴第国王德西迪里厄斯(Desiderius)的女儿,第二位是出身施瓦本的希尔迪加尔德(Hildegard),第三位是出身东法兰克的法斯特拉达(Fastrada),有一位妻子的名字没有留下,接着是阿勒曼尼的柳特加尔德(Liutgard)。然后他拥有了三位妾室,其中一位名叫哥德苏因达(Gersuinda),是萨克森人,她生下了女儿安达卢德(Adaltrud)。安达卢德在 800 年之后诞生,是查理曼的第六个孩子。[4]

---

[1] Hucbald, „Vita Lebuini antiqua," S. 793.
[2] Johannes Fried, *Charlemagne*, pp. 121-122.
[3] Einhardi, „Vita Karoli Magni," S. 10.
[4] Rosamond McKitterick, *Charlemagne: The Formation of a European Identity*, p. 92.

萨克森《第一条令》和《第二条令》

查理曼颁布的《第一条令》和《第二条令》,与萨克森战争的两个阶段有着密切的关系,《萨克森法典》也与其对萨克森人的战争紧密相关。从战事的性质和时间来看,可划分为两个阶段:第一个阶段是772—785年,第二个阶段是789—804年。两个阶段在性质和目标上有所差异。第一个阶段主要是法兰克人和西萨克森人之间的纠纷,主要涉及森林资源方面的争夺,如在埃里斯堡和西堡(Syburg),后来以维杜京特和阿比(Abbi)在785年投降并上交人质结束。[①]第二个阶段的纠纷涉及人数更多,军事的性质也更为鲜明。此时法兰克人与奥博德利特人结为同盟,共同在东北地区与萨克森人作战。战争的规模也不断扩大,在798年战场上的死亡人数达到4000人,最后查理曼决心一举歼灭萨克森的反叛势力,终于在804年将10 000名萨克森人驱逐到莱茵河以外的地区。《第一条令》颁布于萨克森战争的第一个阶段,《第二条令》颁布于战争的第二个阶段。下面按照两个阶段分别探讨查理曼在不同时期对萨克森的治理方略。

如前所述,萨克森是一个多部落统称,在与加洛林家族作战期间,它是以部族为单位分别作战。在战争的第一个阶段(772—785),《法兰克王家年代记》中提及的萨克森四个部族包括:安格里亚人(775)[②]、诺德留第人(Nordleudi,780)[③]、西伐利亚人(775、779、784)[④]和东伐利亚人(784)[⑤]。其中东伐利亚人和安格里亚人的部族首领分别是黑森(Hessi)和布鲁诺(Bruno),两个部落先后与查理曼交战,各自向查理曼宣誓效忠交纳人质,可见他们之间没有联盟关系。《第二条令》第1

---

① Martin Lintzel, *Zur altsächsischen Stammesgeschichte*, Band 1, S. 97-105.
② Einhardi, „Annales regni Francorum," S. 42.
③ Ibid., S. 56.
④ Ibid., S. 42, 54, 66.
⑤ Ibid., S. 66.

条也列出了西伐利亚人、安格里亚人和东伐利亚人三个部族的名称。①因此,早期的萨克森人与法兰克人作战时是各部族单独作战,但也会与邻近地区譬如诺德曼尼亚(Nordmannia)保持合作关系,在作战失败后会逃往该处寻求庇护。

(1)第一个阶段:《第一条令》的主要内容与国家忠诚相关。在颁布条文之前,查理曼在782年对萨克森人进行镇压后,在费尔登处死了4 500名萨克森人,同时将大批萨克森人迁往法兰克地区居住。因此,785年颁布的《第一条令》是一份严苛的法律条文。整份条令共有34条,内容涉及三个主题。第一是萨克森人的生活安排,重点强调了集会和忠诚的必要性,共有22条,包括第1条、第2条、第3—11条、第14条、第15—23条、第34条。在第2条中再次提到了部落集会,而这时候的集会性质已经发生明显转变,从人民集会变成司法集会,带有更加清晰的法律定位,同时萨克森人也不得进行公共集会,除非在偶然的情况下由巡察使将他们集合在一起通告事项。②寻求庇护的人,不应该使用暴力把他赶走,在他平静下来后将他带去参加司法集会,"让他在国王面前尽可能说明事宜,国王会仁慈地做出裁决"③。另外,第11条也强调了萨克森人必须对国王保持忠诚,任何对国王不忠诚的人将被处以死刑。其他还包括地区的性质和行政设置④、生活具体事项、捐赠和收入⑤、什一税的缴纳、不合法婚姻的罚金、不得对泉水、树木或者树林发誓,以及占卜者和预言者都需交给官员处理。⑥

第二是设立伯爵并对他们进行管理。伯爵的权力如同法官,共有6款条文,包括第24条、第28条、第29条、第30条、第31条、第34条。第24条禁止伯爵滥用权力藏匿罪犯,规定"如果一个伯爵把罪犯

---

① „Capitulare Saxonicum," S. 43.
② „XXXIV. Capitulatio de partibus Saxoniae," S. 43-44.
③ „XX. Capitulatio de partibus Saxoniae," S. 37.
④ „XV. Capitulatio de partibus Saxoniae," S. 39.
⑤ „XVI, XVII, Capitulatio de partibus Saxoniae," S. 39-40.
⑥ „XXIII. Capitulatio de partibus Saxoniae," S. 41.

隐藏起来,而不把他交出接受审讯,伯爵将被免职"①。同时也禁止伯爵受贿,不得私自收取礼物,必须公平地审理案件,在第 28 条中说明任何人都不得接受礼物去损害无辜的人,违背此法令者,将被处以罚金,如果伯爵偶然地触犯此法令,他将被免职。②如果有人杀害或者协助他人谋杀伯爵,则会被国王没收财产,并成为后者的农奴。在第 31 条中规定伯爵拥有裁判权,他们有权对赔偿金在 60 索里达或以上的案件进行审理,如果是较轻微的罪案,规定的赔偿金是 15 索里达。伯爵还需要召开司法会议,公正地审理案件。③

第三是罪案的审理和处罚,涉及伪誓、偷窃、谋杀、强奸和藏匿罪犯,共有 8 款条文,包括第 12 条、第 13 条、第 24 条、第 25 条、第 26 条、第 27 条、第 32 条、第 33 条。第 12 条和第 13 条都跟领主有关,第 12 条是任何强奸领主女儿的人将被处以死刑,第 13 条是任何杀死领主或领主夫人的人将被处以死刑。④第 24 条是不得藏匿逃亡的强盗和罪犯,如果任何人收留他们 7 个晚上,需要支付罚金。第 25 条、第 27 条、第 32 条和第 33 条是关于誓言,告知萨克森人履行誓言的必要性,以处罚金的方式加强约束。譬如第 27 条规定,如果任何人找不到宣誓证人,他的财产将被扣押,直到他找到为止。如果他擅自进入自己的住所,将被视为违背法令,需要 10 索里达的罚金或者一头牛。⑤第 32 条重申如果任何人向别人宣誓,都要忠诚地执行誓言,并将誓言告知当天的值班人员,违令者要处 15 索里达的罚金,而第 33 条说明作伪证是要受到严厉处罚的。⑥

(2) 第二个阶段:《第二条令》是 797 年查理曼在新的国家首都亚琛向萨克森人颁布的法律条令。条令的诞生背景也与对萨克森的征服有关,此时查理曼刚刚在 796 年镇压了萨克森人的起义。据《法兰

---

① „XXIV. Capitulatio de partibus Saxoniae," S. 41-42.
② „XXVIII. Capitulatio de partibus Saxoniae," S. 42-43.
③ „XXXIV. Capitulatio de partibus Saxoniae," S. 43.
④ „XII. Capitulatio de partibus Saxoniae," S. 39.
⑤ „XXVII. Capitulatio de partibus Saxoniae," S. 42.
⑥ „XXXII, XXIII. Capitulatio de partibus Saxoniae," S. 43.

克王家年代记》记载,这一年萨克森人又违背了承诺,在博霍尔特(Bocholt)抵抗查理曼的军队,与查理的军队爆发冲突,最后法兰克军队长驱直入萨克森人的据点并将他们全部征服,其他居住在威悉河附近的萨克森人也纷纷在梅多弗利(Medofulli)向查理曼宣誓效忠。[1]然后在797年查理于亚琛接受所有萨克森人的投降[2],此时距离《第一条令》的颁布已有12年之久,虽然查理曼对萨克森人的制度改造和军事征服渐见成效,但《第一条令》过于严厉的规定也导致了许多不满情绪,连查理曼最信任的顾问阿尔昆也曾经向他进行劝说。[3]因此,《第二条令》在内容上做出适度的调整以适应新的形势,这时全体萨克森人已经投降,新颁布的《第二条令》也从恶言威吓转为软言利诱。

图6　10世纪的《第二条令》,德国明斯特北威州档案馆威斯特伐利亚部藏(Münster, Landesarchiv NRW, Abt. Westfalen),手稿编号:msc. VII. 5201[4]

---

① Einhardi, „Annales regni Francorum," S. 98-100.
② Ibid., S. 100.
③ Michael Frassetto, *The Early Medieval World：From the Fall of Rome to the Time of Charlemagne*, Santa Barbara：ABC-Clio, 2013, p. 489.
④ Münster, Landesarchiv NRW, Abt. Westfalen, msc. VII. 5201, http://dfg-viewer.de/show? id=9&tx_dlf%5Bid%5D=http%3A%2F%2Fwww.landesarchiv-nrw.de%2Fdigitalisate%2FAbt_Westfalen%2FMsc_VII%2F05201%2Fmets.xml&tx_dlf%5Bpage%5D=27.

在《第一条令》的 34 款条文中,有 12 条涉及死刑(第 3 条、第 4 条、第 5 条、第 6 条、第 7 条、第 8 条、第 9 条、第 10 条、第 11 条、第 12 条、第 13 条、第 14 条)。大量死刑的出现,充分体现了查理曼要用重刑压制萨克森人反叛的念头。《第二条令》则取消了前者严厉死板的管理方式,改为用不同金额的罚金来处理案件。整份条文在篇幅上也简短许多,仅有 11 条。① 《第二条令》的第 1 条,是按照传统纪年方式和查理曼统治的年份颁布的:

> 尊贵的伯爵在国王的召集下,还有来自各个不同地区的萨克森人——西伐利亚人、安格里亚人和东伐利亚人,于 10 月 28 日齐聚在亚琛的宫殿。所有人一致同意,如果违背了国王的禁令,法兰克人需要缴纳 60 索里达的赔偿金,如果萨克森人违背禁令的话,也要缴纳同等金额的赔偿金。②

法令首先表明了态度,对罪案的处理方式改为了缴纳赔偿金,不再是《第一条令》的死刑。第 1 条中对 8 种事务作出安排:包括寡妇、孤儿和谦卑的民众,应该让他们平安和安静地生活;要求萨克森人也要服兵役,"所有人不得违背国王的禁令逃避兵役"③。第 2 条是"任何违背上述法令的人,萨克森人要和法兰克人一样,处以 60 索里达的罚款"④。第 3 条是"所有萨克森人一致同意,在法律规定下法兰克人需要支付 15 索里达赔偿金,萨克森贵族要支付 12 索里达,自由民是 5 索里达。半自由人是 3 索里达"⑤。第 4 条是"他们也决定,在地区内由本地权威裁决的案件,该地区人民可收到 12 索里达的罚金,同时他们也可以作出让步,接受凶手支付的偿命金,这也是他们的习俗。但是如果案件是在国王代表巡察使面前审理的,除了支付 12 索里达的

---

① „Capitulare Saxonicum,"S. 45-49.
② „I. Capitulare Saxonicum,"S. 45.
③ „II. Capitulare Saxonicum,"S. 45-46.
④ „III. Capitulare Saxonicum,"S. 46.
⑤ „IV. Capitulare Saxonicum,"S. 46.

偿命金给家属外,还要缴纳12索里达给过往的代表巡察使,因为把他卷入了案件之中。然而,如果案件是被带到宫廷国王的面前审理的话,支付给家属和巡察使的共24索里达的赔偿金则全部交给国王"①。如果对判决结果不满意而再度要求宫廷审理的话,则要缴纳双倍的24索里达费用,如果用同样的原因再度上诉的话,要向国王缴纳三倍的费用。②

第5条是关于法庭的纪律,"如果任何贵族被传召上庭而不到场的话,需要缴纳4索里达罚金,自由民要交2索里达,半自由人缴纳1索里达"③。第6条是对神职人员的处置。"如果任何人对神职人员或对其随从造成伤害,或违法夺走他们的物品的话,需要进行双倍赔偿。"④第7条是关于国王的巡察使,"如果巡察使被(萨克森人)杀害的话,凶手需要进行三倍赔偿。如果任何人对他们做同样的事情的话,也需要按照他们的法律进行三倍的赔偿"⑤。第8条是关于如果有人不接受法庭的裁决和无法控制自己的行为,这种情况下可以举行听证会,让"所有地区人民参加,如果法庭上无法达成一致的意见,可以提高罚款来约束他的行为。如果听证会上达成一致意见,则按照他们自己的法律处理"⑥。第9条是如果国王出于维持和平、避免冲突和其他重要的原因,希望提高处罚的金额,必须得到法兰克人和萨克森人的同意,按照案件的需要和情况可以将60索里达的罚金翻倍。如果任何人对此提出异议,则需要缴纳100索里达,甚至1000索里达。⑦第10条是关于按照萨克森法应当被处以死刑的罪犯,如果到国王处寻求庇护,可以有两种处理方式,一是将他发回原处处罚,二是在一共同意

---

① „IV. Capitulare Saxonicum," S. 46-47.
② Ibid.
③ „V. Capitulare Saxonicum," S. 47.
④ „VI. Capitulare Saxonicum," S. 47.
⑤ „VII. Capitulare Saxonicum," S. 47-48.
⑥ „VIII. Capitulare Saxonicum," S. 48.
⑦ „IX. Capitulare Saxonicum," S. 48.

下,将他和他的妻子、家人和家产全部迁离原居地,把他安顿在别的地区或者任何一处地方,像他已经死去一样拥有他。①

第11条是关于萨克森人使用的货币"索里达"和物品的价格。规定"一岁的小牛,无论什么性别,在秋天放进牛栏的话,价格是1索里达;在春天的话,当它从牛栏出来,然后长大了,它的价格应当按比例增加"②。对不同地区进行实物交易的价格也有相关规定,"博特里尼人(Bortrini)必须以40蒲式耳的谷物交换1索里达,黑麦是20蒲式耳;然而在南方地区,必须以30蒲式耳的谷物交换1索里达,黑麦是15蒲式耳。蜂蜜的话,博特里尼人需要按1索里达的价格交换1.5桶蜂蜜,在南方的话是两桶。大麦的价格和黑麦一样。在钱币方面,12德涅尔是1索里达。"③

如果把《第一条令》和《第二条令》进行比较的话,会发现两份条文既反映了加洛林王国与萨克森之间的关系发生了变化,同时也反映了部落民族萨克森人的生活状况有了很大的不同。两部法令的相继颁布,体现出查理曼下决心要以法律为手段,在萨克森领地上推进治理体系。他要求萨克森人接受加洛林人的司法和国家制度,一视同仁地执行法律规定和惩罚制度,萨克森不得再以个人或者部落的方式违背查理的命令,同时也允许他们保留部分传统习俗。此外,如果将两部法令进行比较的话,可以归纳出以下三个特点。

第一,征服战争取得成效。从785年的《第一条令》到797年的《第二条令》,查理曼在对萨克森部族的征服上取得了很大的进展:《第一条令》只是笼统地对普遍意义上的"萨克森人"颁发法令,象征性地说明自己作为加洛林国王的统治地位,并企图通过改变法律让萨克森人臣服于新的领袖。而在《第二条令》中,查理曼所针对的三个部族,

---

① „X. Capitulare Saxonicum," S. 48-49.
② „XI. Capitulare Saxonicum," S. 49.
③ „XI. Capitulare Saxonicum," S. 49.

其首领已经来到首都亚琛当面投降。这些部落首领已经成为他的臣民,未来这些部落也将遵从加洛林的法规而进行生活。

第二,对所有部族一视同仁。在前面的条令中,查理曼对萨克森人的规定极为严厉,所有违背法令或者对国王不忠诚者都要被处以死刑,而且要求他们的日常生活几乎全部置于监管之下。后面的法令里,明显感觉到查理曼对萨克森人有了进一步了解,经过12年的接触后,颁布法令的时候不再是简单划一处理,而是在平等对待法兰克人和萨克森人的基础上,调整相应的惩罚力度。同时,他也要求萨克森人服兵役,承担起国家的军事任务和责任,加强培育边疆部落的责任感和荣誉感。

第三,萨克森地区的城市化程度增加。在第一部法令中,萨克森人的生活形态带有强烈的部族色彩,交易可以使用索里达或牛,到了第二部法令,查理曼在第 11 条中规范了萨克森的货币,要求全部使用加洛林王国通用的"索里达",从"以物易物"到"货币交易",意味着萨克森人逐渐从游牧部落进入农耕生活。① 与此同时,查理曼也规范了谷物和农产品的价格,在第 12 条提到的物品有黑麦、蜂蜜和大麦。生活方式的转变,意味着萨克森人越来越接受加洛林王国的生活方式和法律规定,同时也让查理曼意识到从国家到帝国,从统治一个部落到多个部落,他需要更加慎重地思考法律体系的构建,调整政策以维持多元民族的团结和忠诚。

---

① 查理曼对钱币非常重视,曾经改良过银币,要求提高重量和质量,以及规范钱币的换算比例。参见 Norman John Greville Pounds, *An Economic History of Medieval Europe*, London: Routledge, 1994, p. 75; Max Wirth, *Das Geld: Geschichte der Umlaufsmittel von der ältesten Zeit bis in die Gegenwart*, Leipzig: Verlag von G. Freytag, 1884, S. 49-50; Ferdinand Friedensburg, *Münzkunde und Geldgeschichte der Einzelstaaten des Mittelalters und der neueren Zeit*, München: R. Oldenburg, 1926, S. 13-15。

第三节　忠诚誓言与部族治理政策

"忠诚誓言"是查理曼维持庞大帝国统治的重要行政手段。①在法兰克王国的司法体系中，誓言和神判在法庭上拥有同等的法律效力。②从墨洛温王朝到加洛林帝国，宣誓过程和誓词内容不断发生变化，反映出誓言的性质伴随着帝国疆域的持续扩大和多民族的不断融合，逐渐从法庭誓言发展成为规范个人未来行为的公开誓言，具有更高的道德和法律的约束力，是一项趋向于制度化的法律行为。查理曼制定"忠诚誓言"政策，与长达三十余年之久的萨克森战争有着紧密的因果联系。他在与萨克森人战斗的过程中发现，边疆民族由于其特殊的部落传统，必须重点推行忠诚誓言来提高其法治意识及国家观念。③在出台多条与誓言相关的条令后，查理曼决定进一步扩大忠诚誓言的适用范围。他在 802 年颁布《巡察通用条令》(*Capitulare missorum gene-*

---

①　过往有多位学者研究过加洛林国王对誓言的运用，譬如历史学家保利·德·勒扎迪埃（Pauline de Lézardière）、弗朗索瓦·基佐（François Guizot）和弗朗索瓦·路易斯·冈绍夫（François-Louis Ganshof），其中著名中世纪史专家冈绍夫把考察重点放在查理曼建立帝国前后誓言于国家体制中发挥的政治作用。德国安德烈·霍伦斯坦（André Holenstein）教授谈论了查理曼时期出现的群体誓言成为强制性的声明后，认为公共宣誓仪式在德意志国家内部持续得到广泛应用而具有深远的社会和法律影响。参见 Marie-Charlotte-Pauline Robert de Lézardière, *Théorie des lois politiques de la monarchie française*, Tome 1, Paris: Comptoir des imprimeurs unis, 1844, pp. 474-486; François-Pierre-Guillaume Guizot, *Essais sur l'histoire de France, par F. Guizot pour servir de complément aux Observations sur l'histoire de France*, Paris: J. L. J. Brière, 1823, pp. 107-109; François-Louis Ganshof, "Charlemagne et le serment," in Louis Halphen, ed., *Mélanges d'histoire du Moyen Age: dédiés à la mémoire de Louis Halphen*, Paris: Presses Universitaires de France, 1951, pp. 259-270; André Holenstein, *Die Huldigung der Untertanen: Rechtskultur und Herrschaftsordnung (800-1800)*, Stuttgart: G. Fischer, 1991, S. 507-511.

②　Simon Widmann, *Geschichte des deutschen Volkes*, S. 88.

③　Markus Stettner, *Karl der Große und die Sachsenkriege*, München: Grin Verlag, 2010; Sven Häntzschel, *Die Sachsenfeldzüge Karls des Großen und die »capitulatio de partibus Saxoniae «*, München: Grin Verlag, 2010; Hans-Werner Goetz, Karl-Wilhelm Welwei, *Altes Germanien. Auszüge aus den antiken Quellen über die Germanen und ihre Beziehungen zum Römischen Reich*, Darmstadt: Wissenschaftliche Buchgesellschaft, 1995, S. 11.

rale），要求巡察使在巡察地方时举办全体人民的公开宣誓仪式。① 公共的宣誓赋予了誓言在法律和道德层面的双重含义，既加强了对边疆和地方人员的有效管理，也让全国人民在同一个誓言下结成了共同体。② 可以说，查理曼在制定管理政策时，已经明确认识到宣誓效忠的行为对培育国家意识、推行法治意识和强化责任意识的关键作用。他颁布多条蕴含宣誓内容的条令，实际上是在帮助边疆部落和加洛林人民建立起对法律的基本认识，要求民众通过宣誓保持对国家的绝对忠诚，遵守彼此间的公开承诺，让不同习俗和不同传统的多元部族在一个国家概念下坚守统一的法治原则。

墨洛温范本文书中的忠诚誓言起源

忠诚誓言始见于《墨洛温范本文书集》，在加洛林查理曼统治时期被固定下来，成为确定君臣关系的重要标记。"忠诚"在墨洛温王朝是与军事联系在一起的，而到了查理曼时期，据历史学家弗朗索瓦·冈绍夫指出，誓言拥有了更加重要的行政功能，"查理曼将誓言用来弥补其统治疆域中组织性的不足"③。忠诚誓言的适用范围，从军人群体扩大到所有边疆部落，继而推广至全国。在加洛林家族统治版图不断扩大的过程中，誓言逐渐承担了更多法律意义上的行政功能。

早在罗马帝国晚期，从各地区招募而来的德意志雇佣兵被称为"foederati"，是"同盟者"的意思。从雇佣兵中仔细选出来的部分人员成为墨洛温国王身边的亲兵（antrustiones），他们的名字来自古高地德语"trost"，意思是"忠诚"和"信任"。④ 所有亲兵人员都需要全套武装，

---

① 有关查理曼时期的巡察制度和帝国治理，参见李云飞：《钦差巡查与查理曼的帝国治理》，《中国社会科学》2017 年第 8 期；J. L. Nelson, "Religion and Politics in the Reign of Charlemagne," pp. 22-25.

② Felix Dahn, *Urgeschichte der germanischen und romanischen Völker：Vierter Band*，Berlin：G. Grote, 1894, S. 29.

③ François Louis Ganshof, *The Carolingians and the Frankish Monarchy*, p. 111.

④ 中古高地德语和低地德语也保留了这个词，拼法分别为"trôst""trōst"。参见 *HRG*, 1, 253-254；*BMZ*, 3, 116；*MWB*, 2, 1526；Köbler, "tröst".

在王廷上举起双手向国王宣读专门的效忠文书并宣忠诚誓。[①]他们的职责是保护墨洛温国王以及王室成员。聘用王室亲兵的过程在墨洛温王国的《马库尔夫范本文书集》(Marculfi Formulae)中有详细记载,该文本成文于7世纪下半叶,一般认为直到8世纪早期加洛林家族的宫相仍在使用该文书作为宣誓的范本。由于宣誓对象身份上的差异,墨洛温王室亲兵在性质上与加洛林家族亲兵也不相同,前者效忠的对象是国王,后者效忠的对象是宫相。

图7　9世纪《马库尔夫范本文书集》,法国国家图书馆藏,手稿编号:Ms. Lat. 4627[②]

---

① Hunt Janin, Ursula Carlson, *Mercenaries in Medieval and Renaissance Europe*, London: McFarland, 2014, p. 51.

② 1. Lex Salica: praemittitur fragmentum cujus titulus: Chartas Senicas: est autem illud fragmentum appendix formularum Marculfi; sed duodecim hîc priora capitula desiderantur, quae Marculfi formulis, infra recensitis, subjiciuntur. 2. Childeberti, Regis, Decretum. 3. Regum Francorum catalogus, a Theodorico ad Childericum. 4. Marculfi formulae, duobus libris. 5. Formulae exorcismorum per aquam ferventem, et ad mala furta reprimenda, Bibliothèque Nationale, Paris, Lat. 4627, https://gallica.bnf.fr/ark:/12148/btv1b52515201k/f132.double.

《马库尔夫范本文书集》由马库尔夫在兰德里克(Landeric)主教的指令下完成,目的在于帮助宫廷里的年轻官吏撰写文书,并保留下一份缮抄的记录。① 全集共收入 92 份范本文书,由王廷文书和私人文书两个部分组成,是墨洛温王朝时期篇幅最长、保存得最为完整的行政和司法文书集。关于忠诚誓言的条令见于第一部分第 18 号文书(I,No. 18),全文如下:

> 关于国王亲兵:向我们承诺绝对忠诚(fidem)之人,应该在我们的帮助下得到保护。按照上帝的旨意,忠于我们的(某人),带着他的武器来到我们的宫殿,(把手放)在我们的手掌之中(in manu nostra)公开宣誓信任和效忠于我们。因此,我们决定通过本诏令宣布,从今往后,上述的人员将成为我们亲兵队伍的一员。如果有人胆敢杀死他的话,将被处以 600 索里达的罚款以作为偿命金(wiregildo)。②

亲兵是国王的委托人或者是武装的随从,职责是近身保护王室成员的安全。文书中提到的"在我们的手中公开宣誓",很接近后来封建附庸制中为领主提供服务的相关仪式,该仪式通常包括按住手掌和宣读誓词。正如文书的最后一句,为国王提供特殊类型的服务会提高一个人的偿命金,即当事人被谋杀时获得的赔偿金的数额将按照其身份、年

---

① „Formulae Marculfinae aevi carolini," in Karolus Zeumer, Hrsg. , *Formulae Merowingici et Karolini aevi*, Hannoverae: Impensis Bibliopolii Hahniani, 1886, S. 32.

② 德意志文献集成《马库尔夫范本文书集》的底稿为法国国家图书馆所藏抄本"Ms. Latin 4627"。抄本中《马库尔夫范本文书集》的文书都带有条目号码和标题。参见„18. De regis antrustione, Formulae Marculfinae aevi carolini," in Karolus Zeumer, Hrsg. , *MGH, Formulae*, Hannoverae: Impensis Bibliopolii Hahniani, 1886, S. 55, https://www. dmgh. de/mgh_formulae/index. htm # page/55/mode/1up; 1. Lex Salica: praemittitur fragmentum cujus titulus: Chartas Senicas: est autem illud fragmentum appendix formularum Marculfi; sed duodecim hîc priora capitula desiderantur, quae Marculfi formulis, infra recensitis, subjiciuntur. 2. Childeberti, Regis, Decretum. 3. Regum Francorum catalogus, a Theodorico ad Childericum. 4. Marculfi formulae, duobus libris. 5. Formulae exorcismorum per aquam ferventem, et ad mala furta reprimenda, Latin 4627, Bibliothèque nationale de France, https://gallica. bnf. fr/ark:/12148/btv1b9066087r/f78. item. zoom#。

龄和性别规定。在《撒里克法律公约》第41条第5则中,谋杀自由民的罚金是200索里达,而杀死国王委托人的偿命金则上升到600索里达,这个数额是《撒里克法律公约》中最高的。①《马库尔夫范本文书集》中的偿命金也是600索里达。因此,《撒里克法律公约》中有关偿命金的记载与《马库尔夫范本文书集》相符,偿命金的增加,说明亲兵的身份伴随着社会地位的改变获得了大幅度提升,同时高额的偿命金也可视为通过立法提高了对其人身安全的保护。

启蒙思想家孟德斯鸠曾经在其《论法的精神》中评论过法兰克人的偿命金制度。他指出,在蛮族法典中,"勃艮第人的法律和西哥特人的法律是公平的。但是撒里克法并不如此:它在法兰克人和罗马人之间建立起最令人痛心的区别对待界限。杀一个法兰克人、一个野蛮人或一个生活在撒里克法之下的人,应付给死者亲属赔偿金200索里达;如果被杀的人是当业主的罗马人的话,就给付赔偿金100索里达;如果被杀的人是当仆从的罗马人的话,则只给付赔偿金45索里达。杀国王恩典下的一个法兰克家臣,要付赔偿金600索里达;杀国王的一个罗马幕宾,则只付赔偿300索里达"②。因此,法兰克人的偿命金制度,一方面是将罗马人的司法地位从罗马法中的"人"变成了次等的人,另一方面则加剧了不同部族间的内部分化。从立法者法兰克国王的角度来看,在司法上对罗马人的不平等待遇来源于统治观念的转变:忠诚高于出身,以家臣取代世家关系从而减缓庞大的罗马人口对蛮族国王造成的统治压力,而"忠诚誓言"也因此成为超越身份和族群的一种社会阶级上升渠道。

忠诚文书的诞生,说明亲兵的演变经历了由家族直属私臣到国家直命公臣的过程。

---

① 克洛维颁布的《撒里克法律公约》是将日耳曼部落传统的"血亲复仇"(faidosus)以法律意义的"货币补偿"进行替代。参见 Antonio Padoa-Schioppa, *A History of Law in Europe: From the Early Middle Ages to the Twentieth Century*, p. 30; *LegIT*, "faidosus"。

② 〔法〕孟德斯鸠:《论法的精神》,尚绮译,上海:上海译文出版社,2020年,第215—216页。

墨洛温家族作为亲兵的效忠者，通过文书宣读仪式传递出忠诚在维系王朝统治关系和管理机制中的特殊性：效忠作为缔结封建关系的必要原则，统治者和卫队之间建立了紧密的依存关系，亲兵也由此从平民一跃成为权力的掌握者。值得注意的是，这份文本的立场并不是双向的，它只是把国王作为唯一的颁布方来对待："由于忠于我们的（某人）带着他的武器来到我们的宫殿。在我们的手中公开宣誓……我们因此决定按照现有的法规宣布。"①其内容是由王廷单方面制定，亲兵作为文书的关系方，仅作为立约的接受者而存在。条约的成立有两个前提条件，一是个人对王室的忠诚，二是必须携带武器为王室提供军事服务。作为回报，其获得了偿命金提升。宣誓的过程在文书中亦有描述，即卫队将手按在委托方的手上宣誓效忠，但誓词的内容却没有详细的交代，很有可能由于此时的效忠以军事为主要目的，涉及的对象和性质较为单一，无须使用烦琐的言辞。②

因此，《马库尔夫范本文书集》中"关于国王亲兵"的文书是一份涉及忠诚誓言的文本，但不包含亲兵的效忠誓词，其实际作用是将宣誓者纳入国家法律的保护之下，用成文法将国王与亲兵的特殊关系固定了下来。值得注意的是，亲兵队伍的成员并不仅限于加洛林人，还包括了罗马人和其他族群，以及非自由民和奴隶。③结合《撒里克法律公约》的相关规定，以罗马人为例，一个携带武器宣誓效忠的罗马人的偿命金可以从原先的 100 索里达提高到 600 索里达。需要注意的是，在

---

① "18. De regis antrustione, Formulae Marculfinae aevi carolini," S. 55.

② 加洛林时期宣誓的时候，应该是用右手宣誓。在《萨克森明镜》的德累斯顿抄本中，有一幅妇女在查理曼面前上诉的图像，图中的妇女是举起右手，另外一位宣誓的男子也是举起右手，结合查理曼曾经规定发假誓者，一经发现要砍下他的右手，后来改为砍下右手的三根指头，所以宣誓仪式是由举行右手和口念誓词两部分组成。参见 "Sachsenspiegel," Die Dresdner Bilderhandschrift des Sachsenspiegels—Mscr. Dresd. M. 32, 9r; Madeline H. Caviness and Charles G. Nelson, "Silent Witness, Absent Women, and the Law Courts in Medieval Germany," in Thelma Fenster, Daniel Lord Smail, eds., *Fama: The Politics of Talk and Reputation in Medieval Europe*, Ithaca: Cornell University Press, 2003, p. 60; Francis Spirago, *The Catechism Explained*, New York: Benziger Brothers, 1899, p. 335.

③ Bernard S. Bachrach, *Early Carolingian Warfare: Prelude to Empire*, Philadelphia: University of Pennsylvania Press, 2001, p. 70.

墨洛温时期,宣誓的效用等同于神判,两者都是王廷证词的保证而具有不可解除性,在赔偿金超过 45 索里达(即偿命金的最低额度)时,《撒里克法律公约》第 69 条规定,必须得到 12 位宣誓助手(thoalapus)的誓词,该偿命金才可被法庭批准。①因此,偿命金不仅是经济赔偿的手段,也代表着国家司法体制的最高权威,是保护墨洛温时期国民人身安全的重要法律规定。②

法兰克取代墨洛温王室成为王国的统治者后,矮子丕平使用誓言作为军事征服关系的证明。"誓言"是《法兰克王家年代记》唯一重点强调的外交佐证,文中没有详细描述法兰克人国外事务上的方针与目标。矮子丕平和查理曼更多是以镇压边境部落的反叛势力而被动地发起战争,譬如在 742—748 年间与阿奎丹、阿勒曼尼、巴伐利亚和萨克森公爵的战争条目下,正文仅提及了战争结果而没有叙述外交的交涉过程。直到矮子丕平在 750 年当选为国王后,才开始使用誓言作为结束战争的仪式。在 755 年于帕维亚击败伦巴第国王艾斯杜尔夫(Aistulfo)后,国王丕平在俘虏 40 名人质并宣誓确认和约后才返回弗朗西亚。③ 756 年,艾斯杜尔夫想要背弃誓言,却在打猎中从马上掉下来摔死。④ 757 年的法兰克人集会中,巴伐利亚公爵塔西洛到来后,亲自向矮子丕平和他的儿子们查理和卡洛曼发誓表示效忠,他的下属也同样向他们发誓。⑤ 761 年,当阿奎丹公爵维法尔(Waifar)违背誓言进

---

① „LXIX.〈De iuratores〉in quantas causas thoalapus debeant iurare," in Karl August Eckhardt, Hrsg., *MGH, LL nat. Germ.* 4,1, S. 239.

② Warren Brown, "Wergild in the Carolingian Formula Collections," in Lukas Bothe, Stefan Esders, Han Nijdam, *Wergild, Compensation and Penance: The Monetary Logic of Early Medieval Conflict Resolution*, Leiden: Brill, 2021, pp. 261-276.

③ Einhardi, „Annales regni Francorum," S. 12.

④ Ibid., S. 14.

⑤ 塔西洛是当时唯一一位向丕平发誓向其效忠的大贵族,同时他也没有因此获得任何经济利益,他对巴伐利亚的统治合法性来自他的父亲巴伐利亚公爵奥迪洛(Odilo),所以他的宣誓行为具有一定的特殊性。参见 Peter Classen, "Bayern und die politischen Mächte im Zeitalter Karls des Großen und Tassilos III," in Siegfried Haider, Hrsg., *Die Anfänge des Klosters Kremsmünster*, S. 183; Stuart Airlie, "Narratives of Triumph and Rituals of Submission: Charlemagne's Mastering of Bavaria," *Transactions of the Royal Historical Society*, Vol. 9 (1999), p. 95; Einhardi, „Annales regni Francorum," S. 15-16.

行反叛时,被矮子丕平和查理联手击败。① 由此可见,矮子丕平在担任宫相期间,虽然已经是法兰克人的实际统治者,但是他没有在战争中启用誓言作为和约的承诺,他是在获得政权的正当性之后,才开始使用誓言确定他与属地之间的主次关系。此时的文献在描述起誓过程时通常使用的词语是"神圣誓言"(sacramentum),说明矮子丕平时期的誓言是以圣物配合宣誓,加强其在信仰和道德层面的影响力,但对于违誓责任则缺乏有效界定。因此,加洛林早期的誓言在性质上仍然停留在部落盟约的层面,统治者对誓言的政治性质没有清晰的认识,此时的誓言大多也是单方面的宣誓行为。

从萨克森战争中吸取教训之后,查理开始在父亲的基础上对誓言进行创造性的改造,他将宣誓和忠诚两个概念融为一体,完成从部落盟约到忠诚誓言的转变。775年,查理在迪伦(Düren)召开会议后,决定向再度叛变的萨克森发动战争。在奥克尔河边,萨克森部落首领黑森战败后率领手下来到查理面前,交出人质并向查理宣誓效忠。这一支率先向查理宣誓的萨克森人,属于东法利亚(Ostfalai)的奥斯特雷洛迪(Austreleudi)部落。② 从这一年开始,查理在针对萨克森地区颁布的条令中,加入了对忠诚和宣誓的要求,意味着誓言作为盟约的象征,在查理统治时期获得了前所未有的法律地位。查理运用誓言作为统治手段,加强对法治意识薄弱的边疆部落的约束,这项改变也将对查理的后续政策发挥重要影响。

如果将卡洛曼、矮子丕平和查理三位加洛林统治者的早期战事进

---

① 阿奎丹地区的政治状况反复,维法尔的叔叔雷米斯坦乌斯(Remistanus)在764年背叛了维法尔,改向矮子丕平及他的儿子们宣誓效忠。参见 Gustavus Richter, *Annalen der deutschen Geschichte im Mittelalter: von der Gründung des fränkischen Reichs bis zum Untergang der Hohenstaufen*, Volume 1, Halle: Buchhandlung des Waisenhauses, 1873, S. 21; Johann Friedrich Böhmer, *Die Regesten des Kaiserreichs unter den Karolingern, 751-918*, Innsbruck: Wagner, 1889, p. 41; Brigitte Kasten, „Laikale Mittelgewalten: Beobachtungen zur Herrschaftspraxis der Karolinger," in Franz-Reiner Erkens, Hrsg. *Karl der Große und das Erbe der Kulturen: Akten des 8. Symposiums des Mediävistenverbandes*, Berlin: Akademie Verlag, 2001, S. 59; Einhardi, „Annales regni Francorum," S. 18.

② Einhardi, „Annales regni Francorum," S. 41-42; *DWB*, 1, 348-349.

行总结的话,可以发现仅有两次战事是以萨克森人宣誓服从统治和效忠结束。这两次分别出现在矮子丕平在位期间的 758 年和查理国王继位后的 775 年(见下表):

表 7　加洛林家族对萨克森的早年战事总结(743—775)①

战争获胜:✓　　　宣誓或承诺:○

	743	744	753	758	772	773	774	775
卡洛曼 (741—747)	✓	✓						
矮子丕平 (741—768)			✓	✓	○			
查理国王 (自 768 年)					✓	✓	✓	○

据文献记载,黑森率领部下在 775 年向查理国王宣誓的行为,引发其他萨克森部落的强烈不满。宣誓后不久,吕贝克的萨克森人马上与查理在同年爆发战争。②在 772—785 年间,查理国王与萨克森达成的协议多达八次,同时违约的次数也大致相等。③由于萨克森人的社会秩序和文化习俗与法兰克人完全不同,让加洛林统治者难以对他们作出正确的估计。④ 萨克森人并没有一个统一的部落领袖,早期的萨克森人由八个小部组成,分别是:图林根、黑森、博塔利(Borthari)、尼斯特希(Nistresi)、乌德瑞西(Uuedrecii)、洛格奈(Lognai)、苏多地、格

---

① 表格内容整理自《法兰克王家年代记》。参见 Einhardi,„Annales regni Francorum,"S. 4-42。
② Einhardi,„Annales regni Francorum,"S. 42。
③ Ibid.,S. 33-71。
④ 与法兰克人不同,萨克森崇拜的是木星、水星、托尔(Thor)、奥丁(Odin)。黑森在落败后被查理曼要求转变信仰。参见 Peter Johanek,„Der Ausbau der sächsischen Kirchenorganisation," in Christoph Stiegemann, Hrsg., *Kunst und Kultur der Karolingerzeit*,S. 496-506;„Vita Lebuini antiqua," S. 793;Rudolf Simek, *Götter und Kulte der Germanen*,München:C. H. Beck, 2006, S. 64;Hans-Walter Krumwiede, *Kirchengeschichte Niedersachsens*, Göttingen:Vandenhoeck & Ruprecht, 1996, S. 24。

拉费蒂。①伴随着萨克森战事的进行,查理意识到缺乏法治意识的萨克森部落由于传统习俗的不同,难以信守加洛林的"誓言",于是他启动了宣誓改革,改以法律配合誓言,加强对缺乏法治概念的边疆民族进行规训和约束。在《第一条令》中,也相应加入了关于忠诚和誓言的条款。

《第一条令》的前十条与国家的治理和秩序相关,同时也划分了国王在审讯案件过程中的权力范围,他拥有最高审判权,任何违背法令者将会被处以死刑。②其他与忠诚有关的条文为第 11 条、第 27 条、第 32 条和第 34 条。在第 11 条中,条文明确指出人民效忠的对象是国王,"任何对国王不忠诚的人,将被处以死刑"③。第 27 条则指出保证人的重要性,任何人在作证或者上庭时,需要找到证人,否则法庭会扣押其财产,直到其找到保证人为止。④ 第 34 条则是对萨克森人传统的法律程序进行改造,以国家官员召开的司法会议取代各族的部落集会。要求禁止所有萨克森人私自召开的公共集会,只有在国王任命的巡察使的召集下,人民才能够集合在一起开会。同时,部落集会也不再承担地方的法律责任和案件审理,该权力将由伯爵掌握,他会在法律效力的范围内公正地审理案件。⑤在前面的第 32 条则强调了誓言的有效性,规定人们需要发誓时,必须在特定的日子前往教堂宣誓,在宣誓之后必须履行誓言。否则的话,将会遭到法律意义上的处罚,缴纳罚金和作出赔偿。⑥

由此可见,《第一条令》的内容是从司法层面强调国王的权威和对国王的忠诚。查理曼派出巡察使带着法律文本,以口头的方式向缺乏

---

① Matthias Becher, „Non enim habent regem idem Antiqui Saxones... Verfassung und Ethnogenese in Sachsen während des 8. Jahrhunderts," in Hans-Jürgen Häßler, Hrsg., *Studien zur Sachsenforschung 12*, Oldenburg: Isensee Veralg, 1999, S. 2.

② „Capitulatio de partibus Saxoniae," S. 38-39.

③ Ibid., S. 39.

④ „Capitulatio de partibus Saxoniae," S. 42.

⑤ Ibid., S. 43-44.

⑥ Ibid., S. 43.

法治意识的萨克森人解释条例和誓言的性质，让他们知晓法律，从此不得违背国家法令，也不得逃避法律责任，违法行为将会按照规定处罚。①与此同时，查理国王也要加强对组织松散的萨克森人的管理，取消萨克森传统的部族社会运作机制，以法庭和法规取代部落集会，按照加洛林的规定指定伯爵为地方法官，负责召开法庭审理案件和处理具体事务，辅以委派巡察使作为国王代表，不定期地召开人民大会，调查各地部落的详细情况。查理国王颁布的《第一条令》引发了萨克森人被统治的忧虑，他们认为这份法令的出现表明了查理国王对萨克森人的统治野心，也由此诱发萨克森在 792—793 年间的连续起义。②于是，查理国王在 797 年又再度颁布了《第二条令》，加强对巡察使人身安全的保护和萨克森人应忠诚于国王的要求。③

忠诚誓言在帝国时期的法律化

8 世纪晚期，查理国王在萨克森以外的边疆地区和军事要地也实行了忠诚誓言政策，伴随着多条法令的相继颁布，誓言的内容在王国的政治体制中获得更加重要的法律地位。最后，查理曼在 802 年颁发《巡察通用条令》，要求全国人民在巡察使巡察地方的时候公开宣誓效忠，将实施范围从边疆地区扩大到全国各地。④从此以后，宣誓效忠仪式正式进入公共视域，它不再是约定俗成的私下口头协议，而是一项被纳入到国家法制、具有法律和道德双重约束的行为规范，从而解决了以往缺乏法律约束力的弊端。

789—802 年，查理曼主要通过三部法规完成了"忠诚誓言"的整体规划，分别是《阿奎丹特使备忘录》《巡察条令》(*Capitulare missorum*)

---

① Stefan Esders, „Fideles Dei et regis. Ein Zeugma in der politisch-religiösen Rechssprache des Karolingerreiches," in Bernhard Jussen, Karl Ubl, Hrsg. *Die Sprache des Rechts: Historische Semantik und karolingische Kapitularien*, Göttingen: Vandenhoeck und Ruprecht, 2022, S. 315-374.
② Einhardi, „Annales regni Francorum," S. 93.
③ „Capitulare Saxonicum," S. 47-49.
④ J. L. Nelson, "Religion and Politics in the Reign of Charlemagne," S. 22-25.

和《巡察专用条令》。下面分别说明各部法规中忠诚誓言的相关内容。

(1)《阿奎丹特使备忘录》(789):

《阿奎丹特使备忘录》是在 768 年《丕平阿奎丹条令》的基础上修订而成的,反映出加洛林王朝对新征服地区人民的统治策略。在墨洛温王朝时期,阿奎丹(Aquitaine)属于法兰克王国的一部分,在公元 7 世纪成为阿奎丹公国。在公元 700 年,阿奎丹公爵奥多(Eudo)与法兰克国王查理·马特签订了和平协议,但不久之后,查理·马特在 731 年进攻阿奎丹,希望将公国纳入法兰克王国的统治之内。①在此期间,阿奎丹国内的法律体系继承了西哥特法和罗马法,相较于其他法兰克地区,阿奎丹的女性在财产和婚姻上拥有更多的继承权,并且可以在法庭上作证。②在矮子丕平成为法兰克王国的统治者后,虽然阿奎丹地区表面上臣服于其统治,实际上经常发生叛乱,矮子丕平开始了与阿奎丹的战争,双方在 760 年、761 年、762 年、763 年、766 年、767 年和 768 年接连发生冲突,长达九年。③最后矮子丕平决定对阿奎丹中部地区进行严厉镇压,并烧毁村庄和破坏葡萄园,在最后一次进军中成功征服公国的首都波尔多(Bordeaux),并将阿奎丹公爵维法尔杀死。④

据《法兰克王家年代记》记载,矮子丕平在位期间与阿奎丹公爵维法尔于 760 年爆发冲突的起因,是"丕平国王看到阿奎丹公爵维法尔在他的领地上,没有给予法兰克控制教会的权利,所以决定与法兰克人一起为捍卫在阿奎丹的权利而战"⑤。矮子丕平与维法尔争夺的是对教会财产的控制权,矮子丕平曾派遣代表对维法尔进行警告,但他

---

① Andreas Fischer, *Karl Martell: Der Beginn karolingischer Herrschaft*, Stuttgart: Kohlhammer, 2012, S. 117-118.

② Gábor Hamza, *Wege der Entwicklung des Privatrechts in Europa: Römischrechtliche Grundlagen der Privatrechtsentwicklung in den deutschsprachigen Ländern und ihre Ausstrahlung auf Mittel- und Osteuropa*, Passau: Schenk Verlag, 2007, S. 28.

③ Einhardi, „Annales regni Francorum," S. 19, 20, 23, 24, 25, 27.

④ Ibid., S. 27.

⑤ Einhardi, „Annales regni Francorum," S. 18.

执意不交出控制权,导致矮子丕平对他宣战,最后维法尔派出代表奥特博尔特(Otbert)和达丁(Dadin),表示自己会交出国王所要的一切财产,才终于平息了战争。761年,维法尔违背自己的誓言,出兵反对矮子丕平,矮子丕平派出代表在迪伦(Düren)谴责维法尔撒谎,并与长子一起出战,战争以矮子丕平的胜利告终,这也是查理第一次参与对阿奎丹的战役。①

762年、763年和766年,矮子丕平再度与阿奎丹发生纠纷,到了767年冲突进一步升级,一年间矮子丕平两度对阿奎丹发动攻势,第一次是在3月,第二次是在8月。3月的时候深入纳博讷(Narbonne),征服了图卢兹、阿尔比(Albi)和格沃丹(Gevaudan),从地图上来看,矮子丕平攻占的是阿奎丹的南部地区,占领的三个地区都在河道附近。8月的时候,他推进至布尔日(Bourges),然后召集所有法兰克人召开会议,下一步深入到加隆尼(Garonne),并占据了艾利(Ally)、蒂雷纳(Turenne)和佩吕斯(Peyrusse)的城堡,接着返回布尔日。②这次他似乎没有遇到维法尔的军队,长驱直入占领了阿奎丹中部的核心地带。③在768年,矮子丕平进一步派兵直入阿奎丹西部边境的桑特(Saintes),将维法尔的母亲、姐妹和侄女囚禁起来,接着进攻加隆尼和蒙斯(Mons)。最后在佩里戈尔(Perigord)将维法尔杀死,凯旋返回了桑特。④至此,矮子丕平已经征服了阿奎丹全境,在同一年,维法尔的儿子霍纳德(Hunald)继位,继续与法兰克统治者战斗,而查理也在父亲

---

① 此时法兰克王国内仅剩下两位公爵,分别是阿奎丹公爵维法尔和巴伐利亚公爵塔西洛。参见 Einhardi, „Annales regni Francorum," S. 18-20; Wilfried Hartmann, *Karl der Große*, Stuttgart: Kohlhammer Verlag, 2015, S. 44-45; Stefan Esders and Helmut Reimitz, "Diversity and Convergence: The Accommodation of Ethnic and Legal Pluralism in the Carolingian Empire," in Walter Pohl, Rutger Kramer, eds., *Empires and Communities in the Post-Roman and Islamic World*, C. 400-1000 CE, Oxford: Oxford University Press, 2021, p. 244。

② Einhardi, „Annales regni Francorum," S. 24-25.

③ Ibid., S. 25-26.

④ Ibid., S. 26-27.

矮子丕平死后,立即展开对阿奎丹的用兵。①

查理是在矮子丕平于768年去世后,与弟弟卡洛曼(Karlmannn)共同继位为法兰克王国国王,丕平死前,将王国平分给两个儿子,而阿奎丹的大部分地区属于查理的统治范围。霍纳德也希望借此机会成为阿奎丹国王。②因此,769年的阿奎丹战争的性质发生变化,不再是为了平息教产控制权的纠纷,而是涉及动摇查理王权的重要战争,其重要性也反映在艾因哈德的《查理大帝传》中。据艾因哈德观察,虽然战争表面上看来是可以获胜的,但当时卡洛曼还统治着大片领地,考虑到阿奎丹是一个重要的对手,也是父亲矮子丕平去世前长期的对手,于是查理求助于弟弟卡洛曼。但卡洛曼拒绝提供援助,查理最终依靠自己的力量完成对阿奎丹的征服战争,因此具有重要的象征意义。根据以往经验看,查理长期协助矮子丕平四处征战,且此前多次与阿奎丹交战,他比卡洛曼更加清楚阿奎丹的作战实力和具体战术,所以对他而言,征服阿奎丹的战役难度并不是太大。那么他为什么会请求卡洛曼的帮助？或者这个请求,除了表面的军事目的之外,是否还有其他的政治含义？问题的源头应该追溯到他们的继承情况：查理继承的是丕平的领地,卡洛曼继承的是伯父卡洛曼的地盘。因此,查理获得的部分是其父新征服的土地,内部的分裂性更大,统治难度更大,如果无法平息叛乱的话,他将逐步失去领土和丧失作为继承者的权威。因此,阿奎丹战争不仅是他即位后的第一场战争,也象征着查理继承了父亲的愿望,卡洛曼拒绝予以援手,也意味着领土平分后两人将保持独立的统治权,不再关心如何巩固矮子丕平在位期间的征服果实。③

---

① Martin Lintzel, *Zur altsächsischen Stammesgeschichte*, Band 1, S. 13.

② Alexander Cartellieri, *Die Zeit der Reichsgründungen (382-911)*, Berlin: Oldenbourg, 1927, S. 11-12.

③ 关于查理和卡洛曼之间的土地划分和继承纠纷,参见 Rudolf Schieffer, *Die Karolinger*, Stuttgart: W. Kohlhammer Verlag, 2006, S. 70-73; Johannes Fried, *Charlemagne*, pp. 92-93; Rosamond McKitterick, *Charlemagne: The Formation of a European Identity*, pp. 72-81。

第三章 成文法：查理曼的部族治理与《萨克森条令》

查理在成功击败胡诺尔德的同时，还获得了加斯科尼地区（Gascons），这也成为他征服战争的成功起点，因为在前一年，他曾经作为矮子丕平的代表管理该地区。①继续父亲发动的战争以及捍卫其胜利成果，象征着查理是矮子丕平最合格的继承人。768 年，矮子丕平曾经颁布条令，确认加洛林王朝对阿奎丹的征服，该法规名为《丕平阿奎丹条令》（768），内容部分如下：

不能对穷人进行无法律依据的剥削。

任何因军事或其他任务出差者，只能从同伴处获得草、水和木材，其他物品需自己购买或乞讨。任何人都不得在天气恶劣的情况下拒绝提供住处。

任何人从他人处以武力夺取的物品，须按照法律三倍奉还。

不得以武力阻止任何有权提出上诉的人员。

所有人，罗马人以及撒里克人，都拥有使用自己法律的权利。如果一个人到达其他地区时，需服从当地法律。

在巡察使和地区领导人达成一致意见的情况下，任何人都不得反对其决议。②

《丕平阿奎丹条令》中的十二条细则，一方面明确了地方财产的拥有权和处置权，它们将由法兰克国王持有，另一方面在军事和法律上也作出了细致的安排，无论是军人还是教会人员，都不得以任何理由向民间人士随意索取物资，同时也保障了平民的上诉权，以及发展出属地法的概念，那就是法律当事人的行为需按照所居住地区的法律进行审理，也就意味着，法兰克国王在允许地方族群使用习惯法的同时，进一步确立了管辖权的有效范围：任何部族的人，在其部族活动范围内适用部族法典，但是前往其他地区后，则需遵守该地区的法律。查理国王在 769 年再度确认《丕平阿奎丹条令》，意味着他非常重视矮子丕平

---

① Bernard Bachrach, *Charlemagne's Early Campaigns (768-777)：A Diplomatic and Military Analysis*, p.121.

② „18. Pippini capitulare Aquitanicum," S. 42-43.

生前的这场阿奎丹战役。在取得胜利之后,查理随即在王国的政治中心沃尔姆斯(Worms)召开会议。①

沃尔姆斯是位于莱茵河上游莱茵-巴拉汀地区的城市,在墨洛温王朝和加洛林早期是"公共城市",不属于国王。②直到查理统治时期才逐渐获得各项特权,成为召开重要会议的所在地。沃尔姆斯最早出现在《法兰克王家年代记》中的记载是 764 年,矮子丕平曾在沃尔姆斯召开过会议,讨论维法尔的问题,但该年没有用兵。③从地图上显示,沃尔姆斯距离阿奎丹地区很远,在奥斯特利亚(Austrasien)的北部,靠近法兰克福,属于卡洛曼的统治范围之内。据罗莎蒙德·麦基特里克(Rosamond McKitterick)教授计算,查理曼从靠近波尔多的弗龙萨克(Fronsac)前往沃尔姆斯的话,需要行走 1081 公里、34 天,可以说是他一生中走过最长的单次距离。④也是在这一年,即 770—771 年之间,国王查理开始了与卡洛曼的继承权之争,所以他先是通过阿奎丹战争奠定自己是合法继承人的地位,然后于 770 年在沃尔姆斯召开会议,而卡洛曼和母亲贝尔特拉达(Bertrada)则在塞尔兹(Seltz)会面,同年,贝特哈德离开巴伐利亚前往意大利。⑤据伯纳德·巴赫拉赫(Bernard Bachrach)教授指出,国王查理频繁前往沃尔姆斯是出于军事目的。"如果卡洛曼要率军行动的话,查理也需要做出同样的部署,而沃尔姆斯正好位于他的兄弟前往北部的东面部队的路线之中。"⑥由此可见,查理远赴千里,赶往沃尔姆斯的行为并不是一时冲动,而是要及时占

---

① Einhardi, „Annales regni Francorum," S. 80-81.
② Matthew Innes, *State and Society in the Early Middle Ages: The Middle Rhine Valley, 400-1000*, Cambridge: Cambridge University Press, 2004, p. 96.
③ Einhardi, „Annales regni Francorum," S. 23.
④ Rosamond McKitterick, "A King on the Move: The Place of an Itinerant Court in Charlemagne's Government," in Jeroen Duindam, ed., *Royal Courts in Dynastic States and Empires*, Leiden: Brill, 2011, p. 149.
⑤ Roland Pauler, *Karl der skrupellose Große: Das Ergebnis von zwei Jahrhunderten Fehlinterpretation im Bann des Nationalismus*, Göttingen: Cuvillier Verlag, 2021, S. 38.
⑥ Bernard Bachrach, *Charlemagne's Early Campaigns (768-777): A Diplomatic and Military Analysis*, p. 178.

据战略要地,避免卡洛曼向北扩张占领广袤的萨克森地区。

在完成继承并结束继承纠纷后,国王查理在789年派遣特使巡视阿奎丹地区,这一方面说明阿奎丹之于王国的重要性,另一方面也展现出他对统治秩序的忧虑。①查理在《阿奎丹特使备忘录》中对巡察使的任务作出六项安排,同时也要求巡察使带领全体人民发忠诚誓言。法规条文部分如下:

> 以下是国王命令阿奎丹巡察使曼希奥(Mancio)和尤格里乌斯(Eugerius)执行的备忘录,同时要求人民发忠诚誓言。
>
> 关于派遣巡察使视察我们的领主和父亲丕平颁布的,以及我们后来颁布的法令,看其是否得到保持和执行。
>
> 那些以军事服务为名、前往我们这里的人,要调查他们的行为。
>
> 调查是否有人用武力或其他方式,当他在军队里服役,或在为国王服务时,占有了后者的财产。
>
> 关于我们的特使与部落领袖的意见保持一致。②

法规的第1条是检查阿奎丹地区是否良好执行《丕平阿奎丹条令》。此时距离加洛林王朝征服阿奎丹已有20年之久,符合第2条法令中的"二十年前便已要求建立地区"的内容,即便如此,为何在这段相对漫长的时间里,查理没有对阿奎丹地区进行视察呢?这与他此前对征服阿奎丹的积极态度形成强烈对比。那么,又是什么原因导致他在789年再次想起阿奎丹,并派特使详细调查状况?原因有两个:一是国王查理在772年开始对萨克森的战争,据《法兰克王家年代记》记载,他首先"在沃尔姆斯召开会议,然后从沃尔姆斯出发前往萨克森"。③

---

① 查理在760年开始跟随他的父亲矮子丕平出征阿奎丹,可以说是参与了征服阿奎丹的整个过程。矮子丕平在阿奎丹战役后不久逝世,意味着他还没来得及管理阿奎丹已经离开人世,查理曼才是阿奎丹地区的统治者。参见Einhardi,„Annales regni Francorum,"S. 18.

② „24. Breviarium missorum Aquitanicum,"S. 65-66.

③ Einhardi,„Annales regni Francorum,"S. 32.

由此说明,沃尔姆斯是他进军萨克森的主要驻扎地,证明他在770年抢在卡洛曼之前占据军事重镇沃尔姆斯的必要性,之后他也多次在沃尔姆斯召开帝国会议,宣告从此时开始沃尔姆斯将成为他帝国里的重要政治中心。①萨克森战争的第一阶段持续到785年,与萨克森频繁的周旋,让他无法抽身料理阿奎丹事务,而789年正好进入萨克森战争的第二阶段,他在颁布两份萨克森条令的同时,也更加详细地规划忠诚誓言的相关细则,体现在《阿奎丹特使备忘录》开篇的第一句要发"忠诚誓言"(sacramentum fidelitatis)之中。②

《阿奎丹特使备忘录》的重点明显与《丕平阿奎丹条令》不同。《丕平阿奎丹条令》只有12条,内容主要围绕军事和法律等方面作出简要安排,基本允许阿奎丹地区保留原先的生活方式。③然而,查理显然不满足于这样的处理方式,不愿意阿奎丹以独立地区的身份在王国内部存在。因此,《阿奎丹特使备忘录》做出了一定的调整,可以归结为以下三点:第一点是要求所有人当众发忠诚誓言,第二点是调查当地教会人员的行为,第三点是报告军人内部的具体状况。三者都指向法兰克对阿奎丹的统治稳定性以及组织军队的必要性。如果将查理即位后从769—789年间的法令加以整理的话,会发现789年是他颁布条令最多的一年(见下表)。

表8　国王查理时期颁布的法令(769—789)

法令	时间	地区	提及"誓言"
《查理国王第一条令》(Karoli M. capitulare primum)④	769年	阿奎丹	

---

① Lothar Vogel, *Vom Werden eines Heiligen: Eine Untersuchung der Vita Corbiniani des Bischofs Arbeo von Freising*, Berlin: Walter de Gruyter, 2015, S. 479.

② 加洛林王朝进行宣誓仪式时,通常要求手按圣物发誓,以加强约束力度。参见„24. Breviarium missorum Aquitanicum," S. 65。

③ „18. Pippini capitulare Aquitanicum, 768," S. 42-43.

④ „19. Karoli M. capitulare Primum, 769," in Alfredus Boretius, Hrsg., *MGH Capit. 1*, S. 44-46.

(续表)

法令	时间	地区	提及"誓言"
《哈尔施塔伦斯条令》(Capitulare Haristallense)①	779年	法兰西亚	√
《主教条令》(Capitulare episcoporum)②	780年	法兰西亚	
《第一条令》	782 或 785年	萨克森	√
《查理劝诫信》(Karoli epistola generalis)③	786年	法兰西亚和伦巴第	√
《广训》(Admonitio generalis)④	789年	法兰西亚	
《双重诏令》(Duplex legationis edictum)⑤	789年	法兰西亚	
《阿奎丹特使备忘录》	789年	阿奎丹	

从上表可见，自任国王以来，查理在颁布条令的时候，经常会使用"誓言"作为加强条文约束力的手段。宣誓从779年在法庭上用作证词，到萨克森法令中强调誓言的不可解除性，786年的以真理和爱宣誓，最后到789年3月23日《双重委任令》第18条中的第一个钦定誓词版本：

关于忠诚誓言。人们向我和我的儿子们，以下列的方式宣誓：
因此，我向我的领主国王查理和他的儿子们承诺，我会终生

---

① „20. Capitulare Haristallense, 779," in Alfredus Boretius, Hrsg., *MGH*, *Capit.* 1, S. 46-51.
② „21. Capitulare episcoporum, 780," in Alfredus Boretius, Hrsg., *MGH*, *Capit.* 1, S. 51-52.
③ „30. Karoli epistola generalis, 786," in Alfredus Boretius, Hrsg., *MGH*, *Capit.* 1, S. 80-81.
④ 有关《广训》的研究，参见刘寅：《"训诫"话语与加洛林时代的政治文化》，《历史研究》2017年第1期；„22. Admonitio generalis, 789," in Alfredus Boretius, Hrsg., *MGH*, *Capit.* 1, S. 52-62。
⑤ „23. Duplex legationis edictum, 789," in Alfredus Boretius, Hrsg., *MGH*, *Capit.* 1, S. 62-64.

保持忠诚,没有欺骗和恶意。①

由此可见,对誓言的使用范围,此时的查理已经形成了更加清晰的构想。他开始要求王国内所有的男子向他宣誓效忠,所使用的誓言正是同年颁布的《阿奎丹特使备忘录》中所使用的誓词。"忠诚誓言"在《阿奎丹特使备忘录》中成为核心纲领,成为所有细则成立的首要前提,而阿奎丹地区的人民也随之成为第一批的宣誓者。

（2）《巡察条令》(793)：

在《巡察条令》中,查理对忠诚誓言有了更加详尽的解释和规定。据《给尔服拜坦年代记》(*Annales Guelferbytani*)记载,在 792 年,查理率领大批驻军居住在雷根斯堡(Regensburg),②而《伯塔维安年代记》(*Annales Petaviani*)的 792 年条目中也记有查理派遣军队击败阿瓦尔(Avar)的过程。③《巡察条令》的一个明显特点,是在前期条令的基础上,进一步诠释了忠诚誓言的来源和必要性。首先,雷根斯堡在军事上具有重要意义,它是位于莱茵河畔的一个交通枢纽,也是国王查理召集军队的主要地点。据《洛尔施年代记》791 年的记载,查理在雷根斯堡召集了利普里安人(即法兰克人)、萨克森人和弗里斯兰人(Fresionum),共同反对阿瓦尔人。④因此,《巡察条令》除了带有强烈的政治色彩外,还要求巡察使率领民众宣誓效忠,条文中也加入了军事事务的安排。条文的细则如下：

> 1. 关于忠诚誓言的必要性,需要作出以下解释。首先,它来自古老的传统;其次,那些缺乏忠诚的人近年来密谋在国内制造巨大冲突,企图对国王查理造成人身伤害,在审讯中,他们宣称自

---

① „23. Duplex legationis edictum, 789," S. 63.

② „VII. Annalium Guelferbytanorum pars altera, 793," in Georg Heinrich Pertz, Hrsg., *MGH*, *SS 1*, Hannoverae: Impensis Bibliopolii Hahniani, 1826, S. 45, https://www.dmgh.de/mgh_ss_1/index.htm#page/45/mode/1up.

③ „IV. Annalium Petavianorum pars secunda," in Georg Heinrich Pertz, Hrsg., *MGH*, *SS 1*, S. 18.

④ „Annales Laureshamenses," S. 34.

第三章　成文法:查理曼的部族治理与《萨克森条令》 | 177

己没有向国王发过忠诚誓言。①

2. 所有主教、修道院院长、伯爵和王室封臣、副主教、执事和教士都必须发忠诚誓言。

5. 特使必须向人民解释:许多人向国王投诉无法保有他们的法律。因此,国王出于尊重人民的意愿,允许他们完整保留他们的法律,如果任何人出于任何原因违背了上述法令规定,与国王无关。伯爵、巡察使或任何人违背以上规定的话,请向国王汇报,国王将尽一切努力保证人民的权利。让每一个人都能按照自己地区的法律生活。

6. 巡察使与伯爵在地方上行使司法权的时候,也需要对军事事务作出安排,让人民在该年加入军队,同时还要保证他们行军时的秩序。国王会通过信件告知巡察使应当在何时何地集会。②

从上述条文可见,国王查理在解释忠诚誓言的由来时,除了强调誓言来自古老传统,同时也表示有一些人缺乏忠诚,"在审讯中,他们宣称自己没有向国王发过忠诚誓"。③那么就意味着两点:第一,789 年誓言不是一份全国性的誓言,它仅在少数地区或一定范围内实施过,只有部分人民完成了宣誓仪式;第二,此时国内有人密谋叛变,他们以对忠诚誓言不知情为由开脱罪责。这里条文中所指的"缺乏忠诚的人"或意图叛变者包括查理曼的长子驼背丕平(Pippin der Bucklige),他 792 年在雷根斯堡召集法兰克贵族宣誓组成叛乱联盟,密谋推翻父亲。④查理或许在审讯他们的过程中,发现普及忠诚誓言的必要性。当发过誓

---

① 法令中所指的"忠诚誓言"即 789 年的誓言。参见 „23. Duplex legationis edictum, 789," S. 63.
② „25. Capitulare missorum, 792," in Alfredus Boretius, Hrsg., *MGH*, *Capit. 1*, S. 66-67.
③ Ibid., S. 66.
④ Matthias Becher, *Eid und Herrschaft: Untersuchungen zum Herrscherethos Karls des Grossen*, S. 80-84; Felix Dahn, *Urgeschichte der germanischen und romanischen Völker: Dritter Band, zweiter Teil*, Berlin: Grote, 1883, S. 1031.

的人做出有损国家或国王利益的事情时,可以成为判刑依据,以此提高人民的警惕性,维护国家安全。因此,当国王查理在 792 年遇刺后,他随即颁布《巡察条令》,规范宣誓行为和建立宣誓制度,发誓人群的范围也有所扩大,不仅人民需要发誓,其他官员也必须发誓,以此确保对国家的忠诚。同时,他也赋予地区人民更多的权利和自由,允许他们在本地使用各部族的习惯法,这大大地满足了各个地区的不同需要。在此基础上,查理从各地召集军队的命令也得到顺利执行,这是巡察使的任务之一,他们需要保证军队能够顺利抵达国王查理的召集点。

《巡察条令》中的第 5 条"国王出于尊重人民的意愿的缘故,允许他们的法律完整地得到保留"[1],解释了为什么法兰克王国在政治体系进入一个全新阶段的时候,查理曼要在 802 年 10 月的亚琛会议上再次颁布继承自墨洛温王朝的《加洛林撒里克法典》以及其他部族的法典。查理曼也知道这些法典无法适应国家整体的发展程度,有可能是在专家的建议下,他在 803 年颁布了至少四条条款来补充 802 年 3 月的条令。[2]这也是他第一次对王国的司法体系添加补充条款,然后他也对《利普里安法典》进行了修订。查理曼这条命令的影响范围非常深远,直到 13 世纪在萨克森的地区法典《萨克森明镜》中仍然引用他的第 5 条规定,允许完整保留各地人民的法律,从而编纂出萨克森人的法律文献,并在首页中将查理曼视为立法者。[3]

举行公开和庄严的宣誓仪式有诸多作用:一是可以展现王国的政治权力,二是传递出查理曼对法律的尊敬态度,三是让民众了解法律的具体功能。这三个方面,都有力加强了法律条令对人民内心和行为的约束力。作为国王的代表,巡察使肩负组织宣誓、解释条文和执行条令的重要职责,他们保证了查理曼新建立的宣誓制度在地方层面上

---

[1] „25. Capitulare missorum,792," S. 67.
[2] François L. Ganshof, "The Impact of Charlemagne on the Institutions of the Frankish Realm," *Speculum*, Vol. 40, No. 1 (January 1965), p. 50.
[3] "I 18," in Karl August Eckhardt, Hrsg., *Sachsenspiegel. Teil 1: Landrecht*, *MGH*, *Fontes iuris N. S.*, 1,1, S. 83-84.

第三章　成文法:查理曼的部族治理与《萨克森条令》　｜　179

得到有效贯彻和全面落实。

（3）《巡察通用条令》(802)：

颁布于802年的《巡察通用条令》共有40条,进一步规范了宣誓的相关事项。在内容上,条令可分为四个部分:第一部分(第1条)是巡察使的派遣与工作性质①,第二部分(第2—9条)是对统治者的"忠诚誓言"②,第三部分(第10—24条)是对教会人员的治理③,第四部分(第25—39条)是对世俗人员的治理④,最后的第40条则是结语。⑤条令的四个部分实际上体现了查理曼理想中的帝国运作方式。一方面,他已经意识到自己统治的是一个族群复杂、地域辽阔、权力分散的国

图8　10世纪《巡察通用条令》,法国国家图书馆藏,手稿编号:Lat. 4613⑥

---

①　"33. Capitulare missorum generale，802," in Alfredus Boretius，Hrsg.，*MGH*，*Capit. 1*，S. 91-92.
②　Ibid.，S. 92-93.
③　Ibid.，S. 93-96.
④　Ibid.，S. 96-98.
⑤　Ibid.，S. 98-99.
⑥　Paris Bibliothèque nationale de France Lat. 4613, https://gallica.bnf.fr/ark:/12148/btv1b9066866b/f97.item.

家,为了维护王权的唯一性和集权性,必须首先建构起一套以忠诚为核心的统治体系,才能够长久地维护住国家稳定和社会安全。

《巡察通用条令》比以往的条令都更加重视"公告"的过程。巡察使抵达地方之后,会召集所有人民参与会议。按照此前萨克森《第一条令》中的规定,地方人员是不能够私自召开全员大会的。因此,巡察使所召开的会议,实际上等同于日耳曼人的"人民集会"。在法兰克王国不断扩大的过程中,皇帝作为全国所有部族的"酋长",已经无法亲自前往所有地区召开部落集会,巡察使是以代理的身份,落实部落集会在地方的政治功用的,并强化其作为法律程序的必要阶段。《巡察通用条令》的内容如下:

> 他命令,在他的国家之内的所有人民——无论是神职人员还是平民百姓,每一个此前曾经宣誓向国王查理效忠的人,现在都要向皇帝查理曼发下同样的誓言。此前没有发过誓的人,只要年满12岁都需要发誓。他命令,现在公开向所有人宣布,让每个人都认识到事情的重要和誓言所涵盖的内容:这个誓言并不像一般人理解的那样,只是一个向皇帝效忠的誓言,还包括不得出于敌意将敌人引入国家,或者对其他国家效忠,或者对此保持沉默。所有人都应当明白誓言还包括下列意思:
>
> 任何人不能通过作伪证或任何欺诈的手段,又或者出于任何人的奉承或馈赠,拒绝退还或敢于隐瞒、隐藏皇帝的奴隶,或者任何专属于皇帝的地区或领土。任何人都不得通过伪证或者其他的隐瞒手段,以不公正的手段来隐瞒奴隶的身份,或将其伪装成自由民。
>
> 任何人都不得以抢劫或欺诈的手段来伤害教会、寡妇、孤儿或者陌生人。因为皇帝是他们的保护者和捍卫者。
>
> 任何人都不得以任何方式阻碍查理曼的禁令和命令,或者拖延、反对和损害他的任何事务,或者以任何方式违背其意愿和命

令,任何人也不得干涉查理曼的税收或者他应得的收入。①

查理曼在条文中对宣誓活动指明了三个要点。首先,所有人都必须重新向皇帝查理曼宣誓效忠;第二,年满 12 岁的人都必须宣誓;第三,忠诚于国王是每个人的本分。当查理曼派遣巡察使到地方代行治理权时,他也要求巡察使必须依法处理事务,重点之一是禁止人们此前反对"成文法"的行为。一方面,说明地区人员通常是按照习俗处理事情,尚未形成敬畏法律的意识。但是,自此之后,不管是地方官员还是普通人民,都需要按照国家的法律规章生活,巡察使会将事务的处理过程写成报告,提交到皇帝的宫廷。另一方面,也表明查理曼要将"立法"这一重要的国家治理手段提上议程。②譬如在第 26 条中,要求"法官必须按照成文法,而不是按照自己的判断,来公正地审理案件"③。从这个角度看,这份在 3 月颁布的条令很有可能是在为后续的法典作准备。强化人民的法治意识和忠诚意识,是查理曼作为帝国的立法者加强王权的关键所在,而要求全体国民宣誓效忠的举措,也体现出他的王权高于教权政治理念。

作为法兰克帝国的统治者,在要求人民效忠的同时,查理曼也意识到自己需要保护全体国民的人身安全,不论其性别、年龄和身份,所有弱势贫困群体都应该在王国的范围内得到适当的照顾。这种双向的权利和义务关系,是以前的蛮族法典里缺失的。公开的宣誓仪式,恰好可以填补"国家—人民"之间关系的欠缺,也强化了个人与群体之间的依存关系。另一方面,王权作为国家法律意义上的最高主宰,也有必要以条令的形式告知人民国家的权力等级关系,从而维护法律的有效执行和国家稳定。

《巡察通用条令》的其他细则还包括:任何人都不得损坏皇帝的封地或占有它(第 6 条)。任何人都不得忽略皇帝宣召他出兵作战的命

---

① „33. Capitulare missorum generale, 802," S. 92-93.
② Ibid., S. 91-92.
③ Ibid., S. 96.

令,任何伯爵都不得因亲属关系,或者因谄媚和馈赠免除他人的兵役(第 7 条)。第 9 条强调法律的精神与公正,要求"任何人都不得在法庭上不公正地为另一个人辩护,尤其是不得出于贪婪而不尽力辩护,或者运用狡黠的辩护手段来阻止公正的判决,或用逼迫的手段使软弱的辩护获得胜利"。还要求,每个人都要为自己的案件进行辩护,案件的类型可以是税务、负债,除非他无力或对辩护无知,在这种情况下,巡察使或法庭里主持审判的人员、了解案件的法官,可以在法庭上为其辩护。至于是否要代其辩护,则由出席审讯的人员或在场的特使决定。要求"所有事务必须依法执行,决不让任何礼物、钱款或者邪恶的奉承玷污公正"①。而且,"任何人都不得与他人达成不公正的协定,对此要有所提防,尽一切努力来彰显公义"。法律的精神在第 9 条中得到清晰界定,以上提到的所有事情,都要包含在对皇帝的誓言之中。②

由此可见,《巡察通用条令》是在强调全国人民对查理曼的忠心,以国家为核心建立起一套全新的帝国司法体制。巡察使携带着法令到各个地区或部落,宣读誓词,要求所有人民按照誓词发誓。一方面,大大地增强了宣誓行为的有效性,让誓词成为每位加洛林国民都必须熟知的内容,另一方面,也帮助人民明了国家制度和统治者的职责。在《巡察通用条令》的其余部分也提到了皇帝。③譬如,第 28 条是关于皇帝派来的特使,第 29 条是关于罚款的缴纳,第 30 条自愿投靠皇帝者将受到保护。第 31 条可以视作"忠诚誓言"在法律意义上的补充,论述了"任何人都不能违背皇帝宣布的决定,或者以任何方式表现敌意。违背者将需要支付罚款,情节严重者,将被带到皇帝面前接受审理"④。

相比之下,《加洛林撒里克法典》里完全没有关于王权的内容,在条文的排列次序上也不如同一时间颁布的《萨克森法典》有条理。从

---

① „33. Capitulare missorum generale, 802," S. 93.
② Ibid.
③ Ibid., S. 94-97.
④ Ibid., S. 97.

第三章　成文法:查理曼的部族治理与《萨克森条令》

成文法典的角度来看,它更接近于一部区域性法典,或者说,它是一部承载着法兰克人历史和习俗的资料汇编。① 这部法典为了解 5—9 世纪法兰克人的生活和社会形态提供良好的材料依据,但作为一部严谨的法典,它明显存在许多不足。《加洛林撒里克法典》的条文对"罪"这一概念缺乏明确界定:它以列举的形式将常见的犯罪行为一一指明,却没有在抽象的意义上对其梳理、提炼,概括出共性规则。另一个问题是,这个时期多部蛮族法典并行存在,并无统一的国家法。这就需要增添新的条款,来对蛮族法典进行补充。例如:萨克森人在洛林边境的活动对法兰克王国的法制建构产生了深远的影响,查理曼为此特意在《利普里安法典》里补充了 12 个条文,然后重新编纂成有 59 条条款的《萨克森法典》。

在几乎同一时间颁布的《巡察专用条令》(共 19 条)中,查理曼进一步强调了宣誓行为与国家制度的密切联系,同时他也更新了誓词,出现了第二个誓词版本。802 年接连颁布的两个条令可以构成一个宣誓仪式的两个步骤:首先,巡察使按照《巡察通用条令》召集人民,并在众人面前公开宣读宣誓的要求;其次人民复述《巡察专用条令》中的简短誓词以完成整个宣誓仪式。《巡察专用条令》中的新誓词如下:

> 我宣誓,从今日伊始,我会对最尊贵的皇帝,丕平国王和贝尔特拉达王后的儿子,最虔诚的领主皇帝查理保持忠诚,全心全意、毫无欺诈和恶意。为了他的国家的荣耀,每个人必须对其领主和主人保持忠诚。②

比较誓词的两个版本,可以发现三个变化:一是增加了王位政权的正当性,第二个版本提到查理曼是"丕平国王和贝尔特拉达王后的儿子",说明他的王权源于正当的血缘关系;二是明确了宣誓对象的唯一性,在第一个版本中民众是向"国王和他的儿子们承诺",在第二版中

---

① "Lex Salica," in Karl August Eckhardt, Hrsg., *MGH*, *LL nat. Gem. 4*, 2.
② "34. Capitularia missorum specialia. 802," S. 101.

改为查理曼一人,宣誓对象数量的减少,只以国家最高统治者为唯一的效忠对象,可以加强民众的向心度和维护政权的稳定性;三是提高了国家概念的重要性,第一个版本是对人发誓,第二个版本要求人民"为了国家的荣耀"保持忠诚,说明王权和国家之间有着密不可分的关系,宣誓者和宣誓对象之间的效忠关系也因而确立。

在查理曼继位初期,宣誓仅是地区精英和国王之间的行为。789年,查理曼开始把宣誓范围扩大至所有自由民,他们需要向国王派出的代表宣誓。这个变动可能是出于785—786年发生的一次叛乱,图林根贵族哈德拉德(Hardrad)密谋在国王查理踏入他的领地后将其杀害,叛乱者以宣誓的方式结成同盟,这也是查理在位期间遭遇的第一场大规模的贵族叛乱。[①]查理发现后,将头目刺瞎并没收其土地,最后要求其向自己发忠诚誓言。因此,查理在789年和802年间进一步强化了忠诚誓言的重要性并开始立法,一方面是保证人民对国家的忠诚,另一方面是打击阴谋敌对势力。查理在其他条令中也有人们不得私自宣誓结盟(coniurationes)的规定,民众拥有组织团体的权利,但不得在组织团体的过程中加入宣誓仪式。[②]

一份意大利特使的汇报文件详细记载了宣誓效忠的场面。[③] 802年8月20日巴伐利亚的弗莱辛(Freising),在特使的召集下,有180人出席会议,全体人民正式宣誓,"在这一年我们向皇帝查理宣誓效忠"[④]。由此可见,简明的誓词和公开的仪式,让宣誓成为一项具有重要意义的政治行为。人民和国家的关系,通过集体的宣誓仪式重新获

[①] Charles E. Odegaard, "Carolingian Oaths of Fidelity," *Speculum*, Vol. 16, No. 3 (July 1941), p. 284.

[②] "20. Capitulare Haristallense," 779, S. 51; "23. Duplex legationis edictum, 789," S. 64.

[③] Matthew Innes, "Charlemagne's government," in Joanna Story, ed., *Charlemagne: Empire and Society*, New York: Manchester University Press, 2005, p. 81.

[④] "No. 186," in T. Bitterauf, Hrsg. *Die Traditionen des Hochstifts Freising*, 744-926, *Quellen und Erörterungen zur bayerischen Geschichte*, NF 4, Aalen: Scientia Verlag, 1905, S. 178-179.

得界定，从而有效推动了法制体系的建设，实现了公平正义。作为一项政治仪式，宣誓的发展过程可分为四个阶段，从早期法兰克人的"法庭证词"，到墨洛温时期的"军事誓言"，再到矮子丕平的"盟约誓言"，最后在查理曼的改造下成为"法律誓言"。以往在《狄奥多西法典》和《勃艮第法典》中也有关于"宣誓"的法规，但大多将其作为法庭证词使用。然而，查理曼却对"忠诚誓言"产生了极大的兴趣，早在萨克森战争中，他便将"宣誓效忠"视作是胜利的象征，在这层意义上，他所使用的实际上是前两个时期的誓言，是"军事誓言"和"盟约誓言"的混合体，蕴含了军事效忠和军事征服的两重意义。随后，通过颁布数份条令，他逐步明确了宣誓的主体、对象和过程，将宣誓的范围扩大到全体国民，使之成为一项服从国家统治、遵守法律法规和承担各项义务的措施。誓词改造和宣誓规定，和强化了国家意识，明晰了法律精神，以及建立监督和责任追究机制，都有着极其重要的历史意义。在调整地区关系方面，由于公开的宣誓仪式与部落的传统集会在精神上相互契合，对于重视集体意识和个人荣誉的部落人民而言，公共的宣誓行为在一定程度上能够发挥出更加强大的约束力，加上查理曼推行的是法令与宣讲互相配合的普法方针，既增强了部落人民的法律意识，也调解了法兰克法与不同习俗之间的冲突。查理曼的誓言改革计划，对帝国早期的社会稳定和部落和谐，都起到了极为关键的推动作用。

小结

本章通过分析查理曼统治时期的司法改革，认为查理曼的司法改革并非是一种习惯法向国家立法的转变，因为查理曼仍然把古老的法律传统当作自己司法改革的基础。在不舍弃部族传统的基础上，查理曼加重君主对司法控制的分量，继续实行中央与地方两元执法的原则。在查理曼看来，古老传统所赋予的权利和当前的国家需要都必须重视，他构建了以君主权力为基础的干预机制，促进了政治和社会的转变，进一步平衡了君主的权力和地方上各利益集团之间的关系。

查理曼继续贯彻"分典而治"的做法,通过对《利普里安法典》《阿勒曼尼法典》《勃艮第法典》《萨克森法典》《图林根法典》《撒里克法典》的修订,坚持了"各族各法"的加洛林司法传统。然而,在修订这些由习惯法而来的法律时,查理曼把自己的意志融合进了法典和法令之中,表明了凡君主的意志皆有正当性、皆成法律的立场。这种做法,顾及了部族传统和"分典而治",凸显了立法、执法的两元性,强调地方权利与君主意志必须保持一致。君主的意志在地方法律中发挥作用,同时也为地方传统和习惯,留下较大的生存空间。

查理曼颁布的条令明显带有君主的意志,特别是条令中增加了部族不得叛变国家的内容。值得重视的是,通过条令的颁发,地方司法既受政府的鼓励,又受政府的控制,并且以国家与地方的双重执法塑造出官方的模型。条令的颁布解决了一个地方司法由地方势力控制还是由国家控制的问题,结果就是实现了两元司法,强调了地方司法与君主意志的一致性。就历史的发展而言,这意味着君主的意志渗透到每一个地区深部,是一种国家对于地方主义司法的干预。在这里,国家的定制并没有中断地方上的习惯,却打击和削弱了地方司法专权,地方上的势力不能够再像以往那样用自己的习惯来抵制中央政府了。

"忠诚誓言"的设置内容比较单一,专门用来制止地方上的反叛。"忠诚誓言"是从部族的传统中发展而来的,但现在凸显的不是部族与部族而是地方与中央之间的博弈。了解这个含义,也就了解了在新的形势下,谁是国家的联盟,谁是国家的敌人。

由伯爵或者巡视法官来执行法庭的判决,是在司法的程序上落实了普法执行责任制。伯爵、巡视法官乃是国家的代表,而不是部族或地方首领的代表。所幸的是,查理曼时期的法官严格遵守国家部族两元司法的原则,并不能离开地方司法而自行其是。各位法官,尤其是巡视法官,对自己代表国家来执掌司法的原则是非常清楚的,主要是通过他们来贯彻中央政府的意志。查理曼的改革是在承认地方司法的基础上进行君主干预,两元立法和巡察机制的出现,表明查理曼没有用国家立法来取代地方立法的意图,因为在一个地方习俗惯例已经充分建立起来的时代,要对其进行破坏,是极其困难的。

查理曼的司法改革,是以法令和法典相配合的方式逐步推进的。在法令中,他根据不同时期的具体情况,颁布新的政策;在法典中,他尊重部族传统、提高法治水平,维护人民的基本权利。从查理曼颁布法典的过程中,还可以看到他非常重视法兰克人部落传统习俗。《加洛林撒里克法典》和《利普里安法典》是所有部族法典中地位最为特殊的,因为这是法兰克两大部族的法律汇编,前者保存的是撒里法兰克人的习惯法,后者则是生活在莱茵河畔的另一支法兰克人的法典。出于团结法兰克人的目的,查理曼在802年颁布多部法典后,又在803年以法规的形式对《利普里安法典》进行补充,取名为《利普里安补充法规》(Capitulare legi Ribuariae additum)。[①]另一方面,《加洛林撒里克法典》的条文以部落习惯为主,没有涉及国家和国王的条文,而《利普里安法典》则包含更多关于国王的内容,两部法典呈现互补关系。

查理曼仍然执行分立而治的原则。801年在《法兰克王家年代记》中首次出现罗马法一词。据记载,"几天前,他下令将那些在前一年密谋反叛的人员提审。在审讯过后,他们按照罗马法(legem Romanam)的规定处以死刑"[②]。密谋的领导者是帕斯卡尔(Paschal)、背叛者卡普鲁斯(Campulus)以及其他罗马的高阶人士。由此可见,在查理曼加冕为"罗马皇帝"后,他在意大利境内是按照罗马法对意大利人进行审讯,但是在802年颁布的法典里却只字不提罗马法,也没有像勃艮第王国那样特意为境内的罗马人颁布《勃艮第罗马法典》。他成为皇帝后所颁布的《加洛林撒里克法典》,无论形式还是内容上,都没有罗

[①] „41. Capitulare legi Ribuariae additum," in Alfredus Boretius, Hrsg., *MGH, Capit. 1*, Hannoverae: Impensis Bibliopolii Hahniani, 1983, S. 117-118.

[②] Einhardi, „Annales regni Francorum," S. 114.

马法的痕迹。譬如在法典中没有章节小标题的安排,论述中也没有提及或者引用罗马法律文献。可见,查理曼有意将"罗马"从他的加洛林王国中剔除,他通过加冕成为"罗马人的皇帝",但罗马人只是他的统治对象,他更愿意尊奉自己的传统部族法规。

查理曼作为立法者的形象,在其逝世几百年后一直为萨克森人所尊崇。他去世之后,德意志进入封建制度发展阶段,早期的德意志部落法典以及查理曼和他的继承者颁布的帝国法令也逐渐停止使用,不再作为法律文献。然而,在13世纪末期的萨克森部族习惯法《萨克森明镜》中,却把法律权力的来源追溯至君士坦丁和查理曼。[1]查理曼对罗马法的处理方式也影响了后续数百年德意志对罗马法的接受。德意志人愿意使用自己较为"原始"和"简单"的地区法规,而且无论是东部的城市,还是北部的城市,都坚持使用自己的民族语言德语来编写法规。这甚至影响到了波罗的海地区,只要是德意志人使用或编纂的法规条文,一律使用德语。

虽然国王没有颁布罗马法法规,但是在实际司法体系的运作中,它仍然起到了重要的辅助作用,这可能要归功于阿尔昆的努力推广。[2]在查理曼统治时期,罗马法主要在高卢南部地区和意大利部分地区使用,在计算婚姻血缘关系时,计算的方法主要来自罗马法。[3]

综上所述,查理曼重视蛮族法典的原因有三个:第一,通过保存部族法典,可以解决民族多样性国家的内部矛盾和保障部落长老的权力;第二,《撒里克法典》和《利普里安法典》的特殊性,让法兰克人作为国家首要民族的地位得到进一步的确认,巩固了查理曼的统治核心群

---

[1] Egon Boshof,„Erstkurrecht und Erzämtertheorie im Sachsenspiegel," *Historische Zeitschrift. Beihefte*,New Series,Vol. 2 (1973),S. 95.

[2] 墨洛温晚期和加洛林时期的一些手稿中包含罗马法的内容,譬如《狄奥多西法典》的片段,阿尔昆也曾经引用过《狄奥多西法典》和《西哥特罗马法典》。参见 Bruce C. Brasington, *Order in the Court: Medieval Procedural Treatises in Translation*,Leiden:Brill,2016,p. 18;John O. Ward,*Classical Rhetoric in the Middle Ages: The Medieval Rhetors and Their Art 400-1300,with Manuscript Survey to 1500 CE*,Leiden:Brill,2019,p. 114.

[3] Johannes Fried,*Charlemagne*,pp. 200-291.

体;第三,查理曼按照罗马法的理论统治者的旨意是活着的法律(lex animata),颁布了适用于加洛林人民的法典和法令,①与此同时,又避免将罗马法纳入正式的法律体系,这样的做法,既显示出他在罗马人聚居地作为"罗马皇帝"的权威性,也在法兰克王国内部展现出他是"法兰克人的皇帝"的传统性。

---

① George Mousourakis, *Roman Law and the Origins of the Civil Law Tradition*, New York: Springer, 2015, p. 235; Joseph Canning, *A History of Medieval Political Thought: 300-1450*, New York: Routledge, 2005, pp. 7-8.

| 第四章 |

海法：德意志与波罗的海之间的海权边界

第一节　移居与跨海域贸易网络的形成
第二节　三部海法法规与海运贸易治理
第三节　沿海国家与多边贸易体制的建构

中世纪德意志法制史的一个重要类别是城市法,在北方沿海城市的城市法中又包含海法。①在霍亨斯陶芬(Hohenstaufen)家族的统治下,伴随着帝国城市的不断建立,以及对外贸易的蓬勃发展,法规也从普遍管理原则发展为属地和属人管理原则,意味着德意志城市在人员保护、贸易管辖和资源整合上都有了更加全面的规划。13 世纪之后的德意志法律由两部分构成:一是特定城市的成文法,二是汇集各方习俗的习惯法,两者的分界线并不十分明确,有时相互独立,有时相融并存。譬如在萨克森地区,艾克·冯·雷普科结合习惯法和自身的执法经验,编写完成了德意志中世纪最重要的法律作品《萨克森明镜》,在"领地法"和"封建法"的基础上进一步规范各封建等级的法律行为。②在德意志北部的帝国城市吕贝克(Lübeck),则是在城市法中加入海法的内容,而海法本身又带有强烈的习惯法和罗马法元素,罗马法也因此进入德意志人的法学作品之中。③

中世纪海法,作为法律体系的一个分支,与今天对海商法的理解

---

① Karl Hegel, *Städte und Gilden der germanischen Völker im Mittelalter*, Band 1-2, Leipzig: Verlag von Dunker & Humblot, 1891, S. 263-296.
② Roman Möhlmann, *Landrecht und Lehnrecht im Mittelalter*, München: Grin Verlag, 2005, S. 2.
③ Karl S. Bader, Gerhard Dilcher, *Deutsche Rechtsgeschichte: Land und Stadt Bürger und Bauer im Alten Europa*, Berlin: Springer Verlag, 2003, S. 628-774.

有一定的区别。① 海法泛指处理一切在海上发生的事务,但从内容和范围来说,今天的海商法更加接近罗马法的《学说汇纂》,在普遍的意义上对海商和海运的法律关系进行界定。中世纪德意志北部波罗的海的海法,则呈现了多源头、多门类的状况:有吸收罗马法的痕迹,也有大量习惯法的内容。从海法的基础而言,吸纳了《学说汇纂》对海洋资源、海上事务和航行关系的基本定义;从法规的颁布而言,有调节普遍关系的《维斯比海法》,也有具有属地性质的《维斯比城市法与海法》,以及兼具民商法功能的《吕贝克城海法》。

13世纪波罗的海沿岸地区在德意志商人的推动下,实现了海运市场的多边化和法治化建设。德意志北部的吕贝克商人在离开原居地后,迁移到瑞典管治下的海运枢纽维斯比进行国际贸易活动。为了保护自身的法律权益,他们在异国他乡积极推动海运贸易法规的制定。此时在维斯比和吕贝克两地相继诞生的《维斯比城市法与海法》(*Wisby Stadslag van Scriprechte*)、《吕贝克城海法》(*Jus maritimum Lubecense*)和《维斯比海法》(*Codex iuris maritimi Visbyensis*)。这三部法规,由于海运贸易的天然属性,分别是从属人、属地和船舶三个维度制定的海洋运输规则,随后,德意志商人更是成功地与北欧沿海国家达成自由贸易协议,形成一个涵盖波罗的海并涉及北海的跨海域法治网络,为四处流动的波罗的海商人提供了普适性的法律保障。海洋法规的出现,既符合中世纪波罗的海国际航运和多边贸易的发展需要,也维护了异地流动人口的法律权利。

---

① 中世纪海法与现代常用的海商法有一定差异:在中世纪德意志法制史范畴,独立的海法称为"Seerecht",商法(Handelsrecht)则属于城市法的一个分支,而海商法(Seehandelsrecht)则是在更晚的时间段才出现。本章讨论的海法分为"习惯法"和"城市法中的海法",后者属于城市法。中世纪城市法被维尔茨堡大学汉斯·费尔教授归入德意志法律发展的第四个阶段,即"选帝侯时期"(Kurfürsten Zeit),时间段从13世纪开始,该时期以帝国法(Reichsrecht)、领地法和城市法的编纂为主要特征。参见 K. S. Bader und G. Dilcher, *Deutsche Rechtsgeschichte: Land und Stadt-Bürger und Bauer im Alten Europa*, Berlin: Springer, 1999; „IV. Abschnitt. Die Kurfürstenzeit (1250-1500)," in Hans Fehr, *Deutsche Rechtsgeschichte*, Berlin: Walter de Gruyter & Co., 1962, S. 111-176。

以往学界对波罗的海海法的研究多从法制史的角度切入,聚焦于法规的历史起源以及成文法的编纂过程。譬如吕贝克法学家约翰·弗里德里希·哈赫(Johann Friedrich Hach)1839 年撰写的《老吕贝克法》,回顾吕贝克地区的法律起源,分析和整理吕贝克市政府在中世纪颁布的多部法典。哥廷根大学的法学教授威廉·埃贝尔(Wilhelm Ebel)教授翻译了多部中世纪早期德意志法规,同时写有《波罗的海的吕贝克法》和《德意志立法史》等法制史著作。2012 年,格罗宁根大学埃达·弗兰克特(Edda Frankot)出版《船舶与海员的法律》,继续探究欧洲北部中世纪海法的发展过程并对城市法庭的法案判决作深入分析。①

近年来,伴随着海洋史的研究的兴起,中世纪海法也受到了学者们更多的关注,他们的研究主要可以分为两个方面,一是从区域国别史的角度来分析波罗的海地区的发展状况;二是比较不同地区时期的海法规定,辅以案例分析,来探讨海洋法规和海洋贸易的发展历程。2020 年,塔林大学(Tallinn University)的阿努·曼德(Anu Mänd)和马雷克·塔姆(Marek Tamm)出版论文集《制造利沃尼亚:中世纪和近代早期波罗的海地区的参与者和网络》,收录 14 篇探讨中世纪至近代早期利沃尼亚形成过程各个方面的论文。他们在序言中表示,吕贝克城市法在波罗的海地区得到普遍采纳,采用吕贝克法的城市数量在 1200 年前就多达 38 个,到 13 世纪甚至增加到 204 个,其中也包括塔林,"汉萨贸易网络的特殊优势在于它植根于共同的价值观、文化认同

---

① 参见 Johann Friedrich Hach, *Das Alte Lübische Recht*, Lübeck: Scientia Verlag Aalen, 1969; Wilhelm Ebel, *Lübisches Recht im Ostseeraum*, Köln: Westdeutscher Verlag, 1967; Wilhelm Ebel, *Geschichte der Gesetzgebung in Deutschland*, Göttingen: Schwartz, 1988; Carsten Groth, "Die Lübecker Ratsurteile, Wilhelm Ebel und eine wissenschaftliche Geschäftsführung, 'ohne Auftrag'?" *Hansische Geschichtsblätter*, Vol. 135 (2017), S. 75-113; Philipp Höhn und Alexander Krey, „Schwächewahrnehmungen und Stadtbucheditionen, Der Zugang zu Recht und Wirtschaft in drei Editionsansätzen des 20. Jahrhunderts," *Hansische Geschichtsblätter*, Vol. 135 (June 2020), S. 19-73; Edda Frankot, '*Of Laws of Ships and Shipmen*', Edinburgh: Edinburgh University Press, 2012; Stefan Mähl, "39. Skandinavien," in Albrecht Greule, Jörg Meier, Ame Ziegler, Hrsg., *Kanzleisprachenforschung: Ein internationales Handbuch*, Berlin: Walter de Gruyter, 2012, p.623。

和法律惯例",商人之间的凝聚力也由于共同的习俗和语言而得以增强。①约翰·福特(John Ford)和莱顿大学的吉斯·德雷杰(Gijs Dreijer)则分别以海事风险管理为题,探讨了平均海损概念在 16 世纪苏格兰海法和 15—16 世纪低地国家海法的发展和演变,前者通过分析 16 世纪苏格兰海事法庭的案例来考察理论与实践之间的联系;②后者则重点研究了布鲁日和安特卫普两座在海洋贸易中兴起的城市,指出共同海损概念的发展与转变可有效控制城市的交易成本和维护成本。③如果要探讨移民立法和多边贸易的历史发展关系,必须从具体的社会经济考察中梳理脉络,了解移民们的移动过程、定居方式以及维权手段。这不仅对探讨移民、居住地和母国之间的互动关系具有重要意义,也有助于加深对欧洲多边贸易体系的认识。④因此,本章将从社会经济史的角度展开研究,观察德意志流动群体是如何依托编纂法典为法律手段,在错综复杂的国际区域中积极拓展生存空间,并为后来波罗的海的多元民族文化和多边自由贸易市场的发展奠定基础。

---

① Anu Mänd and Marek Tamm, eds., *Making Livonia: Actors and Networks in the Medieval and Early Modern Baltic Sea Region*, New York: Routledge, 2020.

② J. D. Ford, "General Average in Scotland during the Sixteenth Century," in Phillip Hellwege and Guido Rossi, eds., *Maritime Risk Management: Essays on the History of Marine Insurance, General Average and Sea Loan*, Berlin: Duncker & Humblot, 2021, pp. 111-138.

③ Gijs Dreijer, *The Power and Pains of Polysemy: Maritime Trade, Averages, and Institutional Development in the Low Countries (15th-16th Centuries)*, Leiden: Brill, 2023.

④ 丹麦、挪威和瑞典三国开放了大量的中世纪外交档案,为分析中世纪欧洲航运关系提供了丰富的材料。丹麦外交档案(Diplomatarium Danicum)收有 789 年至 1412 年超过 18000 份外交档案,瑞典外交档案(Svenskt Diplomatarium)收有超过 44000 份中世纪至 1540 年的外交书信;挪威外交档案(Diplomatarium Norvegicum)收有 1050 年至 1590 年期间超过 20000 份外交档案;芬兰外交档案(Diplomatarium Fennicum)收有 9 世纪至 1530 年超过 6850 份外交档案。四个档案馆和吕贝克汉萨城档案馆(Archiv der Hansestadt Lübeck)之间实行数据共享,材料会被同时收入不同的外交档案数据库,信息之下也会显示其他的馆藏状况。另外,中世纪北欧各国国王颁布的海事法令也在 19 世纪编纂成集。本章将按照主数据库馆藏标注。参见 G. F. Sartorius, Hrsg., *Urkundliche Geschichte des Ursprunges der deutschen Hanse, Zweyter Band*, Hamburg: Friedrich Perthes, 1830; Konstantin Höhlbaum, Hrsg., *Hansisches Urkundenbuch, Band I*, Halle: Waisenhauses, 1876。

第一节　移居与跨海域贸易网络的形成

12世纪末,吕贝克人开始前往维斯比定居,这也是德意志在中世纪向斯堪的纳维亚地区移民的一个起点。①作为欧洲北方海域的两个重要港口城市,吕贝克和维斯比分属德意志和瑞典统治,德意志商队从吕贝克启航前往维斯比,在稍作补给休整或交易货物后,通过内尔瓦(Nerwa)和沃尔多(Woldow)进入到俄罗斯的诺夫哥罗德(Novgorod),航行范围涵盖整个斯堪的纳维亚沿海地区。② 优越的地理位置,让维斯比成为连接利沃尼亚和德意志在波罗的海的一个贸易中转站,以及联系波罗的海东面和西面的重要贸易支撑点。13世纪末,跨海域运输网络的核心成员包括德意志、瑞典、丹麦、挪威、佛兰德斯和英格兰,这时期的海洋贸易具有人员流动、季节适应、商品交易和航线拓展等特点。

作为德意志第一个波罗的海港口城市,吕贝克由荷尔施泰因伯爵阿道夫二世(Adolf II.)于1143年建立。③城镇的早期居民以建造船舶为业,德意志北部商人可以乘船前往哥特兰岛以及波罗的海东部地

---

① Stefan Mähl,"39. Skandinavien,"p.623.

② Eberhard Isenmann, *Die deutsche Stadt im Mittelalter*, 1150-1550: *Stadtgestalt, Recht, Verfassung, Stadtregiment, Kirche, Gesellschaft, Wirtschaft*, Köln: Böhlau Verlag, 2014, S. 925.

③ 吕贝克位于特拉沃河(Trave)和施瓦陶河(Schwatau)之间的半岛上,早在11世纪晚期斯拉夫时代便已是波罗的海著名港口,哥特兰岛的北欧古文字碑文记载中曾提到吕贝克。荷尔施泰因伯爵阿道夫二世在1143年建造了吕贝克老城,城体为木质和石头结构。狮子王亨利在1152年和1156年先后成为萨克森和巴伐利亚公爵后,成功夺取了吕贝克的统治权。他在老城毁于大火后另建新城,并将其纳入他的领地城市改造计划,狮子王亨利相继建立了12座德意志城市,包括雷根斯堡、慕尼黑、奎德林堡(Quedlinburg)和布伦斯瑞克(Brunswick),吕贝克也成为连接萨克森、威斯特伐利亚和波罗的海的贸易交易和防御中心。参见 Alissa Theiß und Jürgen Wolf,"Lübeck," in Martin Schubert, Hrsg., *Schreiborte des deutschen Mittelalters*, Berlin: de Gruyter, 2013, S. 283; Jörn Simon, „Geschichte der Beispielstädte und deren Emanzipationsbestrebungen," in Dagmar Klose und Marco Ladewig, Hrsg., *Freiheit im Mittelalter am Beispiel der Stadt*, Postdam: Universitätsverlag, 2009, S. 170; Carsten Jahnke, „Introduction: The Queen of the Baltic Coast," in Carsten Jahnke, ed., *A Companion to Medieval Lübeck*, Leiden: Brill, 2019, pp. 6-7。

区。据考古发现:由于经济、技术和自然环境的变化,中世纪早期的聚集地部分会随着时间遭到废弃或搬迁,另一些则从集市演变成中世纪的城镇。吕贝克的地形和地理位置优越,其港口可确保船只顺利通行,为抵御风暴和避免遭遇袭击提供庇护,还能够为停泊的船只提供大规模的维修和保养。①这些因素让吕贝克在中世纪中期迅速发展成为海上贸易中心,成了德意志北部连接波罗的海的重要运输枢纽。吕贝克使用的是中世纪发展而来的海船"柯克船"(Kogge),这是一种新型船舶,具有船体宽广、易于驾驶等优点,非常适合在波罗的海进行贸易和移民活动。海上贸易人员频繁流动,带来了语言文化和社会经济上的密切交融,让这个欧洲北部的新市场,充满了蓬勃向上的发展势头。②

早在 9 世纪便有德意志人前往维斯比居住,它也成为吕贝克商人最重要的波罗的海聚集地。③萨克森公爵狮子王亨利(Heinrich der

---

① 2012 年,由罗马-日耳曼中央博物馆(Römisch-Germanisches Zentralmuseum)、波罗的海和斯堪的纳维亚考古中心(Zentrum für Baltische und Skandinavische Archäologie)和汉堡大学(Universität Hamburg)考古中心等 33 个科学研究机构组成"DFG 1630 优先计划——从罗马铁器时代到中世纪的港口"(DFG Schwerpunktprogramm 1630,Häfen von der Römischen Kaiserzeit bis zum Mittelalter),其中子计划之一是"维斯马湾和格但斯克湾之间的中世纪早期港口"(Frühmittelalterliche Häfen zwischen Wismar Bucht und Danziger Bucht)考古遗迹挖掘项目,目的是对波罗的海西岸的贸易港口进行调查,其中老吕贝克城(Alt-Lübeck)、大斯特罗姆肯多夫(Groß Strömkendorf)、罗斯托克—迪尔科夫(Rostock-Dierkow)等 9 个遗址得到了考古实证,发现波罗的海西南岸的贸易港口在古代曾经多达 15 个,其中吕贝克凭借其得天独厚的地形和地理优势,持续保持着在波罗的海上的优势地位。参见 http://www.spp-haefen.de/de/die-projekte/ostseekueste/。

② 吕贝克位于波罗的海南端的港口位置,向来是北方斯拉夫人向南迁徙的主要聚居地,从中世纪早期开始,特拉沃河附近便汇集了一批斯拉夫商人,他们在岸上建造起自己的村落和房屋,形成斯拉夫商圈,与德意志北部的萨克森商人以及威斯特伐利亚商人进行交易,把吕内堡(Lüneburg)生产的盐运往北方市场,再把鲱鱼运往南方市场。参见 J. M. Lappenberg, *Urkundliche Geschichte des Ursprunges der deutschen Hanse*, Erster Band, Hamburg:Friedrich Perthes, 1830, S. 30; Carsten Jahnke, "Lübeck and the Hanse: A Queen without its Body," in Wim Blockmans, Mikhail Krom and Justyna Wubs-Mrozewicz, eds., *The Routledge Handbook of Maritime Trade around Europe 1300-1600*, London: Routledge, 2017, p. 233。

③ 维斯比城拥有哥特兰岛上最好的西海岸港口。当时从波罗的海南部海岸到利沃尼亚南面的里加(Riga)和诺夫哥罗德城没有直达的海上航线,必须沿着瑞典海峡在维斯比停靠,然后向东行驶,维斯比也因此吸引了大量来自德意志北部的商人,他们的活动范围包括波罗的海南部和东部海岸,然后沿着道加瓦河(Daugava)进入利沃尼亚。参见 Andres Kasekamp, *A History of the Baltic States*, London: Palgrave Macmillan, 2010, pp. 11-12。

图 9　1250 年波罗的海地区示意图①

---

① 图片来自 Ulf Sundberg, *Svenska freder och stillestånd 1249-1814*, Hargshamn: Arete, 1997, p. 20。

Löwe)在成为吕贝克领主后,便允许吕贝克市民编纂自己的法典。①由于了解到民众在波罗的海的贸易伙伴主要是哥特兰岛,狮子王亨利致力于与后者维持良好的合作关系,甚至帮助敌对的德意志商人与哥特兰商人和解,要求双方宣誓保持和平,保证商人和海员在航行中得到对方的保护。②随后,狮子王亨利在1161年10月18日颁发《阿尔特伦堡特令》(Artlenburg privilegiet)③,从此,吕贝克和哥特兰商人正式建立起互贸关系,大批吕贝克人前往哥特兰岛上的维斯比城定居,他们将波罗的海东部地区的货物如皮草、蜡和兽皮带往岛上,然后通过与西欧的货物如布料、盐、葡萄酒、工具的交易以获取利润。④ 1160—1168年,狮子王亨利和丹麦国王沃尔德玛(Walemar)将梅克伦堡(Mecklenburg)、波美拉尼亚(Pommern)和吕根岛(Rügen)的斯拉夫贵族变成他们的封臣,这让更多的德意志农民和商人移民到了波罗的海沿岸,他们开垦了吕贝克和奥得河之间的土地,种植出更多的可供销售的谷物。⑤

波罗的海的自由贸易市场在皇帝弗里德里希一世统治期间逐渐成形。弗里德里希一世在1188年9月19日于莱比锡(Leipzig)颁布《巴巴罗萨特令》(Barbarossa-Privileg),宣布授予吕贝克的商人自由贸易的权利。⑥在《特令》中,他特别注明:为了让他们可以在整个萨克森公爵领地内自由来去,不需要缴纳手续费。但是,在埃芬博尔赫

---

① Daniela Kah, *Die wahrhaft königliche Stadt: Das Reich in den Reichsstädten Augsburg, Nürnberg und Lübeck im Späten Mittelalter*, Leiden: Brill, 2017, S. 279.
② Travers Twiss, Hrsg., *Monumenta Juridica*, p. xxiii.
③ Karl Jordan, *Die Urkunden Heinrichs des Löwen. Herzogs von Sachsen und Bayern*, Leipzig: Verlag Karl W. Hiersemann, 1941, S. 48-49.
④ Dieter Strauch, *Mittelalterliches Nordisches Recht bis 1500: Eine Quellenkunde*, S. 517.
⑤ Arnved Nedkvitne, *The German Hansa and Bergen, 1100-1600*, Köln: Böhlau, 2014, p. 45.
⑥ *Archiv für Frankfurts Geschichte und Kunst*, Zweiter Band, Frankfurt: Waldemar Kramer, 1839, S. 109; Erich Maschke, *Städte und Menschen: Beiträge zur Geschichte d. Stadt, d. Wirtschaft u. Gesellschaft 1959-1977*, Wiesbaden: Franz Steiner Verlag GmbH, 1980, S. 46.

(Ertheneborch)地区,则需要缴纳 5 德涅尔的过路费。鲁塞尼亚人(Rutheni)、哥特兰人(Gothi)、诺斯人(Northmanni)和东部人(Orientales)可以在上述的城市自由来去,不需要缴纳费用。① 法令的颁布,一方面表明吕贝克商人在德意志北部的特殊地位,他们可以不受城市的限制,在萨克森境内自由进行贸易,哥特兰人以及其他斯堪的纳维亚商人(即诺斯人)也可以自由前往萨克森。另一方面,也说明弗里德里希一世实行的是贸易开放政策。他早在 1173 年便将佛兰德斯的商人纳入保护之下,保证他们安全抵达莱茵河进行贸易活动,同时也免除了吕贝克的各项税款。② 在鲁塞尼亚人、哥特兰人、诺斯人和其他东部人的记载中,也曾经提到弗里德里希一世授予了吕贝克大量特权。③ 从这时起,有更多的吕贝克商人前往哥特兰岛上的维斯比定居,他们建立的组织名称为德意志商人社区(Kaufmannskolonie)。④

流动商人向常驻商人的转变,是跨海域流动与商贸组织进一步发展的前提。波罗的海冬天气候寒冷,海面结冰并不适合船舶航行,海域通常会在 11 月 11 日的圣马丁节后停航。⑤ 玛丽礼堂是德意志商人

---

① „V. 1188, XIII. Kl. Octobr. ap. castrum Liznich," in G. F. Sartorius, Hrsg., *Urkundliche Geschichte des Ursprungs der deutschen Hanse*, *Zweyter Band*, S. 9.

② 在此之前,皇帝洛塔尔三世(Lothar III.)已在 1161 年赐予哥特兰商人在萨克森公爵领进行贸易的特权。参见 Lore Bürgstein, *Aus der Geschichte der Hanse*, München: Grin Verlag, 2016, S. 6.

③ Johannes Fried, „Die Wirtschaftspolitik Friedrich Barbarossas in Deutschland," in Klaus Friedland, Hrsg., *Blätter für deutsche Landesgeschichte*, *Bd. 120*, Göttingen: Gesamtverein, 1984, S. 235, http://www.mgh-bibliothek.de/dokumente/a/a079683.pdf.

④ 哥特兰在 12 世纪早期开始成为波罗的海重要的交易中心,其商会称为"哥特兰站"(Gotenhof),是波罗的海的两个市场之一,主要将俄罗斯北部的森林资源、皮毛和蜂蜜运往西欧,并将食物、腌鱼和盐载往波罗的海东部地区。参见 David Gaimster, "A Parallel History: The Archaeology of Hanseatic Urban Culture in the Baltic c. 1200-1600," *World Archaeology*, Vol. 37, No. 3 (September 2005), p. 418; Phillipe Dollinger, *The German Hansa*, London: Routledge, 1970, p. 24; Helmut Glück, *Deutsch als Fremdsprache in Europa vom Mittelalter bis zur Barockzeit*, Berlin: Walter de Gruyter, 2013, S. 298。

⑤ 船舶出航后适用的历法是维斯比历法,即圣马丁日(S. Martens dage,11 月 11 日)后不得出航。该规定来自《维斯比海法》第 7 条。参见"De Souende beleuinge," in C. J. Schlyter, Hrsg., *Corpus iuris Sueo-Gotorum antiqui. Samling af Sweriges gamla lagar*, V. 8, *Wisby stadslag och sjörätt*, Lund: Z. Haeggström, 1853, S. 301。

抵达维斯比的第一个聚集地。①这座兴建于 1225 年的礼堂专属德意志人使用,使用者分为三类:第一类是维斯比的德意志市民;第二类是常驻客人(hospites recedentes);第三类是到访客人(hospites venientes)。后两者与航海的季节性相关,因为波罗的海海域通常在 11 月 11 日的圣马丁节后停航,停留在维斯比的商人要等待寒冰季节过去,才能够重新起航回家。所以岛上的客人分为两种,常驻客人是"冬季客人",到访客人是"夏季客人"。"常驻客人"即在停航前抵达维斯比,然后在岛上过冬直到第二年开航后离开的客人;"夏季客人"是夏天气候温暖,可在短暂逗留后随时起航的客人。维斯比的德意志商人,最早都是由临时的夏季客人逐渐演变而成的。当夏季客人成为冬季居民后,随之建立起永久性的组织和议会,整个转化过程在 1225 年基本完成。②

三类人群的身份性质、流动规模、文化背景和商贸需求,都会对哥特兰岛上原来的生活方式和原居民的生存空间造成冲击,后续在维斯比出现的一系列的立法行为和空间规划,也意味着德意志移民逐渐取代哥特兰原居民,在岛上取得了主导性的政治地位。他们对维斯比的市场定位和布局有着长远的规划,对于人身安全问题,也有着清晰的认识。在与哥特兰岛原居民爆发冲突之后,维斯比的德意志人兴建起了自己的围墙,他们在 13—14 世纪建造的城墙长达 3.4 公里,上面有 38 座塔,保护面积达到 90 公顷。③从 13 世纪晚期开始,波罗的海的德意志人城市拥有一套非常先进的组织体系:城市街道呈平行状,塔楼可以与船桥对齐,充当城市的总部和控制哨站。④

---

① „191. Bischof Bengt von Linköping an die Besucher Wisbys," in Konstantin Höhlbaum, *Hansisches Urkundenbuch*, Band I, Halle: Waisenhauses, 1876, S. 59-60.
② Arnved Nedkvitne, *The German Hansa and Bergen*, 1100-1600, p. 342.
③ Eberhard Isenmann, *Die deutsche Stadt im Mittelalter, 1150-1550: Stadtgestalt, Recht, Verfassung, Stadtregiment, Kirche, Gesellschaft, Wirtschaft*, S. 92.
④ Ibid., S. 96.

在 13 世纪初期，德意志商人社区是一个兼具社区和商会功能的贸易组织。①商会的成员不仅有吕贝克人，还包括萨克森和威斯特伐利亚等地商人。成员需要宣誓服从领导者"长老"（Oldermann）的命令并相互帮助。长老共有四位，分别来自苏斯特（Soest）、多特蒙德（Dortmund）、吕贝克和维斯比。他们的权限分为三个方面：一是在法庭上担任法官，拥有审判权；二是在城镇委员会里行使民事处理权；三是可以代表贸易组织成员与外国展开贸易谈判。②为了方便管理，商会制作出了两种印章，一种是"定居印章"，另一种是"到访印章"。在1280 年的"定居印章"上，刻有 5 朵并蒂鸢尾花的图案，上有字样"Sigillum Theutonicorum in Gutlandia manentium"，说明他们是来自德意志、"定居"在哥特兰岛的商人。③"到访印章"上则刻有"Sigillum Theutonicorum Gotlandian frequentancium"的字样，说明使用这枚印章的是经常"到访"哥特兰岛的德意志人。④在与外国商人交易或者与外国统治者签订贸易协议时，德意志商会都会使用自己的印章。⑤

哥特兰岛上的德意志商会成员拥有政治上的许多便利。一方面，他们会得到德意志贵族如狮子王亨利的保护，另一方面，远在哥特兰岛上的生活状态，也让他们不受国内政治状况的影响。他们不仅与斯堪的纳维亚的商人保持密切的贸易关系，把交易范围扩大到北海沿

---

① 维斯比的德意志商人社区兼具居住和贸易两项功能，成员皆为主要从事海洋贸易相关事业的德意志人，文中简称为"德意志商会"。

② Ingo Take, „Regieren in grenzüberschreitenden Räumen, Die Hanse als eine frühe Form legitimen globalen Regierens," in Alexander Drost, Hrsg., *Die Neuerfindung des Raumes: Grenzüberschreitungen und Neuordnungen*, Köln: Böhlau Verlag, 2013, S. 24.

③ M. V. Clarke, *The Medieval City State: An Essay on Tyranny and Federation in the Later Middle Ages*, New York: Routledge, 2016, p. 180.

④ 制造印章的传统或许来自吕贝克，吕贝克在 1230 年制造了第一枚印章，刻有字样"吕贝克商人印章"（Sigillvum Bvrghensivm de Lvbeke），中间是一艘扬帆起航的船舶图样。参见„9. Lübeck," in Verein für Lübeckische Geschichte und Altertumskunde, Hrsg., *Siegel des Mittelalters aus den Archiven der Stadt Lübeck*, Ersten Heft, Lübeck: Rohdenschen Buchhandlung, 1856, S. 7; Daniela Kah, *Die wahrhaft königliche Stadt: Das Reich in den Reichsstädten Augsburg, Nürnberg und Lübeck im Späten Mittelalter*, S. 148。

⑤ Konstantin Höhlbaum, *Hansisches Urkundenbuch*, S. xvii.

岸，同时也积极在重要的商业城市建立定居点，还与各国统治者开展商业谈判，签订贸易协议，为德意志商人争取更多的贸易特权。

图 10　1291 年到访哥特兰岛的德意志人印章（左、中）；
1280 年定居哥特兰岛的德意志人印章（右）①

大批德意志人移居到维斯比后，哥特兰岛上的其他港口逐渐走向衰落。②在维京时代，哥特兰社区曾经拥有六个主要港口，但到了 13 世纪中期以后，岛上所有的海上贸易活动全都集中到维斯比，其他港口纷纷遭到废弃或者改为小的停泊处。这也是中世纪港口的特点之一：贸易活动通常会集中到一个大的港口或者交易中心。③在成为波罗的海重要的货物集散地之后，维斯比的德意志社区在 1280 年与吕贝克签订协议，里加城也在 1282 年加入，这份协议的主要内容，是为在波罗的海和港口的贸易提供保护措施。④德意志商人还在利沃尼亚（Livonia）地区建立了一些城市，然后他们组成市议会（Rat）来管理地方上的具体事务。这些城市使用德语制定文件和规章，所以沟通起来

---

①　左边的 1291 年印章图片来自维斯比的福尔萨伦博物馆（Fornsalen Museum，Visby），右边两幅图片来自荷兰锡业协会（Nederlandse TinVereniging）。参见 https://www.gotlandsmuseum.se/the-gotland-museum/；https://nederlandsetinvereniging.nl/。

②　Phillipe Dollinger，*The German Hansa*，p. 25.

③　Marika Mägi, "Bound for the Eastern Baltic: Trade and Centres AD 800-1200," in James H. Barrett and Sarah Jane Gibbon, eds., *Maritime Societies of the Viking and Medieval World*，London：Routledge, 2015，p. 44.

④　Verein für Lübeckische Geschichte und Altertumskunde, *Urkundenbuch der Stadt Lübeck：1139-1470*，Band 2，Lübeck：Friedr Asfchenfeldt，1858，S. xxviii.

非常方便,商人之间的往来也十分频繁。① 到了 13 世纪下半叶,这些德意志商人决意集中所有的力量和资源,保护他们的船舶在丹麦松德海峡(Sound)至诺夫哥罗德的航线上运行安全。② 在同盟成立之后,哥特兰社区也彻底失去了在波罗的海上的领导地位。③

不同德意志商人群体在 13 世纪中期达成合作协议,城市协作一体化、航运路线多元化和海运规则统一化相继得以实现,成功消除了航运障碍,完成了跨海域运输网络的建设。首先,在城市协作一体化方面,吕贝克和汉堡是德意志的两个重要出海口城市,分别通往波罗的海和北海,两城先后达成两项协议,1241 年的安全协议,双方约定要共同抵抗海盗的袭击和其他罪行;1255 年的货币互通协议,消除了关税障碍,禁止另铸新币并结成同盟。④ 两个协议签订后,德意志货物可以沿着易北河从国内运往波罗的海和北海,这条线路要比古老的石勒苏益格—波罗的海西部航线更为通达便利,大大增加了德意志在国际市场的竞争力。其次,航运路线多元化。贸易活动可以沿着两个方向进行:一条是原来的从威斯特伐利亚东部和萨克森通向北方的路线,另一条是西部和波罗的海之间的运输通道。北方的波罗的海航点包括斯堪的纳维亚和俄罗斯的沿岸城市港口,如丹麦的松德、俄罗斯的里加和瑞威尔。西部的北海航点包括英格兰、爱尔兰、法国和低地国

---

① Andres Kasekamp, *A History of the Baltic States*, London: Palgrave, 2018, pp. 32-33.
② 丹麦控制下的松德海峡是北部进出波罗的海的唯一通道,也让丹麦由于长期对驶向波罗的海北部港湾的商船收取关税,轻而易举地获得大量收入成为北欧强国,其优势一直维持到 16 世纪。参见 Palle Lauring, *A History of the Kingdom of Denmark*, Copenhagen: Høst & Søn, 1960, pp. 110-113; Paul Douglas Lockhart, *Frederik II and the Protestant Cause: Denmark's Role in the Wars of Religion, 1559-1596*, Leiden: Brill, 2004, p. 25。
③ Ivar Leimus and Anu Mänd, "Reval (Tallinn): A City Emerging from Maritime Trade," in Wim Blockmans, Mikhail Krom and Justyna Wubs-Mrozewicz, eds., *The Routledge Handbook of Maritime Trade around Europe 1300-1600*, p. 275.
④ 德意志从建国伊始,便存在着领土分裂、各方领主独立铸币的问题,每个地区和城市使用的货币都不相同,并且经常随着统治者的更换重新发行,造成国内关税林立、货币流通受限的局面。因此在 1255 年 4 月 30 日的协议中既有关于货币兑换的规定,也特别注明两城"不得另铸新币"。参见 F. Keutgen, Hrsg., *Urkunden zur Städtischen Verfassungsgeschichte*, Berlin: Emil Felber, 1901, S. 71。

家的港口,如英格兰的伦敦、佛兰德斯的斯温和霍克港口,以及法国的拉罗谢尔港口。船舶在沿途港口装载货物、完成维修和进行补给后,前往海运中转站维斯比完成东西两方的货物交易。①最后,海运规则统一化。中世纪相继出现的三份海法《维斯比海法》《吕贝克城海法》和《维斯比城市法与海法》,构建起了波罗的海—北海的跨海域法治网络,在最大层面上对海上人员和货物运输制定规则,这三份法规的内容既能与当时航运的发展需求和状态相适应,也充分维护了各个国家和地方势力间的利益平衡,成为具有统一性和约束力的国际航运新秩序,为后来德意志商人赢得欧洲北方航运市场的领导地位奠定了基础。

第二节　三部海法法规与海运贸易治理

波罗的海海域的三大海洋法规为《维斯比海法》《吕贝克城市海法》和《维斯比城市法与海法》,前者为海洋习惯法,后两者为城市法(Stadtrecht)。"海洋习惯法"是海员和船舶在海上的习惯汇编,独立于地方司法权威但具有普遍的适用性,更为稳定和影响弥久。"城市法"是由拥有地方立法权的城市机构颁布的成文法规,包括在地规定、市民权利和法律章程,拥有双重司法约束性,可依法对违法者进行处罚。②这三份法规皆由德意志人编纂而成,体现出他们要求建立海上运

---

① 法国在十二三世纪也大力支持波罗的海的贸易活动。勃艮第公爵颁布法令,允许丹麦、挪威、瑞典和石勒苏益格、荷尔施泰因以及其他德意志商人,在缴纳通行费的情况下携带物品自由出入。参见 Oscar Gelderblom, *Cities of Commerce: The Institutional Foundations of International Trade in the Low Countries*, 1250-1650, Princeton: Princeton University Press, 2013, pp. 34-35。

② 按照法规内容细分的话,前者更倾向于习惯法,后者则是港口法。由于海上习俗的在地性不强烈,因此可作为成文海法的补充,通行于更广泛的范围和更长的时间段。城市法中的海法则适用某一特定城市的托运人、船主、商人和海员。这些城镇居民每年都需要发誓遵从自己城市的法律。触犯了城市法和习惯法的后果的严重性有一定差异:违背城市法会被送进监狱,违背习惯法会被罚款或砍去手掌。由此可见,两个海法系统,一个依托的是稳定成形的司法体系,一个是立竿见影的惩罚手段。参见 G. Dilcher, "Stadtrecht," in K. S. Bader und G. Dilcher, Hrsg., *Deutsche Rechtsgeschichte: Land und Stadt-Bürger und Bauer im Alten Europa*, Berlin: Springer, 1999, S. 613-614。

输新秩序、积极争取国际海运话语权的诉求。在撰写和颁布法规的过程中,德意志商人广泛吸收各地多元的海运习俗和规则,解决了长久以来海运贸易缺乏规则的难题,从而成功完成从流动人口到规则颁布者的角色转化。

根据各自的背景和性质,三份海法的治理维度可归结为:《维斯比海法》与船舶管理、《吕贝克城海法》与属人管理、《维斯比城市法与海法》与属地管理。

一、《维斯比海法》与船舶管理

《维斯比海法》在内容上不是单一地区的海法来源,而是集合了波罗的海多种源头的习惯海法汇编。早在 12 世纪晚期,斯堪的纳维亚地区便出现成文海法,这些海法的内容主要反映斯堪的纳维亚古代航海的组织和习惯,其主要特征为:船长(拥有船舶的部分份额)和船主在一艘特定的船舶合作出海航行。参与航海的所有人员在船上拥有平等的权利和责任,船长居于首位(primus inter pares),所有决定都要取得全体船组同意。① 13 世纪之后,前往波罗的海从事贸易活动的商人数量开始上升,货物种类和海运航线也不断增加,需要进一步改良船舶以满足适航需要。这时期的船舶以运载量较大的深海船舶为主,连带着船主、船长和商人之间出现分化。②船上人员按照职能分成三类:商人专注于货物交易,不承担船舶具体工作;船长代表船舶主人随船出航,负责管理和保证船舶的安全航行;船员为专职人员,同时出现专业化的倾向,分为舵手、领航员和船员,他们会支取薪酬并维持船

---

① Edda Frankot, "Medieval Maritime Law from Oléron to Wisby: Jurisdictions in the Law of the Sea," in J. Pan-Montojo and Frederik Pedersen, eds., *Communities in European History*, Pisa: Pisa University Press, 2007, p.158.

② 《罗德海法》没有区分船主和船长的身份,船主可以身兼船长,而且可以领取工资,工资是船员的两倍,商人则单独列出,他可携带两名男仆随货上船。参见"Artic. I-VIII, Of the Naval Laws of the Rhodians," in Alexander Justice, ed., *A General Treatise of the Dominion of the Sea*, London: J. Nicholson, 1710, pp.78-90; „XIII. 1. 0. De exercitoria actione; XIII. 4. 0. De tributoria actione," in Paul Krueger und Theodor Mommsen, Hrsg., *Corpus Iuris Civilis, Institutiones, Digesta*, S.185-187, 190-192.

舶正常运作。① 因此，在中世纪波罗的海船舶上，船长、船员和商人各司其职，按照海法规定和听从船长命令运输货物，船员职责和船舶设备也成为海事习惯法的主要内容。

海法汇编在 14 世纪开始出现，目前的一些版本是由 15 世纪留下的手稿整理而成，于 1853 年编入《瑞典老法典》(*Corpus iuris Sueo-Gotorum antiqui*) 在隆德(Lund)出版。② 现存手稿抄本共有五份，四份收藏在丹麦，一份收藏在荷兰。③ 法规全文有 70 个条款，条文内容简短，没有序言、标题和结构体系，是波罗的海海上航行普遍使用的习惯法规。④

在海员职责方面，《维斯比海法》中提到的船舶人员包括：船主、商人、拥有者、船员和水手，对他们的职责和薪酬都有明确的划分和规定，发生事故时，每人按照其职务承担相应责任。条文中关于船主和

---

① Edda Frankot, "Medieval Maritime Law from Oléron to Wisby: Jurisdictions in the Law of the Sea," p. 158.

② 《瑞典老法典》历时五十年(1827—1877)编纂完成，共有 13 卷，收有最古老的成文法规如《西哥达法》(Westgöta-lagen)和《东哥达法》(Östgöta-lagen)，海法主要在第八卷。参见 C. J. Schlyter, Hrsg., *Corpus iuris Sueo-Gotorum antiqui, Samling af Sweriges gamla lagar*, V. 8, Wisby stadslag och sjörätt, Lund: Z. Haeggström, 1853.

③ 藏于丹麦的海法抄本被收入《丹麦法典, 1450—1550》(*Gammeldanske love og forordningerm, 1450-1500*)。这部法典以丹麦语写成，内容分为十四个部分，顺序如下：日德兰的法律、西兰岛(Sjælland)的地方法、艾瑞克斯(Eriks)的西兰岛法、1282 年国王艾瑞克·格里平(Erik Klipping)的《弗丁堡条例》(Vordingborgske forordning)、1284 年国王艾瑞克·格里平的《西兰岛尼堡法规》(Nyborgske forordninger for Sjælland)、1376 年国王奥拉夫(Olavs)的《宪章》(Håndfæstning)、货币、司法通知、《罗兰条例》(Lollands vilkår)、《维斯比海法》(Den Visbyske søret (Waterrecht))、1460 年国王克里斯蒂安一世(Christian I.)的《罗兰贸易规定》、赫尔辛堡(Helsingborg)城市法，以及哥本哈根城市法和乡村法。《维斯比海法》的页数为 17 页(151r-168r)，文本从第 15 条法规开始，第 44 条和第 46 条缺失。在另一份抄本《丹麦法律手稿》中，《维斯比海法》被翻译成丹麦语收入，名字为"Visbys søret"，共有九页(105r-114v)，该抄本是在 15 世纪下半叶完成。参见 Dansk Lovhåndskrift; Danmark, 1450-1499, AM 25 4to, https://handrit.is/manuscript/view/da/AM04-0025/0 # mode/2up.

④ 除了波罗的海，有学者指出佛兰德斯在 13 世纪也使用《维斯比海法》。参见 Reginald Godfrey Marsden, *A Treatise on the Law of Collisions at Sea*, London: Stevens and Sons, 1885, p. 128.

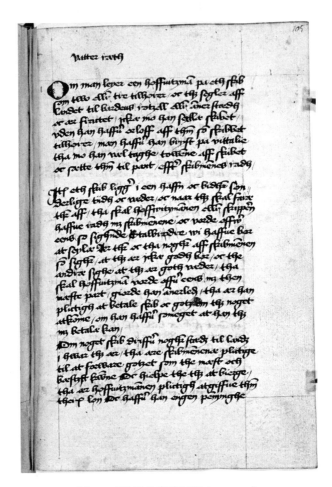

图 11 《维斯比海法》(*Visbys søret*),
《丹麦法律手稿,1450—1499》(*Dansk lovhåndskrift, Danmark, 1450-1499*),
哥本哈根大学(Københavns Universitet)藏,手稿编号:AM 25 4to[①]

商人责任的条款最多,对关于海员的规定较少却更为细致,犯错时以交还酬金和缴纳罚金作为惩罚。譬如第 2 条是关于船员适航的规定:"任何领航员、大副或水手如果不了解航海事务,必须将收取的薪酬交

---

① *Dansk lovhåndskrift*, Danmark, 1450-1550, Københavns Universitet, AM 25 4to, 105r.

还给船长,同时也要在此金额上支付一半的赔偿。"①第 4 条则是对海员犯错的惩罚:"如果船员没有得到船长的命令而自行上岸休息过夜,或者在夜间解开船舶的缆绳,需要处以 2 德涅尔(denier)的罚金。"②第 5 条是关于船员搬运货物得到的费用:"船员在装货时可得到 3 德涅尔,卸货也可以得到 3 德涅尔。"③在船舶设备方面,法规基本上对每一件重要设备都制定了规则,明确说明一旦损毁,肇事方必须承担赔偿。譬如,第 13 条规定,船主不得私自出售船舶的装备:"在没有得到其他人同意的情况下,船长不得私自出售船舶或者船上的任何部分。但是如果他的目的是要换取食物,他可以抵押缆绳和绳索,而且应该听取船员的建议。"④另外第 27 条也要求小心使用船锚,避免造成损失,"船舶在水深很浅的港口抛锚停泊时,当另一船靠近它并在它旁边抛锚停泊,如果前者因为相距太近而要求后者起锚,在遭到后者拒绝后,前者可以自己起后者的锚。如果后者阻止,那么因抛锚停泊造成的损失将由后者全部承担。"⑤

在《维斯比海法》中,有两个在海法中非常关键的主题:一是海损,二是海难。海损在中世纪海法中一般称"Avaridge",意为"海损的平均承担"。《条顿语—英语词典》将其解释为"由于风暴或冲突造成船舶或货物受损或损失,又或者货物在紧急的情况下扔出船外,或者被海盗劫走。在这种情况下对船舶和货物造成的损失,通常由船舶方承

---

① "Article II, The Laws of Wisby," p. 266; „2. Ius maritimum Visbyense Germanice compositum, S. 186.

② "Article IV, The Laws of Wisby," p. 266; „4. Ius maritimum Visbyense Germanice compositum, S. 188.

③ "Article V, The Laws of Wisby," pp. 267-268; „5. Ius maritimum Visbyense Germanice compositum, S. 188.

④ "Article XIII, The Laws of Wisby," p. 268; „17. Ius maritimum Visbyense Germanice compositum, S. 196-197.

⑤ "Article XXVII, The Laws of Wisby," p. 273; „31. Ius maritimum Visbyense Germanice compositum, S. 217-219.

担三分之一,另外三分之二由货品方承担"①。这个词语在1500年之后就在北欧消失了。据埃达·弗兰克特指出,消失的原因"与一两个世纪之后,北欧地区的航运业在技术、组织和法律创新方面的总体情况有关"②。如果按照今天的法律来理解这个词,应当解读为"共同海损法"。

有的时候船舶航行会因海损而导致货物或费用的损失。当遭遇危险时,为保护船上人员和货品的安全,以及完成剩下的航程,船长往往会作出"抛货"(jettison)的决定。"jettison"一般认为来自古法语"getaison"或者粗俗拉丁语"iectātiō",指的是船舶在遇难时抛弃货物以减轻负重。由于处理的时候情况比较复杂,一方面涉及货物的损失,另一方面有关全体船上人员的生命安全,为此商人和船员之间会产生争议。《维斯比海法》有多条涉及"抛弃货物"的法规,在1505年版中没有抛货这个词,但是在第11条和第41条描述了在危难时投掷货物的情况。③在中世纪海法的发展史中,随着波罗的海航海活动的多样化,对于"抛弃货物"的处理方式也有所不同,而关于"平均承担"原则的认定,也有了更为丰富的讨论。

船舶设备方面,涉及缆绳、绳索、桅杆、锚。有一类的损失属于特殊平均海损,主要承担者为船长和商人;另外一类属于琐碎海损,包括在日常航行中会因不同情况造成损失,譬如切割缆绳、桅杆断裂、船锚遗失,这些损耗一律由船长承担。在一般情况下,平均承担原则所指的是货物的损失。在全体意愿达成一致的情况下,对发生的损失采取个体平均承担,但由于各人利益的不同,可能会出现分歧,这时候就需要遵从海法的规定,按照不同情况来分别处理。在《维斯比海法》中,

---

① Christian Ludwig, *Teutsch-Englisches Lexicon*, Vol. 2, Leipzig: Thomas Fritschen, 1746, S. 138.

② Edda Frankot, '*Of Laws of Ships and Shipmen*': *Medieval Maritime Law and its Practice in Urban Northern Europe*, p. 31.

③ „11. Ius maritimum Visbyense Germanice compositum," S. 192; „41. Ius maritimum Visbyense Germanice compositum," S. 232-235.

非常值得注意的是关于"诚实"的要求。在1505年版要求船员发誓表示其所言无虚的条文有第1条、第6条、第21条、第23条、第25条、第29条、第41条、第42条、第54条、第56条、第65条。① 这是因为在海上不稳定因素太多,尤其在面对海难时,船上人员需要诚实地作出判断,抛弃货物会造成单方面的严重损失。对情势的判断,需要经验丰富的船长和船员作出判断,最后由全体海上人员投票来决定。不同海法对"抛弃货物"有不同的规定。在1266年的《奥列隆海法》中,拥有决定权的是商人和船长,船长对海上形势进行判断后,需要征询商人的意见,如果商人拒绝抛弃货物,在事态非常紧急的情况下,船长可作出抛弃货物的决定。但在船舶安全抵达岸边后,船上三分之一的人员需要发誓证明抛弃货物是迫不得已的需要。② 1505年版的第40条更是明确要求船长和商人共同遵守"航运法"(schiprechte),海运时的秩序问题由船长负责,商人的运费可以用货物来抵。③ 由此可见,各部海法中船上人员的权力存在着差异。在波罗的海的维斯比体系里,船长和其他人的权力基本平等;在法国和英格兰的奥列隆体系,船长的权力则要高于商人和其他人。由于《维斯比海法》是习惯法规,文中不涉及国家、地区、港口、民族和行政司法机构,可见它是一部航海习惯的集成文本,不具有正规法律效力,只是依靠誓言和罚款形成的一种约定俗成关系,适用于一般的海上航运过程。

二、《吕贝克城海法》与属人管理

《吕贝克城海法》是13世纪吕贝克市政府颁布的第一部独立海法,由城镇法官阿尔布莱希特·冯·巴尔德维克(Albrecht van

---

① „Ius maritimum Visbyense Germanice compositum," S. 185-258.

② *The Rules of Oleron*, circa 1266, http://www.admiraltylawguide.com/documents/oleron.html; Edda Frankot, '*Of Laws of Ships and Shipmen*': *Medieval Maritime Law and its Practice in Urban Northern Europe*, pp. 33-34.

③ „40. Ius maritimum Visbyense Germanice compositum," S. 229-231.

Bardewic)在 1299 年 3 月 6 日编写完成。①在《海法》的结尾处注明:"为了把所有的这一切能够以书面形式汇集在一起,阿尔布莱希特·冯·巴尔德维克本着良好的意愿,在吕贝克长老院的全权授权下完成了这项工作,将为所有团聚在这个城镇的居民带来荣誉和好处。他祝愿他们每个人健康,并永远得到救赎。为了使所有这一切永远保持完整无缺,我们,吕贝克的长老们,在此加盖我们城镇的印章以确认这份文件。"②可见,这是一部在城市长老们的要求下,出于保护自身贸易利益撰写的海法,适用者是从事海洋贸易的吕贝克市民,具有明显的属人管理特征。全文共有 42 条法规,在 15 世纪曾被翻译成佛兰德斯语,保存在汉萨的法律文件之中。③

《吕贝克城海法》的成文时间较前面两部海法稍晚,其文本也更为规范完整,在内容上有两个特点:

第一,海法的执行方为城市权威。城市权威由长老、议会和委员三方组成。长老是法规的主要执行者,在第 1 条、第 2 条、第 5 条、第 6 条、第 8 条、第 40 条和第 41 条中都提到了长老的处置权。当事人因违规而被处以罚款时,款项交给长老处理,如果没有前往长老面前接受处置,"应缴纳 12 便士的罚款"④,而且"任何人不得对长老集会的判决提出上诉,除非他缴纳了 1 马克(marc)银币,在这种情况下,可以重

---

① 在《吕贝克城海法》的后续版本中,曾经被加上副标题"奥斯特林"(Osterlingorum),手稿原件中没有该词。据学者推测,这可能由于海法曾在布鲁日的汉萨商人中使用过,而在欧洲西部地区如英格兰、佛兰德斯和尼德兰,"奥斯特林"通常是指"来自东面的商人",在中古低地德语中也有该词,拼为"österlingisch",专门用来指汉萨同盟。吕贝克政府官员德雷尔(Dreyer)在 18 世纪编纂的城市法规中使用了这个名字,在手稿中,海法的名称为"IUS MARITIMVM Lubecense a° 1299",即《1299 年吕贝克海法》。考虑到法规的性质,本章将其翻译为《吕贝克城海法》。参见 Johann Carl Heinrich Dreyer, *Specimen juris publici Lubencensis*, Wismar: Boedneri, 1761; Handschriften Nr. 753, Kopiar Albrecht von Bardewicks (Der Bardewick' sche Copiarius), Archiv der Hansestadt Lübeck; *Köbler*, "österlingisch"。

② „Jus Maritimum Lubecense in usus Osterlingorum," in Travers Twiss, Hrsg., *Monumenta Juridica*, London: Longman, 1876, S. 383.

③ Rudolf Wagner, *Handbuch des Seerechts*, Leipzig: Duncker & Humblot, 1884, S. 74-75.

④ „VI. Jus Maritimum Lubecense in usus Osterlingorum," S. 362.

新开会。上诉将提交给长老院开会审理"①。因此,如果当事人不接受长老的裁决而决定上诉的话,需要缴纳 1 银马克罚款才能开会。如果对规定存在争议,不同意裁决结果的当事人可以把案件带到吕贝克的委员(Ratmanne)那里,"由他通过协调安排或判决来解决"②。由此可见,虽然《吕贝克城海法》本意是一部规范吕贝克人在国外进行海事活

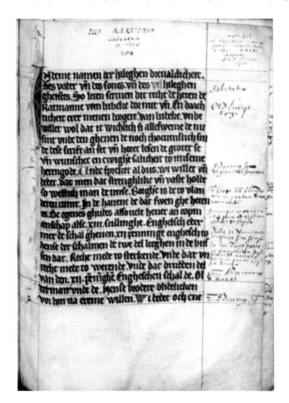

图 12 《吕贝克城海法》,吕贝克汉萨城档案馆藏(Archiv der Hansestadt Lübeck),
手稿编号:Handschriften Nr. 753③

---

① „VIII. Jus Maritimum Lubecense in usus Osterlingorum,"S. 362.
② „XLII. Jus Maritimum Lubecense in usus Osterlingorum,"S. 382.
③ Handschriften Nr. 753,Kopiar Albrecht von Bardewicks (Der Bardewick'sche Copiarius),1298-1301,Archiv der Hansestadt Lübeck, Fol. 354 bis 361 Ius maritimum Lubecense de anno 1299. vgl. Hs 1046 XIII 38.

动的海法,但当出现纠纷时,需要返回吕贝克接受审判机构审讯,由长老和委员负责审理:长老处理一般性事件,要求再审的案件则交到市议会由委员处理,委员掌握了最高审判权。

第二,吕贝克商人需要缴纳税金。税金是港口的主要收入来源之一,这在其他的海法中大多没有提及此类费用,原因是,习惯法不是在地法规,不具备收税的权力,维斯比的德意志商会作为贸易组织,也没有收取费用的权力,其运作更多是以允许商人自由交易的贸易市场为主。吕贝克的情况则完全不同。从事海上贸易活动的吕贝克商人由于其市民身份隶属吕贝克市政府管辖。作为市民,他们每次出航都需要缴纳费用以维持城市组织的正常运作,罚款按照规定,将会用来"维持正义和制止不法行为",意味着吕贝克有一个相对完善的法律机制。与此同时,吕贝克市政府也表示,"每位住在霍克的商人,只要是我们市镇的居民,每星期天都要去教堂,以表达对其所居住的城市的敬意"①。

根据海法提及的港口和城市,可以确定吕贝克商人的航行路线和海法的适用范围。条文中出现的港口有:佛兰德斯的斯温港口和霍克港口、法国的拉罗谢尔港口、丹麦的松德海峡。出现的地区包括:波兰、哥特兰岛、里加和日瓦尔。这表明13世纪的吕贝克商人从事的是跨国贸易,他们的活动范围涵盖波罗的海和北海区域。根据海法条文,吕贝克商人主要有三条航线:第一条是从吕贝克向西行驶,到佛兰德斯的斯温港口或霍克港口停靠,装上货物或修补船舶,然后船舶可以到南面的法国拉罗谢尔港口装上葡萄酒和盐,西面的英格兰和爱尔兰港口装上羊毛、猪油、草碱和布料,然后前往维斯比交易。②第二条是

---

① „IV. Jus Maritimum Lubecense in usus Osterlingorum," S. 363.
② 法国在12—13世纪也大力支持波罗的海的贸易活动。勃艮第公爵颁布法令,允许丹麦、挪威、瑞典和石勒苏益格、荷尔施泰因以及其他德意志商人,在缴纳通行费的情况下携带物品自由出入。参见 Oscar Gelderblom, *Cities of Commerce*: *The Institutional Foundations of International Trade in the Low Countries*, 1250-1650, pp. 34-35.

需要加钱的航线,从佛兰德斯起航前往北方松德海峡,松德海峡自中世纪早期开始,就是北方进入波罗的海的唯一通道,位于瑞典南部和丹麦的西兰岛之间,长期以来在丹麦的控制之下,丹麦也通过该通道获得了大量税收并加强了在波罗的海的势力。第三条是需要加双倍钱的航线,是在完成第二条航线后,继续驶向波兰或哥特兰岛,或驶向里加和日瓦尔,里加和日瓦尔都是波罗地东北部的重要港口城市,与其出发地吕贝克距离甚远,被称为东面航线。由此可见,吕贝克商人的贸易范围在 13 世纪已经相当广阔,东至爱沙尼亚,北至松德海峡,西至爱尔兰和法国,其跨国运输网络涵盖波罗的海和北海区域。

法规中也出现了多种货币,提及的货币有马克、佛兰德斯便士和英格兰先令。作为一部管理从事跨国海洋贸易的吕贝克商人的海法,《吕贝克城海法》在纪律性和约束性上都要比其他两部海法更为严格,以城市为单位的执法组织既能有效维持法规的顺利运行,也有助于与外国伙伴建立长期的贸易合作关系。

三、《维斯比城市法与海法》与属地管理

《维斯比城市法》(Visby stadlag)的第三卷(Tercia pars tercii)是《海法》,[①]内容具有强烈的属地管理特征。法规分为两个语言版本,一是哥特语,二是低地德语,即萨克森地区普遍使用的语言。[②]在《维斯比城市法》的序言中,作者对哥特兰岛特殊的社会群体构成有细致说明:"哥特兰岛上的居民各自拥有不同语言,他们发誓和平共处。在整个岛上有八个自由海滩,无论是耕地还是草地,每个人都能自由地将他的货物运送上岸。在宣誓维护和平后,所有人都可以在该岛抛锚停泊

[①] „Codex iuris urbici Visbyensis, Visby Stadslag, III. III, Tercia pars tercii," in C. J. Schlyter, Hrsg., *Corpus iuris Sueo-Gotorum antiqui. Samling af Sweriges gamla lagar*, VIII, *Wisby stadslag och sjörätt*, S. 131-146.

[②] Albrecht Cordes, "Lex Maritima? Local, Regional and Universal Maritime Law in the Middle Ages," in Wim Blockmans, Mikhail Korm and Justyna Wubs-Mrozewicz, eds., *The Routledge Handbook of Maritime Trade Around Europe 1300-1600*, p. 89.

和得到庇护。"①海法的双语版本和序言内容,充分体现出《维斯比城市法与海法》的属地管理原则;针对波罗的海海上贸易存在多族群、多文化和多语言的特殊结构,市政府必须顺应国际航行和贸易网络的发展趋势,以开放包容的态度,将法令的效力范围限定在"抵达维斯比贸易的人群",让经过宣誓维护和平的本地人和外国人均适用该法。因此,《维斯比城市法与海法》不仅要满足本地商人的需求,也要解决跨海域流动群体缺乏法律保障的难题。②

图 13　1598 年的维斯比城地图③

《维斯比城市法》诞生的日期没有明确注明,从序言提及的人物判断,其成文时间大概是在 14 世纪中期。从 13 世纪中期开始,维斯比居住的人群以德意志人为主,他们与城镇附近的农民和本地商人之间关系紧张。吕贝克和汉堡在 1252 年后,宣称自己属于是神圣罗马帝

---

① „Praefatio," in C. J. Schlyter, Hrsg., *Corpus iuris Sueo-Gotorum antiqui. Samling af Sweriges gamla lagar*, VIII, *Wisby stadslag och sjörätt*, S. 21.
② Wilhelm Ebel, *Lübisches Recht im Ostseeraum*, S. 46-47.
③ 图片来自 1572 年开始在科隆出版的地图集《世界上的城市》。参见 Georg Braun und Frans Hogenberg, *Civitates orbis terrarvm*, Coloniae Agrippinae: apud Petrum à Brachel, 1575-1618, https://www.loc.gov/resource/g3200m.gct00128c/? sp=87。

国的商人代表,把哥特兰岛排除在外。哥特兰人在 1255 年得到萨克森公爵狮子王亨利的许可,可以安全进出萨克森,在此前的《阿尔特伦堡特令》中,他们也获得了相当一部分特权。① 1280 年,维斯比的德意志居民与吕贝克达成协议,将非德意志商人排除在外。到了 1282 年,弗里斯兰人和哥特兰人都在波罗的海进行贸易。为了保证维斯比在哥特兰岛上的独立性,他们从 1285 年开始,以每年向瑞典缴纳税金为代价,让自己在进行航海贸易的同时,颁布用德语写成的法规《维斯比城市法》。②

法规全文共有 20 条,其中海法条款 18 个,商法条款 2 个。每条附有一个小标题,条款是按照逻辑顺序排列的。除了有在常规的港口装卸货物规定外,该《海法》主要体现了三个特征:

第一,违背海法要接受刑事处罚。处罚有两种:一是处以流放。第 1 条"关于舷墙(Van bolwerken)"规定:"凡损坏我们的桥梁或舷墙者,应向我们的城镇赔偿 3 马克的损失,隐瞒损失者将被放逐。"③还有就是处以罚款。若违法者无法缴纳罚款,则"应根据城镇法律将他们送进监狱(hechte)"④。第二,海事纠纷可由法庭(richtes)或委员(radmen)调解。在第 4 条"关于货物打捞"(van gude to berghende)中规定,"如果有船舶在本市的司法范围内沉没,无论何人帮助打捞货物,

---

① 《阿尔特伦堡特令》由萨克森和巴伐利亚公爵狮子王亨利在 1161 年颁布,该宣言以拉丁文写成,内容包括许多关于贸易互惠条款、继承、个人保护和对人身伤害的罚款等条令。参见 G. Arnold Kiesselbach, *Die wirtschaftlichen Grundlagen der deutschen Hanse. Und die Handelsstellung Hamburgs bis in die zweite Hälfte des 14. Jahrhunderts*, Berlin: Georg Reimer, 1907, S. 101; Johannes Ulbricht, *Die Rezeption der laesio enormis in den Stadt-und Landrechten: Vertragsgerechtigkeit im Spätmittelalter und der Frühen Neuzeit*, Göttingen: Vandenhoeck & Ruprecht, 2022, S. 197。

② Christine Peel, *Guta Lag and Guta Saga: The Law and History of the Gotlanders*, p. xxi.

③ „Cap. I. Van bolwerken, Wisby Stadslag van Scriprechte" S. 390; „van sciprechte. / van bolwerken, Cap. 1, Codex iuris urbici Visbyensis, Visby Stadslag, III. III, Tercia pars tercii," S. 131.

④ „Cap. IX. Van scepen to winnende, Wisby Stadslag van Scriprechte," S. 398; „van scepen to winnende, Cap. IX, Codex iuris urbici Visbyensis, Visby Stadslag, III. III, Tercia pars tercii," S. 135-137.

都应由谨慎的人来决定向其要支付多少打捞报酬;如果打捞者觉得不够,双方应提交法庭解决"①。在第 9 条中则规定若个人想租船的话,应向委员提出申请,"他们的诉求应通过元老院特意选出的两名委员来宣布,他们应与船长达成协议,并与船长确定货物的装载高度,以便在装船时都将自己的货物堆放在装载线内,任何人的货物都不得超过此线。这样,经两名委员见证所达成的协议才是有效的"②。第三,贸易货币、物品和地区的多样性。在第 7 条和第 15 条中出现三种货币,体现维斯比作为波罗的海交易中心的国际化程度。譬如在第 7 条"起吊费"(van winnegelde)中:

> 水手应为每拉斯特(last,一拉斯特相当于 8 船磅)的重量收取 2 阿提克(artich,斯堪尼亚币)的吊装费和 2 阿提克的卸船费……为每一百单位的盐收取半个法寻(farthing,等于 1/4 便士)的装船费和半个法寻的卸船费。如果有货物在搬运过程中损坏,水手应予赔偿,前提是货物是在搬运过程中被损坏的。但如果货物因任何其他压力而损坏,则托运人必须承担该损失。每一拉斯特海豹油(seles)的吊装费是 4 阿提克,卸货费也是 4 阿提克。③

由此可见,在维斯比承运的货物是按照产地货币来支付费用的,通用的货币是阿提克。阿提克是斯堪的纳维亚地区货币,而运送包装好的布料给予的报酬是英格兰便士,当海员在维斯比犯法时缴纳的罚款是马克。这也说明,在维斯比可以使用多种货币结算,货币流通的情况非常普遍。

---

① „Cap. IV. Van gude to berghende, Wisby Stadslag van Scriprechte," S. 392; „van gude to berghende, Cap. IIII, Codex iuris urbici Visbyensis, Visby Stadslag, III. III, Tercia pars tercii," S. 132.

② „Cap. IV. Van gude to berghende, Wisby Stadslag van Scriprechte," S. 392; „van gude to berghende, Cap. IIII, Codex iuris urbici Visbyensis, Visby Stadslag, III. III, Tercia pars tercii," S. 132.

③ „Cap. VII. Van winnegelde, Wisby Stadslag van Scriprechte," S. 394; „van winnegelde, Cap. VII, Codex iuris urbici Visbyensis, Visby Stadslag, III. III, Tercia pars tercii," S. 134.

13世纪在维斯比交易的货物种类繁多,除了上述提到的布料、盐和海豹油,条文中出现的货物还包括:根特的猩红色布料和根特的细桌布、伊普尔(Ypres)的厚布、布鲁日的条纹布、图尔奈(Tournai)的长布、波佩林格(Poperinghe)的厚布、乌得勒支的短布,其他货物还包括木桶、牛油、啤酒和铜,使用的度量衡则是利沃尼亚磅(Livonian pund)和纽伦堡磅秤(Nörnschen pyndere)。[①]综合条文细则和商品种类,维斯比作为德意志商人面向国际的重要出入港口和波罗的海海上交易中心,定位是非常明确的。来自德意志、俄罗斯、斯堪的纳维亚和北海英格兰的货物都在此交易流转,维持集散市场的和平稳定成了此海法的核心要旨。

第三节 沿海国家与多边贸易体制的建构

通过研究海法条文和贸易关系,可以发现中世纪跨海域法治网络是由船舶、商会、城市和国家四部分组成的,它们以点连线成面的方式形成了有效的法律管控机制。在船舶运输层面,使用习惯法的主体为船上人员,着重规范和管理海上事务。在商会层面,使用海法公约的主体为多国籍流动人员,着重维持贸易平台的和谐管理。在地方城市层面,使用城市海法的主体为原居地市民,着重港务监督与立法规划。在沿海国家层面,着重维护国家主权和达成互利协议。虽然海洋空间通常被默认为独立于国家主权之外的自由体系,但航行自由和贸易自由不可避免地会受到国家权力的限制。这种限制只有在与沿海国家达成友好合作和确定互贸关系的情况下,才能厘清权利边界,推动海上贸易的平衡发展。德意志商人以团体的身份与国家进行贸易磋商,是这一时期波罗的海海洋关系的阶段性特点。经历了从竞争到合作

---

① „Cap. XV. Van tire wandes, Wisby Stadslay van Scriprechte," S. 406; „van tire wandes, Cap. XV, Codex iuris urbici Visbyensis, Visby Stadslag, III. III, Tercia pars tercii," S. 141-142.

的历史进程后,德意志商人与丹麦、瑞典和挪威终于在 13 世纪下半叶达成相互承认的贸易协定,确保贸易人员可以不受母国身份的限制,实现了人员、商品和资金的跨区域、跨海域的自由流动。

12 世纪初期,德意志商人开始积极与外国统治者建立联系。首先,尼德兰伯爵西奥多在 1120 年给予德意志行会及其成员的亲属自由贸易的权利。① 随后,科隆和其他德意志商人在皇帝弗里德里希一世的批准下,在 1157 年与英王亨利二世缔结条约。在同一年,科隆获准在伦敦建立商社,享有了与法国商人同等的葡萄酒销售特权。② 科隆商人获得的安全保障和建立的伦敦商社,为德意志的国外贸易奠定了重要基础。与此同时,形成了中世纪德意志海上贸易的主要模式:以商人团体为单位与外国开展贸易权利交涉,在开展商贸活动时需要遵循在地国的法律与规定,而在地国也相应地给予流动人员财产和权益上的安全保障。

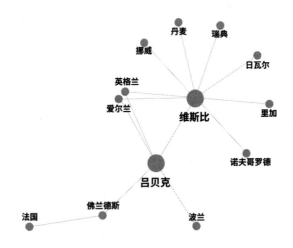

图 14　中世纪波罗的海海运主要航线图③

---

① C. Gross, *The Gild Merchant*, Vol. I, p. 293.
② "II. Zwischen 1154-1189. den Regierungsjahren Heinrichs II. Widestock," in G. F. Sartorius, Hrsg., *Urkundliche Geschichte des Ursprunges der deutschen Hanse*, Zweyter Band, S. 3-4.
③ 航线图按照海法条文内容绘制而成。

丹麦是最早与吕贝克建立贸易关系的北欧国家,并长期维持商业合作关系。[①] 1203 年,丹麦国王沃尔德玛二世(Waldemar II.)给予吕贝克在丹麦出售货物的权利。通过对外征服,沃尔德玛二世控制了斯堪的纳维亚和波罗的海沿岸大部分土地,他将鲱鱼贸易中心的瑞典南部地区的贸易特权给予吕贝克,吕贝克市民"可以在斯卡诺(Scouore)和法尔斯特伯(Valsterbode)零售和批售他们的商品,以及购买在那里销售的任何物品。此外,他们还可以选举代表来裁决违法行为"[②]。丹麦国王对吕贝克商人的规定分为三个方面:一是允许他们在指定的地方进行贸易,并拥有选举自己的贸易代表的权利;二是当他们违背法律的时候,轻微案件可以按照其内部规定由商人代表议决,但是严重案件需要交到丹麦法庭审理;三是在丹麦领地上活动的吕贝克商人必须向丹麦缴纳税款。吕贝克商人缴纳的税金有两类:一类按件收税:"当货物从海上船舶用第一辆推车运往岸上开始,货物就必须交税。"[③]另一类是定期收税:"在圣诞节前一个星期天,需要缴纳 9 德涅尔作为税金,但不得提前缴纳。"[④]丹麦允许吕贝克人在丹麦进行贸易,但同时也防范他们开展贸易以外的活动,譬如不允许吕贝克商人在没有得到城市代表和市民的同意下在渔村逗留。[⑤]到了 13 世纪末期,两地贸易关系有了新的发展,丹麦国王艾瑞克·格里平 1284 年 11 月 29 日于

[①] 丹麦在波罗的海的势力一度非常强大,波罗的海海岸在 1185—1227 年一度处于丹麦的控制之下,除了吕贝克之外,丹麦还控制了瑞典、荷尔施泰因、梅克伦堡、瓦兰德(Valland)、英格兰和苏格兰。丹麦国王瓦尔德玛二世在 1227 年的博恩赫沃德战役(Schlacht bei Bornhöved)中败于什未林伯爵亨利(Heinrich von Schwerin)之手,导致丹麦失去上述地区后,南面的国界止步于艾德河(Eider)。参见 Benjamin Arnold, *Princes and Territories in Medieval Germany*, New York: Cambridge University Press, 1991, p. 261; Grethe Jacobsen, "Wicked Count Henry: The Capture of Valdemar II (1223) and Danish Influence in the Baltic," *Journal of Baltic Studies*, Vol. 9, No. 4 (Winter 1978), pp. 326-338。

[②] "s. L. D. Et a. (1203. Lübeck)," in G. F. Sartorius, Hrsg., *Urkundliche Geschichte des Ursprunges der deutschen Hanse*, Zweyter Band, S. 12.

[③] Ibid.

[④] Ibid., S. 13.

[⑤] Ibid.

欧登塞（Odense）表示将与吕贝克建立特殊联盟关系，有效期为八年。①

挪威与德意志的商贸关系是建立在粮食需求的基础上的，因此非常稳定牢固。挪威前后三任国王都在13世纪下半叶给予德意志商人贸易特权。挪威国王哈康·哈康松（Håkon Håkonsson）在位期间，挪威和吕贝克曾经因在吕贝克经商的挪威商人的人身安全问题爆发冲突。哈康·哈康松亲自写信给吕贝克当局和皇帝弗里德里希二世（Friedrich Ⅱ.）要求道歉和解释，但由于挪威对粮食的需求非常迫切，在弗里德里希二世进行调停之前，哈康松便已要求吕贝克恢复向挪威运送粮食。②最后双方在1250年10月6日签订和约，吕贝克派出代表前往挪威与哈康松签订协议。哈康松决定双方可以携带货物自由出入对方领地，并在遭到第三方袭击时相互帮助，和约上盖有哈康松和他的儿子哈康（Håkon）的印章。③马格努斯·哈康松（Magnus Håkonsson）继位之后，也再度确认挪威与德意志的商贸关系。他在1278年7月18日于滕斯贝格（Tønsberg）致信吕贝克，表示收到吕贝克委员海因克·施泰肯（Herink Steneken）和亚历山大（Aleksander）

---

① Nr. 360, 1284 nov 29, Regesta Norvegica.
② 挪威商人在1247年吕贝克遭劫后，吕贝克市政府写信给挪威国王哈康·哈康松，向挪威人道歉和解释敌对原因。哈康松国王于当年冬天回信，在信中表示：他们的表态不足以弥补挪威商人在吕贝克遭遇的损失，挪威商人被洗劫一空。正如此前他曾给予德意志人贸易的自由，希望彼此能够恢复以往友好的关系，并像往常一样在夏季派出船只，向北方运送谷物。另一方面，也允许挪威商人前来购买他们所需要的物品。此信件上盖有国王的印章。在同一时间，哈康松国王也写信给德意志皇帝弗里德里希二世，向他抱怨航向吕贝克的挪威人遭遇危险。随后哈康松国王又在1248年夏天写信给吕贝克市政府，表示虽然自己尚未收到他们的回信，但是深信吕贝克也希望保持和平与友谊，所以他派出装载着货物的商船前往吕贝克，让他们购买必需的谷物、面粉和麦芽。弗里德里希二世后在1250年春天写信给吕贝克市市政府，要求他们保证挪威人的和平。同时他也写信回复哈康松，表示已通知吕贝克市政府，要求他们必须保护挪威人的安全，还表示可以将吕贝克城的控制权交给哈康松。参见 Nr. 803, 1247, Regesta Norvegica.；DN V no. 1；LübUB I No. 153, LübStaatsarch；Nr. 808, Vinteren 1247-1248, Regesta Norvegica；Nr. 822, 1247-1250 våren, Regesta Norvegica；Nr. 813, 1248 Sommeren, Regesta Norvegica；DN V No. 2；LübUB I no 154, LübStaatsarch；Nr. 824, 1250 våren, Regesta Norvegica；Nr. 827, 1250 våren, Regesta Norvegica。
③ Nr. 829, 1250 Oktober 6, Regesta Norvegica.

代表的几个德意志海岸城市的请求,同意给予在挪威的德意志商人法律和贸易的权利,他们可以在港口交易物品和拥有处理海难的权利,吕贝克商人会得到王家的保护。①随后,当艾瑞克·马格努松接过父亲的王位后,致信吕贝克当局(1284年3月13日),表示吕贝克、汉堡、维斯马、罗斯托克(Rostock)、不来梅(Bremen)、施特拉尔松德(Stalsund)、格赖夫斯瓦尔德、什切青(Szczecin)、德明、安克拉姆(Anklam)、哥特兰岛、埃尔宾、里加和日瓦尔14个城市的德意志商人,如果遭到挪威臣民的不公正待遇或者伤害的话,都会得到挪威政府的保护,反之亦然。他也重新确认其祖父和父亲给予德意志商人的自由、权利和特权,同时要求挪威商人享有同等的待遇。②由此可见,挪威和德意志的商贸关系建立在货物需求的基础上,位处波罗的海北端严寒地区的挪威,农业发展不均,需要在入冬前从德意志商人手中进口谷物粮食。从货物的性质来看,德意志商人从事的是波罗的海的转口贸易,他们从英格兰和法国等地进口北欧所需的商品,然后驶往北方海域转手出售以获取利润。③从《吕贝克城海法》中也可以看到,吕贝克商人经手的货物非常多样,涵盖了北海和波罗的海的许多地区特产,包括葡萄酒、盐、羊、玉米、蜡、铜、锡、铅、沥青、焦油、灰、护墙板、木桶板、猪油、草碱、油、无花果、布料和鲱鱼,是挪威的重要物资来源。

瑞典和德意志移民的密切合作或许是出于权力平衡的考虑,双方在13世纪末期建立起密切的合作关系,哥特兰和维斯比被挪威和瑞典默认为德意志商人的一分子。有学者指出,此时瑞典和丹麦的关系并不稳定,如果将富裕的德意志商人置于自己的控制之下,有助于增

---

① Nr. 202, 1278 juli 18, Tønsberg, Regesta Norvegica.
② Nr. 342, 1284 mars 13, Regesta Norvegica.
③ Nils Hybel, "The Grain Trade in Northern Europe before 1350," *The Economic History Review*, Vol. 55, No. 2 (May 2002), pp. 219-247; Christopher Dyer, "Rural Europe," in Christopher Allmand, ed., *The New Cambridge Medieval History: Volume 7, c. 1415-c. 1500*, Cambridge: Cambridge University Press, 1998, p. 114.

强瑞典的势力。① 1250 年,瑞典统治者比尔格·贾尔伯爵(Birger Jarl)与吕贝克达成互惠协议,允许吕贝克市民进入瑞典,享有免税和其他的特权。② 随后,在 1256 年 8 月 15 日,比尔格伯爵再度确认吕贝克的特权,允许吕贝克人取回在瑞典去世的亲戚的遗产和海难货物。③ 1267 年,沃尔德玛国王重新确认其父比尔格伯爵给予吕贝克的特权。④ 瑞典国王马格努斯·拉杜洛斯(Magnus Ladulås)也在 1285 年 10 月 31 日于卡尔玛(Kalmar)宣布,瑞典将与吕贝克、罗斯托克、维斯马、施特拉尔松德、格赖夫斯瓦尔德、里加和维斯比的德意志商人建立永久的和平友好关系。由于此时德意志和挪威发生贸易纠纷,因此马格努斯一世也表示,要求挪威在第二年的 6 月 24 日前返还所有被扣留的德意志货物,并进行赔偿。双方应保持自由贸易关系,并且让德意志人在挪威享有挪威国民的同等权利。⑤ 挪威国王艾瑞克·马格努松在接到瑞典国王的来信后,在 1287 年 7 月 5 日表示愿意支付款项和维护友好关系。⑥ 挪威的哈康·马格努松(Håkon Magnusson)在 1287 年 8 月 19 日致信吕贝克,表示现在纠纷已经告一段落,他会努力维护与吕贝克的贸易关系,让商人可以在他的保护下安全往返挪威,同时他们将享有以往同等的权利。⑦ 1292 年 7 月 22 日,瑞典国王比尔格·马格努松(Birger Magnusson)与吕贝克达成了贸易自由往来的

---

① Waldemar Westergaard, "The Baltic Sea in History," *Bulletin of the Polish Institute of Arts and Sciences in America*, Vol. 3, No. 1(October 1944), p. 113.

② „DF 101, (1250 eller 1251)," in *Finlands medeltidsurkunder. Samlade och i tryck utgifna af Finlands Statsarkiv genom Reinh, Hausen, Band I*, Helsingfors: Finlands Statsarkiv, 1910, S. 42.

③ „DF 111, Linköping 15 August 1256 (? -1260)," in *Finlands Medeltidsurkunder. Samlade och i tryck utgifna af Finlands Statsarkiv genom Reinh, Hausen, Band I*, S. 45.

④ „DF 136, Visingsö 1267," in *Finlands Medeltidsurkunder. Samlade och i tryck utgifna af Finlands Statsarkiv genom Reinh, Hausen, Band I*, S. 52.

⑤ Nr. 399, 1285 okt 31, Kalmar, Regesta Norvegica.

⑥ Nr. 471, 1287 July 5, Tønsberg, Regesta Norvegica.

⑦ Nr. 472, 1287 aug 19, Oslo, Regesta Norvegica.

协议。①

由此可见,要在中世纪北方海域中维持海洋贸易秩序,必须建立起多层结构的海洋规则。这种海洋规则建立的目的并非是限制贸易的自由,而是要建立一种共识,让海洋贸易有所保障。为了突显契约精神,参与的各方会以国家、城市或团体为单位,签订自由贸易协议。这样一来,秩序与自由就构成了相辅相成的机制,赋予参与者各种贸易权利和贸易自由,为多边国际贸易的发展,提供了有效的法律保障。在中世纪波罗的海海域,海洋的法律边界与陆地边界交织并存,虽然海洋空间难以划分权利界线,但海上人员的行动要受各自属地的主权管辖。因此,成文海法只能对从事海洋贸易的本国人民或在地居民具有法律效力,而领土主权和海洋权益则归属国家,必须由主权国家通过协商达成国家层面的友好合作,确定在经济贸易关系方面的基本权利,在承认互惠待遇规则之后,城市之间才能互通互贸。

小结

为了营造更加和谐的贸易环境,波罗的海上的海法效力范围可分为四个维度。第一个维度是属人主义,《吕贝克城海法》的法律对象效力范围以吕贝克人为主,从事国际贸易的吕贝克人,不论其身在国内还是国外,都属于城市法规的效力范围。第二个维度是属地主义,抵达维斯比港口的贸易人员一律适用《维斯比城市法与海法》,其效力范围适用于维斯比城市,所有与海上运输或船舶有关的社会关系,即有关港口的维护、船舶租赁和经营活动和涉及的当事人都受该法的约束。第三个维度是广义的属人主义,海洋习惯法《维斯比海法》的时间效力和地域效力并不明确,其法律效力范围是对事的效力,界定为航行的船舶以及从事海事运输的船舶上的所有人员。第四个维度是沿海国家采取的混合原则,基本以属地主义为主,同时也部分采纳属人

---

① „DF 207, Stockholm 22 July 1292," in *Finlands Medeltidsurkunder. Samlade och i tryck utgifna af Finlands Statsarkiv genom Reinh*,Hausen,Band I,S. 75.

主义和保护主义。北欧各国统治者颁布的特权法令，是在坚持国家主权和维护国家权益的基础上，适当给予外国商人待遇和权利，同时也涉及到境内外国人的经商管理和权利保护，从而通过自由贸易政策加强国家与城市之间的多边经济合作。

在海法建设的护航下，波罗的海的贸易市场顺利朝着合作互惠的多边主义方向迈进。斯堪的纳维亚王国与德意志商人之间在跨国贸易的萌芽阶段，以开放的态度整合海运资源，促进了北方海域运输网络的建设和航线的开拓。德意志也随之发展出北方经济和南方经济两个独立的贸易体系：北方以从事交易活动的商人为主，南方则以制造器物的工匠为主。北方的贸易体系围绕波罗的海和奥得河，建立起海河相连的航运水道，货物可以从吕贝克经吕内堡到布伦斯瑞克，从哈尔伯施塔特（Halberstadt）到萨勒河，从戈斯拉尔（Goslar）到埃森纳赫（Eisenbach），经陆路穿过科堡（Coburg）和班贝格（Bamberg），到达图林根和纽伦堡（Nürnberg）。①北方贸易网络的整合，还带来了货币和借贷业务的发展，譬如吕贝克和汉堡在 1255 年签订货币互通协议。②汉堡是德意志北部距离北海最近的港口，两个城市的合作，将可打开德意志国内货物沿着易北河运往波罗的海和北海的通道，取代以往丹麦控制下的石勒苏益格—波罗的海航线。

与此同时，维斯比的德意志移民对区域经济的发展起到了良好的推动作用。有赖于维斯比在波罗的海上的核心战略位置，吕贝克—维斯比—汉堡三点互通的港口建设，让德意志商人几乎垄断了波罗的海和北海之间的贸易资源。③德意志商人有两种贸易方式：第一种将本地商品运往外国出售，譬如莱茵葡萄酒和吕纳堡鲱鱼；葡萄酒易于倾销

---

① Horst Fuhrmann, *Germany in the High Middle Ages*, c. 1050-1200, London: Cambridge University Press, 1986, p. 25.
② F. Keutgen, Hrsg., *Urkunden zur Städtischen Verfassungsgeschichte*, S. 71.
③ 德意志商人将波罗的海和北海的航线连接起来之后，在布鲁日、伦敦、卑尔根（Bergen）和诺夫哥罗德都建有贸易联络站，这些地区都受到了德意志文化和习俗的影响。参见"Das Gedächtnissfest des Friedens zu Stralsund," in Verein für Hansische Geschichte, Hrsg., *Hansische Geschichtsblätter*, Leipzig: Duncker & Humblot, 1871, S. 3.

在北欧极受欢迎,腌鱼则是斋戒时的主要食物,因为每年的斋戒期长达 160 天,北方各地都对此有巨大需求。① 两种货物造价低廉,吕贝克商人再以赚取的利润购买外国货品。因此,他们的第二种贸易方式是转口贸易,收集俄罗斯的皮草、英格兰的羊毛和谷物,以及佛兰德斯的布料运往其他地区出售,其中粮食是北方地区急需的物资。波罗的海和北海之间的谷物贸易是牵动北欧命脉的重要物资。大部分斯堪的纳维亚地区,尤其是挪威西部,无法生产国民所需要的粮食。在 12—13 世纪,这一地区基本完全依赖进口粮食,导致波罗的海的谷物生意异常蓬勃,而吕贝克商人在 13 世纪末期开始将德意志粮食运往北欧,从而掌握了斯堪的纳维亚王国和波罗的海的贸易主动权。②

强大的家族纽带也是德意志商人获得成功的重要因素之一。图宾根大学(Universität Tübingen)历史学家埃伯哈德·伊森曼(Eberhard Isenmann)指出,波罗的海沿岸城市中的许多市议会成员都是德意志人,而且他们大多来自同一个商人家族。譬如多特蒙德的商人家族从 13 世纪开始崛起,其他的活跃家族还包括科斯菲尔德(Coesfeld)、达尔索(Darsow)和瓦伦多夫(Warendorp)家族。在波罗的海沿岸城市如里加、格赖夫斯瓦德、科尔伯格(Kolberg)、维斯马、多帕特(Dorpat)、日瓦尔和维斯比的市议会中都有这些家族的成员。据他研究,类似的商人家族近五十个,其亲戚在波罗的海的城市中特别常见,有些还会前往英格兰经商,其他的城市还包括塞廷(Settin)和斯德哥

---

① 腌鱼是导致吕贝克迅速发展的因素,是其生产的重要经济作物。吕贝克城是在德意志北部发展过程中逐渐富裕起来的,因为距离吕贝克 116 公里处的吕内堡原来是德意志最好和产量最高的盐场之一,在吕纳堡生产的盐和吕贝克捕获的鲱鱼可以制成腌鱼作为斋戒时的食物,是北德意志一大重要的商品经济活动。参见 Michael North, *Deutsche Wirtschaftsgeschichte*, München: Beck, 2005, S. 69。
② Johannes Hansen, *Beiträge zur Geschichte des Getreidehandels und der Getreidepolitik Lübecks*, Lübeck: M. Schmidt, 1912; Richard C. Hoffman, "Frontier Foods for Late Medieval Consumers: Culture, Economy, Ecology," *Environment and History*, Vol. 7, No. 2 (May 2001), pp. 131-167; Christian Keller, "Furs, Fish, and Ivory: Medieval Norsemen at the Arctic Fringe," *Journal of the North Atlantic*, Vol. 3 (2010), pp. 1-23.

尔摩(Stockholm)。①

　　13世纪中期也是北欧地区法规法令的成文时期。除了海法作为调整海洋事务关系的特殊文献之外,各个王国统治者也致力于推动国家法典的编纂,因此这个时期是划分国家疆域和主权范围的重要历史阶段,由此衍生的是国际交往的基本原则和相关权利的界定。②丹麦国王沃尔德玛二世给予吕贝克商人的各项特权和作出细致的限制,说明他一方面注意到波罗的海的多国贸易背景和实际需求,另一方面也意识到必须规范境内外国人的活动范围和个人权利。由于丹麦国王同时还拥有石勒苏益格公爵的身份,所以他与德意志的合作关系也更加和谐稳定。③挪威则经历了闭关自守到开放海禁的历程,其与德意志商人的贸易关系曾一度陷入僵局,后在皇帝弗里德里希二世和瑞典国王的调停下,由于挪威特殊的地理条件,在一些货物方面需要依靠外国进口,最终在13世纪末期开放海外贸易并让外国商人享有本国国民的同等待遇。瑞典得益于治下的哥特兰岛在波罗的海中世纪早期贸易中的领导地位,很早便意识到多边贸易自由政策的种种好处,通过收税合法化和维斯比自由贸易港的建设,活跃的德意志移民于13世纪为瑞典带来了巨大的贸易利益。

---

①　Eberhard Isenmann, *Die deutsche Stadt im Mittelalter*, 1150-1550: *Stadtgestalt, Recht, Verfassung, Stadtregiment, Kirche, Gesellschaft, Wirtschaft*, S. 794; Gustav Luntowski, *Dortmunder Kaufleute in England im 13. und 14. Jahrhundert. Ein Quellennachweis*, Dortmund: Selbstverl, 1970.

②　譬如丹麦国王瓦尔德玛二世在1241年3月颁布丹麦唯一一部中世纪官修法典《日德兰法》(*Jyske Lov*),既有明确法源也收入部分习惯法规,全文共有超过200条法律条款,清楚划分出法律意义上的属地管辖范围,列出区域和城市的名称,并规定国王在上述辖地有权制定法典和颁布法令。参见 Per Andersen, "'The Truth must always be stronger': The Introduction and Development of Naefnd in the Danish Provincial Laws," in Stefan Brink and Lisa Collinson, eds., *New Approaches to Early Law in Scandinavia*, Turnhout: Brepols, 2014, pp. 7-9.

③　13世纪的丹麦国王也经常迎娶德意志公主,增强了德意志人对丹麦官廷的影响力。参见 Thomas K. Heebøll, "Medieval Denmark as a Maritime Empire," in Rolf Strootman, Floris van den Eijnde, and Roy van Wijk, eds., *Empires of the Sea: Maritime Power Networks in World History*, Leiden: Brill, 2019, p. 211.

总之,从海洋贸易发展趋势来看,波罗的海的国际贸易繁荣,是多边贸易取代单边主义的一种结果。这种发展得以形成,在很大程度上归功于多层面海法的建设。德意志北部城市与北欧各国从竞争到合作,从单边主义到多边主义,从贸易保护到自由贸易,终于在13世纪末期意识到只有在稳定合作和自我约束的基础上,才能在商贸流通和区域经济发展的过程中获得互利共赢的局面。在此时崛起的德意志商人,从一个远离帝国权力中心的小港口前往波罗的海寻找生机,最后在瑞典统治下的哥特兰岛定居了下来。面对着陌生的环境和陌生的语言,他们在岛上筑起三公里长的城墙,建造38座高塔,眺望遥远的故乡吕贝克和四面来往的船舶;他们也在岛上坚持用自己的母语书写法规,汇纂出具有强烈的德意志色彩的海法,保护自己的商人在远航贸易中的权利。德意志人编写的法规,虽然原始简单,但始终保持着严中有宽、宽中有严的优点,同一时间诞生的地区法典《萨克森明镜》也具有这个特点。

| 第五章

财产法:《萨克森明镜》中妇女与未成年人的权益

第一节 《萨克森明镜》与"沃尔芬抄本"
第二节 萨克森妇女的财产权与监护权
第三节 罗马法与萨克森法中的未成年人

在德意志早期法律作品中,较少详细谈及妇女和未成年人的财产权和继承权。自由地(De alodis)作为家族财产的重要组成部分①,在大部分的条文中一般禁止女性继承,以此来避免财产的流失和分散。譬如《撒里克法律公约》第 59 条第 6 则规定,"任何撒里克土地(terra Salica)的继承权都不得给予女性,只能由男性持有,也就是说,要由儿子继承土地"。②这条规定,后来经常被用来禁止妇女继承土地,直到 6 世纪希尔佩里克一世在位期间,才发生了一些变化。③他在第 4 条法令中补充了一点,尽管儿子的继承权在女儿之前,但是"在儿子已经去世的情况下,女儿可以像儿子一样拥有继承的权利"④。

学者们对撒里克法律中妇女财产权问题有过多次讨论,其观点可以分为两类。一些学者认为从整体上来看,撒里克法是允许妇女继承家族土地的,在男性子孙缺失时,应按照母系延续财产的传递。⑤另一

---

① *DRW*, 1, 486; *HRG*, 1, 180-182.

② „LIX. 6. De alodis," in Karl August Eckhardt, Hrsg., *MGH*, *LL nat. Germ.* 4, 1, S. 223.

③ Hermann Nehlsen, „Zur Aktualität und Effektivität germanischer Rechtsaufzeichnungen," in Peter Classen, Hrsg., *Recht und Schrift im Mittelalter*, Sigmaringen: Thorbecke, 1977, S. 449-504.

④ „Capitulare IV, Edict(u)s domni (C)hilperici regis pro tenore pacis, CVIII," in Karl August Eckhardt, Hrsg., *MGH*, *LL nat. Germ.* 4, 1, S. 262.

⑤ Sarah Hanley, "Identity Politics and Rulership in France: Female Political Place and the Fraudulent Salic Law in Christine de Pizan and Jean de Montreuil," in Michael Wolfe, ed., *Changing Identities in Early Modern France*, Durham, NC: Duke University Press, 1997, p. 79; Thomas Schilp, *Norm und Wirklichkeit religiöser Frauengemeinschaften im Frühmittelalter*, Göttingen: Vandenhoeck und Ruprecht, 1998, S. 192.

些学者却认为,在日耳曼群体中,女性的继承权是排在兄弟之后,唯有在父系男性亲属断绝时方可获得财产。与此相对照,在罗马法中,儿子和女儿都拥有继承家族财产的权利。蛮族法典在提及家族财产分配时,譬如《勃艮第法典》第 15 条和《利普里安法典》第 57 条中,都表明了女儿在儿子去世的情况下才能继承家族财产。[1] 只有《西哥特法典》允许女儿和儿子拥有平等的继承权。[2] 另据冈绍夫研究发现,在罗马化程度越低的日耳曼地区,对女性财产权的约束就越严厉,譬如《图林根法典》彻底剥夺妇女对不动产的继承权,规定只能由儿子来继承财产[3];《萨克森法典》也在第 41 条、第 44 条和第 46 条中明确规定,在父系的叔叔、兄弟在世时禁止女儿继承财产。[4]

从上述法条中可以看到,在墨洛温王朝和加洛林王朝时期,家族的财产主要是由男性子嗣继承的,但随着时间的延伸,对女性的财产继承有了一定程度的放宽。查理曼在他的《王室管理条令》(*Capitulare de villis*)中授予妇女料理家产的权利,王后甚至可以对国内事务和王室仆人发号施令。[5] 查理曼去世后,随着德意志进入封建制度,早期的部族法规和加洛林统治者颁布的帝国法令被终止,领地法的发展阶段到来了。德意志各个地区纷纷开始制定自己的领地法,上巴伐利

---

[1] „XIV. 1. De successionibus," in Ludovicus Rudolfus de Salis, Hrsg., *MGH*, *LL nat. Germ. 2*,1, S. 52; „57 (56) [De alodibus]," in Franz Beyerle und Rudolf Buchner, Hrsg., *MGH*, *LL nat. Germ. 3*,*2*, S. 105.

[2] „IV, 2, I. Antiqua," in Karolus Zeumer, Hrsg., *MGH*, *LL nat. Germ. 1*, S. 174.

[3] „Lex Thuringorum, De alodibus, XVI, XXVII," in Claudius Freiherr von Schwerin, Hrsg., *MGH*, *Fontes iuris 4*, S. 60-61.

[4] Jo Ann McNamara and Suzanne Wemple, "The Power of Women through the Family in Medieval Europe, 500-1100," in Mary Carpenter Erler and Maryanne Kowaleski, eds., *Gendering the Master Narrative*: *Women and Power in the Middle Ages*, London: The University of Georgia Press, 1988, pp. 83-101; Edith Ennen, *Frauen im Mittelalter*, München: C. H. Beck, 1999, S. 38; „Leges Saxonum, XLI, XLIV, XLVI," in Claudius Freiherr von Schwerin, Hrsg., *MGH*, *Fontes iuris 4*, S. 28-29.

[5] „32. Capitulare de villis. 800," in Alfredus Boretius, Hrsg., *MGH*, *Capit. 1*, S. 84.

亚、奥地利、萨尔茨堡(Salzburg)和施蒂利亚(Styria)都有自己的领地法。①然而,在领地法不断出现的同时,德意志国家的法律体系并没有因此停止发展,伴随着城市的变化,一些城市委员会编纂起了城市法。与此同时,在帝国的层面,霍亨斯陶芬王朝的皇帝主要使用的是《民法大全》,他们会对法典进行增补,同时也会颁布相关的帝国法规。②这时期的法规主要分为两类,第一类是和平法令(constitutiones pacis),是针对全国或部分地区所颁布的禁止斗争和破坏和平的条令,最早的和约可以追溯到1103年亨利四世颁布的法规。③第二类是政教协议(Concordat),主要针对的是有争议的教俗事件,最早的法规是亨利五世(Heinrich V.)在1122年9月23日签署的《沃尔姆斯协定》(Concordatum Wormatiense)。④

德意志习惯法在13世纪逐渐汇纂成文。在此之前的法规缺乏文字记载,裁判权掌握在本地的俗人法官(Schöffe)手中,⑤他们使用的通常是一些不成文的习惯法。从13世纪中期开始,伴随着习惯法的汇编成册,德语成为地方法规的官方语言,德意志的法律文献也进入一个全新的发展阶段,在德意志北部地区出现了《萨克森明镜》。⑥作为中世纪德意志法制史上最重要的法学文献之一,《萨克森明镜》被奥

---

① 上巴伐利亚的领地法是在1346年出台,后来在1515年、1616年和1756年多次修订。参见 Hans Schlosser, Ingo Schwab, Hrsg., *Oberbayerisches Landrecht Kaiser Ludwigs des Bayern von 1346*, Köln: Böhlau, 2000; Dieter Albrecht, *Das alte Bayern: Der Territorialstaat vom Ausgang des 12. Jahrhunderts bis zum Ausgang des 18. Jahrhunderts*, München: C. H. Beck, 1988, S. 188。

② Charles Phineas Sherman, *Roman Law in the Modern World*, New York: Baker, Voorhis & Co., 1924, pp. 303-304.

③ „Curia Moguntina, A. 1103," in Georg Heinrich Pertz, Hrsg., *MGH, LL 2*, Hannoverae: Impensis Bibiopolii Hahniani, 1837, S. 60-63, https://www.dmgh.de/mgh_ll_2/index.htm#page/60/mode/1up.

④ „Concordatum Wormatiense," in Georg Heinrich Pertz, Hrsg., *MGH, LL 2*, S. 75.

⑤ *HRG*, 5, 34; *Grimm*, 15, 1443.

⑥ „Sachsenspiegel, Landrecht und Lehnrecht," in Karl August Eckhardt, Hrsg., *MGH, Fontes iuris N. S.*, 1, 1-2, Göttingen: Musterschmidt-Verlag, 1955.

地利因斯布鲁克大学格哈德·科布勒教授称为"中世纪中期和晚期的第一份法律文献"。①《萨克森明镜》的作者艾克·冯·雷普科也被认为是最早的德意志法学家。②雷普科从自己作为法官的长期实践中汲取经验,结合传统的萨克森法用拉丁语撰写出这部法律文献。随后不久,又出现了低地德语版本,拉丁语版本大约是在 1221—1224 年间完成的,低地德语译本是在 1224—1227 年间出现。③作为一部法律汇编,《萨克森明镜》因其丰富的原始材料和高度的实践性,在萨克森法庭上获得广泛使用并取得法律效力。法规内容分为领地法和封建法两个部分,均对女性财产权有一系列规定。法规还根据女性在不同阶段的身份角色设置监护人制度,以保护和监管财产在家族内部的流动和传承,彰显出法规在法律框架内,力求兼顾女性权利和家族利益。不久,《萨克森明镜》在整个德意志广受欢迎,拥有了极大的影响力,后来的城市法都以它为蓝本。④《萨克森明镜》是在霍亨斯陶芬王朝统治期间(1198—1235)编写的。⑤ 后续 14 世纪的市政法(Weichbild)⑥、市政法律书(Rechtsbuch nach Distinctionen)⑦、《小帝国法》(*Kleines Kaiser-*

---

① Gerhard Köbler, *Deutsche Rechtsgeschichte: Ein systematischer Grundriss der geschichtlichen Grundlagen des deutschen Rechts von den Indogermanen bis zur Gegenwart*, München: Verlag Franz Vahlen Gmbh, 1990, S. 115-119.

② Walter Möllenberg, „Eike von Repgow. Ein Versuch," *Historische Zeitschrift*, Bd. 117, H. 3 (1917), S. 387-412.

③ Helmut Coing, *Römisches Recht in Deutschland*, *Ius Romanum Medii Aevi*, Volume 5, Issue 6, Mediolani: Giuffrè, 1964, S. 109.

④ Gerd Kleinheyer, Jan Schröder, Hrsg., *Deutsche und Europäische Juristen aus neun Jahrhunderten: Eine biographische Einführung in die Geschichte der Rechtswissenschaft*, Tübingen: Mohr Siebeck, 2017, S. 131.

⑤ Egon Boshof, „Erstkurrecht und Erzämtertheorie im Sachsenspiegel," *Historische Zeitschrift*, *Beihefte*, 1973, New Series, Vol. 2, Beiträge zur Geschichte des mittelalterlichen deutschen Königtums (1973), S. 95.

⑥ 市政法的原始含义是法律有效的范围,在中古低地德语中是"wikbelde",中古高地德语为"wichbilde"。参见 HRG, 5, 41; Grimm, 28, 474; *Köbler*, "wikbelde"; BMZ, "wichbilde"。

⑦ HRG, 4, 29.

recht，1340—1350)①，以及约翰·冯·布赫(Johann von Buch)②的《领地法解读》(*Richtsteig Landrechts*)，都是以其为基础撰写的法律作品。③

以往对中世纪德意志法制史和《萨克森明镜》的研究主要集中在德语世界，20世纪以来，研究重心转向了语言学和对罗马法的接受。在语言学方面，通常是把《萨克森明镜》视为现存中世纪低地德语的最重要文献，④维尔茨堡大学汉斯·费尔(Hans Fehr)教授曾指出，《萨克森明镜》"不仅是一部法律法规，其在语言学上的贡献，可与三百年后的路德改革运动相媲美"⑤。进入21世纪，除了传统的法律史视野，学者们也开始以跨学科的视角来对中世纪法律文献进行分析。譬如德国维尔茨堡大学的雷吉娜·特普费尔(Regina Toepfer)教授在2022年出版专著《中世纪和近代早期的不孕症》，在书中分别从医学、

---

① HRG，2，16，1881-1883.

② HRG，2，14，1376-1377.

③ Peter Neumeister, „Johann von Buch, Ein altmärkischer Rechtsgelehrter im Dienste der Wittelsbacher," in Jiří Fajt, Wilfried Franzen, Peter Knüvener, Hrsg., *Die Altmark 1300-1600: Eine Kulturregion im Spannungsfeld von Magdeburg, Lübeck und Berlin*, Berlin: Lukas Verlag, 2011, S. 150-155; Charles Phineas Sherman, *Roman Law in the Modern World*, p. 305; Maciej Mikuła, *Municipal Magdeburg Law (Ius Municipale Magdeburgense) in Late Medieval Poland: A Study on the Evolution and Adaptation of Law*, Leiden: Brill, 2021; Dietlinde Munzel-Everling, Hrsg., *Das Kleine Kaiserrecht: Text und Analyse eines mittelalterlichen Rechtsbuches: Leithandschrift der Fürstlichen Bibliothek Corvey, Bestandsaufnahme aller anderen Handschriften, Benennung, Verfasser, Datierung, Quellen, Auswirkung*, Wiesbaden: Hylaila-Verlag, 2019; C. G. Homeyer, Hrsg, *Der Richtsteig Landrechts*, Berlin: Reimer, 1857, https://www.digitale-sammlungen.de/en/view/bsb10552424? page=,1.

④ 譬如将中古低地德语版的《萨克森明镜》与中古高地德语版的《德意志明镜》比较，可以发现"k"和"ch"、"v"和"b"、"f"和"p"、"d"和"t"等字母互换的特点。参见„Deutschenspiegel," in Karl August Eckhardt, Hrsg., *MGH, Fontes iuris N. S. 3*, Hannover: Hahnsche Buchhandlung, 1933, https://www.dmgh.de/mgh_fontes_iuris_n_s_3/index.htm#page/(III)/mode/1up; Andrea Seidel, Hans-Joachim Solms, *Dô tagte ez: Deutsche Literatur des Mittelalters in Sachsen-Anhalt*, Dössel: J. Stekovics, 2003; Hilkert Weddige, *Mittelhochdeutsch: Eine Einführung*, München: C. H. Beck, 1999; Peter von Polenz, *Deutsche Sprachgeschichte vom Spätmittelalter bis zur Gegenwart*, Band 1, Berlin: Walter de Gruyter, 2000。

⑤ Hans Fehr, *Deutsche Rechtsgeschichte*, Band 1, S. 159.

第五章　财产法:《萨克森明镜》中妇女与未成年人的权益 | 237

法学和伦理学等多个角度探讨生育的问题。她认为法律不仅为人们提供了基本的生活框架,同时也反映了共同的价值观和调解冲突的方法,譬如《萨克森明镜》中领地法和封建法在对继承权的规定存在差异,后者要比前者更加严格,这可能在一定的程度上,导致了中世纪夫妇对孩子的性别产生偏好。① 塔夫茨大学的查尔斯·G. 纳尔逊(Charles G. Nelson)教授在《镜子,墙上的镜子:对艾克·冯·雷普科的〈萨克森明镜〉中权威表现的思考》一文中表示,他要使用语言行为理论来重新审视这份中世纪习惯法文献,从而说明作者雷普科在写作时引入了表演的手法以加强与读者之间的交流。② 圣安德鲁大学的凯瑟琳·M. 鲁迪(Kathryn M. Rudy)则在 2023 年出版专著《触摸羊皮纸:中世纪使用者如何擦拭、处理和亲吻他们的手稿》,她在广泛研究了现存的《萨克森明镜》手稿后表示,手稿中的一些图像损毁严重,原因是它们曾经在仪式上使用,被人用湿的手指触摸过,譬如法庭官员在举行听证会时可能会按着手稿发言,以表现出一种法律权威的姿态。③ 另一方面,比较的视角也有助于加深对《萨克森明镜》作为德国重要世俗法的认识。宾夕法尼亚大学历史系教授艾达·玛利亚·库斯科夫斯基(Ada Maria Kuskowski)在专著《世俗法:中世纪法国习惯法的书写与重塑》中从罗马法出发,反思习俗与法律之间的关系,继而指出 13 世纪在法国和德意志出现的这股世俗法编纂浪潮是来自于多方面的因素,既包括世俗法庭的设立、王室和帝国法律文献的撰写,也

---

① Regina Toepfer, *Infertility in Medieval and Early Modern Europe: Premodern Views on Childlessness*, London: Palgrave Macmillan, 2022, p. 103.
② Charles G. Nelson, "Mirror, Mirror on the Wall: Reflections on the Performance of Authority in Eike von Repgow's Sachsenspiegel," in Elizabeth Carson Pastan, ed., *The Four Modes of Seeing: Approaches to Medieval Imagery in Honor of Madeline Harrison Caviness*, New York: Routledge, 2009, pp. 367-381.
③ Kathryn M. Rudy, *Touching Parchment: How Medieval Users Rubbed, Handled, and Kissed Their Manuscripts: Volume 1: Officials and Their Books*, Cambridge: Open Book Publishers, 2023, pp. 125-130.

出于这一时期人们对程序和权利的广泛讨论。①

关于《萨克森明镜》与罗马法之间的联系，学者们主要是以 14 世纪以后的《词表》(*Glossar*)作为例证的，试图证明德意志法律体系从这一时期开始受到罗马法的影响。②本章认为，女性财产权在《萨克森明镜》中的相关规定和记载，罗马法中却是没有的，其概念和定义来源于蛮族法典如《勃艮第法典》和《利普里安法典》。这说明 13 世纪的德意志人是在自己既有法律体系的基础上编纂民族成文法规的，走的是德意志自己的一条法治道路。

为了更好地分析法规中的德意志女性和未成年人财产权益，本章将结合成文法规和手稿图像，使用《德意志文献集成》中的德语原文本以及 1984 年现代德语本为主要史料，辅以德国沃尔芬比特尔奥斯特公爵图书馆的 1350 年抄本(Cod. Guelf. 3.1 Aug. 2°，后简称"沃尔芬抄本")和海德堡大学图书馆的 1300 年抄本(Cod. Pal. Germ. 164，后简称"海德堡抄本")进行分析。为了方便研究，沃尔芬比特尔奥斯特公爵图书馆开设了《萨克森明镜》在线网站，海德堡大学图书馆(Universitätsbibliothek Heidelberg)也在 2009 年制作了《萨克森明

---

① Ada Maria Kuskowski, *Vernacular Law: Writing and the Reinvention of Customary Law in Medieval France*, Cambridge: Cambridge University Press, 2022, pp. 65-66.

② 拜罗伊特大学(Universität Bazreuth)大学伯纳德·肯诺夫斯基(Bernd Kannowski)聚焦《萨克森明镜》在 14 世纪以后添加的《布赫词表》(*Buch'sche Glosse*)，认为《布赫词表》展现了德意志法和罗马法两种不同法律体系的相遇，法学家在将口头传统写成成文律法的过程中，参考了罗马法规的撰写形式；曼海姆大学(Universität Mannheim)学者希拉姆·屈佩尔(Hiram Kümper)研究了萨克森领地法在中世纪至近代早期的接受过程，通过比对多部法律文献如《马格德堡法》(*Magdeburger Rechtbücher*)来说明法典作为中世纪德意志法律源头的重要作用。参见 Bernd Kannowski, *Die Umgestaltung des Sachsenspiegelrechts durch die Buch'sche Glosse*, Hannover: Hahnsche Buchhanglund, 2007; Hiram Kümper, *Sachsenrecht: Studien zur Geschichte des sächsischen Landrechts in Mittelalter und früher Neuzeit*, Berlin: Duncker & Humblot, 2009。

镜》抄本电子版的光盘(CD-ROM)。①本章法律术语释义主要使用的词典为《德国法制史词典》(*Handwörterbuch zur deutschen Rechtsgeschichte*，HRG)②、《德国法律词典》(*Deutsches Rechtswörterbuch*，DRW)③，以及分别由奥古斯特·吕本(August Lübben)和格哈德·科布勒编写的两部《中古低地德语词典》(*Mittelniederdeutsches Handwörterbuch*)④。

---

① 《萨克森明镜》史料分为手稿抄本和印刷文本两类。手稿抄本现存四个版本，分别为海德堡大学图书馆抄本(Cod. Pal. Germ. 164,1300)、奥尔登堡(Oldenburg)领地图书馆抄本(1336)、德累斯顿抄本(Mscr. Dresd. M. 32,1350)和德国沃尔芬比特尔奥斯特公爵图书馆抄本(Cod. Guelf. 3.1 Aug. 2°,1350—1370)。印刷文本有三份材料，分别是 1955 年《德意志文献集成》原文编纂本、1984 年的现代德语本，以及 1993 年英语本。三份材料在法规序列、法规内容、排列顺序乃至词语使用上均有差异，由于《德意志文献集成》本和 1984 年现代德语本，与沃尔芬抄本的对应程度最高，因此，本章将以这两份材料为主要史料，结合沃尔芬抄本中的图像，以期加深对中世纪德意志司法审判和法律状况的认识。此外，由于沃尔芬抄本的条文标号与德意志文献集成本存在差异，文中和附录的条文编号依据沃尔芬抄本、海德堡抄本和德累斯顿抄本，注释中的条文引用依据德意志文献集成本。参见 „Sachsenspiegel," Universitätsbibliothek Heidelberg, Cod. Pal. Germ. 164, http://digi. ub. uni-heidelberg. de/diglit/cpg164; Dietlinde Munzel-Everling, Der Sachsenspiegel. Die Heidelberger Bilderhandschrift: Faksimile, Transkription, Übersetzung, Bildbeschreibung CD-ROM, Heidelberg: Universitätsbibliothek Heidelberg, 2009; „Sachsenspiegel, "Landesbibliothek Oldenburg, Rastede, 1336, CIM I 410, https://digital. lb-oldenburg. de/ihd/content/pageview/193290; „Sachsenspiegel," Die Dresdner Bilderhandschrift des Sachsenspiegels—Mscr. Dresd. M. 32, https://digital. slub-dresden. de/werkansicht/dlf/6439/1/; „Sachsenspiegel," Herzog August Bibliothek Wolfenbüttel, Cod. Guelf. 3.1 Aug. 2°, http://www. sachsenspiegel-online. de/export/ssp/ssp. html; Eike von Repgow, „Sachsenspiegel," in Karl August Eckhardt, Hrsg., *MGH*, *Fontes iuris N. S.*, *1*, *1-2*, Göttingen: Musterschmidt-Verlag, 1955; Eike von Repgow, *Der Sachsenspiegel*, Zürich: Manesse Verlag, 1984; Eike von Repgow, *The Saxon Mirror: A Sachsenspiegel of the Fourteen Century*, Maria Dobozy, trans., Philadelphia: University of Pennsylvania Press, 1999。

② Albrecht Cordes, Hrsg., *Handwörterbuch zur deutschen Rechtsgeschichte* (*HRG*), Berlin: Erich Schmidt Verlag, 2016, https://www. hrgdigital. de/inhalt. html。

③ Deutsches Rechtswörterbuch, https://drw-www. adw. uni-heidelberg. de/drw-cgi/zeige。

④ August Lübben, Hrsg., *Mittelniederdeutsches Handwörterbuch*, Darmstadt: Wissenschaftliche Buchgesellschaft, 1888; Gerhard Köbler, *Mittelniederdeutsches Wörterbuch*, 3. A. 2014, https://www. koeblergerhard. de/mndwbhin. html。

第一节 《萨克森明镜》与"沃尔芬抄本"

《萨克森明镜》全书共有五卷,前三卷为领地法,后两卷为封建法。前者处理的主要是中世纪的社会问题,涉及继承法、婚姻法和财产权,后者关注的是地主和封建采邑的分配、再封和军事责任问题。虽然条文按照领地法和封建法分为两大部分,并顺序排列,但内容缺乏条理和系统性,各类人群的合法权益存在重叠的部分,涉及的内容有刑法、继承法、婚姻法、财产法、狩猎法和放牧法,条文的排列方式和用语是为负责执行法律的官员撰写的,因此具有便于查阅和理解的特点。《萨克森明镜》在 13 世纪二三十年代诞生之后,除了在萨克森地区广为使用,在 1260—1270 年间传入奥格斯堡地区(Augsburg),影响了同时代其他两部法学作品《德意志明镜》(*Deutschenspiegel*)和《施瓦本明镜》(*Schwabenspiegel*)的撰写。① 美国学者玛利亚·多博齐(Maria

---

① 《德意志之镜》也被认为是《萨克森明镜》的高地德语译本,译者姓名不详,他在书中不仅翻译了《萨克森明镜》,也囊括了其他德意志部族习惯法,展现出当时德意志的法规全貌。在哈布斯堡王朝的第一位德意志国王鲁道夫一世(Rudolf I.)统治期间,出现了一部新的法律作品《施瓦本明镜》。《施瓦本明镜》的作者是一位匿名人士,作品撰写于 1275 年,也有学者认为完成于 1259 年。全名是《帝国领地法与封建法》(*Kaiserliches Land- und Lehnrecht*),但在 17 世纪之后常被称为《施瓦本明镜》。从内容来看,作者明显参考了《萨克森明镜》和《德意志明镜》两部作品,分卷方式与《萨克森之境》完全一致,但是使用的方法论却有所不同。《施瓦本明镜》不完全依照实践经验编写,而是收入了一些被遗忘或者废用的法律条文,譬如中世纪早期的部落法典,以及查理曼和他的继承者的帝国法令。因此,《施瓦本明镜》不仅反映了该地区的法律,同时也企图恢复德意志法的传统。此外,它也象征了德意志法律史上即将迎来一个全新的阶段:德意志法对罗马法的继受。在《施瓦本明镜》中出现了一篇罗马法,显示出作者在德意志的习惯法之外,对罗马法也有所关注,《施瓦本明镜》主要在德意志南部地区使用。参见,"Deutschenspiegel," in Karl August Eckhardt, Hrsg., *MGH*, *Fontes iuris N. S. 3*; "Schwabenspiegel, Kurzform, I. Landrecht, II. Lehnrecht," in Karl August Eckhardt, Hrsg., *MGH*, *Fontes iuris N. S.*, 4, 1. 2, Hannover: Hahnsche Buchandlung, 1974, https://www.dmgh.de/mgh_fontes_iuris_n_s_4_12/index.htm#page/(3)/mode/1up; Charles Phineas Sherman, *Roman Law in the Modern World*, p. 306; Christine Magin, *"Wie es umb der iuden recht stet"*: *Der Status der Juden in spätmittelalterlichen deutschen Rechtsbüchern*, Göttingen: Wallstein Verlag, 1999, S. 64-70。

第五章　财产法：《萨克森明镜》中妇女与未成年人的权益 | 241

Dobozy)教授指出,由于《萨克森明镜》填补了德意志地区缺少稳定法律规则的空白,因此在德语地区得到广泛应用,从北海到意大利的阿尔卑斯山都可以发现它的身影。①

《萨克森明镜》的现存抄本主要有四个,下面分别说明各抄本的状况：

(1)"海德堡抄本"：正文共有 60 页,没有封面,除了最后一页,每一页都附有图像,左边为图,右边为文,分量均等。每页插图从下往下按五行排列,图像大小基本相同,没有框架,以黄、红、绿三色上色。② (2)"奥尔登堡抄本"：附有目录和第一页,目录按照左右两列排列,序号以红色字体抄写,首字母为蓝色和红色字母轮流出现。内文附有插图,但图像的内容和编排与"海德堡抄本"并不相同,显示该抄本的作者是在文字基础上自己诠释创作的图像。从第八页开始,部分图像只有描线,没有上色,说明此抄本是一份尚未完成的作品。③ (3)"德累斯顿抄本"：共有 92 页,附有 924 幅插图,附有目录。每页也均有图像,左边为图,右边为文,从上往下按三行、四行或六行排列,以黑色描形,浅蓝、黄、红三色上色,但图片因年代久远,模糊不清,同时图片内容与海德堡版并无联系,显示此乃独立创作的插图。④ (4)"沃尔芬抄本"：共有 86 页,大小是 35 厘米长,27 厘米宽,完成于 14 世纪下半叶。⑤

四个抄本中,"沃尔芬抄本"最为完整,文字和图像也最为清晰,因此本章的图像资料将以该抄本为主,由于第四卷第 57 条和第 65 条法规仅存在于"海德堡抄本"和"德累斯顿抄本"中,所以也将使用这两个抄本作为补充。

---

① Maria Dobozy, "Law, German," in Margaret C. Schaus, ed., *Women and Gender in Medieval Europe: An Encyclopedia*, New York: Routledge, 2006, p. 457.
② „Sachsenspiegel," Universitätsbibliothek Heidelberg, Cod. Pal. Germ. 164.
③ „Sachsenspiegel," Landesbibliothek Oldenburg, Rastede, 1336, CIM I 410.
④ „Sachsenspiegel, " Die Dresdner Bilderhandschrift des Sachsenspiegels—Mscr. Dresd. M. 32.
⑤ „Sachsenspiegel," Herzog August Bibliothek Wolfenbüttel, Cod. Guelf. 3.1 Aug. 2°.

图 15 《萨克森明镜》的"沃尔芬抄本"(左),手稿编号:Cod. Guelf. 3.1 Aug. 2°;"海德堡抄本"(右),手稿编号:Cod. Pal. Germ. 164①

在中世纪后期《萨克森明镜》也持续发挥着重要影响。印刷术在 15 世纪出现后,其传播的范围也开始越出萨克森领地的范围。第一份印刷版于 1474 年在巴塞尔出版,印刷商是伯纳德·芮彻(Bernhard Richel)。②《萨克森明镜》在 15 世纪有 10 个版本③,16 世纪的版本更是

---

① „Sachsenspiegel," Herzog August Bibliothek Wolfenbüttel, Cod. Guelf. 3.1 Aug. 2°, 59r; „Sachsenspiegel," Universitätsbibliothek Heidelberg, Cod. Pal. Germ. 164, 1r.

② 芮彻 1471 年从纽伦堡前往巴塞尔工作,然后在 1472 年 3 月 12 日开始以印刷商的身份在巴塞尔被提及,但他直到 1474 年 8 月 4 日才获得市民身份(Bürgerrecht),《萨克森明镜》正是在这一年出版的。参见 Eike von Repgow, *Sachsenspiegel: Landrecht*, Basel: Bernhard Richel, 1474; *Bibliotheca Incunabulorum: A Collection of Books Printed Before 1501 from the Presses of England, France, Germany, Italy, the Netherlands, Spain and Switzerland, Volume 1, Parts 1-3*, London: Maggs Bros, 1921, p. 311; Romy Günthart, *Deutschsprachige Literatur im frühen Basler Buchdruck (ca. 1470-1510)*, Münster: Waxmann, 2007, S. 28-31.

③ Eike von Repgow, *Sachsenspiegel: Landrecht*, Köln: Bartholomaeus de Unkel, 1480; Eike von Repgow, *Sachsenspiegel: Landrecht. Corr: Doetrich von Bocksdorf*, Augsburg: Anton Sorg, 1481, 1482; Eike von Repgow, *Sachsenspiegel: Landrecht*, Augsburg: Anna Rügerin, 1484; Eike von Repgow, *Sachsenspiegel: Landrecht*, Leipzig: Moritz Brandis, 1488, 1490; Eike von Repgow, *Sachsenspiegel: Landrecht*, Stendal: Joachim Westphal, 1488; Eike von Repgow, *Sachsenspiegel: Landrecht*, Augsburg: Johann Schönsperger, 1495, 1496, 1499.

多达16个。①因此,从法规的出版地和出版时间可以确定:《萨克森明镜》在印刷时代得到广泛传播,在较长时间段里为德意志人普遍接受并成为有效的法律规范,一些城市会以《领地法附词汇表》(*Landrecht mit Glosse*)为名出版。词汇表是在14世纪另外加上的,撰写者有些是在博洛尼亚大学接受过良好法学教育的法官,他们会指出《萨克森明镜》与罗马法的相似之处。②

随后,《萨克森明镜》于1480年在科隆出版,印刷商是巴塞罗姆·德·昂科尔(Bartholomaeus de Unkel)。③ 1481年④、1482年⑤的奥格斯堡印刷商是安东·索格(Anton Sorg),1484年版由奥格斯堡的第一位女印刷商安娜·吕格林(Anna Rügerin)印制。⑥比较特别的是,

---

① Eike von Repgow, *Remissorium mit sambt dem weichpilde und lehenrecht*, Augsburg: Johann Otmar, 1508; Eike von Repgow, *Sachsenspiegel. Mit vil newen addicion̄. Sampt lantrechts und lehenrechts richtsteige item*, Augsburg: Silvan Otmar, 1517; Eike von Repgow, *Sachsenspiegel. Auffs newe gedruckt. Und anderweit mit vleysse corrigiret*, Leipzig: Melchior Lotter d. Ä, 1528, 1535; Eike von Repgow, *Sechsisch weychbild und lehenrecht itzt auffs naw nach den warhafften alden exemplarn und texten*, Leipzig: Michael Blum, 1537; Eike von Repgow, *Sachssenspiegel, corrigirt auffs New, Nach dem Jnhalt der Alten, Waren, Corrigirten Exemplarn vnd Texten*, Leipzig: Nicolaus Wolrab, 1539; Eike von Repgow, *Sachsenspiegel auffs new fleissig corrigirt an texten, glossen*, Leipzig: Nikolaus Wolrab, 1545, 1553, 1554; Eike von Repgow, *Sechsisch Weichbild, Lehenrecht, vnd Remissorium. Auffs new an vielen Orten in Texten, Glossen*, Budissin: Nicolaus Wolraben, 1557; Eike von Repgow, *Sachsenspiegel. Auffs newe vbersehen, mit Summariis vnd newen Additionen*, Leipzig: Vögelin, 1561, 1563, 1569; Eike von Repgow, *Sachsenspiegel. Auffs newe vbersehen, mit Summariis vnd newen Additionen*, Leipzig: Steinman, 1582; Eike von Repgow, *Sächsisch lehenrecht unndt weichbilt, auffs new ubersehen mit summariis*, Leipzig: Hans Steinmann, 1589; Eike von Repgow, *Sachsenspiegel auffs newe ubersehen mit summariis und newen additionen*, Leipzig: Valentin Vögelin, 1595.

② Antonio Padoa-Schioppa, *A History of Law in Europe: From the Early Middle Ages to the Twentieth Century*, p.184.

③ Eike von Repgow, *Sachsenspiegel: Landrecht*, Köln: Bartholomaeus de Unkel, 1480, https://digital.staatsbibliothek-berlin.de/werkansicht/? PPN = PPN627376185& PHYSID =PHYS_0351.

④ Eike von Repgow, *Sachsenspiegel: Landrecht. Corr: Doetrich von Bocksdorf*, Augsburg: Anton Sorg, 24 May 1481, https://gdz.sub.uni-goettingen.de/id/PPN627043488? tify={%22view%22:%22info%22}.

⑤ Eike von Repgow, *Sachsenspiegel: Lehnrecht. Weichbild. Dietrich von Bocksdorf: Remissorium*, Augsburg: Anton Sorg, 16 December 1482, https://gdz.sub.uni-goettingen.de/id/PPN627100627.

⑥ Eike von Repgow, *Sachsenspiegel: Landrecht*, Augsburg: Anna Rügerin, 22 June 1484, http://daten.digitale-sammlungen.de/~db/0003/bsb00034290/images/index.html.

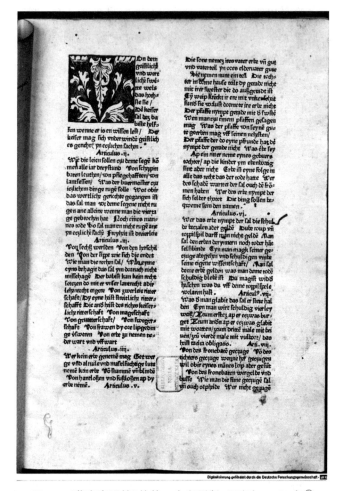

图 16 《萨克森明镜》的第一个印刷版，巴塞尔，1474 年[1]

---

[1] Eike von Repgow，*Sachsenspiegel*：*Landrecht*，Basel：Bernhard Richel，1474.

这个版本是在纽伦堡主教狄奥多里克·冯·博克斯多夫(Theodoric von Bocksdorf)的要求下出版的。① 1488 年在莱比锡和斯滕达尔(Stendal),1490 年在莱比锡,1495 年、1496 年、1499 年在奥格斯堡,1517 年、1528 年、1537 年、1545 年在莱比锡,1553 年、1553 年在德累斯顿都出版了《萨克森明镜》(见下表):

表 9 《萨克森明镜》出版数据表(1474—1600)②

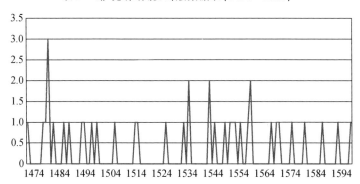

从表中可见,《萨克森明镜》自 1474 年的印刷版出现后,在 15—16 世纪一直保持着平稳的出版水平,出版商一般是把文本分为两卷出版,先出版领地法,再出版封建法,譬如前面提到的奥格斯堡印刷商安东·索格,他先是在 1481 年出版领地法,后在 1482 年出版封建法,同时他的版本都加入了迪特里希·冯·博克斯多夫(Dietrich von Bocksdorf)补充的《索引》(*Remissorium*)。博克斯多夫是莱比锡大学的法学家,他于 1449 年开始动笔撰写《索引》,这份含有词汇表的补充材料也成为阅读《萨克森明镜》的重要工具书之一。③ 进入 16 世纪之后,出版由正文和带有解释性质的补充材料组成的版本成为常态。在出版地方面,除了第一版是在巴塞尔出版之外,早期主要是集中在奥

---

① *The Law Magazine and Review*: *For Both Branches of the Legal Profession at Home and Abroad*, London: Butterworths, 1901, p. 161.
② 表格数据来自"通用短标题目录"(Universal Short Title Catalogue)数据库。参见 Universal Short Title Catalogue, https://www.ustc.ac.uk/。
③ Marek Wejwoda, *Spätmittelalterliche Jurisprudenz zwischen Rechtspraxis, Universität und kirchlicher Karriere: Der Leipziger Jurist und Naumburger Bischof Dietrich von Bocksdorf (ca. 1410-1466)*, Leiden: Brill, 2012, S. 328.

格斯堡和莱比锡出版,到了 17 世纪初,开始在法兰克福、海德堡和弗莱堡出版①,其中 1600 年法兰克福版使用了 1572 年的莱比锡版,在标题上加上了当时萨克森法学家、维滕贝格大学法学教授梅尔希奥·克林(Melchior Kling)的名字,注明是由他修订的版本。②海德堡 1614 年版的内容也非常丰富,有法学家评论和法官判例的内容。③

十五六世纪《萨克森明镜》在德意志各地的频繁出版,一方面说明它作为法律文献,在数个世纪里对执法行为起到了重要的规范作用,尤其是在德意志的东部地区。④另一方面,《萨克森明镜》在莱比锡和奥格斯堡的频繁出版,也反映出萨克森领地上的权力变化。安东尼奥·帕多瓦·斯基奥帕教授指出,13 世纪出现的领地法有更多维护城市权利的条文。正是在这一点上,德意志的法律体系不同于意大利,德意志的城墙严格标记了地区之间的法律界限。⑤

法律文本与图像释法

图像在《萨克森明镜》中有着重要的地位,使用图像辅助叙事是中世纪法律手稿的一个重要特征。绘制图像的目的,主要是为了展示法规或者通过具象论证来讨论案件,而不仅仅是起到一种饰作用。表面看来,图像有助于传意、索引和帮助记忆,但同时由于《萨克森明镜》不

---

① Melchior Kling, *Das gantze Sechsisch landrecht mit text und gloss*, Frankfurt am Main: impensis Voegelinianis [, Gotthard Vögelin, Philipp Vögelin bey Johannes Saur], 1600, https://www.digitale-sammlungen.de/en/view/bsb10144842? page= ,1.

② Mathias Schmoeckel, *Das Recht der Reformation: Die epistemologische Revolution der Wissenschaft und die Spaltung der Rechtsordnung in der Frühen Neuzeit*, Tübingen: Mohr Siebeck, 2014, S. 87; Melchior Kling, *Das gantze Sechsisch landrecht mit text und gloss*, Leipzig: [durch Hans Rambau (I) in verlage Ernst Vögelin], 1572, https://www.digitale-sammlungen.de/en/view/bsb10144838? page= ,1.

③ *Sachsenspiegel mit Summariis und newen Additionen/so aus den gemeinen Keyserrechten/und vieler vornemer dieser Lande Doctorn bericht und Rahtschlegen/Auch der Hoffgericht und Schöppenstül üblichen Rechtsprüchen zusammen bracht/und an den Glossen und Allegaten vielfeltig gebessert*, Heidelberg: Gotthard Vögelin, 1614.

④ Antonio Padoa-Schioppa, *A History of Law in Europe: From the Early Middle Ages to the Twentieth Century*, p. 184.

⑤ Ibid.

同于中世纪的一般性手稿,其作为法律文献的插图,目的是要普及成文法和强调法律的重要性。通过这样一种特殊方式,《萨克森明镜》不但能够反映出当时萨克森地区对性别、阶级和部族问题的态度和看法,也折射出中世纪德意志的权利控制方式。从版面的编排和设计来看,图像比文本在视觉上更具有冲击力和影响力。中世纪地区法律条文的叙事性特征,以及使用图像加强叙事的特点,也会出现在其他的中世纪法律手稿上。

使用图像辅助法律条文叙述的传统始于 9 世纪,譬如在《学徒合约》(*Ausbildungsvertrag*)中,学徒一手与老师签署"训练合约",一手递过学费,合约内容可归入"私法"(Privatrecht)范畴。[①] 9—12 世纪,都是以单幅图像为主。譬如写于 12 世纪的《格兰西法令集》(*Decretum Gratiani*),它的 12 世纪下半叶抄本基本没有图像[②],偶尔会在首字母中加入绘图,以表示该部分的核心内容,譬如婚姻法的章节中绘有男女双方吵架的场面。[③]但是要到更晚的抄本才会出现大量的叙事性图像,譬如剑桥大学菲兹威廉博物馆收藏的 14 世纪抄本中便包含有精美的插图。[④]在菲兹威廉抄本中,关于婚姻问题的讨论以四幅图像呈现,四周有文本围绕,图文相结合的方式非常新颖和引人瞩目。[⑤]在 12 世纪同时期出现的骑士文学作品,如《罗兰之歌》(*La Chanson de*

---

① Ausbildungsvertrag, 9. Jahrhundert, Rechtsikonographische Datenbank, http://gams.uni-graz.at/archive/get/o:rehi.11800/sdef:TEI/get.
② Gratian, Decretum Gratiani, Collectio Eberbacensis, Arundel MS 490, British Library, http://www.bl.uk/manuscripts/Viewer.aspx?ref=arundel_ms_490_fs001r.
③ Eherecht, Buchmalerei: Decretum Gratiani, Causa XXVIII, 13. Jahrhundert, Rechtsikonographische Datenbank, http://gams.uni-graz.at/o:rehi.15009.
④ Kristin Böse, Susanne Wittekind, „Eingangsminiaturen als Schwellen und Programm im Decretum Gratiani und in den Dekretalen Gregors IX." in Kristin Böse, Susanne Wittekind, Hrsg., *Ausbildung des Rechts: Systematisierung und Vermittlung von Wissen in mittelalterlichen Rechtshandschriften*, Berlin: Peter Lang, 2009, S.20-37.
⑤ 婚姻图像是法律手稿中一个非常重要的主题,借助图像可以有效反映特定地区的习俗和实践。参见 Gratian, Decretum Gratiani, MS 262, Fitzwilliam Museum, https://collection.beta.fitz.ms/id/object/239348。

Roland）、《意大利客人》（Der welsche Gast）①和《威廉》（Willehalm）也使用了这种图文并列的方式，会按照情节的展开加入了合适的插图辅助叙事。因此，《萨克森明镜》抄本的重要性在于，它的解释性图像是与法律文本紧密相扣的，大部分条文都附有图像辅助解释，一半为图像，一半为文本。使用者在阅读文献的过程中，不仅能够通过图像加深对条文的认识，同时也可以从包含大量细节的图像中，更加准确地把握萨克森的部落习俗和相关仪式。②

"沃尔芬抄本"文字和图像排列在四个抄本中最为规整，基本按照四行排列，图像的阅读顺序是从上到下，使用的颜色为金色、红色、绿色和蓝色，所有人物皆以黑色描线。从描绘不同地位的人物使用不同的颜色可以看出，金色的地位最高，其次是红色。书卷的划分以金红二色大写字母划分，条文则以金红二色小写字母标识。在法规图像中经常出现的人物以武装者为主，包括皇帝或国王、诸侯、统治者、封建领主、法官和兵士，其他还有商人、自由民和农奴，以及妇女和儿童。下面将按照人物进行说明。

表10 《萨克森明镜》中武装者出现的次数③

人物	页码	次数
皇帝/国王	1r,9v,10r,15r,19v,47r,47v,49v,50v,51r,52r,60r	12
诸侯	49r,51r,60r	3

---

① 海德堡大学将《意大利客人》的多份抄本数字化后制作成数据库。参见 Welscher Gast digital, https://digi.ub.uni-heidelberg.de/wgd/; Anthony Musson, "Images of Marriage," in Mia Korpiola, ed., *Regional Variations in Matrimonial Law and Custom in Europe*, 1150-1600, Leiden: Brill, 2011, pp.117-146。

② 德意志是从14世纪陆续出现带有插图的法律文献。除了《萨克森明镜》之外，其他带有插图的法律手稿还包括《黑尔福德法律书》（*Herforder Rechtsbuch*，1375年）和《汉堡城市法律书》（*Hamburger Stadtrechtsbuch*，1479年）。参见 Franziska Prinz, *Der Bildgebrauch in gedruckten Rechtsbüchern des 15. bis zum Ausgang des 18. Jahrhunderts*, Münster: LIT Verlag, 2006, S.1; Oliver Richard, „Objekte bei städtischen Eidesleistungen im Spätmittelalter," in Sabine von Heusinger, Susanne Wittekind, Hrsg., *Die materielle Kultur der Stadt in Spätmittelalter und Früher Neuzeit*, Wien: Vandenhoeck & Ruprecht, 2019, S.100。

③ 表格内容整理自："Sachsenspiegel," Herzog August Bibliothek Wolfenbüttel, Cod. Guelf. 3.1 Aug. 2°。

(续表)

人物	页码	次数
法官（伯爵）	10r,12v,14r,15r,15v,18r,18v,19r,19v,20r,20v,21r,21v,23r,24r,24v,25r,25v,26r,26v,27r,27v,28r,28v,29r,29v,30r,30v,31v,32r,33v,34r,34v,35r,36r,36v,40r,40v,41r,42r,42v,43v,44r,44v,45r,45v,46r,46v,48r,49v,50r,50v,51v,52v,53r,54r,56v,57r,58r,66r,73r,79r,79v,80r,83r,83v,84r	73
顽固者（Verfesteter）	44v,45r,45v,52v,57r,62v,66r	7

（1）皇帝：第一位出现的皇帝是弗里德里希二世，他作为当时的神圣罗马帝国皇帝，出现在沃尔芬抄本的第一页。在图像中，弗里德里希二世双腿交叉，头戴百合皇冠（Lilienkrone），左手持帝国金球（Reichsapfe），右手持权杖，肩披红袍，穿着金色长裙红袜，端坐在宝座之上。①皇帝的图像出现的次数多达 22 次，譬如抄本第 47 页的第四幅图像则由五位历史上的皇帝组成（见图 17）。从右到左分别是尤利乌斯·凯撒、亚历山大大帝（Alexander der Große）、波斯国王大流士一世（Dareios I.）和波斯国王居鲁士二世（Kyros II.），以及巴比伦（Babylon）国王伯沙撒（Belsazar）。②前四位皇帝皆头戴百合皇冠，身穿金袍，按顺序出现在画面的右方，叙述的是争夺皇位的四个故事：第一个故事是尤利乌斯·凯撒伸手摘取身旁亚历山大大帝的百合皇冠，从他手上夺取权力和统治权；第二个故事是亚历山大杀死波斯国王大流士夺取权力；第三个故事是大流士左手持剑杀死他的前任国王波斯国王居鲁士；第四个故事是居鲁士右手紧握匕首，伸出左手夺取坐在宝座上的巴比伦凯撒的百合皇冠。旁边对应的文本出自第三卷的第 44 条，首字母为金底红边大写字母，法规内容如下："巴比伦是帝国诞生之地，统治着世界上所有的地方。居鲁士破坏了边界，并将一切纳入波斯帝国的疆域之内，帝国一直延续到末代皇帝大流士为止。亚历山

---

① „Sachsenspiegel," Herzog August Bibliothek Wolfenbüttel, Cod. Guelf. 3.1 Aug. 2°, 1r.

② Ibid., 47r.

大大帝击败大流士后,将帝国归到希腊的统治之下。帝国不断地发展,直到屈服于罗马之下,尤利乌斯·凯撒成为皇帝。"①

图 17　弗里德里希二世(左)和五位皇帝(右),沃尔芬抄本,
手稿编号:Cod. Guelf. 3.1 Aug. 2°②

(2)诸侯与法官:诸侯的形象是头戴红金两色三花冠冕,身穿系有腰带的半身绿袍,下半身穿着红色长袜。在图 18 中,从右到左分别是莱茵行宫伯爵(Pfalzgraf bei Rhein),他手持金碗,后面是萨克森公爵(Herzog von Sachsen)和勃兰登堡藩侯(Markgraf von Brandenburg)。③

---

① „III 44," in Karl August Eckhardt, Hrsg., *MGH, Fontes iuris N. S.*,1,1, S. 229.
② „Sachsenspiegel," Herzog August Bibliothek Wolfenbüttel, Cod. Guelf. 3.1 Aug. 2°, 1r;„Sachsenspiegel," Herzog August Bibliothek Wolfenbüttel, Cod. Guelf. 3.1 Aug. 2°, 47r.
③ 围绕《萨克森明镜》中诸侯的"德意志身份"问题,曾经有过许多讨论。莱茵行宫伯爵、萨克森公爵和勃兰登堡边侯都无可争议地被认为是德意志人,他们也在《萨克森明镜》中出现,而波希米亚国王(König von Böhmen)的"德意志身份"则存在争议,这也引申到作为七大选帝侯,波希米亚国王是否拥有投票权的问题。布赫认为波希米亚国王也是德意志人,所以他有投票权。参见 Johann von Buch, *Glossen zum Sachsenspiegel-Landrecht. Buch'sche Glosse*, S. 1300; Bernd Schneidmüller, „Inszenierungen und Rituale des spätmittelalterlichen Reichs: Die Goldene Bulle von 1356 in westeuropäischen Vergleichen," in Ulrike Hohensee, Mathias Lawo, Michael Lindner, Michael Menzel, Olaf B. Rader, Hrsg., *Die Goldene Bulle: Politik—Wahrnehmung—Rezeption*, Volume 1, Berlin: Walter de Gruyter, 2014, S. 275; Klaus Richter, „Rechtsbücher: Sachsenspiegel und Schwabenspiegel," in Jörg Wolff, Hrsg., *Kultur- und rechtshistorische Wurzeln Europas, Arbeitsbuch*, Mönchengladbach: Forum Verlag Godesberg, 2005, S. 126。

第五章　财产法:《萨克森明镜》中妇女与未成年人的权益 | 251

图 18　三位诸侯与皇帝,沃尔芬抄本,手稿编号:Cod. Guelf. 3.1 Aug. 2°[①]

法官(Richter)一般由伯爵(Graf)担任,伯爵共有两个形象(图 19),第一个形象的伯爵出现在第 10 页,身穿红绿两色长袍,头戴红色学院帽,脚踏系带鞋,坐在座位之上,向面前的俗人法官讲话,他身后坐的是一位身穿灰色长袍、头戴红色学院帽的长者,应该是向伯爵提供司法建议的法律学者。伯爵的第二个形象是头戴红白双色伯爵帽(Grafenhut),身穿白色长袍和红袜,左手手持用皮带螺旋缠绕制成的黑白相间的法庭之剑(Gerichtsschwert),以说明其法官的身份。第一个形象仅在第 10 页出现,后面则全部都是以第二个形象出现。[②]其他兼任法官的人物还有神父(头顶削发,身穿蓝色或红色长袍,82v)[③]、村长(Schultheiß,头戴宽帽檐尖顶绿色或蓝色帽,身穿蓝色长袍)和诸侯(Fürst)。[④]

[①] „Sachsenspiegel," Herzog August Bibliothek Wolfenbüttel, Cod. Guelf. 3.1 Aug. 2°, 51r.
[②] Ibid., 10r.
[③] Ibid., 82v.
[④] Ibid., 28r.

图 19　法官(左图:红帽绿袍者;右图:头戴红十字白帽者),
沃尔芬抄本,手稿编号:Cod. Guelf. 3.1 Aug. 2°[①]

(3) 商人:商人的形象也按照其交易的性质有所不同,买方(Käufer)通常身穿红色系腰带长袍,绿色或蓝色袜子;卖方(Verkäufer)身穿蓝色系腰带长袍,脚套和系带鞋。农民(Bauer)则身穿灰色系腰带长袍,黑色脚套和喙嘴鞋(Schnabelschuhe),在第 47 页和第 59 页都出现过。[②]萨克森人头披锁子甲,身穿红色或绿色系腰带长袍。证人(Zeugen)身穿红绿相间条纹系腰带裙,红色或绿色脚套和系带鞋。罪犯也有固定形象,强盗会伸出左手抓住物件,象征对商品的夺取。杀人犯则身穿绿色长袍,手持宝剑。[③]

在《萨克森明镜》中,左边的图像和右边的法规是严格对应的,法规或案件的内容被简化为叙述事实经过和叙述司法后果的图像。因此,图像中人物关系明确,逻辑清晰,会采用物件或者动作来协助建立起叙述结构,法规条文的首字母以彩色小写字母书写,方便与图像建立联系。条文往往会拆分为一个或多个图像,图像之间的延续性,通过使用面貌特征固定的人物来发展关系,以此显示违法行为导致法律

[①]　„Sachsenspiegel," Herzog August Bibliothek Wolfenbüttel, Cod. Guelf. 3.1 Aug. 2°, 10r;„Sachsenspiegel," Herzog August Bibliothek Wolfenbüttel, Cod. Guelf. 3.1 Aug. 2°, 44v.

[②]　„Sachsenspiegel," Herzog August Bibliothek Wolfenbüttel, Cod. Guelf. 3.1 Aug. 2°, 47v;„Sachsenspiegel," Herzog August Bibliothek Wolfenbüttel, Cod. Guelf. 3.1 Aug. 2°, 59r.

[③]　„Sachsenspiegel," Herzog August Bibliothek Wolfenbüttel, Cod. Guelf. 3.1 Aug. 2°, 24r.

后果的必然性。为了进一步彰显犯罪的后果和严重性,在"沃尔芬抄本"和"海德堡抄本"中,绘制者都创作了一种特殊的犯罪者形象,称其为"顽固者",他们的脖子上插着一把剑,说明其顽固不化,犯罪后还拒绝在法庭上回答诉讼,违背了法庭基本的审讯原则(见图19,右图)。"顽固者"形象的出现,明显是将抽象的概念转换为可视的直观图像,让观看者迅速掌握图像传达的信息,并对法庭的程序建立起更为清晰的认识。①

法规的视角会随着人物的行为展开,而场景作为叙述的辅助条件主要分为以下几类:房屋、城堡和法庭等地。场景的出现通常是特殊的条文规定的辅助说明,譬如财产纠纷、领土纠纷、婚姻关系,以及封建关系。在第一卷的领地法中,特别值得关注的是女性的财产继承问题。在罗马法中,对遗产继承人的身份认定有着严格的规定,早期女性被认定为父权之下的继承人,在父亲去世后,可作为必然继承人继承财产,但是其立遗嘱的权利受到一定限制,被归类到男性监护人(出嫁前是父亲、出嫁后是丈夫、丈夫死后是儿子)的被监护者,不具有立遗嘱的权利。同时,适婚年龄未婚的或结婚后没有生育的女性,她们的继承权也会受到限制。此外,女性如果犯下通奸罪,其财产继承权也会遭到剥夺。由此可见,女性的财产权会因受到多方面的限制而有所减损,导致遗产多为男性继承。

本章集中探讨《萨克森明镜》中的妇女和未成年人的财产权益。《萨克森明镜》没有按照法规的性质来分类排序,但若按照法律内容来加以整理的话,那么与妇女和未成年人权益相关的条文,可划分为妇女的财产权、监护权和未成年人财产权三类:

---

① "Sachsenspiegel," Herzog August Bibliothek Wolfenbüttel, Cod. Guelf. 3.1 Aug. 2°, 44v.

表 11 《萨克森明镜》中妇女和未成年人的相关条文①

类别	第一卷	第二卷	第三卷	第四卷
妇女				
财产权	第 5 条、第 20 条、第 21 条、第 22 条、第 23 条、第 24 条、第 27 条、第 28 条、第 31 条、第 32 条、第 33 条			第 31 条、第 34 条、第 56 条、第 61 条
监护权	第 11 条、第 41 条、第 44 条、第 45 条、第 46 条、第 47 条	第 23 条（男性的妻子数量）	第 72 条、第 73 条、第 74 条、第 75 条、第 76 条	
未成年人财产权	第 3 条、第 4 条、第 13 条、第 16 条、第 17 条	第 65 条	第 3 条	第 26 条、第 29 条、第 30 条、第 31 条、第 33 条、第 59 条

第二节　萨克森妇女的财产权与监护权

《萨克森明镜》对女性的财产权有明确规定：女性拥有继承和受赠的权利。在普遍习惯法汇编的领地法中，女儿可以继承母亲以及女性亲属的财产和私人物品；妻子可以接受丈夫赠与的包含房屋、土地和家具在内的"早晨礼物"；母亲在特定条件下可以得到儿子的遗产。在规范采邑管理的封建法中，贵族妇女可获得丈夫转让的资产，也拥有领受封地的权利。法规还设置了监护人制度，对女性财产进行监督和保护，以限制财产的流动和保证其在家族内部传承。由于法规在随后三百年间广泛出版和使用，反映出德意志北部和东部地区女性的财产权益在一定程度上受到法律明文保护。在低地德语法规原文中会使

---

① 表格内容整理自:„Sachsenspiegel, Landrecht und Lehnrecht," in Karl August Eckhardt, Hrsg., *MGH*, *Fontes iuris N. S.*, 1, 1-2。

用不同称谓指明女性的身份和地位,在现代德语版中则皆以"Frau/Frauen"来统称"女性",对贵族和平民女子不做细致区分。事实上,两者在实际财产权上存在极大差异,下面将对法规原文中使用的相关词汇进行说明。

女性的身份分为未婚和已婚两类,条文中使用不同的称谓,分别代表其身份地位。"Wif"是指已婚女性,"Maget"是未婚女性,"Wif"也是法规中常用的指代女性的词语。① "Vrouwe"和"Frouwe"可以指拥有贵族身份的已婚女性,或者是一般意义上的妇女统称;在条文中涉及封地和财产的语境下,只有贵族妇女才会使用这个称谓。②在抄本中,贵族妇女的发型可说明其身份变化,婚后会束起长发并戴着头巾,未婚女性的头发则披在身后,在抄本的图像中可清晰区分两者的差异(见附录二)。女性权益法主要涉及两个方面,一是财产权,二是监护权。在《萨克森明镜》中,与女性相关的法规主要分布于第一卷、第三卷和第四卷,内容可分为财产权和监护权两方面,由于男性在婚后自动成为女性的监护人并对女性的财产权产生一定影响,因此本章也将分析关于婚姻关系的条文。在第一卷中,与财产权有关的法规共有11条,在第四卷中,与财产权有关的法规有4条。

在法规中与妇女财产权益和财产相关的词语包括"女性财产"(Gerade)、"早晨礼物"(Morgengabe)、"自有地"(Eigengut)和"封地"(Lehengut)。

(1)"女性财产":最初的含义是新娘的首饰(Brautschmuck),《德国法制史词典》中将"Gerade"的词源追溯至蛮族法典中的两个源头。第一个源头是《勃艮第法典》的"新娘饰物"(malahereda)。"malahereda"这个词由两部分组成,"malah"带有婚姻的意思,"reda"指的是新娘的首饰和物品。《勃艮第法典》第86条记载:"当父亲在女儿出嫁时

---

① Köbler,"wif"; Köbler,"Maget"。
② 在16世纪的作品中,贵族妇女也会以女性的复数形式表述。参见 Köbler,"Vrouwe"; Köbler,"Frouwe"。

给予的嫁妆数量,可以按照自己的意愿决定。"①在嫁妆之外,同时也存在彩礼(wittimon),即在迎娶之时男方给予女方的钱物,这部分钱物的处置权一般由女方的父亲持有,但在特殊情况下,也可以由女方的其他男性亲属来继承。在第 66 条中规定:"在没有父亲和兄弟、仅有叔叔的情况下妇女出嫁,叔叔可以得到彩礼的三分之一。"②第二个源头是《图林根法典》中的"rhedo","rhedo"指女性的物品或嫁妆。③在第 35 条中规定:"盗窃女性首饰嫁妆的话,应支付相当于原价值三倍的罚款。"④《图林根法典》也把这部分财产视为一种特殊的财产,属于女性可以自由处置的财产,不受男性因婚姻关系产生的使用权和管理权约束。

由此可见,女性财产通常源自新娘的"嫁妆",后来随着词义的发展,"女性财产"和"嫁妆"不再有直接联系。⑤在《萨克森明镜》的法规中,"Gerade"有了更为丰富的含义,在法规条文中"女性财产"为集合名词,没有对其内容作细致说明,抄本图像则显示此类财产主要分为三类:第一类是女性个人财产,包括衣物、内衣、裙子和首饰;第二类是家用纺织品和设备,包括床单、毛巾、纺织品、线轴、剪刀和针;第三类是相关的储物家具。女性对"女性财产"拥有更多权利,在婚姻财产权因特定情况下解除时,仍然可以持有女性财产的拥有权和使用权。母系血缘中最近的女性亲属⑥享有"女性财产"的特殊继承权,以此作为对女性继承时处于不利位置的补偿。在中古低地德语中,女性亲属(nichte)包括侄女、兄弟的女儿、姐妹的女儿和孙女。⑦从 12 世纪初期

---

① „LXXXVI. De malahereda," in Ludovicus Rudolfus de Salis, Hrsg., *MGH*, *LL nat. Germ. 2,1*, S. 107.

② „LXVI. De puellis, quae sine patribus et matribus ad maritum traduntur," in Ludovicus Rudolfus de Salis, Hrsg., *MGH*, *LL nat. Germ. 2,1*, S. 94-95.

③ HRG, 2, 9, 113.

④ „XXXV," in „Leges Saxonum und Lex Thuringorum," in Claudius Freiherr von Schwerin, Hrsg., *MGH*, *Fontes iuris 4*, S. 62.

⑤ HRG, 2, 9, 113.

⑥ DWB, 13, 845; Grimm, 2, 332; HRG, 3, 24, 1924-1935.

⑦ Köbler, "nichte".

第五章　财产法:《萨克森明镜》中妇女与未成年人的权益 | 257

开始,许多德意志北部地区的法令中都出现了有关"女性财产"的规定,其中以《萨克森明镜》的规定最为详尽。①

(2)早晨礼物:在中世纪的婚姻财产法中包含了多种财产,有时会与其他财产并列,有时则单独存在,起源可追溯至蛮族法典如《勃艮第法典》《利普里安法典》和《阿勒曼尼法典》,早晨礼物即是最古老的日耳曼民族婚姻财产。②早晨礼物分为两种类型,一是丈夫在婚后赠予妻子的私人财产,譬如钱和动产;二是丈夫赠予妻子的不动产,譬如土地和房屋。③《萨克森明镜》中对早晨礼物(morgengave)④的定义是按身份划分的:骑士出身(riddære)是指拥有下层贵族身份的丈夫,⑤他在首次婚后同房至次日早上与妻子共进早餐前,可以在没有宣誓和不需要继承人同意的情况下,赠予贵族出身的新婚妻子礼物。按照第一卷第20条规定,具有骑士身份的丈夫赠予妻子的早晨礼物包括一位小男仆或小女仆,一个附带花园的房子,家禽如牛、羊、马以及放牧的地方。⑥非骑士出身的丈夫不得赠予妻子超过一匹马或一只家禽的礼物。⑦丈夫在世,妻子对"礼物"拥有财产所有权;丈夫去世或离婚时,所有权会根据不同情况而发生变化。

(3)自有地和封地:土地的所有权涉及一般的继承权和财产权。不同于中世纪早期蛮族法典对女性土地继承权的限制,《萨克森明镜》有关》相关条文规定,贵族妇女享有封地和自有地⑧的持有权,其中自有地是可继承的实物地产,个人拥有完全的所有权。她需要在国王的

---

① HRG,2,9,114.
② HRG,3,23,1628.
③ HRG,3,23,1629-1630.
④ 在中古低地德语中又可拼为"morgengnve"。参见 Köbler,"morgengāve"; Lübben,"morgengnve"。
⑤ Köbler,"riddære"。
⑥ 法规仅有放牧的规定,没有提及家禽,抄本图像则详细说明家禽也是早晨礼物的一部分。参见 "Sachsenspiegel," Herzog August Bibliothek Wolfenbüttel, Cod. Guelf. 3. 1 Aug. 2°,15r.
⑦ "I 20," in Karl August Eckhardt, Hrsg., MGH, Fontes iuris N. S.,1,1, S. 86.
⑧ 在中古低地德语中又可拼为"ēgengōt"。参见 Köbler,"ēgengōt"。

下属法庭中通过宣誓人的见证完成地产的继承仪式。①但是,女性不得将自有地作为个人遗产交由后人继承。②在第三卷第 76 条中也提到,男性迎娶拥有自有地或持有封地的寡妇时,据相关规定和第四卷第 56 条的进一步说明,已婚或未婚的女性封地持有者,不受封建义务或责任的限制,她无须服兵役,但必须支付军事税。③

在三类主要财产中,早晨礼物④与婚姻的关系最为密切。⑤它属于结婚后的受赠权,是妇女最核心的财产。礼物的分量取决于丈夫的身份,这种区别贯穿在整部法典当中,无论丈夫、妻子还是孩子,都有由其不同出身,在财产权利上有各自不同的规定。女性的另一项主要财产是她的嫁妆,以及私人物品。需要特别指出的是,女性结婚后,她在丈夫在世期间是几乎没有财产权利的。首先,婚后男性会自动成为女性的监护人,这限制了妇女的财产使用权。换句话说,不经丈夫的同意,女性不得出售或转让财产。其次,对丈夫赠予妻子的早晨礼物,尽管女性对此拥有唯一所有权,但这个礼物也可能是他们婚姻协议中的一部分。在两个前提之下(丈夫去世或者离婚),女性才能够获得早晨礼物的完全控制权。寡妇对早晨礼物具有控制权是肯定的,因为其将为女性在丈夫去世后提供重要的经济支撑。在第一卷第 20 条中,限定了寡妇所能持续拥有早晨礼物的条件。早晨礼物可分为建筑物和土地,如果寡妇拥有房屋,但对建筑物所在土地不具有占有权的话,她必须在六个星期内腾空房屋和移除建筑物,或者在邻居同意的情况下,将建筑物出售给土地拥有者。此外,她也可以选择与土地拥有者

---

① „I 21," in Karl August Eckhardt, Hrsg., *MGH*, *Fontes iuris N. S.*, 1, 1, S. 86.
② „III 75," in Karl August Eckhardt, Hrsg., *MGH*, *Fontes iuris N. S.*, 1, 1, S. 258.
③ „IV 56," in Karl August Eckhardt, Hrsg., *MGH*, *Fontes iuris N. S.*, 1, 2, S. 74.
④ Köbler, "riddære".
⑤ HRG, 3, 23, 1628-1634; *Grimm*, 12, 2568; BMZ, 1, 208.

共同生活在房屋里。①

在继承权方面,可分为财产和女性物品两类,早晨礼物包含在女性物品之内。首先是女儿的继承权,女儿无法像儿子一样继承父亲的遗产,女儿的孩子也不能继承祖父母的财产。②女性只能继承母系血缘关系最近的女性亲属的财产,这部分财产包括对方的嫁妆和私人物品,也可以是房产。③第二是寡妇的继承权。寡妇不得继承丈夫的军事用品,可以保有早晨礼物,包括放牧用的马匹、牛、山羊和猪,储藏在屋子里的食物,以及她的个人物品,譬如"所有的绵羊和鹅;凹盖式储物箱、所有线、被子、床、枕头、亚麻床单、桌布、毛巾、浴巾、脸盆、铁灯、亚麻布和女性衣物、戒指和手镯、颈圈、书籍。其他还包括软垫椅子、箱子、地毯、窗帘和墙壁挂饰,以及所有属于女性嫁妆的绸带;另外还有一些属于此类的小物品,譬如刷子、剪刀和镜子"④。第三是未婚女性的继承权。未婚和已婚女性继承母亲财产的份额与嫁妆有关。拥有嫁妆的女儿会被视为已得到财产而失去继承权,母亲的私人物品将由未得到嫁妆的女儿继承。⑤

在第四卷中,与妇女财产权有关的法规主要有四条,分别见于第31条、第34条、第56条和第61条。与其他三卷不同的是,第四卷集中讨论的是封建法中的封地问题,这是一套建立在以皇帝(国王)为中心、从上往下由七个骑士等级构成的社会法律结构。在第1条法规中,第一句话便是"任何知道封建法的人都应当遵从本书的指令"⑥。接着,条款规定神职人员、妇女(wif)、农民和商人都被排除在封建法

---

① „IV 34," in Karl August Eckhardt, Hrsg., *MGH*, *Fontes iuris N. S.*, 1, 2, S. 56.

② „I 5," in Karl August Eckhardt, Hrsg., *MGH*, *Fontes iuris N. S.*, 1, 1, S. 77-78.

③ „I 27," in Karl August Eckhardt, Hrsg., *MGH*, *Fontes iuris N. S.*, 1, 1, S. 95.

④ „I 24," in Karl August Eckhardt, Hrsg., *MGH*, *Fontes iuris N. S.*, 1, 1, S. 91.

⑤ „I 5," in Karl August Eckhardt, Hrsg., *MGH*, *Fontes iuris N. S.*, 1, 1, S. 77-78.

⑥ „IV 1," in Karl August Eckhardt, Hrsg., *MGH*, *Fontes iuris N. S.*, 1, 2, S. 19.

的管辖范围之外,但"如果领主授予上述人群封地……由于该封地,他能够获得封建权利"①。拥有封地但不是骑士出身的人,他们的封建权利也受到一定限制。首先,他们不能为他人宣誓作证,也不能在封建法庭上参与审判,譬如在海德堡抄本第 61 条规定,女性即使拥有含有司法权的封地,也不得担任法官。②因此,财产的不可传承、不得作证以及不得参与法庭事务,成为区分骑士出身与非骑士出身的界限。如果发生法律纠纷,原告和被告双方各自请来证人,一个是骑士身份,一个是非骑士身份,法官会采纳前者的证词而忽略后者。这也意味着封地是获得封建权利的基本条件,但这种封建权利却是一种相对有限的权利。

女性可以通过两条途径获得封地。一条途径是丈夫对妻子的馈赠,丈夫可以"在所有不同年龄的儿子们宣誓的情况下,将资产移交给妻子,任何人包括领主和孩子们,都不得否决。然而,如果孩子在大多数人(ere man)面前请求,他们可以将之取消,但领主不可以"③。结合第一卷第 18 条来看,条文中的"大多数人"指的是大多数男性(mereren menien),④即在一个具有法律效力的场合下由众人决定。丈夫在把财产馈赠给妻子的时候,需要得到所有儿子们的同意,但是,如果有些儿子在长大之后,可以反对父亲的决定,从而取消母亲的财产占有权。从这两条条文也可以看到,集会有权取消妻子的继承权,但领主却没有这个权力,说明在处理事务纠纷时,集会的权力是高于领主的。第二条途径是儿子去世后母亲拥有封地的继承权。男性可以将封地作为遗产交给儿子继承,但是如果继承了土地的孩子先于母亲去

---

① „IV 2," in Karl August Eckhardt, Hrsg., *MGH*, *Fontes iuris N. S.*, 1, 2, S. 19.
② „IV 61," in Karl August Eckhardt, Hrsg., *MGH*, *Fontes iuris N. S.*, 1, 2, S. 81.
③ „IV 35," in Karl August Eckhardt, Hrsg., *MGH*, *Fontes iuris N. S.*, 1, 2, S. 54.
④ „I 18," in Karl August Eckhardt, Hrsg., *MGH*, *Fontes iuris N. S.*, 1, 1, S. 83.

世,她便成为封地的继承人。① 随后,在第四卷第 2 条中又有了进一步的规定。"妇女在通过选举获得封地和骑士身份后,可以将封地部分出租,同时也可以与其他领主更新封地的关系。"② 这里虽然条文中使用的是"妇女",但实际上如果结合第三卷第 59 条来看,条文中的"妇女"也包含通过选举成为"女修道院院长"(ebbedischen)的妇女。③ 在一般情况下,持有封地的妇女无法更新封地关系,原因是女性没有军事盾牌,即没有提供军事服务的权利和能力,所以无法在原来的领主去世后通过更新资产保住原先的封地,这时候必须要由男性监护人作为代表,与她一起接受封地。④ 由此可见,一般女性是不在封建法管辖范围之内的,即不拥有法律权利,贵族妇女通过拥有封地可以获得封建权利,但她们在原来的领主去世后无法在新领主面前重新认定。为了保障封地不会流失,需要一名男性与她一起受封,在领主更迭时,由男性出面再度认定封地。因此,女性的财产权中很大一部分是与男性的监护权紧密联系在一起的。

在《萨克森明镜》中,与妇女监护权有关的条文主要集中在第一卷,共有 8 个条文详细规范了有关孩子的监护权和妇女的监护权,同时也涉及监护人制度下的财产管控和纠纷。在第一卷的法规中,列出了四种不同的监护权:丈夫对妻子的监护权、男性亲属对寡妇的监护权、法官担任女性的监护人,以及父母对孩子的监护权,同时规定,在监护人没有正确履行监护职责时,撤销其监护权。监护的内容主要与财产有关。

---

① „III 75," in Karl August Eckhardt, Hrsg., *MGH*, *Fontes iuris N. S.*, 1, 1, S. 258.
② „IV 2," in Karl August Eckhardt, Hrsg., *MGH*, *Fontes iuris N. S.*, 1, 2, S. 19-20.
③ „III 59," in Karl August Eckhardt, Hrsg., *MGH*, *Fontes iuris N. S.*, 1, 1, S. 244.
④ „IV 56," in Karl August Eckhardt, Hrsg., *MGH*, *Fontes iuris N. S.*, 1, 2, S. 74.

首先是已婚妇女的监护权问题。女性在结婚之后,她的监护权便转移到了丈夫手中,后者成为其法定监护人。由于丈夫"合法地接受了女方的所有财产并拥有监护权",也就意味着她的任何财产转让,都必须得到丈夫的同意。①在"沃尔芬抄本"中,有丈夫阻止妻子赠送他人裙子的图像:丈夫和妻子穿着绿色的衣服,表示他们是一家人,然后妻子把一袭绿裙送给身穿蓝衣的外人,丈夫在她身后举起右手加以阻止。②原因是妻子私自的赠送行为,将会损害未来继承人的权利,可见当事人对所有财产,包括动产和不动产的继承关系都是非常清晰的。每个人都可以根据自己的性别和血缘关系,判断出未来将会继承的财产份额,而继承人在被继承人在世的时候已经可以要求查看财产的状态,以保障未来的利益。在这个过程中,监护人承担着非常重要的管理工作。需要说明的是,监护人不是财产的继承人,两者之间有明确的界限,因此,也有相应条文监督监护人的工作,并对违规行为作出处罚。

其次是寡妇的监护权问题。当原先的监护人即丈夫去世后,在寡妇再婚之前,会由同等出身的父系最年长男性亲属作为监护人(vormunde),当妇女再次结婚后,她的监护关系便转移到新婚丈夫手中。③在这种情况下,由于监护人不是继承人,很可能会出现财产纠纷问题。因此在第 41 条中也谈到了这个情况。女孩和寡妇在监护人侵占其自有地、封地或财产的情况下,可以向法庭起诉行为不当的监护人,如果监护人在三次传唤下都未能出席法庭审讯履行他的法律义务,将会被视为失职的监护人,从而失去所有的监护权。接下来,将会由法官担

---

① „I 32," in Karl August Eckhardt, Hrsg., *MGH*, *Fontes iuris N. S.*, 1, 1, S. 96-97.
② „Sachsenspiegel," Herzog August Bibliothek Wolfenbüttel, Cod. Guelf. 3.1 Aug. 2°, 18r.
③ „I 45," in Karl August Eckhardt, Hrsg., *MGH*, *Fontes iuris N. S.*, 1, 1, S. 89-90.

任妇女的监护人,并代表法庭批准妇女拥有此前未曾有过的所有权利。①由此可见,法官在维护妇女权益方面,起到了至关重要的作用。法官除了可以在特殊情况下担任妇女的监护人外,在没有继承人时,也会充当女性财产的保管人,等待一年零一天,看是否有合法继承人出现。②

最后是父母对孩子的监护权。妻子去世后,不仅其财产转移到了丈夫手中,孩子的监护权也一并由丈夫持有。③但必须说明,丈夫只是孩子的监护人,对财产不拥有占用权,也就是说,他不能侵占孩子的继承权,在孩子成年后需将母亲的所有财产移交给孩子。因此,男女双方对孩子的监护权存在差异,在丈夫去世的情况下,孩子的监护权由父系最年长的亲属持有;在妻子去世的情况下,孩子的监护权则由丈夫持有。④需要特别说明的是,若丈夫和妻子出身不平等,监护人的身份也有所不同。如果双方出身平等的话,寡妇的监护人由丈夫家中最年长的男性亲属担任;如果双方出身不平等的话,寡妇的监护人则由她同等出身的最亲近的男性亲属担任,而不是由丈夫的亲属。⑤换句话说,有三种监护人,分别是丈夫、父系亲属和妇女同等出身的亲属,其中丈夫的权利最大,后面两类监护人的权力与前者(丈夫)相比,更近于委托监护人:他代表女性管理财产,但无权阻止女性出售财产,如果他侵占财产,会被法官取消监护权。⑥因此,丈夫作为监护人是不可逆转的,直到死亡方告结束;而男性亲属作为监护人,更多是起到保护遗

---

① „I 41," in Karl August Eckhardt, Hrsg., *MGH*, *Fontes iuris N. S.*, 1, 1, S. 103。„I 44," in Karl August Eckhardt, Hrsg., *MGH*, *Fontes iuris N. S.*, 1, 1, S. 105。
② „I 28," in Karl August Eckhardt, Hrsg., *MGH*, *Fontes iuris N. S.*, 1, 1, S. 95。
③ „I 11," in Karl August Eckhardt, Hrsg., *MGH*, *Fontes iuris N. S.*, 1, 1, S. 80。
④ „I 23," in Karl August Eckhardt, Hrsg., *MGH*, *Fontes iuris N. S.*, 1, 1, S. 89-90。
⑤ „I 45," in Karl August Eckhardt, Hrsg., *MGH*, *Fontes iuris N. S.*, 1, 1, S. 105-106。
⑥ Ibid.

孀的作用。

从上述有关监护权的条文可以看到,监护权会伴随着婚姻双方的身份而发生变化。在第三卷中对萨克森妇女结婚对象的身份也有着相应的规定。身份和财产,都是决定自由身份妇女生活状态的重要因素,不仅她们自己会受到影响,连带着她们的子女的权益也会有所不同。在第 73 条中出现了有关萨克森妇女与外族结婚的条文。条文中描述的是萨克森人和温德人(Wend 或 Went)的通婚状况,可见此时萨克森人与温德人的通婚较为普遍。温德人是斯拉夫民族,萨克森公爵狮子王亨利曾经在 12 世纪举兵征服温德人,后来经过一段时间的民族迁移和融合之后,温德人逐渐被德意志人同化,但从《萨克森明镜》的条文看来,还是把温德人视为外来群体,而且他们的语言与德意志人也不相同,第三卷第 71 条中有允许他们在法庭上拥有自己的翻译的规定。[1]同时也注明他们在萨克森领地上可以按照自己的法律生活[2],萨克森人不得对温德人作出裁决,同样,温德人也不得对萨克森人作出裁决。[3]在沃尔芬抄本中,温德人身穿红色上衣和红蓝相间下衣,以表示他们与萨克森人之不同(图像见附录二第 73 条)。

关于不同身份的人通婚后的情况,在第三卷第 72 条亦有详细说明,这种通婚存在两种情况,即自由民出身的妇女与同等出身或不同出身的男性结婚的后果。[4]自由民阶级出身的女性可以与佃户或者收益分成的佃农结婚,并与他一起生育孩子,这些孩子的出身与她不是同等出身,偿命金和赔偿金额也不相同,因为他们是跟随父亲而非母

---

[1] „III 71," in Karl August Eckhardt, Hrsg., *MGH, Fontes iuris N. S.*, 1, 1, S. 256.

[2] „III 73," in Karl August Eckhardt, Hrsg., *MGH, Fontes iuris N. S.*, 1, 1, S. 257.

[3] 与温德人有关法规有三条,分别是第三卷 70 条、第 71 条和第 73 条。在《萨克森明镜》中温德人身穿的服饰也与萨克森人不同,他们上衣红色,下身红蓝相间(54r-54v)。参见 „Sachsenspiegel," Herzog August Bibliothek Wolfenbüttel, Cod. Guelf. 3.1 Aug. 2°, 54r-55r.

[4] „III 72," in Karl August Eckhardt, Hrsg., *MGH, Fontes iuris N. S.*, 1, 1, S. 257.

亲的法律地位。①偿命金在《萨克森明镜》中是指杀人或者伤人后进行的赔偿。自由民的价格基本上是非自由民的两倍,女性可以得到丈夫所属阶级的男性偿命金的一半,未婚妇女是按照其出身,为同等阶级男性偿命金的一半。②由此可见,女性与比自己出身低的男性结婚生子,她的孩子将无法继承她的阶级,只能跟随父亲的阶级,无论男孩还是女孩,他们的法律地位都是按照父亲的身份划分。这种情况在马格德堡主教魏希曼(Wichmann)那里出现了一些变化,主教在自己领地内对佃户的出身做了调整:授予移居者个人自由,他的农民经常能把耕作的土地转变成自己的私有财产。此外,他也规定,男孩跟随父亲的法律地位,女孩跟随母亲的法律地位,这改变了后代阶级固化的局面。③

第三节 罗马法与萨克森法中的未成年人

罗马法学家乌尔比安曾经指出,"父亲的酒"在成为遗产后,其含义和价值会随着时间的推移而不断发生变化。④ 曾经作为欧洲大陆最

---

① 自由民分为三种,分别是自由佃户(laten)、国王土地上的佃户(pflichtige)和收益分成的佃户(Birgelden)。第一种是没有土地但从地主手上租赁土地,租赁期为三年制的自由民,他们可以不断更新租赁,也可以自由移动和定居,这些自由民一般被社区视为外人。第二种是在国王土地上耕作的自由民,他们在国王的监护下向伯爵支付佃租。这种农民在萨克森的殖民过程中不断增加。他们将土地传给自己的继承人,但不能以任何方式转交出去,法院执行官会从他们中间挑选出来。第三种跟第一种比较接近,这些自由民支付佃租和出席的法庭与自由佃户承租人一样。参见„II 16," in Karl August Eckhardt, Hrsg., MGH, Fontes iuris N. S., 1,1, S. 146-147; „III 44," in Karl August Eckhardt, Hrsg., MGH, Fontes iuris N. S., 1,1, S. 229-231; „I 2," in Karl August Eckhardt, Hrsg., MGH, Fontes iuris N. S., 1,1, S. 70-71。

② „III 45," in Karl August Eckhardt, Hrsg., MGH, Fontes iuris N. S., 1,1, S. 232-234; „III 50," in Karl August Eckhardt, Hrsg., MGH, Fontes iuris N. S., 1,1, S. 235-236。

③ „III 71," i in Karl August Eckhardt, Hrsg., MGH, Fontes iuris N. S., 1,1, S. 256。

④ D. 33.6.9. De tritico vino vel oleo legato。

重要的成文法典,罗马法一度在中世纪欧洲大陆上消失,后又在意大利的大学课堂里恢复了其在西方法学传统中的统领地位。另一方面,区域性的法典也得到发展并且逐渐德语化,在经历早期复杂多变的王国时期后,德意志割据分裂的土地上诞生了多部以习惯法为宗旨的区域性法规,与此同时也从意大利迎来了一批学习过罗马法的专业法学者。①然而,由于德意志特殊的文化和政治状况,以德语写成的习惯法仍然占据着最核心的法律地位。中央权力对地方的管控一直比较薄弱,地方采用的是以习惯法为主编纂而成的法律文献,甚至与邻近地区的法律也不相同,在专业专职法官缺席的时代,法律和社会的关系显得异常紧密。19世纪著名法学家弗里德里克·波洛克(Frederick Pollock)和弗里德里克·威廉·梅特兰(Frederic William Maitland)曾经指出:"在德意志可以有两个相邻的村庄,居住的人属于同一部族,在过去几个世纪拥有同样的信仰和语言,经济状况也大致相同,但是,即使在最普遍的人类关系上也有着截然不同的管理条例。"②在《萨克森明镜》中也有类似的规定:如果习惯法与其他法律发生冲突,则以德意志的习惯法为准。③

奉行地方主义和自治体系成为这一时期德意志司法系统的特点。尽管罗马法的法律传统在一定程度上影响了法学者编写时的方式,但在内容上仍然以维护部落传统为主。萨克森人在法典中宣称:"我族坚持三个与查理曼遗嘱不尽一致的法律原则。第一种是萨克森领土上施瓦本人适用施瓦本法律,他们的法律来自其对妇女的愤怒;第二种是维护誓言的有效性;第三种是在存在着法规的情况下,最终仍然

---

① Adolf Laufs, *Rechtsentwicklungen in Deutschland*, Berlin: Walter de Gruyter, 2006, S. 68-86.

② Frederick Pollock and Frederic William Maitland, *History of English Law before the Time of Edward I*, Vol. 2, Cambridge: Cambridge University Press, 1968. Indianpolis: Liberty Fund, 2010, p. 419.

③ „I 3," in Karl August Eckhardt, Hrsg., *MGH, Fontes iuris N. S.*, 1, 1, S. 72-76.

遵从部落传统的多数表决原则。"①这三个原则，充分体现出《萨克森明镜》作为部落法规的排他性和有效性，沿袭了查理曼在802年颁布蛮族法典时的基本原则：各地区部族可拥有自己的法典、也只遵守自己的部族法律而无须遵守其所住地区的法律。但是，移民在萨克森土地上在行使继承权时必须遵循萨克森的领地法，而不得使用自己部族的法律，譬如巴伐利亚法、施瓦本法或法兰克法。②在萨克森人的法律中，提及其他部族如施瓦本人和温德人的时候，都有着明显的差别对待。譬如表明施瓦本人在老施瓦本地区有自己的法庭和法律，因此在个人法上可按照施瓦本法，在领地法上则需遵从《萨克森明镜》。③又或者，不鼓励族人与同住在萨克森境内的温德人通婚。在极力维护自己的部落传统习俗的同时，萨克森人也不忘重申自己在德意志的重要地位，明确维护自己半独立的司法权利，不允许德意志国王插手萨克森的地区的法律事务。在《萨克森明镜》的第三卷第52条中规定："德意志人按照法律选举国王，在他经过涂油加冕后坐上亚琛的宝座，他拥有国王的名字和权力。再次获得涂油加冕之后，他可以在帝国全境内行使权力并拥有皇帝的头衔。选举国王的目的是裁判土地的自有占有权、封地和其他人民的生命。然而，由于皇帝无法同时在所有领地

---

① „I 18," in Karl August Eckhardt, Hrsg., MGH, Fontes iuris N. S., 1,1, S. 83-84.

② 在海德堡抄本中，曾经出现过温德人、萨克森人、法兰克人和犹太人并列的图像，四个人的服饰不同，犹太人戴有一顶标志其身份的尖顶帽子。犹太人在弗里德里希二世在位期间，在法律上得到一定程度的保护，在《萨克森明镜》中也有关于犹太人（joden）的规定。参见„III 2," in Karl August Eckhardt, Hrsg., MGH, Fontes iuris N. S., 1,1, S. 195; Sachsenspiegel, Universitätsbibliothek Heidelberg, Cod. Pal. Germ. 164, 24r; Guido Kisch, "The Jewry-Law of the Medieval German Law-Books: Part II. The Legal Status of the Jews," Proceedings of the American Academy for Jewish Research, Vol. 10 (1940), pp. 99-184; Nina Rowe, "Synagoga Tumbles, a Rider Triumphs: Clerical Viewers and the Fürstenportal of Bamberg Cathedral," Gesta, Vol. 45, No. 1 (2006), pp. 15-42.

③ 施瓦本人在继承土地时的规定与萨克森人不同。萨克森自有地和自由地的继承权有三十一年零一天的追诉期，过期则视为放弃权利。施瓦本人的有效期在有证人的情况下终身有效。因此，在第一卷第29条中特意对两族人做出区分。参见„I 18," in Karl August Eckhardt, Hrsg., MGH, Fontes iuris N. S., 1,1, S. 83-84; „I 29," in Karl August Eckhardt, Hrsg., MGH, Fontes iuris N. S., 1,1, S. 97.

上出现,也无法在同一时间审判所有案件。因此,他将领地的裁判权授予了帝国诸侯。诸侯再将他们的司法权授予伯爵,然后每一个伯爵又授予了他的法院官员以职位。"①

在封建制基础上建立起来的德意志法律体系,司法权是从皇帝手中层层传递到地方法院以执行实际的法律工作,萨克森、巴伐利亚、法兰克尼亚和施瓦本仍然保持公国的身份,德意志国王也必须在一年零一天之内到各领地巡视,授予司法权力和封地。②这种体系导致了萨克森法律体制带有强烈的部落色彩。因此,《萨克森明镜》对罗马法的吸收,与其说是吸收了其具体内容,倒不如说是在查理曼诸部蛮族法典的基础上,以萨克森部族习惯法为基础,参考了罗马法的体例和条文,但却回避了罗马法复杂烦琐的系统性结构。从内容上来看,《萨克森明镜》更适用于解决部族内部区域性的矛盾和纠纷。因此,只有将文本结合其抄本图像进行考察,才能够了解萨克森人中世纪时期的法律制度和社会活动。

罗马法在德意志的继受

查士丁尼的《民法大全》在欧洲大陆一度消失了数百年,直到11世纪才又重新出现。对罗马法的研究是从意大利博洛尼亚大学的法学院开始复兴的,逐步扩展到邻近周边地区的大学,首先是在法国南部,然后又传播到了德意志。③罗马法的继受是一个非常缓慢和不完整的过程。由于其独特的政治和文化背景,德意志的法律受到罗马法的影响要比法国显著,但是罗马法也无法占据首要地位,地区的习惯法

---

① „III 52," in Karl August Eckhardt, Hrsg., *MGH*, *Fontes iuris N. S.*, 1, 1, S. 237.

② „III 53," in Karl August Eckhardt, Hrsg., *MGH*, *Fontes iuris N. S.*, 1, 1, S. 237.

③ 博洛尼亚大学也因此吸引了欧洲各地的学生前来学习罗马法,第二次对罗马法的大规模继受出现在1453年君士坦丁堡陷落之后。参见 Laurent Waelkens, *Amne Adverso: Roman Legal Heritage in European Culture*, Leuven: Leuven University Press, 2015, p. 407。

法规仍然是德意志人民惯用的法律文献。①

德意志人对罗马法继受是从大学开始。13 世纪中期,德意志大学准备设置完整的法律课程,海德堡大学(Universität Heidelberg)在 1387 年率先成为德意志第一所设立罗马法教授席位的大学,随后其他大学也纷纷跟进,巴塞尔大学(Universität Basel)是在 1460 年,英戈尔施塔特大学(Universität Ingolstadt)是在 1472 年,图宾根大学(Universität Tübingen)是在 1477 年,弗莱堡大学(Universität Freiburg)是在 1479 年,维也纳大学(Universität Wien)是在 1493 年,格赖夫斯瓦尔德大学(Universität Greifswald)是在 1498 年。在这些大学里任教的法学院老师来自意大利、法国和西班牙,后来才逐渐被德意志教授取代,但是通常也要求他们在意大利的大学获得学位。中世纪的德意志法学研究因此与罗马法学建立了深厚的联系,大多数的专业学者都非常熟悉罗马法,②罗马法在 15 世纪就开始在各地的法庭中使用。③与此同时,德意志也继承了意大利特别尊重法学家的传统,德国 19 世纪法学史学者罗德里希·冯·施廷琴(Roderich von Stintzing)表示,一部分人成为皇帝和诸侯的官员和随行人员,有些以法律顾问身份出席帝国会议,另一些则被委以外交任务。这种情况导致大量才智出众的年轻人投身法律专业学习,借此获得宝贵的阶级晋升机会。④我们无从得知这些学者在多大程度上影响了德意志地方法律体系,但是在 13 世纪的地区性法典,譬如《德意志明镜》和《施瓦本明镜》,基本上都是以《萨克森明镜》为范本,文中罗马法的痕迹并不明

---

① Alan Watson, *Sources of Law, Legal Change, and Ambiguity*, p. 25.
② Charles Sumner Lobingier, "The Reception of the Roman Law in Germany," *Michigan Law Review*, Vol. 14, No. 7 (May 1916), p. 562; Peter Moraw, *Gesammelte Beiträge zur deutschen und europäischen Universitätsgeschichte: Strukturen, Personen, Entwicklungen*, Leiden: Brill, 2008, S. 306.
③ Carl Adolf Schmidt, *Die Reception des römischen Rechts in Deutschland*, Frankfurt: Salzwasser Verlag, 2022, S. 304.
④ Various European Authors, *Continental Legal History Series*, Vol. I, Boston: Little, Brown, and Company, 1912, p. 370.

显,甚至有学者把这段时期的德意志法律状况称之为"没有其他地区像德意志那样,极力抵抗罗马法的入侵"。①

《萨克森明镜》中几乎找不到罗马法的痕迹,作者艾克·冯·雷普科是一位地区的法律官员,没有受过正规的法学教育,他将自己24年的执法经验与传统的萨克森部落法相整合,撰写出在形式和内容上都不同于罗马法的地区性法规。虽然他也尝试分类,譬如将内容划分为"领地法"和"封建法"两个部分,但是条文的编排缺乏严整的体系,结构不完整,也没有对法律术语的详细定义。现在流传的《萨克森明镜》版本中一般都附有一份词表,专门用来解释条文中艰涩难懂的词语。其中最早的词表是1330年由约翰·冯·布赫撰写的,他曾在博洛尼亚大学接受过法学训练,并在勃兰登堡担任过法官,因此在其解释体系中吸纳了许多罗马法的内容,同时他也将领地法分为三卷本,后来的评注本都是以他的版本为基础撰写而成。②据剑桥大学法学家科林·托宾(Colin Turpin)教授指出,在德意志北部和东部地区,地方政治权威授予《萨克森明镜》以"普通法"的地位,因为其广泛的通用性对罗马法的继承造成了障碍;而在德意志南部地区使用的则是《施瓦本明镜》。③在其他德意志重要城市如吕贝克和马格德堡(Magdeburg)的城镇法中,日耳曼习惯法更是与当地的商业活动相适应,形成了更为成熟的区域性法规。④

总而言之,德意志对罗马法继受存在三种情况:第一,在国家和大

---

① C. C. Turpin, "The Reception of Roman Law," *Irish Jurist*, new series, Vol. 3, No. 1 (Summer 1968), p. 170.

② Johann von Buch, *Glossen zum Sachsenspiegel-Landrecht. Buch'sche Glosse*, *MGH*, *Fontes iuris N. S.*, 7, 1-3, Hannover: Hahnsche Buchhandlung, 2002, https://www.dmgh.de/mgh_fontes_iuris_n_s_7_1/index.htm#page/(III)/mode/1up; Dieter Pötschke, „Utgetogen Recht stieht hir. Brandenburgische Stadt-und Landrechte im Mittelalter," in Dieter Pötschke, Hrsg., *Stadtrecht, Roland und Pranger: Zur Rechtsgeschichte von Halberstadt, Goslar, Bremen und märkischen Städten*, Berlin: Lukas Verlag, 2002, S. 137.

③ C. C. Turpin, "The Reception of Roman Law," p. 171.

④ Ibid., p. 173.

学的层面，拥有一批从意大利学成归来、熟悉罗马法的专业法律学者；第二，在地区层面，法典和执法都是以日耳曼习惯法为归依，法律官员或许对罗马法有一定认识，但是编写法规的首要目的是要保护和保存当地部族的传统习俗和法律习惯；第三，在偏远的不发达地区，基本不存在受到完整法学教育的法律学者，对用拉丁文写成的罗马法的继受也无从谈起。虽然萨克森地区对罗马法的继受程度较低，然而对照罗马法中有关未成年人的规定，也有助于我们更加深入认识《萨克森明镜》中的相关条文。因此，下面将先简略说明《学说汇纂》中的未成年人法，然后再探讨《萨克森明镜》对未成年人在法律层面上所提供的保护措施。

《学说汇纂》中的未成年人法

《学说汇纂》将孩子的成年年龄定义为 25 岁，在这个年龄以下的孩子称为"未成年人"（minores）。未成年人须受到监护人的监管，即使他们能够很好地照料自己的事务，他们的财产也是委托给监护人管理的。[①]幼儿则定义为未能进行理性演讲的孩童，后来定义为七岁。这些人因为无完全行为能力而几乎没有法律权利。[②]孩子的身份通常取决于母亲的身份，在罗马法中被分为三类，一是自由身份的母亲生下的孩子，二是女奴隶生下的孩子。大部分有关未成年人的法律条文只适用于前者，在谈及后者的时候会清楚说明是奴隶出身的孩子。还有一类比较特殊的是领养儿童，被领养人群的身份会因此发生变化，在提及他们的情况时也会有特殊说明。在《学说汇纂》中与未成年人密切相关的法律条文主要分为四个方面，分别是领养法、未成年法、遗嘱

[①] D. 4. 4. 1. De minoribus viginti quinque annis.

[②] Alan Watson, ed., *The Digest of Justinian*, Volume I, Philadelphia: University of Pennsylvania Press, 1985, p. xxii.

法和继承法,这四个方面都有条文单独进行详细说明。① 其他一些与未成年人相关的条文则见于法典各处,内容涉及出身、父权、监护权和出庭作证等。

在罗马法下,未成年人各方面的权利得到了妥善的保护,前提是他是自由合法的情况下诞生的孩子。男女双方因婚姻结合,生育及养育孩子,在《学说汇纂》第1卷第1条中被纳入自然法的管辖范畴。② 在随后的第5条中,对其身份(自由民或奴隶)作了详细界定。自由的身份有两种情况,一是"自由出身"(ingenui),即是自由民,孩子是否拥有自由身份取决于其母亲是否自由民,"拥有自由身份的女性生育的孩子是自由民,因为在生育时她的身份是自由的"③。还有一种情况是"妇女在怀孕时是自由民,但在生育时是奴隶,她的孩子也是自由出身"④。因此,未成年人的身份的界定在于其母亲怀孕的时间点所拥有的身份,母亲的原始出身将为孩子继承,其怀孕后身份的转变,不影响孩子的身份。罗马法学家保罗指出,孩子在七个月的时候便已发育完成,在此时出生的孩子可以被视为合法婚姻的合法孩子。⑤ 即使自由出身的母亲在怀孕时被判处死刑,她的孩子仍然是自由出身,并且要等到孩子出生后才能处刑。如果孩子是合法的婚生子,他出生后即拥有罗马市民身份,并处于其父亲的权力管辖之下。⑥ 而孩子身份随母亲的主要原因是"父亲的身份难以确认"。⑦

罗马法下的家庭关系以父权制为核心,这也是罗马公民独有的家庭权力体系。孩子出生后,便被纳入"家权"(potestas)的管辖范围,以

---

① D.1.7.0. De adoptionibus et emancipationibus et aliis modis quibus potestas solvitur; D.4.4.0. De minoribus viginti quinque annis; D.5.2.0. De inofficioso testamento; D.5.3.0. De hereditatis petitione.
② D.1.1.1. De iustitia et iure.
③ HRG, 1, 1727-1732; DWB, 4, 94-101.
④ D.1.5.1. De statu hominum.
⑤ Ibid.
⑥ D.1.5.18. De statu hominum.
⑦ D.1.5.23. De statu hominum.

一家之长为首的权力体制由四种身份构成,分别是"家庭之长"(patres familiarum)、"家庭之子"(filii familiarum)、"家庭之母"(matres familiarum)和"家庭之女"(filiae familiarum)。权力体系由生育伊始往下建构:我和妻子生下的儿子在我的权力范围;我的儿子和他的妻子生下的孩子也在我的权力范围,如此往后。①假设一个家庭由祖父、父亲和孙子组成,一家之长为祖父,祖父去世后,从他而出的儿子继而接过父权,成为父权制的核心。这条规则既适用于自然孩子,也适用于领养孩子。②如果父亲(家庭之子)因犯罪失去公民身份或者成为奴隶,他的位子将由他的儿子,即孙子继承。③

领养或者成为养子,在罗马法中具有重要的位置,第 7 条中也有详尽的讨论。对"领养"的定义是,受抚养者从一个家庭转移到另一个家庭,包含了家长(pater familias)的改变。在罗马法中,有两种领养,一种是对"家庭之子"的领养,另一种是对"自权人"(sui juris),即对神志健全的成年人的领养,被称为"自权人收养"(adrogatio)。④领养的儿童一般享有与自然儿童同等的法律地位。⑤在关于领养儿童的条令中,有两种状况:一种是在皇帝的命令下的领养,另一种是在地方执政官的命令下的领养。在皇帝命令下的自权人收养,其中包含"询问"的意思,过程中要询问他是否同意领养该成年人成为他的法定儿子。⑥地方执政官命令下的领养则是把孩子从原生的父权家庭中,转交给他人来领养。这两种领养的共同点在于,让那些无法生育的人可以通过收养拥有孩子,譬如阉人。在皇帝的命令下,当一家之长被收养之后,所有他拥有的财产也会随之转移给他的领养者,其中还包括在他父权范围

---

① D. 1.6.4. De his qui sui vel alieni iuris sunt.
② D. 1.6.5. De his qui sui vel alieni iuris sunt.
③ D. 1.6.7. De his qui sui vel alieni iuris sunt.
④ D. 1.7.0. De adoptionibus et emancipationibus et aliis modis quibus potestas solvitur.
⑤ Alan Watson, *The Digest of Justinian*, Volume I, p. xviii.
⑥ D. 1.7.2. De adoptionibus et emancipationibus et aliis modis quibus potestas solvitur.

内的孩子,即成为领养者的孙子。①但是"领养"(adoptio)的情况则有所不同,领养而来的孩子的孩子不会成为领养者的孙子,他们仍然置于原生祖父的父权之下。同样,领养者的年龄必须比被领养者年长。②对"自权人收养"的情况也有一定的限定,法庭会对收养者的年龄进行审查,如果他未满六十岁,意味着他还具备生育能力,只是因为患病或者健康问题而需要收养孩子。同样,收养的数量也有所限制,通常收养的人数不得为多位。③此外,自权人收养的孩子的公民身份会随之发生变化。如果对上述情况进行整理的话,首先,罗马法中的"领养"具有两种性质,一是领养年幼的儿童或婴儿,另一种是收养成年的大人。两种领养皆涉及传承和财产问题,领养者必须是不具备生育能力的年长者,领养的对象既可以是毫无血缘关系的人,也可以是血亲关系的人。④

"未成年法"的目的是要保护未成年人,因为"所有人都同意这个年龄的人在意志上是软弱和不足的,容易受到各种不良因素的影响,所以需要有法令帮助他们抵抗压迫"⑤。在罗马法的规定中,25岁以下的人是未成年人,将受到法律的妥善保护,让他们顺利长大,其中有关于自由民的规定,也有与奴隶相关的条款。另外,未成年人的父亲可以为其寻找监护人(tutela),目的是为自己的遗腹子作出安排。在第3卷第5章第28条中,"如果父亲在遗嘱中为遗腹子指定了监护人,而监护人在遗腹子尚未出生之前便行使了监护权。针对该行为,应以未经授权的管理为由提出诉讼,而不是以监护权。但是,如果遗腹子已

---

① D. 1.7.15. De adoptionibus et emancipationibus et aliis modis quibus potestas solvitur.
② D. 1.7.40. De adoptionibus et emancipationibus et aliis modis quibus potestas solvitur.
③ D. 1.7.15. De adoptionibus et emancipationibus et aliis modis quibus potestas solvitur.
④ D. 1.7.0. De adoptionibus et emancipationibus et aliis modis quibus potestas solvitur.
⑤ D. 4.4.1. De minoribus viginti quinque annis.

经出生,则应将婴儿出生前和婴儿出生后的两段期间都纳入案件范围,以监护权为由提出诉讼。"①监护人是一种对另一人承担监护责任的人,受监护的少年人(impubes)的财产也在指定的监护人的监管之下。监护人权力的大小取决于孩童的年龄,如果对方是幼儿的话,权力会比较大。②

"未成年法"的内容主要涉及两个方面。一是财产。在财产方面,由于年幼儿童的财产由监护人代管,在他成年时将存在"恢复原状"(restitutio in integrum)的问题。基本条件是孩子必须年满25岁,这项对年龄的严格的要求,要从他出生的那一刻开始计算,精确到生日当天的具体时辰上,他可以索回财产。第二是把财产归还给家庭之长还是家庭之子的问题,因为即使归还给家庭之子,由于他处于家庭之长的管辖权下,所以实际财产的掌握人是家庭之长。这种情况的解决方案取决于家庭之子本人的意愿。③如果是女性继承人,很可能会面临嫁妆和遗产两中择一的情况,即父亲会为被剥夺继承权的女儿提供嫁妆。如果父亲在女儿出嫁前去世,他信托(fideicommissum)作为其遗产继承人的儿子代为处理女儿的嫁妆,儿子有可能会在父亲去世后减少姐妹的嫁妆。还有一种情况是没有在世父亲的妇女,她们可以把自己除去债务后的全部财产作为嫁妆,这样的决定显然是不明智的。因此,在第4卷中也有相关的保护措施,"如果她的年龄在25岁以下,有可能受到丈夫的影响,作出任何成年人都不会同意的决定,即将全部或者过多的财产作为嫁妆,如果她希望撤销该决定,应予以批准。④

在第5卷第2条"不尽职的遗嘱"中,也有规定"父母不应当在遗嘱中不公平地对待他们的孩子。这种情况很普遍,在继母的奉承或者

---

① D. 3. 5. 28. De negotiis gestis.
② Alan Watson, ed., *The Digest of Justinian*, Volume I, p. xxix.
③ D. 4. 4. 3. De minoribus viginti quinque annis.
④ D. 31. 34. 5 De legatis et fideicommissis; D. 31. 77. 9 De legatis et fideicommissis; D. 4. 4. 48 De minoribus viginti quinque annis; D. 4. 4. 9. De minoribus viginti quinque annis; Richard P. Saller, *Patriarchy, Property and Death in the Roman Family*, Cambridge: Cambridge University Press, 1997, p. 218.

煽动下,会错误地对他们自己的骨肉作负面的评价"①。遗腹子可以对不尽职的遗嘱上诉,由于他是在立遗嘱人去世前被怀上的,即使没有遗嘱,他也有获得财产的权利,父亲和母亲双方都可以立遗嘱。②同时,女奴隶生下的孩子,虽然不能视作家族的后代,但也有获得遗产的权利。③

其他法规还包括,元老的儿子不会因为父亲的被免职而失去他所处的等级。因为作为元老的孩子,"他不仅是元老的儿子,还会被视作他们的后代,或者他们孩子的后代,无论他是元老的自然孩子还是领养的孩子。但是,如果是由元老的女儿生下的孩子,就必须调查其父亲的地位"④。在法庭上,母亲若要为其未出生的孩子争取财产,需要由她的代表帮助进行。⑤在传召人上庭时,不得传召孩子上庭。⑥ 其他的内容还包括:在第 25 卷第 3 条谈到"承认和保护孩子、父母、监护人和自由民";第 5 条和第 6 条是母亲代表她未出生的孩子接收财产。第 28 卷第 2 条是子女和遗腹子的继承权与剥夺继承权。⑦

总而言之,《学说汇纂》的未成年法内容主要分为两个方面,一是保障未出生孩子的基本权利;二是保障 25 岁以下未成年人的权利。这方面的权利既涉及人身安全,也涉及财产继承。需要注意的是,未成年人法规中也有关于欺骗、挪用和绑架的内容,说明未成年人继承的财产,既有可能遭到父亲的侵占,也会遭到监护人的侵占,而母亲在这个过程中是无法做到有效保护的。在罗马法下的父权制家庭,由祖

---

① D. 5. 2. 4. De inofficioso testamento.
② D. 5. 2. 6. De inofficioso testamento.
③ D. 5. 2. 27. De inofficioso testamento.
④ D. 1. 9. 10. De senatoribus.
⑤ D. 1. 21. 4. De officio eius, cui mandata est iurisdictio.
⑥ D. 2. 4. 4. De in ius vocando.
⑦ D. 25. 3. 0. De agnoscendis et alendis liberis vel parentibus vel patronis vel libertis; D. 25. 5. 0. Si ventris nomine muliere in possessionem missa eadem possessio dolo malo ad alium translata esse dicatur; D. 25. 6. 0. Si mulier ventris nomine in possessione calumniae causa esse dicetur; D. 28. 2. 0. De liberis et postumis heredibus instituendis vel exheredandis.

孙三代构成的家族是常见的结构,而儿子和孙子之间也可以是竞争者的关系,叔叔和侄子之间也存在对财产的争夺。祖父可以通过"收养"其中一名孙子,让他成为自己的儿子。家族的复杂性还会随着奴隶的存在而不断变化,譬如奴隶孩子的身份。奴隶的身份可以是出身造成的,也可以是战争导致的,通过释放又可以重新获得自由民的身份。罗马法有关未成年人的法规既反映出其所处于的社会等级,也反映出其家庭内部的复杂情况,与中世纪德意志的领地法和封建法存在着很大差异。

《萨克森明镜》中的未成年人法

《萨克森明镜》中的未成年人相关法规分别散布在四卷之中,其中第 1 卷和第 4 卷的内容较多,与财产权相关的条文主要有 14 条。前三部《领地法》的内容与最后一部《封建法》的主旨要义不同,其针对的对象也有所差异,这种区别可归类为以下三点:第一,普遍性与特殊性。《领地法》谈及的未成年人,是普遍意义上的所有未成年人,而其中的法规也具有较广的适用性,并没有针对任何一个特殊阶层;《封建法》谈及的未成年人,是属于在第 4 卷第 2 条规定的适用于《封建法》的特定人群,其他人等一律排除在外,如"妇女、农民、商人和所有权利有限的人和私生子,以及那些无法追溯骑士出身至他们的父亲和祖父的人"[①]。所以,《封建法》中与未成年人相关的法规,适用的对象是拥有骑士身份和封地的合法孩子。第二,主题的差异。第 1 卷关于未成年人法的主题是血缘和继承权,近似于罗马法中有关自然人的界定。第 2 卷和第 3 卷的主题是刑法,而第 4 卷却是封建法,即未成年人占有封地的相关事宜。第三,处理的程序。第 1—3 卷的《领地法》所提及的法律事务处理方式中通常不涉及领主或者正规法庭的审判,在法律程序上更为简单和原始,倾向于规范未成年人的天然权利;而第 4

---

① „IV 2," in Karl August Eckhardt, Hrsg., *MGH*, *Fontes iuris N. S.*, 1, 2, S. 19.

卷《封建法》的法律关系则更为复杂和正式,其所涉及的财产和封地与领主的利益密切相关,因此有更加细致和明确的时间和仪式上的要求。

在第 1 卷《领地法》中,首先厘清了血缘关系的计算方式,详细列出了等级关系的计算。第 3 条说明等级关系的排列顺序,譬如亚当是一等,诺亚是二等,亚伯拉罕是三等,摩西是四等,大卫是五等,而贵族的等级也应当按照这样的方式来计算。在国家权力的等级制中,国王是一等,地方神职人员是二等,世俗诸侯(leienvursten)属于三等,因为他们是主教的封臣。自由领主属于四等,自由领主的自由佃户和封臣属于第五等,他们的封臣属于第六等。① 血缘关系也按照同样的方式来计算。

由男性和女性合法、诚实结合的夫妻是家庭的第一等人,由此而来的孩子,分别继承血缘的一半,不能视为同一等亲。孩子要移动到下一等的亲属关系。如果两个兄弟与两位姐妹结婚,第三个兄弟迎娶了没有关系的女子,他们的所有孩子都是同等的亲属,亲疏一致,由于他们都是同等的出生,因此法律权利和义务,以及继承权也都相同。合法兄弟的孩子之间的关系如同手臂与肩膀的关系,姐妹的关系也是如此。这些人都属于同一等的关系,是第一等的血亲关系。他们是兄弟姐妹的孩子。手肘象征着第二等亲,手腕是第三等亲,中指的第一个关节是第四等亲,第二个关节是第五等亲,第三个关节是第六等亲,第七等亲没有关节,只有指甲来代表。因此,亲属关系到指甲为止。从头到指甲,拥有同等程度的血缘关系的人可以平等地分享财产。关系与宗族的头最近的继承人拥有对财产的第一财产权。亲属合法地分享权一直到第七等亲为止⋯⋯租赁和世袭财产都不得移交给有智

---

① „I 5," in Karl August Eckhardt, Hrsg., *MGH, Fontes iuris N. S.*,1,1,S. 72-73.

力缺陷者、侏儒和跛子。然而,实际的继承人和他们的下一代亲属都需要照料他们。①

因此,萨克森社会对家族的血缘有着明确的远近界定准则,以处于第一等的夫妻为首,分为七等亲,其继承权将自近而远,相同等级亲属的继承额度一致。如果生下来的是有残疾的孩子,将被排除在家族财产的继承权之外,但是,获得财产的亲属要承担起照顾他们的责任。这样的要求也出现在《萨克森明镜》的其他法规中,妻子带着在丈夫去世后生下的孩子,在法庭上要求遗产的时候,必须要证明孩子健康完好,否则无法获得财产。此外,《萨克森明镜》还强调了萨克森的法律以萨克森的《领地法》和《封建法》为优先考虑。

未成年人的法律权利延续了长久以来罗马法的基本概念,家长拥有对孩子的监护权,但在监护人的人选方面存在差异。罗马法的监护人制度旨在维护家庭财产,所以未成年人的监护人通常由家长指定,有时也存在由官员指定监护人的情况,但监护人的权力范围仅限于保护被监护人的财产,意味着监护人不会参与管理或抚育未成年人的生活事宜。同时,监护人在拥有监护权的同时,也可以拥有继承权,所以在一定程度上存在着严重的利益冲突。然而,在《萨克森明镜》中,监护人既可以由家族年长的男性亲属担任,也可以由领主指定,尤其是在封建领地里,未成年人的维护人身安全方面,有了更为妥善的安排。在第 4 卷《封建法》中规定:拥有封地的孩子的法定监护人由领主指定,可以是领主的下属或者由领主亲自担任。②在萨克森,未满 21 岁者为未成年人③,他们必须拥有监护人,监护人协助未成年人管理财产,

---

① „I 5," in Karl August Eckhardt, Hrsg., *MGH*, *Fontes iuris N. S.*, 1, 1, S. 74-77.

② „IV 26," in Karl August Eckhardt, Hrsg., *MGH*, *Fontes iuris N. S.*, 1, 2, S. 47-51.

③ „I 42," in Karl August Eckhardt, Hrsg., *MGH*, *Fontes iuris N. S.*, 1, 1, S. 103.

并作为其代表出席有领主在场的会议以及处理未成年人的生活事宜。① 由此可见,萨克森的监护关系非常稳定,监护人实际上拥有的权力包括监护权和家长权,在未成年人犯罪时,由监护人负责赔偿,而且他的监护时效会持续到孩子年满 21 岁为止。② 此外,领地的财产权分为两种,持有权和使用权。这两种权利并不是同时获得的,前者是在受封时获得,后者可以一直为领主持有,在这种情况下,领主则是孩子的监护人,并可以获取封地的所有收入,直到孩子成年为止。因此,领主有可能出于利益,拒绝承认孩子的年龄而持续保留对孩子的监护权,这个时候,必须有人承担起责任,为孩子的年龄作证,帮助孩子取回封地财产。③

需要注意的是,《萨克森明镜》将残疾的儿童视为没有法律能力的人。在第 1 卷第 4 条中将他们列入了《领地法》而不是《封建法》。条文中专门讨论了拥有封地的残疾儿童。那些无法继承的人包括"生下来是哑巴、瞎子或缺少手或脚的孩子。如果他们是合法继承人,则属于《领地法》而不是《封建法》的管辖范围"④。但是如果在残疾被发现前已经被授予了封地,孩子所拥有的财产不会被剥夺。同样,麻风病人不得继承封建租赁或者世袭财产,但是,如果他是在患病前得到财产,然后生病了,他的财产也不会遭到剥夺。⑤

《萨克森明镜》将未成年人的继承法归在第 1 卷,将之与第 2 卷的封地继承区分开来,说明《领地法》中的财产继承较为简单和普遍,属于基础的法规。整体而言,萨克森法律中未成年人财产继承的规定,其中许多内容要远比罗马法简单,对未成年人的财产保护和转让也只

---

① „IV 26," in Karl August Eckhardt, Hrsg., *MGH, Fontes iuris N. S.*, 1, 2, S. 47-48.
② „II 65," in Karl August Eckhardt, Hrsg., *MGH, Fontes iuris N. S.*, 1, 1, S. 184.
③ „IV 26," in Karl August Eckhardt, Hrsg., *MGH, Fontes iuris N. S.*, 1, 2, S. 48-50.
④ „I 4," in Karl August Eckhardt, Hrsg., *MGH, Fontes iuris N. S.*, 1, 1, S. 76.
⑤ Ibid., S. 76-77.

是在第 4 卷的《封建法》中有明确规定。同时,萨克森法律中也没有包含父亲通过行使父权管理孩子财产的明确内容,但这并不代表孩子有权自己管理财产。按照一般的推测,父亲在世时,孩子的财产由父亲监管,父亲去世后,则按照前述,由领主指定的人员为其法定监护人。

女孩可以从父亲或母亲处得到财产,但是如果在父母去世后要求参与遗产分配,则需要交出已经得到的财产或者嫁妆。① 同时,在有关女性权益法的部分,也可以看到女性在财产分配时的获得部分与她的兄弟并不相同,女孩通常得到的是母亲的私人物品,男孩则继承家族的封地以及其他主要财产。兄弟之间由于处于同一等血缘关系,可以平等分配遗产,不过长子具有一定的优先权和选择权,譬如武器中的剑由长子继承,剩余的才由其他儿子分配。② 遗产的继承过程要比财产的分配过程更为正式,要求当事双方在法庭上当众发誓,同时也经常需要证人公开作证。③

孩子能够得到的财产分为两类,第一类是父母生前给予的财产,第二类是父母去世后的遗产,两者之间只能择一而不能同时拥有。如果已经获得了父母给予的财产,还想参加遗产分配的话,就必须放弃先前获得的部分,将之投入遗产,再与其他亲属共同分配遗产。第 1 卷第 13 条规定:"如果他们宣布放弃他们的遗产份额,他们可以保留先前得到的财产,不然就需要发誓。要是在法庭上宣誓放弃遗产,因为有证人作证,会更加容易证明自己无罪。在这种情况下,农民在法官面前申明法律权利时,村官是证人。"④ 在法规中没有说明一般司法事务中的法官身份,但是在抄本的插图中却可清楚看见,担任法官者身穿灰黑色袍子,头戴白色农民尖顶帽,说明他的身份是"农民长"(Bauermeister),不是其他法规中由领主或者伯爵出任的法官。可见第 1 卷第 13 条有关财产的继承和分配,主要涉及的是农民阶级。

---

① „I 13," in Karl August Eckhardt, Hrsg., *MGH*, *Fontes iuris N. S.*, 1, 1, S. 81.
② „I 22," in Karl August Eckhardt, Hrsg., *MGH*, *Fontes iuris N. S.*, 1, 1, S. 89.
③ „I 13," in Karl August Eckhardt, Hrsg., *MGH*, *Fontes iuris N. S.*, 1, 1, S. 81.
④ Ibid.

父母与远房亲属遗产分配方式并不相同。在父母的遗产分配中，按照第 1 卷第 17 条规定："儿子而不是女儿继承父亲和母亲、姐妹和兄弟的遗产。"①因此，儿子会获得父母双方以及其他兄弟姐妹的遗产，但是如果分配的是远房亲属的财产，则会按照公平的原则处理，在没有直系亲属的情况下，所有位于同一等亲属级别的人，无论是男性还是女性，都可以平等地继承遗产。萨克森人把这种情况称为"共同继承人"（ganerbin）。②领取遗产的排列顺序为儿子或女儿、儿子或女儿的孩子、父亲或母亲、死者的兄弟姐妹。但是继承关系的成立前提是双方拥有同等的法律地位，如遗赠方为贵族，继承人为自由民，两人属于"非平等出身"，后者自然丧失继承权。

萨克森法中有关社会等级的划分，相比罗马法要简单得多，但是也维持了贵族与自由民之间的等级差异，差异体现在遗产继承、婚姻和赎杀金之中，奴隶这一等级依然存在，但从法规中可以了解到，13 世纪的萨克森社会虽然有奴隶，但是涉及奴隶的法规却大幅度减少，说明这一时期的萨克森已经基本上脱离了奴隶制社会，不同于罗马法中有许多关于奴隶以及女奴隶所生孩子的条文。《萨克森法典》对奴隶的来源没有明确说明，一般情况下，罗马法中的奴隶主要是战俘，他们在被解放后能够获得自由民身份，萨克森法律中只有一条涉及奴隶解放的规定，即第 16 条的释放奴隶，在这条法规中也对德意志人的身份获得作出了限制：出生时的原始身份将伴随终生。萨克森人的身份等级可划分为六级，分别是：贵族、自由领主、自由佃户、佃户、奴隶和仆从（dinstwip）。仆从的孩子不同于其他家庭的地方在于：贵族和自由民继承的是父亲的等级，但父母任何一方是仆从的话，孩子都将成为仆从。解放奴隶的过程也十分简单，被解放的奴隶可以获得自由佃户的身份，第 1 卷第 16 条规定："已经获得自由的奴隶，他获得自由佃户

---

① „I 17," in Karl August Eckhardt, Hrsg., *MGH*, *Fontes iuris N. S.*, 1, 1, S. 82-83.

② Ibid.

(vrier lantseten)的法律地位。"①从此之后,他可以与其他自由民一样,拥有独立的法律权利,在这一点上要比以前的蛮族法典进步许多。早期的日耳曼法时期,解放奴的身份分为两种,一种是获得法律上完整的权利;另一种是半自由身份,法律上仍然处于不平等状况。

值得注意的是,无论是罗马法、蛮族法典还是萨克森法,未成年人犯罪都不需要承担法律责任,也不能对其判刑。但是,可以向其父母或法定监护人提出诉讼,要求他们为孩子的犯罪行为负责并进行赔偿。因为孩子在未成年时没有使用财产的权利,所以也由父母赔偿,或者由监护人从孩子的财产中取出部分来作为赔偿金。②赔偿的金额取决于对方的社会等级,自由民是全款,佃户和女性则是半款。但是如果因为孩子犯错而遭到惩罚,被成年男子体罚的话,则不需要赔偿,但要求当事人"当众公开发誓,他是因为孩子的不当行为而打他"。③如果是有孩子的妇女犯错,对她的惩罚也会有所减免,只能鞭打和剪掉她的头发,而不能作更为严重的处罚。④从该条法规推测,或许是为了保护孩子的成长,而对育有孩子的妇女犯罪,在处罚上予以了限定。此外,如果孩子的母亲犯罪的话,赔偿金也是由监护人承担。⑤英国学者伊琳娜·梅茨勒(Irina Metzler)指出,《萨克森明镜》的这一条向妇女提供特殊保护的条文,在一定意义上,近似于早期罗马法中的监护人任命,以及蛮族法典中对先天性聋哑人免除惩罚的规定。⑥

父亲去世后,母亲不会成为未成年孩子的监护人,监护权由家族内最年长的亲属行使,该监护人(vormunde)可以获得所有的军事装

---

① „I 16," in Karl August Eckhardt, Hrsg., *MGH*, *Fontes iuris N. S.*, 1, 1, S. 82.
② „II 65," in Karl August Eckhardt, Hrsg., *MGH*, *Fontes iuris N. S.*, 1, 1, S. 184.
③ Ibid.
④ „III 3," in Karl August Eckhardt, Hrsg., *MGH*, *Fontes iuris N. S.*, 1, 1, S. 195-196.
⑤ Ibid.
⑥ Irina Metzler, "Reflections on Disability in Medieval Legal Texts," in Cory James Rushton, ed., *Disability and Medieval Law: History, Literature, Society*, Newcastle upon Tyne: Cambridge Scholars Publishing, 2013, p. 25.

备，同时也接管了所有的财产，直到孩子成年为止。在此期间，监护人也拥有使用和处理他们财产的权利。①寡妇也处于被监护的状态，其监护人的认定有两种情况：平等婚姻的寡妇的监护人与孩子的监护人是同一人，非平等婚姻的寡妇的监护人则由她自己的亲属担任。两种情况都说明，虽然孩子的监护权为家长权的一种，但是女性没有家长权或监护权，只承担孩子的日常生活照料。在父亲生前，家长权（监护权）都由父亲所有，在父亲死后，监护权则由男性亲属所有。

第 4 卷《封建法》中，未成年孩子的土地占有方式为封地继承，延续了查理曼时期建立的采邑分封制。采邑分封制的特点在于，封主与受封者的关系至死而终，受封者的后嗣，如果继承父系留下的采邑，或者受封者在原封主去世后意欲继续享有采邑，则必须重新按照《封建法》完成受封宣誓仪式。在第一种情况下，继承父亲封地的未成年孩子必须在年满 13 岁 6 个星期之前，按照《封建法》在法庭上完成封地确认，"封地确认期限"称之为"belehnungsfrist"。但是，因为他们年幼尚未成年，该受封仪式如果涉及法律纠纷的话，未成年人需由监护人代为出庭，他们要以手指和舌头发誓自己会遵守法庭的判决。②在年龄上，萨克森法律与罗马法对年龄的计算都非常严格，必须从具体的诞生时间开始计算，从而确定其成年的时间。同时在第 26 条中也有细致的规定以保障未成年人的封地权利，如果有人在孩子未成年前要求得到领地，而该诉求存在争议的话，须与孩子的监护人商量有关封地权的转让事宜③。

需要注意的是，封主与年幼封臣的关系实际上是一种利益竞争者的关系，因为年幼封臣虽然可以通过受封仪式获得占有权，但是如果因为尚未成年而无法得到使用权，在此前提之下，封主能够获得特殊

---

① "I 23," in Karl August Eckhardt, Hrsg., *MGH*, *Fontes iuris N. S.*, 1, 1, S. 89-90.

② "IV 26," in Karl August Eckhardt, Hrsg., *MGH*, *Fontes iuris N. S.*, 1, 2, S. 47-48.

③ Ibid.

封地上产生的所有利益。所以,在一些情况下,封主会拒绝承认孩子已经达到成年的年龄,从而达到扣押其封地使用权的目的。在这种情况下,需要由监护人承担起保护孩子的责任,在法庭上为孩子的年龄作证。① 由于成年是孩子获得财产处置权和法律权限的界限,在未成年前,由父亲或者监护人保留对其财产的所有权利,并可以在法院里代表他们出席庭审。成年年龄可以说是年幼孩子最重要的事情之一,因此无论是罗马法还是萨克森法,都存在保障成年的当事人权利的针对性法规。

出于封建制的特殊等级结构,未成年领主的封地继承分为前后两个阶段,两个阶段以孩子的年龄满 13 岁 6 个星期为界线。第一个阶段是儿子与附庸的关系。儿子在继承父亲的封地后,如果他的附庸意欲继续领有原来的采邑,必须在未成年人与他的上级领主确认封建关系前,重新进行受封仪式确认关系。第二个阶段是儿子和领主的关系。儿子在与下属封臣确认关系之后,必须在年满 13 岁 6 个星期之前,与自己的上级领主再次确认封建关系。②

另外,在第 26 条关于使用权的界定中,也明确指出封地的使用权不同于封建权和更新权。然而,可以在法庭上授予使用权,但是不可以更新,也不可以传给孩子。在被授予权利的孩子去世或者达到成年年龄时,使用权也随之告终。③ 为了保护未成年人的利益,避免他人私自侵占财产,条文中指出,按照《封建法》的规定:

> 任何人都不得以授予、抵押或转让的方式占有儿童在未成年时继承的财产,这将导致后者先前合法继承的财产无效。任何非法继承遗产的人也不得取消未成年人的财产权。如果一个人将封地转让给儿童,并规定他须将该财产授予另一人,若后者在成

---

① „IV 26," in Karl August Eckhardt, Hrsg., *MGH*, *Fontes iuris N. S.*, 1, 2, S. 48.
② Ibid., S. 50.
③ Ibid.

年后完成了授予,分封视为有效。但是,如果儿童在成年后没有履行约定,财产须归还给转让方,因为在转让的时候,转让方已经规定了财产的处理方式。因此,当法庭宣布封地授予无效后,转让也随之无效,因为它是建立在封地被授予给了另一个人的基础之上的。在孩子成年时,如果他拒绝给予他的封臣封建权利的话,后者可以第二次要求重新确认他们的封地,否则,他们无法在规定时间内完成封地的确认。①

此外,第 27 条还特意提到了父亲在领地更新过程中去世的处理方式。这个时候,作为继承人的儿子可以继续与领主完成封地的重新确认,前提是他还没错过更新的截止时间。另外,如果领主的儿子在重新确认时期内去世,"男性需要从领主处获得他们的封地,可以由领主的继承人更新封地而不会失去领地"②。

对领受封地的对象也有限制:封臣不能够拥有超过一位领主,一个家庭的受封者也只能有一位。在第一层封建关系中,原领主可以将他拥有的封地分别授予多位儿子,但封臣只能从其中一位儿子处领受封地。未成年孩子的封臣由父亲决定,成年之后可以自己选择受封对象。在第二层封建关系中,在一个拥有多位儿子的封臣家庭中,也只能有一位儿子可以领受领主的封地。在这种情况下,年长的儿子拥有最大优势。因为他是最早达到成年年龄的男性后嗣,而成年者才拥有法律权利,他可以向领主要求财产,但是,"他需要向领主发誓其他兄弟已经放弃了他们的权利,并且不会在成年以后起诉领主。稍后,如果兄弟们违背承诺,在封建法庭上申诉权利,领主可以将他们和最年长的兄弟一起起诉,因为最年长的兄弟在其他兄弟没有放弃权利的情况下,让领主将财产授予了他"③。

---

① „IV 26," in Karl August Eckhardt, Hrsg., *MGH, Fontes iuris N. S.*, 1, 2, S. 50-51.
② „IV 27," in Karl August Eckhardt, Hrsg., *MGH, Fontes iuris N. S.*, 1, 2, S. 51.
③ „IV 29," in Karl August Eckhardt, Hrsg., *MGH, Fontes iuris N. S.*, 1, 2, S. 52.

基于上述规定,未成年人可以授予另一个孩子财产,以及封地的封建继承权。但是,在孩子未成年的时候,还是由领主拥有他的附庸领地的使用权,可以像对待自己的财产一样,对该封地或遗产行使使用权。授予财产的过程也必须合乎法律程序,任何人不诚实授予的财产都必须向领主缴纳罚金。一旦证实授予中存在违规,当事人必须在六个星期内取消领地授予,不然将被剥夺他的财产。[1]

小结

作为萨克森地区编纂的领地法和封建法文献,《萨克森明镜》总体而言是一部对妇女和未成年人相对友好的作品。在此前的法典中,无论是蛮族法典还是加洛林时期颁布的多部法典,基本没有太多涉及女性权益和女性财产的条文,海法由于航运的风险和劳动的方式,没有提到关于妇女的条文,《学说汇纂》里有关海法的部分提到了对女奴隶的处置方式,而丹麦对吕贝克商人的规定中曾要求"不得对妇女施加暴力伤害"。[2]关于对妇女的暴力行为,德国学者桑德拉·基施卡(Sandra Kischka)曾经指出,在中世纪德意志社会中,女性是被排除在公共事务之外的,原因是她们无法使用武器保护自己。《萨克森明镜》也严令禁止任何人携带武器,只有需要战斗的贵族不在此限。[3]事实上,女性也不可能获得武器,因为在当时的社会中武器只能由男性继承,在第1卷第22条规定,"贵族女子必须把所有丈夫拥有的武器在他死后交出,包括她丈夫的剑、他最好的军马或者带鞍的骑乘马,以及他最好

---

[1] „IV 58," in Karl August Eckhardt, Hrsg., *MGH*, *Fontes iuris N. S.*, 1, 2, S. 77-78.

[2] G. F. Sartorius, Hrsg., *Urkundliche Geschichte des Ursprunges der deutschen Hanse*, *Zweyter Band*, S. 12.

[3] Sandra Kischka, *Todesbedingtes Ausscheiden eines Gesellschafters aus der Personenhandelsgesellschaft: Die Entwicklung bis zu den Naturrechtskodifikationen*, Münster: Lit Verlag, 2005, S. 28-29; „II 71," in Karl August Eckhardt, Hrsg., *MGH*, *Fontes iuris N. S.*, 1, 1, S. 190-191.

的盔甲和帐篷"①。在这种情况下,由监护权、财产权和家长权严密结合的监护人制度就显得尤为关键,作为被监护的对象,其中已婚妇女所获得的财产保障会比未婚妇女多,但随之而来的法律限制也更多,两者在法律意义上的身份是平等的。

已婚妇女的法律权益会随着婚姻状况发生变化。她所能争取到的财产虽然相当有限,但基本可以维持日常生活开支。妇女的财产有三个来源,分别是嫁妆、私人物品和早晨礼物,其中早晨礼物最为重要,因为它是丈夫在婚后赠予妻子的房子、院落、放牧地以及家禽如牛、羊和马等生活必需品。如果要得到这部分财产的完整控制权,则必须等到丈夫去世或者合法离婚(gesceden)。②如果是贵族妇女,她或许拥有自己的封地,但婚后监护权由丈夫掌管,她不能按照自己的意愿处理财产。等到丈夫去世后她的监护权又将转到男性亲属手上,她也无法亲自管理财产。由于妇女一直处于监护权的保护当中,在结婚之前的监护人是父亲,婚后的监护人是丈夫,加上法庭上是由监护人代表出庭的,这也意味着她无法在法律的意义上获得独立的身份。妇女能够亲自进行的法庭行为是"宣誓",在第 1 卷第 46 条中规定:"在妇女必须宣誓的时候,只能由她本人发誓,而不得由监护人为其代表。"③

与其他法律文献相比,《萨克森明镜》对未成年人的保护显然更为全面。从诞生于公元 6 世纪的《民法大全》开始,关于未成年人的法规便是从保护其人身安全和父权制家庭的角度来制定的,建立起的一套严格的未成年人监护制度,将孩子置于父权的保护和监管之下,同时未成年人犯罪也不承担刑事责任,而是由其父亲(即家长权拥有者)承担。但是对孩子财产权的保护,是将孩子置于被动地位,其财产的占有权是归父亲所有的。《萨克森明镜》则是把儿子的孩子视为家族血

---

① „I 22," in Karl August Eckhardt, Hrsg., *MGH, Fontes iuris N. S.*, 1, 1, S. 88-89.
② „III 74," in Karl August Eckhardt, Hrsg., *MGH, Fontes iuris N. S.*, 1, 1, S. 258.
③ „I 46," in Karl August Eckhardt, Hrsg., *MGH, Fontes iuris N. S.*, 1, 1, S. 106.

脉的继承人,在财产分配上倾向于男性长子,但也强调直系亲属以外,财产分配要在男女之间实现平等。未成年人和寡妇都无法出席法庭审讯,在父亲去世后则由男性亲属担任监护人,代为管理财产和履行封建义务。封建关系是萨克森法中最明显的特征之一,未成年的封臣实际上是地区等级制中的一个核心组成部分,涉及向上级领主重新确认等级关系,也关系到下级附庸的分封体系,起到了承前启后延续封建依附关系的重要作用。

因此,罗马法和萨克森法中有关未成年人的规定,都在一定程度上反映出当时的社会结构和生活状况,它们各自从不同角度(人身安全、家庭和财产)保护了未成年人的基本权利。德意志对罗马法的继受要到1495年才算是进入第一个阶段,在帝国法院的宪法文件中规定:"帝国最高上诉和评估人应当根据帝国的普通法(罗马法)作出裁决和解释。"[1]而《民法大全》也是到15世纪才逐步在德意志出版,第一个出版这部作品的是纽伦堡印刷商安东·科贝格(Anton Koberger),他分别在1482年出版《学说汇纂》[2]、1486年出版《法学阶梯》[3],在1488年出版《查士丁尼法典》[4]。在罗马法获得普及的背景下,德意志有两种法律被视为是帝国法(Kaiserrecht):一是罗马法,因为"德意志曾称为罗马帝国,查士丁尼曾经统治过这片土地",所以

---

[1] Gerald Strauss, *Law, Resistance, and the State*: *The Opposition to Roman Law in Reformation Germany*, Princeton: Princeton University Press, 2014, p.65.

[2] 《学说汇纂》在1482年11月22日出版,作者署名为查士丁尼一世(Justinianus I.),共有404页。参见Justinianus I, *Digestum vetus, mit der Glossa ordinaria von Accursius Florentinus*, Nürnberg: Anton Koberger, 22 November 1482, https://daten.digitale-sammlungen.de/~db/0003/bsb00036530/images/.

[3] 《法学阶梯》在1486年12月27日出版,附有法学家弗朗西斯·阿库修斯(Franciscus Accursius)的评注,共有90页。参见Justinianus I, *Corpus iuris civilis. Institutiones, mit der Glossa ordinaria von Accursius Florentinus*, Nürnberg: Anton Koberger, 27 December 1486, http://daten.digitale-sammlungen.de/~db/0004/bsb00041485/images/index.html.

[4] 《查士丁尼法典》在1488年1月30日出版,也附有精美的彩色插图和阿库修斯的注释。参见Justinianus I, *Codex Justinianus, mit der Glossa ordinaria von Accursius Florentinus*, Nürnberg: Anton Koberger, 30 January 1488, https://daten.digitale-sammlungen.de/~db/0002/bsb00026690/images/index.html.

《民法大全》也从 15 世纪开始成为德意志的"帝国法"。二是与罗马法相异的德意志"皇帝法",即《萨克森明镜》,①因为作为德意志境内的区域性法典,《萨克森明镜》把其法律权力的来源追溯至君士坦丁和查理曼两位皇帝。在沃尔芬抄本的序言中,作者艾克·冯·雷普科以白发白须长者的形象出现,身穿绿色系腰带长袍,脚踏侧带皮靴(Knebelschuhe),半跪在君士坦丁和查理曼两位皇帝的宝座之前,象征着法规是得到了国家最高权威的认可和批准。②

---

① Gerald Strauss, *Law, Resistance, and the State: The Opposition to Roman Law in Reformation Germany*, pp. 69-70.
② „Sachsenspiegel," Herzog August Bibliothek Wolfenbüttel, Cod. Guelf. 3.1 Aug. 2°, 9v.

结　　语

　　5—14世纪的中世纪，数百万说着不同方言的德意志人分住在乡村成千上万个定居点里，其中仅有很少部分的人居住在人口一千至一万的城镇和城市里。皇帝、诸侯、地方领主、教会、城市各自为政，形成一幅分散格局的政治图景。公元800年，法兰克王国加洛林王朝的国王查理曼由罗马教宗加冕称"罗马皇帝"。公元962年，德意志王奥托一世（Otto I.）在罗马由教宗加冕称帝，始创神圣罗马帝国。然而，神圣罗马帝国显然缺乏统一的政治、经济基础，常激起贵族的反叛和各地人民的反抗。13世纪末叶起，德意志分裂为许多独立的封建领地，皇权更趋衰落。在这政治分裂的动荡时期，幸好有习俗、法规、族规和成文法为人们提供了政治、经济和社会方面的法律准绳，并成功地成为动荡年月里人们能够依赖的一大支柱。正因如此，德意志中世纪法律的重要意义和它的鲜明特点，成为德意志中世纪史研究的重点所在。

　　德意志中世纪法律具有编纂学上的独特之处。与罗马时期由朝廷召集法学家编著的法律不同，德意志法律的形成，是从习俗到法规再到成文法的编纂过程。日耳曼人很早就有自己的法律传统，入主欧洲后，由于政治的分散和与罗马制度的差异，并无可能直接沿用罗马的法律来进行各个族群的管理。为此，沿用日耳曼部族的法规并在这个基础上进行修订，是当时各个日耳曼族群的唯一选择，也是其时维系社会稳定的最可取的手段。这种立法程序上的特点，保证了族群的法规成为中世纪德意志法律的主干。随着时间的推移，部族传统发展成为中世纪法律传统，继而成为推动德意志司法制度建设的强大动力。

德意志中世纪法律具有体系性。第一,尽管从结构来看,这时期的法律是由各种部族法规、成文法规、地方法规、专门法规、国家敕令编纂而成,但都具有内在的共同性,表现为在部族传统的基础上增补能够解决问题的新内容。这种编纂方法需要得到编纂各方的同意,使德意志中世纪法律成为一个包容许多思想、不同治理方式、不同地方传统的综合体。例如:在不触动部落法规的基础上增补各种新的内容,如对国家的忠诚、封建财产分配、如何对外贸易等,都要体现各利益方和德意志的整体利益。从这些内容看,德意志中世纪法律是具有体系的,也是被政府和应用者认可的,并非是分散的、杂乱无章和缺乏体系性的。第二,与纯粹由王廷意志编著的法律不同,德意志中世纪法律支持国家参与的多元法律机制,承认习俗、部族法规和各种专门性法规的合法性。这种编著法律法规的方式,先要得到各方协商,基于同意,然后才能获得王廷、地方、城市、领地政府的批准。既然法规的颁布是基于涉法各方的同意,那么法律各方的利益就能够在法规中体现出来。第三,从结构上看,中世纪法律具有择时而定、因地制宜的特点,与其时分散的政治环境相一致,能够在损益不大的状况下得到推行和解决问题。第四,德意志中世纪法律也有一个从分散走向集中的趋势,例如在北部地区流行的《萨克森明镜》和在南部使用的《施瓦本明镜》,集中体现了德意志法律由分散走向集中的趋势。至十五六世纪,这种趋势更为明显,为德皇查理五世力图构建统一的帝国法律律政改革铺平道路。不过,这已经超出了本书探讨的范围,属于本书的后续《德意志近代早期法律研究》的内容了。

通过对德意志中世纪法律的探讨,本研究得出结论:那种认为德意志仅仅具有古老习俗而不具备完整法律体系,其部族法规后来为国家法律完全取代,德意志不存在像其他国家那样完备的法律体系的看法,是需要修正的。德意志法律起源于部族的传统,具有"维护民众权益""分典而治"和"两元执法"三个最为鲜明的特点。在整个中世纪时期,这些特点一直在不断完善中发展。国家编写的法律没有取代部族传统,致使维护民众权益的做法始终在中世纪得以保留。中世纪的德意志法律因此具有与任何其他国家法律相媲美的独立地位,它经久不衰,独树一帜,最终成就了司法意义上的"德意志道路"。

本研究认为,德意志的法律起源于日耳曼部族时期的部族习惯法,而不是起源于罗马法。部族法律的特点是部族的酋长、祭司与民众共治,形成了德意志法律体系中最早的两元结构。到了日耳曼王国时期,延续了日耳曼部族的"分典而治",并且通过编写适用于罗马人的蛮族罗马法规,解决了对罗马人的治理问题。在查理曼统治时期,基于国家的强盛和查理曼权力的强大,开始推行由国王来颁布法典和法令,推行"忠诚誓言"和完善国家司法机构,以此加强国王对地方的控制。不过,查理曼并没有取代部族和地方的法规,反而是结成了国家与地方联合执法的新的"双元司法",从而保障了民众的利益和全国的稳定。寻求中央和地方之间的和谐,是查理曼司法改革的初衷。进入到城市立法的时代,城市开始通过编写海法,保障了德意志商人在经商时期的权益。在中世纪晚期的《萨克森明镜》中,对妇女儿童的权益进行保护和维护,表明德意志的法律一直延续着维护民众的传统。这个特点,加上"分典而治""两元司法"的特点,表明中世纪德意志的法律具有自己独特的体系。德意志法律从部族时代延续至今,始终没有罔顾民生,始终具有维护民众的特点,这就是德意志法律能够饱经风霜而其基本体制不变,不容易为其他的法律所替代的真正的原因。

德意志中世纪法律从内容上看,具有在一定程度上保护民众的特点。由于保存了部族法规的内容和编纂时要征得各方的同意,民众的一些利益得到了反映,形成了所谓的用"古之法"来保障乡民利益的约定俗成。在841—843年萨克森农民反对封建化的起义中[①],在1514

---

① Nithard, „Nithardi Historiarum libri IIII," S. 41-42; „Annales Bertiniani," in Recensuit G. Waitz, Hrsg., *MGH, SS rer. Germ.* 5, Hannoverae: Impensis Bibliopolii Hanhniani, 1883, S. 26, https://www.dmgh.de/mgh_ss_rer_germ_5/#page/26/mode/1up; Hans-Dietrich Kahl, *Heidenfrage und Slawenfrage im deutschen Mittelalter*, S. 425.

年反对符腾堡公爵的穷人康拉德(Armer Konrad)起义中①,在1524—1525年德意志农民战争纲领的《十二条款》中,都有起义者利用"古之法"保卫自己传统权利(如归还被领主夺取的村社的土地、农民具有在公地中自由放牧、自由使用水泽)的内容。②这种要求回归传统习俗的呼声,直到16世纪依然回荡在纽伦堡的法庭之上。③

德意志的法律,尽管在形式和内容上与罗马帝国时使用的罗马法有较大差异,却是最适合中世纪德意志人的法律体系。法典的编纂与法规的颁布,都有着维护国家和平和稳定社会的考虑,能够按照国内的部族构成和外部的形势作出最适当的调整。日耳曼人的国王在接受罗马帝国的领土时,面对的是一批已经熟悉罗马法的法学家和人民,这与长期使用部落习惯法的蛮族人民相当不同,导致了中世纪德意志法律的多样性。众所周知,法律的融合是一个非常漫长和复杂的过程。因此,中世纪的统治者在编写王国法规的时候,决定"分而治之",让各族人民在保持对统治者忠诚的原则下,各自保留自己的传统习俗和法律规则。

到了加洛林王朝,查理曼非常清晰地认识到法律民族化的重要作用:强调唯有尊重民族精神、民族传统和民族文化的,新编写新修订的法典,才能够真正将各族人民融合在一起。因此,他发明出了一套法典和誓言相结合的法律程序:在802年颁布六部部族法典的同时,派出特使到地方宣读法规,并要求全体人民向国家和统治者发"忠诚誓言"。国王颁布部族法典、国王颁布司法条令、对国家发出的"忠诚誓言"以及完善司法程序,将加洛林王朝的司法体系置入到一个稳定的

---

① Gerald Strauss, *Law, Resistance, and the State: The Opposition to Roman Law in Reformation Germany*, p. 24; Günther Franz, *Quellen zur Geschichte des deutschen Bauernstandes im Mittelalter*, Berlin: Deutscher Verlag der Wissenschaften, 1967, S. 50.

② Günther Franz, *Quellen zur Geschichte des Bauernkrieges*, Darmstadt: Wissenschaftliche Buchgesellschaft, 1963, S. 174-179.

③ Hermann Knapp, „Das alte Nürnberger Kriminalverfahren bis zur Einführung der Karolina," in *Zeitschrift für die gesamte Strafrechtswissenschaft*, Vol. 12 (1892), S. 258.

框架之内,影响了后续七百年德意志的司法体制。直到 1530 年左右,查理五世才开展整个德意志民族的刑事法院程序改革,他在法学家约翰·冯·施瓦岑伯格(Johann von Schwarzenberg)起草的《班贝克刑事诉讼法》(*Bambergische Peinliche Halsgerichtsordnung*)①的基础上颁布《加洛林纳刑法典》②,要求用更准确和更庄重的法律语言来撰写法规。③有鉴于地方法律存在不完善和不明确的状况,查理五世针对当时社会上出现的犯罪行为,对民法和刑法所涵盖的范围作出重新定义,从而统一了全国上下的刑事管辖权和诉讼程序。《加洛林纳刑法典》分别有拉丁文版和德文版(*Peinliche Halsgerichtsordnung Kaiser Karls V*)④,法典通篇共有 219 条条文,主要是对审讯的过程加以规范。立典的角度是展现官方如何通过调查,制定有罪或者无罪的司法程序,并首次对谋杀和误杀作了区分。⑤由于与以前德意志中世纪的法典立典的角度大不相同,《加洛林纳刑法典》也因此被称为"法学人

---

① Johann von Schwarzenberg, *Bambergische Peinliche Halsgerichtsordnung*, Bamberg: Hans Pfeil, 1507, http://mateo.uni-mannheim.de/desbillons/bambi.html.

② Karl V., Heiliges Römisches Reich, Kaiser, Nicolaus Vigelius, *Constitutiones Carolinae publicorum judiciorum, in ordinem redactae, cumque jure communi collatae, per Nicolaum vigelium jurisconsultum. Inserta item & in ordinem redacta est constitutio Carolina de fracta pace: per eundem. Constitutio de fracta pace von dem landfriedensbruch*, Basel: ex officina Johann Oporinus (Nachfolger) [per Balthasar Han et Hieronymus Gemusaeus], 1583, https://www.digitale-sammlungen.de/en/view/bsb00017828.

③ Edward Schramm, *Ehe und Familie im Strafrecht: Eine strafrechtsdogmatische Untersuchung*, Tübingen: Mohr Siebeck, 2011, S. 44-47; Maik Gerstner, *Die Entstehung des deutschen Zivilrechts und das Bürgerliche Gesetzbuch als Modell für andere Kodifikationen in Europa und Japan*, München: Grin Verlag, 2010, S. 5; Gerd Kleinheyer, Jan Schröder, Hrsg., *Deutsche und Europäische Juristen aus neun Jahrhunderten: Eine biographische Einführung in die Geschichte der Rechtswissenschaft*, S. 392-395.

④ Karl V., Heiliges Römisches Reich, Kaiser, *Des allerdurchleuchtigsten großmechtigste[n] vn überwindtlichsten Keyser Karls des fünfften: vnnd des heyligen Römischs Reichs peinlich gerichts ordnung auff den Reichsztägen zu Augspurgk vnd Regenspurgk in[n] jaren dreissig vn[d] zwey vnd dreissig gehalten auffgericht vnd beschlossen*, Mainz: Schöffer, Ivo, 1533, https://www.digitale-sammlungen.de/en/view/bsb11702887?page=,1.

⑤ Anette Grünewald, *Das vorsätzliche Tötungsdelikt*, Tübingen: Mohr Siebeck, 2010, S. 65-68.

门"(Rechtsfibel)。① 在序言中,查理五世以立法者的身份,宣布自己将根据德意志古老的习俗和传统,向大多数在刑事法院工作却没有学习过帝国法的人员颁布法典,以便帝国的所有臣民都能够在刑事案件上,按照普通法、公平原则和习惯法进行处理。② 由于德意志民族的神圣罗马帝国从来没有编纂过国家性质的宪法(Staatsrecht),《加洛林纳刑法典》也因此成为近代早期德意志最重要的刑法典之一。

本研究表明,德意志中世纪的法律体系无论是法律的编写还是法律的执行,都是在两元结构下进行的。这种两元结构具有悠久的起源,来自于族群时期的酋长祭司与民众、日耳曼王国时期的国家与地方、查理曼统治时期的地方意志与君主意志,以及查理五世时期的帝国法律和地方法规之间的关系协调。两元结构的存在,表明地方法规和国家法律之间形成一种相互制约关系,说明中世纪德意志法律走上了中央与本土相结合的"均衡司法"道路。国王、贵族、平民在这种体系中各司其职,同时,不论国王、贵族还是平民,不论是帝国法律还是本土法律,其权利都是有限的,只能靠互相影响、相辅相成的均衡关系才能执法。这种两元结构的客观存在,形成了德意志法律很明显的一个特点。德国明斯特大学(Universität Münster)法学教授彼得·奥斯特曼(Peter Oestmann)曾经指出,在德意志,"一般而言,公社、领地法规和当地习俗混合在一起。另一方面,拥有完善的法院体系、帝国法庭和帝国委员会,象征着作为正式法治国家德意志的地位"③。由此可见,在德意志,无论是国王还是神圣帝国的皇帝查理五世,在受到部落传统约束和政治权力下放的压力时,始终要把国家的稳定性放在首

---

① John H. Langbein, *Prosecuting Crime in the Renaissance: England, Germany, France*, New Jersey: The Lawbook Exchange, Ltd., 2005, p. 26.

② Karl V., *Die peinliche gerichtsordnung kaiser Karls V.: Constitutio criminalis Carolina*, J. Kohler und Willy Scheel, Hrsg., Halle: Verlag der Buchhandlung des Waisenhauses, 1900, S. 3-6.

③ Peter Oestmann, "The Law of the Holy Roman Empire of the German Nation," in Heikki Pihlajamäki, Markus D. Dubber, and Mark Godfrey, eds., *The Oxford Handbook of European Legal History*, Oxford: Oxford University Press, 2018, p. 731.

位。在印刷术的推动之下,15—16世纪德意志的市面上出现了大量普法读物,为了实现向民众普及法律知识的目的,这些法律读物全是用德语写成的。其中包括塞巴斯蒂安·布兰特(Sebastian Brant)的《诉讼法鉴》(Der Richterlich Clagspiegel)、乌尔里希·滕各勒(Ulrich Tengler)的《俗人法鉴》(Laienspiegel),都是当时最广为流行的普法作品。[1]在地区层面,德意志在12世纪开始继受罗马法,在15世纪达到了顶峰,导致许多地区发生了城市法和邦国法改革,著名的法学家开始参与法学体系的变革,撰写了多部经典的法学作品。譬如梅尔希奥·科林重新修订的《萨克森领地法》(Das Gantze Sechsisch Landrecht),约翰·费沙德(Johann Fichard)编写《美茵河畔法兰克福城市法》(Der Stadt Frankfurt am Mayn erneuwerte Reformation)。[2]这些作品的出现,说明近代早期的德意志的立法者,都在继受法和本土法两种异质的法律体系之间寻找平衡。

离开这种两元结构来探讨德意志的法律,就无法认识德意志的法律体系,这有助于纠正一些学者认为德意志没有法律体系的观点。例如,有的学者认为,中世纪德意志处于松散的政治结构,地方领主势力强大,中央君权薄弱,德意志君主查理五世也被人认为是受到神圣罗马帝国皇帝冠冕的迷惑而失去了判断力。[3]然而,如果将一些德意志人文主义者关于法律的作品与查理五世的实际改革措施进行对照,会得出一个截然不同的结论。譬如,被誉为"德国的老师"(Praeceptor Germaniae)的菲利普·梅兰希通,曾经在其1521年的作品《教义要

---

[1] G. Beseler, *Geschichte des deutschen Rechts*, Band 2, S. 167-168.
[2] Johann Fichard, *Der Statt Franckenfurt erneuwerte Reformation*. M. D. LXX-VIII, Franckfurt am Mayn, Feyerabend, 1578, https://digi.ub.uni-heidelberg.de/diglit/drwFrankfurtErnRef1578.
[3] Martin Luther, „An den Christlichen Adel deutscher Nation von des Christlichen standes besserung," in Martin Luther, *D. Martin Luthers Werke*, *Kritische Gesamtausgabe* (*WA*), Band 6, Joachim Karl Friedrich, Hrsg., Weimar: H. Böhlaus, 1888, S. 404-469.

点》(*Loci Communes*)中论述过法的精神和法的本质,[①]他对自然法的解读也与14—16世纪的法学思潮相互呼应。梅兰希通把法律的根源追溯至摩西律法,把人的律法置于自然律法之下,并开始推崇罗马法的和平和公正。他的观点反映了16世纪初期德意志法学理论出现的新浪潮,即因畏惧与查理五世的矛盾会带来激烈冲突,开始寄望于复兴罗马法来为德意志创造出全新的和平体制。[②]当然,认为查理五世时期德意志已经具有了以罗马法为主的法律体系的观点是失之偏颇的,因为梅兰希通作为熟知罗马历史的学者,他的想法有他自己的思想根源和历史视野,但也把自己陷入在罗马帝国光圈的桎梏之内:罗马化的德意志社会不能解决德意志的问题;一部由拜占庭帝国编纂的《民法大全》更无法给德意志人民带来和平。1540年的冬天,梅兰希通的一个学生克里斯托弗·豪恩多芬斯(Christopher Hegendorffinus)在罗斯托克市政府的邀请下,前往波罗的海城镇教授法学,他告诉听众,"真正的法律学者只存在于大学之内"[③]。

实际上,德意志的神圣罗马帝国皇帝一直都在非常清醒地思考国家的宪法问题,他们不会把国家的命运寄托于某些典籍的道德约束、也不会把国家的司法体系建构在外国的法典之上。从中世纪开始,德意志的统治者巧妙地摸索出了一条松弛有度的法治道路,譬如弗里德里希一世会通过调整城市的性质和授予地区统治者头衔,来达到笼络贵族和稳定国家的目的,并在缺乏国家统一宪法的情况下,授予领主和帝国城市独立的立法权,把权力下放的优点发挥至极致,大大地提高了地方统治者对国家和社会的责任心,有利于帝国的长远发

[①] Philipp Melanchthon, „Loci communes rerum theologicarum seu hypotyposes theologicae," in Karl Gottlieb Bretschneider und Heinrich Ernst Bindseil, Hrsg., *Corpus Reformatorum*, *Volumen XXI*, Brunsuigae: Apud C. A. Schwetschke et Filium, 1854, S. 59-230.

[②] James Q. Whitman, *The Legacy of Roman Law in the German Romantic Era*, New Jersey: Princeton University Press, 2014, p. 4.

[③] James H. Overfield, *Humanism and Scholasticism in Late Medieval Germany*, New Jersey: Princeton University Press, 1985, p. 327.

展,促进了地区资源的有效运用。① 在萨克森地区使用的《萨克森明镜》,之所以安排了独立的一卷叙述"封建法",也有其内在原因:封地采邑制在 13 世纪出现继承危机,需要确定受封者的身份和重新确认领地关系。皇帝弗里德里希二世也尝试加强司法管理,他在 1235 年任命了一位帝国法官。② 到了 15 世纪,哈布斯堡的弗里德里希三世(Friedrich III.)在 1440 年当选为德意志国王,1452 年加冕为皇帝。他面临一个两难的局面:作为国王,他要保护德意志的部落传统;作为皇帝,他需要推动宪政改革。最后,他部分改革了沃尔姆斯帝国会议的性质,而司法改革的难题,则留待后来的查理五世来加以处理。③

1532 年查理五世颁布的《加洛林纳刑法典》,并非如某些学者认为的那样,是一般学者而非在大学任教学者的胜利。法规里提及了一些法学者的名字,他们曾参与疑难案件的审理。但是,在大学任教的学者,也是法典的编写者。法学研究者划分成了两个不同的群体:一是在大学任教的学者,一是参与法庭事务的学者(即一般学者)。《加洛林纳刑法典》的编纂既依赖在大学任教的学者,也采纳了一些来自城市学识渊博者们的意见。④ 它是一部详细描述了刑事责任、刑事诉讼、刑事审判,以及刑罚体系的法典,也是一部在德意志法律史上没有出

---

① Oliver Auge, "Pomerania, Mecklenburg and the 'Baltic frontier'," in Graham A. Loud and Jochen Schenk, eds., *The Origins of the German Principalities, 1100-1350, Essays by German Historians*, London: Routledge, 2017; Gerhard Dilcher, „Die staufische Renovatio im Spannungsfeld von traditionellem und neuem Denken: Rechtskonzeptionen als Handlungshorizont der Italienpolitik Friedrich Barbarossas," *Historische Zeitschrift*, Bd. 276, H. 3 (June 2003), S. 613-646.

② Heinrich Mitteis, „Rechtspflege und Staatsentwicklung in Deutschland und Frankreich," *Archiv des öffentlichen Rechts*, 1921, Vol. 40 (N. F. 1), No. 1 (1921), S. 1-21.

③ Eberhard Isenmann, „König oder Monarch? Aspekte der Regierung und Verfassung des römisch-deutschen Reichs um die Mitte des 15. Jahrhunderts," *Historische Zeitschrift. Beihefte*, New Series, Vol. 40, Europa im späten Mittelalter. Politik—Gesellschaft—Kultur (2006), S. 71-98.

④ James Q. Whitman, *The Legacy of Roman Law in the German Romantic Era*, New Jersey: Princeton University Press, 2014, p. 31.

现过的法典。查理五世在准备编纂《加洛林纳刑法典》的同时，也在1530年颁布了一套帝国法令作为补充条款，这套被称为《帝国治安法规》的条例，分别在1530年、1548年和1577年多次修订，内容涉及禁奢、婚姻、商业、劳动等多方面的内容，有效地维护了国家秩序和提高了统治效率，其中1577年的版本一直应用到1806年神圣罗马帝国的结束。①

德意志帝国境内的大学自14世纪开始讲授罗马法，科隆大学（Universität zu Köln）在1388年开设罗马法课程，而在这些大学的法学院中，却没有本土法的身影。②在地方执法层面，使用的往往是从习惯法汇编而成的法学作品，如《萨克森明镜》和《施瓦本明镜》。由此可见，继受法和本土法两种法律体系无法相互兼容，地方的司法人员由于缺乏专业的法学训练，在司法实践中会产生诸多问题。在法学作品上，法学者的身份在近代早期有了更加明确的定位，他们撰写出许多重要的指导性作品，为促进司法教育的发展作出了贡献。譬如耶拿大学（Universität Jena）校长、法学家多米尼格斯·阿鲁梅乌斯（Dominicus Arumaeus）著有《评论》（*Commentarius*），以及汇集耶拿大学所有法学者之力编纂的五卷本的《公法的学术论述》（*Discursus Academici, Ex Jure Publico*），在注重史实基础上描述了德意志的议会制度，这部作品被认为是"双重主权说"（doppelten

---

① Matthias Weber, Hrsg. , *Die Reichspolizeiordnungen von 1530, 1548 und 1577. Historische Einführung und Edition*, Frankfurt am Main: Klostermann, 2002, S. 13; Karl V, *Römischer Keyserlicher Maiestat Ordnung vnd Reformation guter Pollicey im Heyligen Römischen Reich: anno 1530 zu Augspurg uffgericht*, Mentz: Schöffer, 1531, https://www. digitale-sammlungen. de/en/view/bsb00029224? page = 1; Wolfgang Wüst, Nicola Schümann, Ulla Schuh, „Policey im regionalen Kontext: Rechtssetzung im Alten Reich, im Reichskreis und im Territorim, Beispiele aus Franken," in Hans-Joachim Hecker, Reinhard Heydenreuter, Hans Schlosser, Hrsg, *Rechtssetzung und Rechtswirklichkeit in der bayerischen Geschichte*, München: C. H. Beck, 2006, S. 175-214.

② Helmut G. Walther „ Die Rechte-eine Karrierewissenschaft? " in Andreas Speer, Andreas Berger, Hrsg. , *Wissenschaft mit Zukunft: Die ‚alte' Kölner Universität im Kontext der europäischen Universitätsgeschichte*, Köln: Böhlau Verlag, 2016, S. 249.

Majestät)的奠基之作。① 在继受立法上,因德意志长期的政治分裂,直至近代早期立法才条件逐渐成熟,由班贝克地区宫廷法院法官约翰·冯·施瓦岑贝格撰写了《班贝克刑事诉讼法》,被认为是继受罗马法的重要法学作品。作者采用了最早用德语阐述罗马法的 15 世纪法律书籍《控诉明镜》(*Klagspiegel*)②,而他撰写《班贝克刑事诉讼法》的目的也是为了向罗马法学习,通过规范诉讼程序、明确法律责任、制定清晰方案,从而解决帝国的法律统一问题。从此以后,许多地方刑事法庭都将《加洛林纳刑法典》作为刑事立法的范本。这部法典不仅奠定了德意志百年刑事司法的传统,其部分内容一直沿用至 1871 年《德国刑法典》(*Strafgesetzbuch*)生效后才被取代。

德意志的司法体系从部落蛮族法到地区习惯法,从领地法到刑法,展现了中世纪法律渊源的不断拓展以及法学门类的不断增加,同时也带来了立法者和法学者之间关系的转变。立法者作为主权的拥有者,对法理学的理解将会影响到整个国家的政治秩序,乃至全民族的命运。法学者则分为两类,一类是执法经验丰富的法律工作者,另

---

① Dominicus Arumaeus, *Commentarius iuridico-historico-politicus de comitiis Romano-Germanici Imperii*, Jena: Blasius Lobenstein, 1635; Dominicus Arumaeus, *Discursus Academici De Jure publico*, Jena: Beithmannus, 1621; Meike Hollenbeck, „Die Schwächeren suchen Recht und Gleichheit," in Historischen Kommission für Niedersachsen und Bremen, Hrsg. , *Niedersächsisches Jahrbuch für Landesgeschichte*, Band 69, Hannover: Verlag hahnsche buchhandlung, 1997, S. 232.

② 《控诉明镜》由施瓦本哈尔(Schwäbisch Hall)的城市官员康拉德·海登(Conrad Heyden)于 1436 年左右完成,全书分为两卷本,涉及民法、民事诉讼法、刑法和刑事诉讼法。由于海登曾经在埃尔福特大学接受过法学教育,他在书中将《民法大全》和意大利的注释法学派(Glossator)著作中的罗马法内容,用德语以简单明了的方式进行介绍,《控诉明镜》也因此成为 15 至 17 世纪最受欢迎的继受罗马法作品之一。参见 Conrad Heyden, *Thesaurus (seu Promptuarium) Totius Practicae Iuris Civilis Et Criminalis, Das ist : Teudtscher Revocirter Richterlicher Klagspiegel : darinnen das gantze Ius forense, was so wol an Obern als Untergerichten, jedweder Richter, Urtheilsprecher, Referent*, Frankfurt am Main: Nikolaus Basse [und] Melchior Hartmann, 1601, http://diglib. hab. de/drucke/qun-13-1s/start. htm; Heinrich Zoepfl, *Deutsche Staats- und Rechtsgeschichte. 2,1: Geschichte der deutschen Rechtsquellen*, Stuttgart: Krabbe, 1846, S. 179-184; Roderich von Stinzing, *Geschichte der populären Literatur des römisch-kanonischen Rechts in Deutschland*, Leipzig: S. Hirzel, 1867, S. 337-407。

一类是研读法学典籍的专业学者,前者在中世纪法典编纂中成为德意志法律制定的主要参与人,后者要到更晚的阶段才逐渐显示出其不可或缺的重要性。由此可见,在中世纪的德意志,推动法学进步的主要动力,来自王国和地方的统治者,他们如何认识国家与法律的关系,如何认识立法与执法的关系,如何认识法学教育与法律职业的关系,决定性地影响和推动了整个时代的法治体系。

附录一 中世纪海法法规

(1)《维斯比海法》①

第一条

任何船员、领航员、大副或水手,在接受船长的雇佣后,如果后来离开船长,需要交回所有他领取的薪酬,另外,还需要在船长承诺完成整个航行的薪酬基础上,支付一半的费用。如果船员是由两位船长一起雇佣的,第一位船长可以向他提出控诉并要求赔偿。然而,船员不能要求船长在完成航行过程中另外支付他薪酬,除非是出自船长的自愿。

第二条

任何领航员、大副或水手如果不了解航海事务,必须将收取的薪酬交还给船长,同时也要在此金额上支付一半的赔偿。

第三条

船长在出航前停航,需要支付船员一半的薪酬;船长在离港后停航,无论航行是否完成,都需要支付船员所有薪酬。

第四条

如果船员没有得到船长的命令而自行上岸休息过夜,或者在夜间解开船舶的缆绳,需要处以 2 德涅尔的罚金。

第五条

船员在装货时可得到 3 德涅尔,卸货也可以得到 3 德涅尔。

---

① "The Laws of Wisby," in Travers Twiss, ed., *Monumenta Juridica*, *The Black Book of the Admiralty*, London: Longman, 1876, pp. 265-284.

第六条

在船舶准备起航之后，不得因欠债逮捕或囚禁船长、领航员或者水手，但是债主可以拿走或者卖掉他在船上找到的、原属于欠债方的货物。

第七条

如果整个夏天船舶一直在航行，那么，在圣马丁节（即 11 月 11 日）或者 11 月 11 日后可以停航。

第八条

如果一人使用了他人的点火器，除非出于必要，否则需要按天支付 4 个索尔斯（sols）的费用。

第九条

如果出现需要旁人作证的情况，不需要另外带人上船，可以直接在船上找人见证。

第十条

售卖或抵押已经出租的船舶是违法的，但可以在同一趟航行中将其用于载货或者转租给他人。

第十一条

船舶在装载货物准备出航时，如果航线被更改为更远的长途或多次的航行，在对此状况没有产生纠纷或遭到反对情况下，如果船舶受损的话，承运人需要赔偿一半的损失费用。

第十二条

如果桅杆、帆和任何其他装备遗失了，而船舶又正准备起航，损失按照平均承担原则（Avaridge）计算，但是，如果是在逼不得已的情况下，船长切断甲板上的桅杆或是为了拯救船舶而不得不损毁装备，那么，船舶和船货应该按照平均承担的原则来修补完好。

第十三条

在没有得到其他人同意的情况下，船长不得私自出售船舶或者船上的任何部分。但是如果他的目的是要换取食物，他可以抵押缆绳和绳索，而且应该听取船员的建议。

第十四条

船长在港口时，不得在没有得到大部分船员的意见或者同意的情况下起航。如果他这样做而造成任何损失，他需要进行赔偿。

第十五条

船员必须尽其所能保存和保管好货品，在完成任务的情况下，应该得到薪酬，反之亦然。在没有得到船舶拥有者或代理人的同意情况下，船长出售船舶的绳索是违法的，如果他撒谎也同样是违法的，需要进行赔偿。

第十六条

船员的职责是尽量保存船上的货物完好无缺，让商人能够取走他们的货物，向船长支付运费和费用。船长需要装备他的船舶，能够在短时间完成并开始航行；如果他无法做到，他必须帮助商人联系港口的其他货船，同时他也可以得到运费。

第十七条

船员不得在没有得到船长同意的情况下擅自离开船舶，否则将需要支付由于他们离开而造成的损失；如果船舶已经使用四条缆绳停靠在岸边，在这种情况下，他们可以短暂地离开船舶，而不违背法律。

第十八条

如果船员是在船长同意或因船舶的需要上岸而受伤的话，他应该得到船舶的照顾和治疗。如果他是出于自己的缘故上岸而受伤的话，船长可以把他逐出船舶，同时该船员也必须交还他的薪酬，并且对船长支付雇佣其他人的费用进行补偿。

第十九条

如果船员感染任何疾病，更为方便的处理方式是把他运送上岸，当他在船舶上的时候需要给他食物，同时安排人照料他。如果他恢复健康，需要支付工资，如果他去世了，他的工资应该转交给他的遗孀或者继承人。

第二十条

如果遭遇恶劣天气不得不遗弃物品以减轻船舶的载重,即使货物管理员或商人不同意,也应该按照剩余人的意见选择最安全的方案,把商品扔到船外。在这种情况下,当船舶靠岸,三分之二的船员必须上岸宣誓,他们是在迫不得已的情况下,为了保存自己的性命、船舶的安全和船上的其他货物而作出的决定。被扔下船的商品应当按照海损平均承担原则,按照其他同类货物出售后的价格来估算。

第二十一条

在船长丢弃任何货物的时候,如果商人不在场的话,他必须征求领航员和水手的意见,损失应该按照份额进行处理,船舶和货物都需要有人来负(承担)责任。

第二十二条

船长和船员都需要向商人展示他们用来吊起货物的缆绳,如果船长没有这么做的话,在发生意外的情况下,他们需要承担损失。但是如果商人看到缆绳后同意使用,那么损失将由他自己承担。

第二十三条

如果船舶航行时不平稳,导致船上的葡萄酒在船长的无知或者疏忽的状况下有所损毁,船长需要进行赔偿。但是,如果船员宣誓证明自己与事故无关,泄漏和损失将由商人承担。

第二十四条

任何人在船上都不得打架或者撒谎。违背规定的人需要缴付 4 德涅尔罚款,如果他向船长撒谎的话,需要支付 8 德涅尔。但是他殴打船长的话,需要支付 100 索尔斯(sols)或者失去他的手掌,如果船长撒谎的话,他需要支付 8 德涅尔,如果他殴打他人的话,他需要被人打回。

第二十五条

船长可以在合法的前提下辞退船员,但是,如果船员弥补了他的过失,然而船长拒绝再次雇佣他的话,船员可以尾随船舶到达终点港口,船长需要支付他的薪酬,如同他在同一条船上完成了整个航行。如果船长雇用了另一个能力较逊色的人来顶替他的位子,而又造成损失的话,船长需要进行赔偿。

第二十六条

如果船舶在港口抛锚停泊时遭到其他船舶撞击,或是在风或者海浪的推动下造成冲击,如果导致船体或者货物遭到损毁的话,两艘船舶应当对半承担损失。但是,如果冲击其他的船舶的行为是可以避免的,是由于船长故意为之的话,则由他个人进行赔偿。原因在于,有些老船的船长,可能会故意撞击其他船舶,导致其船体受损或者沉没,而自己遭受的损失相比之下要轻微得多。在这种情况下,这条法律规定损失要由两艘船舶共同承担,共同修理,并且要尽量避免事故的发生。

第二十七条

船舶在水深很浅的港口抛锚停泊时,当另一只船舶靠近并在其旁边抛锚停泊,如果前者因为相距太近而要求后者起锚,在遭到后者拒绝后,前者可以自己起后者的锚。如果后者阻止,那么因抛锚停泊造成的损失将由后者全部承担。

第二十八条

任何在港口抛锚停泊的船舶都应当将浮标固定,让其他船舶知道它的位置。如果遗漏此事而导致损失的话,将由船长进行赔偿。

第二十九条

在任何航行中,如果贸易商品是葡萄酒,船长必须安排水手看管,同时要给他们每天提供一顿饭。但是如果他没有安排水手看管,而是由船员看管,要给船员饮用水,同时也要给他每天提供两顿饭。

第三十条

当船舶起航出海的时候,船长应当安排和向水手展示他们装载货物的地方,然后,他们必须作出声明,货物由他们装载。如果是由船长和船上其他人员装载货物的话,必须按照相应的数量支付酬金。

第三十一条

船舶在到达目的港口后,水手应该在那里得到他们的酬金。如果他们没有箱子或寝具,或者其他与他们薪酬相等的可移动到岸上的物品的话,他们必须向船长保证他们会持续进行余下的航行,直到事情完成为止。否则,船长可以拒绝支付之前谈好的酬金。

第三十二条

水手提出以船舶上的货物代替支付其薪酬的要求,如果货物不包含这部分,需要在抵达港口时再次提出要求,他们也需要和船舶一同前往目的地。但是,如果水手同意收取酬金的话,则可以在港口得到薪酬。

第三十三条

当船舶抛锚停泊后,水手应该一个接着一个上岸,或者两两上岸,他们可以带走供一顿食用的肉和面包,但是不包括饮料。他们在岸上逗留的时间不能过长,如果因他们缺席而导致船舶和货物出现损毁,他们需要作出赔偿。如果全体船员中的任何一个人在处理商人的事务时受伤或者发生意外,商人有责任承担医疗费用,并且对船长、领航员和海员进行赔偿。

第三十四条

当船舶租借给商人运送货物后,而他表示会在一定时间内完成货物的装载。如果他逾时没有完成,超出的时间长达 15 天甚至更多,在这种情况下,导致船长无法运送货物,商人必须对此延误进行赔偿,同时也要支付损失和利息,其中四分之一归海员所有,三分之一归船长所有。

第三十五条

如果船长在航行中需要钱的话,他必须回家取钱,但是不应该影响他当下的航行。如果影响了原定的计划,他需要对自己延误造成的所有损失向商人进行赔偿。但是,如果在非常必要的情况下,他可以出售部分商品,当他抵达目的港口的时候,他应当按照剩余物品销售价格，向商人支付他先前出售的物品的费用。商人则需要向船长支付包括此前已经销售的货物在内的所有运输费用。

第三十六条

当船长抵达港口的时候，需要小心地停泊船舶，如果由于他的疏忽而导致货物受损，他必须进行赔偿。

第三十七条

如果船舶在航行中遇到风暴，商人、船长和全体船员认为船舶需要改装才能继续航行的话，他们可以这么做，然后再次起航。然而，商人仍需向船长支付抢救出来的货物的费用，因为这部分的利益归商人所有。如果商人没有钱，船长又不愿意减免费用的话，他可以按照市场价取走相应的物品。

第三十八条

船长不得在未经商人同意的情况下，把任何货物扔出船外。如果商人不同意的话，但有两到三位最有经验的船员认为这么做是必须的，他们可以把货物扔出船外，同时船员必须发誓这是唯一的应急手段。如果船上没有商人或者代理人，船长和大部分的船员可以采取最符合实际情况的方式进行处理。

第三十九条

向船外扔出货品应当按照共同海损原则，结算剩余物品销售的价值，以及减免相应运费。

第四十条

船长应按照共同海损原则，按照自己的比例来支付扔出的物品的费用，他要评估船舶的价值、运费的金额，按照商人的意愿来进行抉择。或者商人支付他自己部分的费用，按照剩余物品的价值支付运费。商人可以按照自己的意愿选择取走或者留下船舶上的物品。

第四十一条

任何人如果在怀中藏有银盘子或者贵重物品，应当事先申报，然后按照物品的价格支付费用，每一个银盘子的运费是2德涅尔。

第四十二条

如果任何人在怀中藏有钱,他可以取出来并带在身边,他不需要支付任何运费。

第四十三条

如果一个箱子被扔出船外,而箱子的所有者没有申报箱内的物品,该箱子不需要按照共同海损计算,但是如果箱子是锁上的,木材和锁则需要按照其价值纳入共同海损。

第四十四条

如果在河流或在危险海岸附近需要雇用一名外国领航员,即使商人反对,但只要船长、领航员和大部分船员都同意,就可以雇用该领航员。领航员的薪酬由船舶方和货物方支付,正如共同海损是按照抛货的价值来估算的那样。

第四十五条

如果船长遇到困难,需要金钱或者食物,为此他不得不出售船上的部分商品,或者他将船舶抵押来获得贷款的话,他应当在抵岸后的十五天内按照货物的合理价格来支付款项,不能过高,也不能过低。如果他没有这么做的话,船舶也已出售,为其他的船长取而代之,那么商人作为抵押贷款的债权方,可以在一年零一天内对船舶拥有所有权,直到货物售出,或者借出的款项还清为止。

第四十六条

在已经装货的船舶上,船长在商人仍然在场的情况下,不应该再接受更多的物品。如果他这么做导致需要抛弃货物,他应当把他装载额外货物时收取的费用作为赔偿。原因是,在他装载货物时,应当申报他拥有和应当装载的货物数量。

第四十七条

水手应当按照商人、船长和领航员的要求保管和看管货物。

第四十八条

如果水手把玉米搬上了船并保证货品完好无损,每次应该给予他们 1 德涅尔。如果接到要求,他们又没有这么做的话,他们要对造成的损失负责。他们在每次卸载货物时可得到 1 德涅尔,其他货物也是如此。

第四十九条

船员应当向船长汇报船上装备经过装卸货物后的损耗情况,保证绳索得到及时修补。如果船长没有进行处理,由此造成的任何损失,应当由他承担责任。但是如果船员没有汇报的话,货品出现意外损毁的话,应由船员赔偿。

第五十条

如果两艘船舶相撞导致损毁,损失应当由双方共同承担,但如果其中一方是有意冲撞对方,在这种情况下,肇事方应承担所有损失。

第五十一条

为了避免事故发生,所有船舶的船长都应当在船锚上系好浮标,否则需要对此疏忽而导致的损失进行赔偿。

第五十二条

在船舶抵达港口卸货的时候,应当卸下所有货物。按照航行的情况,船长应该在八天内或不超过十五天内得到酬劳。

第五十三条

装有货物的船舶进入原定计划外的港口时,船长和两至三位船员,需要宣誓证明他们是出于必须的原因而偏离了原先的计划。然后他可以继续原定的航程,或者将货物运到其他船上,支付货物的运费,商人也应当向他们支付费用,以及商品需要支付的款项。

第五十四条

航行结束和货物卸载后,在完成收拢船帆、移走家具和减轻压舱物之前,任何海员都不得离开船舶。

第五十五条

在船舶撞击后,船长可以取走部分他的货物,将它们转移到其他船舶,所产生的有关船舶和货物的费用按照平均海损原则处理。然而，船长或两到三个他的船员应当宣誓证明自己的清白，他们是在迫不得已之下才采取该行动以保存货物和船舶的。

第五十六条

当船舶抵达任何河口或者港口时，船长如果发现负载过重而无法溯流而上，他可以把部分货物转移到平底船（hoys）、轻驳船（lighters）和驳船（barges），产生的费用按照平均海损计算，船长需要承担三分之二，商人是三分之一。但是如果当船舶在卸下所有货物后，船舶吸了太多海水，而无法起航，船长需要承担所有费用。

第五十七条

使用驳船运送上岸的商品，如果船长对商人支付运费的能力有所怀疑，他可以在他的船舶上阻止货物运送下船，直到商人支付完所有货物和其他相关费用为止。

第五十八条

所有驳船，无论是开放的还是关闭的，都需要在五天之内卸下所有货物。

第五十九条

如果船舶在抵达港口之前抛了锚，而领航员并不熟悉情况，船长应当再雇用一艘船舶，将船舶拉入港口，产生的费用由船舶和货物方支付。

第六十条

如果船舶抵达港口或者河流，而船长不知道海岸或者河流的位置，他应当聘用一位当地国家的领航员帮助船舶航行出河或港口，该领航员的生活费用由船长负责，而薪酬则由商人承担。

第六十一条

如果船员抛弃了他的船舶，然后带走了他从船长处得到的物品，船长将之逮捕后，由两位其他海员作证后证明事情属实，他应当被判绞刑处死。

第六十二条

如果船长发现船员患上传染性疾病,他可以把船员放到航行中第一个到达地,在两到三名船员宣誓作证的情况下,他无须向患病船员支付任何工资。

第六十三条

如果领航员或者船员购买了船舶,或者成为船长,他应当将船长之前支付给他的费用交还给船长,并且解除雇佣关系,如果他要结婚,也按照前面的方式处理。

第六十四条

如果船长、商人和船主在意见上存在差异,船主不愿意支付开始谈妥的费用份额,船长仍需驾驶原定的船舶,继续他的航行,并按照他认为合理的价格支付水手薪酬。

第六十五条

如果船长花钱修理或者改装船舶,或购入任何装备,或任何船舶的用品,船舶的每一位拥有者应当按照各自的份额,把费用归还给船长。

第六十六条

如果商人要求船长保证船舶的安全,商人也应当保证船长在危险航行时的生命安全。

第六十七条

如果两艘船舶相撞,其中一条不幸沉没的话,两艘船舶上受到损失的货物应当进行估价,然后按照比例由双方的拥有者支付。船体的损坏,也应当按照其价格进行同样的处理。

第六十八条

在必要情况下,商人可以售卖部分船上的货物以获取供船舶使用的金钱,如果船舶后来失踪了,船长应当承担此前商人售卖货物得到的金额,而不能扣掉前面已售部分的费用。

第六十九条

当船长被迫出售货物的时候,应当按照市场的价格出售货物,出售部分货物的运费,也应当如常支付给船长。

第七十条

如果船舶在航行中对另一艘船舶造成损害,肇事的船长和船员必须宣誓他们并不是有意为之,而且无力帮助他们,然后,损失将由两艘船舶按照平等比例由双方共同承担。如果他们拒绝发誓的话,损失将由肇事的船舶承担。

(2)《吕贝克城海法》

第一条

我们要求认真如实执行下列条文。我们的所有市民在前往佛兰德斯港口"斯温"(Swen)时,在货物价值13个英格兰先令或以上的情况下,应向汉萨缴纳12英格兰便士。这笔钱的2/3归库房所有,以维持正义和制止不法行为,1/3由汉萨长老(olderman)和兄弟们自由支配。

第二条

我们规定,凡是我们的市民,凡是从其他地方来并且将船停在霍克(Hocke)或斯温港口的船长,都应在每周日早上到访长老院。按照长老的要求,不去的人将被处以4英格兰便士的罚款,除非他因故缺席或得到长老的许可。这些罚款的收入将由长老和汉萨兄弟们按照公共的利益支配。

第三条

凡是受聘于我们市民的水手,应像我们的市民一样,每星期天都要到访吕贝克长老院。否则,他应向长老和汉萨兄弟们缴纳6佛兰德便士的罚款。这些罚款的收入应由长老和汉萨兄弟们支配。

第四条

我们同样嘱咐并规定,每位住在霍克的商人,只要是我们市镇的居民,每星期天都要去教堂,以表达对其所居住的城市的敬意。

第五条

如果有人因被投诉而被召唤到长老席前,应通过友好安排或谈判解决纠纷。

第六条

如果被传唤者没有到长老面前,应缴纳12便士的罚款,其中2/3纳入公库,1/3由长老和汉萨兄弟们按照公共的利益酌情处理。

第七条

凡是水手因晕船而失去工作能力,无法完成船上指派的工作,他在该航程中不得领取任何工资和免费货物。但是,如果他是因病致残,可另作处置。在他失去权利的情况下,船长和水手可取得他在该航程中的工资和免费货物。

第八条

任何人不得对长老集会的判决提出上诉,除非他缴纳了1马克银币,在这种情况下,可以重新开会。上诉将提交给长老院开会审理。

第九条

未经船长和船上工作人员许可,任何水手夜间在船外过夜,都将被处以12佛兰德便士的罚款,该罚款由船长和水手自由支配。

第十条

在国内贸易中,船长应允许每位水手免费携带4磅重的货物上船,从拉罗谢尔(Rochelle,法国西部港口)装载一吨酒和四斗盐,从英格兰和爱尔兰装载一袋羊毛。如果水手自己无法免费装载他的货物,船长应在收到运费之后,按照其所携带的比例,以最高运费和最低运费之间的费率,给予该水手等价的补偿。

第十一条

如果船长在船抵达斯温后将船卖掉,舵手和水手将被解散,船长应将他们的全额工资和免费货物发放给他们,然后才能解散船组。

第十二条

船长不得解雇水手或将其遗弃在任何国家,除非该水手犯了罪;同样,水手也不能拒绝为船长提供服务。

第十三条

未经货主同意,船长不得在圣马丁节前将船停泊在冬季码头。圣马丁节后,除非得到船上工作人员和货主的同意,否则船长不得出海。

第十四条

如果一艘船在公海上丢失,发现了漂浮在大海上的货物,将它们捞起并带到陆地上的人将获得 1/20 的份额。但是,如果在海上不幸发生意外,触礁导致船舶失事,将货物运送到陆地的人将获得 100 马克。

第十五条

如果有人发现漂流至海滩的货物,或者船舶在港口内断裂,或者被锚撞坏,或者发生任何意外事故,打捞货物并将其运到岸上的人应得到报酬。应由值得信赖的人决定他们应得的报酬额度。该报酬应由失事前船只的货物所有者支付。

第十六条

如果船只解体,而船组将货主的货物带到陆地上,其数量足以支付运费,则货主应支付运费。但如果其货物未被运到陆地上,货主则无须支付运费。

第十七条

如果船舶漂浮到停泊所,货物从船尾前或船边掉了出来,捞起货物的人,应当得到 100 马克,货物所有者应支付酬金。

第十八条

如果某人租用船舶,无论是否全部装货,或又希望在起航前卸下货物,他都应支付一半的运费。但是,若在船舶已经驶出了视线之外的大海,他应当向船长支付全部运费。

第十九条

如果某人在自己的船舶上装载自己的货物,则无须向水手支付起吊费。

第二十条

100 磅玉米的装卸费是 2 英格兰先令,搅拌(翻动以避免过热或潮湿)的费用是 1 先令。一箱蜡的装卸费是 4 便士。一箱铜、锡、铅、沥青和焦油的装卸费是 4 便士。每桶一磅重量的灰状物的装卸费是 1 便士。

第二十一条

每 100 磅的壁板和尾板,以及每 200 磅的桶板条,装货或卸货需要 4 便士。每桶 280 磅的猪油,装货或卸货需要 4 便士。每桶钾肥,装货或卸货需要 3 便士。一吨钾肥要 6 便士,一桶拉罗谢尔葡萄酒或者一桶油,装卸费 6 便士。一桶莱茵葡萄酒,装卸费是 1 先令。六筐无花果是 1 便士,三袋杏仁是 1 便士。两袋羊毛是 1 便士,一捆布是 2 便士。

第二十二条

凡使用船长的绳索装卸货物,船长都可获得 1/3 的起吊费。

第二十三条

任何人以其船舶对他人的船舶造成损坏的,如逆向航行,或在装货过程中,或以任何其他方式对他人的船舶造成损坏,他应赔偿损失;但如果造成他人船舶损坏者愿意对着圣物发誓,说明非故意而为之,那他不应该赔偿全部的损失,而只应赔偿损失的一半;但如果他不愿意对着圣物发誓,他应赔偿全部损失。

第二十四条

如果船舶遇险,要将船上货物抛入海中,船舶应当按照其价值比来分担损失。但如果一根或两根桅杆被砍断,则船长应承担所有损失,除非之前另有协议,而且船上的人必须是该协议的见证人。

第二十五条

如果两人共同拥有一艘船，而其中一人拥有船的较大份额，则拥有较小份额的人应遵从另一人的意愿。但在任何情况下，拥有较大权益的一方不得将船舶闲置，并剥夺另一方的使用权，任何情况下都不得也不应这样做。

第二十六条

如果几个人共同拥有一艘船舶，其中一人希望退出，有意退出的人应给船舶定价，并确定支付船款的日期，其他人应在其给船舶定价后的八天内作出购买的选择，最后友好地与其中止该合作关系。

第二十七条

吕贝克的每一位船长都应悬挂吕贝克旗帜，否则应向吕贝克和该市的委员支付3马克。但前提是，他不是因为货物受到阻碍或有生命危险而不这样做。

第二十八条

在佛兰德斯，如果船长遣散没有故意犯罪的水手，船长应当支付水手全部工资和全额的免费运费。如果水手主动辞职的话，他应当偿还他全部的工资和全部免费的运费额。

第二十九条

对于抛货，水手在已经失去一半免费货物的情况下，可获得豁免，否则他应当与其他人一起按照比例分摊。

第三十条

在船舶断裂的情况下，船长应首先救人，然后抢救货物，接下来，如果力所能及的话，他可以抢救船上的家具。接下来，如果货主希望使用小船，对此应无争议，船长应把小船借给货主，让他们抢救自己的船货。

第三十一条

如果有人将船停泊在佛兰德斯的冬季码头，他没有义务向水手支付超过八天的费用。

第三十二条

如果一艘满载货物的船舶,在货主没有任何有关货船超载的抱怨的情况下,扬帆出海,而货主因之后因货物被抛弃而蒙受损失,船长无须因此而有任何不安。尽管如此,被抛弃的货物应由船舶和船上的货物价值按同等比例支付。

第三十三条

如果有人向船长反映过船舶超载的问题,船长依然出航,如果发生抛货,船长应独自承担抛货损失,而不得有任何争议。

第三十四条

如果船舶超载需要卸货时,最后装货物上船的人应首先卸货。然而,除非先到的人没有兑现其对船长的承诺,妨碍了货船装货,因而成为最后一个把货物装上船的人,在这种情况下,他应第一个卸货,不管他是一个人,还是一个以上的人。

第三十五条

如果某人在得到一半或全部运费的情况下出租船舶,他应当支付其水手工资,以及免费的运货额。

第三十六条

如果船舶从佛兰德斯驶入松德(Sunt)海峡,而这艘船又必须继续向东航行,那么如果这艘船要去波兰或哥特兰,就应该给水手增加1先令的工资。如果这艘船要继续航行到里加或日瓦尔(Revele,爱沙尼亚首都塔林的旧称),就应该给水手(增加)2先令的工资。

第三十七条

如果船舶在冬天出海,装了满满一船,或者2/3或者半船的鲱鱼,他们应按比例分给水手额外的费用。

第三十八条

如果某人雇用了一个水手,在水手出港前又把他解雇了,那么他应该付给水手一半的工资。船长对水手也应如此。

第三十九条

如果一艘船装满了布匹,水手就此可以获得免费的运费额,他们可以按照货物的数量来进行计算。

第四十条

凡是我们市民雇用的领航员、舵手和水手,如果要对我们的任何市民提出要求或投诉,应当在长老面前提出,而不能在其他人面前提出。对违背此规定的人,吕贝克的任何市民都不得让他人为自己服务,也不得自付费用收留该人。明知故犯者,应向长老院和吕贝克市政府缴纳 3 马克的罚款,且不得免罚,因为在宣誓时已确认规定。

第四十一条

如果我们的市民传唤另一人到长老以外的法官面前,他要向长老院和吕贝克城支付 10 马克的罚款,长老院一致决定,绝不减免任何部分的罚款。

第四十二条

如果在本法中出现任何疑义,无论是这里写的还是上面写的,在无法达成一致意见时,应将其提交给吕贝克委员(Ratmanne),由他通过协调安排或判决来解决。

(3)《维斯比城市法与海法》第三卷

第一条　关于舷墙

凡损坏我们的桥梁或舷墙者,应向我们的城镇赔偿 3 马克的损失,隐瞒损失者将被放逐。

第二条　关于停泊在两个舷墙之间

如果一艘船驶入港口,并在两边的舷墙上系上了缆绳,挡住了船舶的去路,如果有船向着缆绳的方向驶来,结果驶入的船舶遭受了损失。在这种情况下,系了缆绳的船舶应赔偿一半损失,并向该城镇支付 3 马克。如果是驶入的船舶割断了缆绳,该船则没有义务赔偿损失。

第三条　船舶搁浅

无论何人在港内搁浅了不适合出海的船舶,都应在夏季的一个月内,冬季的八周内的期限,将船舶从港内移走。如未移走,则应向城镇赔偿 12 马克。此外,如果在此之后发生沉船造成任何损害,沉船的所属者应赔偿损失,如果他在沉船上没有财产,则应按照第一卷中的规定,以人身、面包和水作为赔偿。

第四条　关于打捞货物

如果有船舶在本市的司法范围内沉没,无论何人帮助打捞货物,都应由谨慎的人来决定向其要支付多少打捞报酬;如果打捞者觉得不够,双方应提交法庭解决。

第五条　关于租船

如果有人租船,并因此支付了诚意金,而在支付诚意金后,双方又善意地分手,则交易仍然有效。如果一方事后想与另一方中断交易,无论他是否已装运货物,也无论他是货物托运人还是船长(sciphere),他都应支付另一方一半的运费。

但是,如果在货物装船前,在我们的司法管辖边界内,船舶因疏忽而荒废,或腐烂,船长则无权收取任何运费。

第六条　装货和卸货

货物到达船边之前的费用应由托运人支付;货物到达船边之后,船长和水手必须接收货物。将货物拖上船或吊上船时,船长应将货物吊起,如果绳索、滑轮或者吊钩失灵,无论造成何种损失,船长均应赔偿。但如果是水手放滑绳索或紧固钩子不当,无论由此造成何种损失,均应由水手赔偿。但是,如果是托运人自己将钩子调整到其货物上,而钩子滑落,则托运人自己必须承担该损失。

第七条　起吊费

水手应为每拉斯特的重量收取 2 阿提克的吊装费和 2 阿提克的卸船费。同样,为运送每一单位布收取吊装费。为每一百单位的盐收取半个法寻的装船费和半个法寻的卸船费。如果有货物在搬运过程中损坏,水手应予赔偿,前提是货物是在搬运过程中被损坏的。但如果货物因任何其他压力而损坏,则托运人必须承担该损失。每一拉斯特的海豹油的吊装费是4阿提克,卸货费也是4阿提克。装在两包里的桁条布,要付3个半便士的装货费和3便士的卸货费。但装在三个包里的桁条布,装货要付2便士,卸货也是付2便士。

第八条　关于合伙租船

任何人与他人合伙租船,除非得到合伙人同意,否则不能退出。

如果船舶驶出视线以外,又掉头回来了,如果托运人想与船长分道扬镳,他们应支付全部运费;船长也应同样对待他们。

第九条　个人租船

如果有人想租船,他们的诉求应通过元老院特意选出的两名委员宣布,他们应与船长达成协议,并与船长确定货物的装载高度,以便在装船时都将自己的货物堆放在装载线内,任何人的货物都不得超过此线。这样,经两名委员见证所达成的协议才是有效的。

1. 如果有人将货物装在装载线以上,这些货物应卸回岸上,否则应向长老院缴纳12马克。

2. 如果是独一的船主雇用自己的船舶和装载自己的船舶,必须得到长老院的批准,船上船下的安排都应适合出海,而且货物不得超过装载线。

3. 如果一艘船停泊在港口,系着缆绳,结果由于疏忽而沉入海底,货物的损失,船长应负责赔偿;如果船长不给予赔偿,商人对船舶及其装备享有置留权。对于打捞上来的货物,船长可索要运费。如果是出于水手的疏忽,他们应向船长负责。如果他们没有钱赔偿,应根据城镇法律将他们送进监狱。

第十条　关于抛货

如果船舶在海上遇险,必须抛弃托运人的货物;他们应该按照规定的比例抛货,并应抛弃最不值钱的货物,船舶方和货物方应根据在船舶到达港口时的最大价值按比例分摊所抛货的价值。

1. 如果船上有现成的钱，则每件货物应支付 2 马克。

2. 如果在遇险时对是否抛货有不同意见，应以船上最大多数人的意见为准。

3. 如果因船舶靠岸导致了必须抛货，船舶方和货物方都应赔偿损失。

4. 如果船舶在违背船上人员意愿的情况下靠岸或靠近岸边，并且有必要减轻船体的重量，如果他们在卸货和再次装货时都没有损失，应根据货物的重量支付费用，但如果船舶也因此获救，船舶和货物应按其价值的比例支付费用。

第十一条　切断船缆

如果船舶遇险导致船缆断裂，船长应承担损失，除非他可以怪罪他人。如果船缆或锚断裂，船长应承担损失。

如果托运人未经船长许可而剪断船缆，他们应赔偿船长，但如果是船长剪断的船缆，他应承担自己的损失。

第十二条　关于海难

如果有人遭遇海难，当然这是上帝不允许发生的事情，对那些获救的财产，应支付全部运费，但对于损失了的货物，只需支付一半运费。如果船长已经收到了船上货物的全部运费，他应归还损失货物的人一半运费。

1. 如果船舶失事，货船上的人也在其中，他们可以像船长一样使用小船来保住自己的生命、货物和装备。

2. 海员在船上操作、货物管理及装卸、船具使用的全过程中不得离开船长。如果货物被救出，除非另有约定，否则其使用权归属于其财产的所有人。海员必须跟随到下一个陆地或城镇或村庄，才可以离开船长。如果船长收到一半或更少的运费，海员有权得到一半的工资；如果船长收到一半以上的运费，海员应得到全部工资。

第十三条　海上发现的物品

如果某人在看不到陆地的海上发现了物品，如果他把这些物品带到陆地上,他将得到物品的一半作为其劳动报酬;如果他能看到陆地,他应得到物品为 1/3 的份额。

1. 如果某人在海底发现了物品,他需要使用船桨和吊钩打捞出来,那么他应得到 1/3 的份额。

2. 如果某人在海上发现一艘船,船上没有人,他把船开往陆地,那么对于船或船上的货物,他应分得一半,而且这一半应不受本市的司法管辖。

3. 如果某人发现海上漂流的物品在他涉水能够到达陆地的范围,他可以得到 8 便士。同样,如果某人发现漂流到岸边的物品,他可以得到 8 便士。如果以上捡拾者矢口否认拾到了这些物品,事后会被判定有罪,那就是盗窃。

第十四条　关于船舶抵押

任何人如将船舶典当给你,或将任何其他物品典当给你,而你不能将该典当物安置或使其安全,你应在有充分见证人的情况下办理,否则无效。

因此,如果有人将船舶典当给你,如果你不想失去船舶,可以要求将船帆和船舵交给你。

第十五条　关于一单位布

至于布匹,根特的猩红色布和根特的细桌布,以及任何地方或城镇的所有细桌布,无论是长还是短,都应当按照 20 件为一单位运输。此外,伊普尔(Ypres)的厚布和伊普尔的博莱尔(Borel)布,两块半为一件,迪克斯梅德(Dixmude)的布、布鲁日(Bruges)的条纹布,图尔奈(Tournay)的长布,波佩林格(Poperinghe)的厚布(sagin),两块小布作为一件;三打长袜为一件;这些布和所有其他种类的布,只要在长度和重量上与之相等,都应像细桌布一样,应当以 20 件为一单位运输。波林热和乌得勒支的短布,以及所有同类质量的布匹,应当以 20 件为一单位运输。轻薄布料、斗篷布和类似的布,30 件为一单位。两围(weigh)重的羊毛为一单位。

1. 捆扎纺织而成的亚麻布时,应以 30 件为一单位,所有供出口的其他亚麻布要以尺寸和重量计算。他们应将一捆半的亚麻布作为一单位来运输。

2. 七张皮料为一单位,等于半单位布。

第十六条 重量

所有装在桶里的盐都要称重,从吕贝克的特拉沃桶里要扣除 3 利沃尼亚(Livonia)磅(相当于 20 普通磅)。任何其他种类的桶装盐都要扣除 3 利沃尼亚磅。此外,每称一拉斯特盐要付 8 便士,半拉斯特盐要付 4 便士。如果少于半拉斯特,则每船磅应支付 1 便士,买盐的人应将该数额支付给称重者。

1. 此外,在秤上称量的货物,如果重量在半船磅或以下,则支付 1 便士;4 个半利沃尼亚磅也支付 1 便士;介于半磅和 1 磅之间的货物支付 2 便士;1 船磅支付 2 便士;5 利沃尼亚磅(相当于半船磅)及以上也支付 2 便士;再以上支付 3 便士;1 个半船磅的,也需要支付 3 便士。随着重量的增加,支付的费用也会根据上述比例增加。

2. 此外,无论装运什么货物,无论是以磅为单位还是以拉斯特为单位,都必须使用纽伦堡磅秤称重。15 桶黄油(计算)为 1 拉斯特,15 桶啤酒和 15 磅铜为 1 拉斯特。

第十七条 关于船舶的出售

如果几个人共同拥有一艘船,其中一人在没有事先通知其他合伙人的情况下卖掉了自己的那份,那么他的任何一个合伙人如果愿意的话,都有权按照他卖给另一人的同样条件和同样价格保留这艘船。如果他们不给他,他必须对着圣物发誓,他是代表自己而且是用自己的钱购买的。

第十八条 有关运费

如果某人租用了一条船,他可以从船上卸下他想卸下的货物,而他卸下的货物所应支付的运费或一半运费,必须以事先约定的货币或价值支付。但是,如果一艘船在这里耽搁了,而船长决定在这里过冬,那么货主就可以卸下他们的货物,再按照和他们之前商定的一样的运费和付款条件重新装运这些货物,但他们必须支付起吊费。

第十九条 关于领航员

如果一个人自己决定从事领航员的工作,与船长一起航行,船长和托运人都证明他什么都不懂,那么他可以得到一半的工资。但是,如果一个人雇了另一个人当领航员,如果他能根据镇上的法律判定该领航员无知,那么在该领航员向船长履职之前,船长就可以解雇该领航员,而无须支付工资。

第二十条 关于雇用海员

船长和海员之间的约定,一旦给了诚意金,雇用即生效。如果任何一方希望在履约之前解除与另一方的关系,则他应支付另一方一半的工资。但是,如果船长能够通过自己或托运人提供证据证明海员一无是处,他可以在开始履约之前解雇海员,并且不支付任何工资。但是,假设海员已经接受了船长的邀请开始履约,如果他们中的任何一方希望与另一方解约,他必须向另一方支付全部工资。如果海员已经收到了预支的一部分工资,但又想过早地离开船长,他必须把预支的工资还给船长,此外,还必须补足其全部工资剩余的部分。如果船长卖掉了一半或一半以上的船的价值份额并留在船上,海员应在该航程或在其承诺的时间内跟随船长完成航程。凡支付双倍运费者,也应支付双倍的吊装费。

附录二 《萨克森明镜》妇女相关条文[1]

第一卷《领地法》：

第5条 如何继承财产和女性私人物品（11v—12r）[2]

条文	图像
1. 如果儿子在父亲在世期间迎娶出身相当的女性为妻子，当他在其父亲分割财产前去世，他妻子生育的儿子们可以代替父亲，与他们的父系叔叔平等地继承祖父的财产（第一幅图片：左边站立的是迎娶身份相当妻子的儿子，夫妻俩手持金结婚戒指；图左边担架里是死去的父亲，上面四位依次是他的女儿和三位儿子。排列在最后的女儿无法像她的兄弟那样继承财产父亲的遗产。中间的字母"N"是该条法令的首字"Nimt"的首字母，为金底红边标志）。	

---

[1] „Sachsenspiegel, Landrecht und Lehnrecht," in Karl August Eckhardt, Hrsg., *MGH, Fontes iuris N. S.*, 1,1-2, https://www.dmgh.de/mgh_fontes_iuris_n_s_1_1/index.htm#page/(3)/mode/1up, https://www.dmgh.de/mgh_fontes_iuris_n_s_1_2/index.htm#page/(3)/mode/1up; „Sachsenspiegel", Herzog August Bibliothek Wolfenbüttel, Cod. Guelf. 3.1 Aug. 2°, http://www.sachsenspiegel-online.de/export/ssp/ssp.html; „Sachsenspiegel", Universitätsbibliothek Heidelberg, Cod. Pal. Germ. 164, http://digi.ub.uni-heidelberg.de/diglit/cpg164; Dietlinde Munzel-Everling, Der Sachsenspiegel. Die Heidelberger Bilderhandschrift: Faksimile, Transkription, übersetzung, Bildbeschreibung CD-ROM, Heidelberg: Universitätsbibliothek Heidelberg, 2009; „Sachsenspiegel", Die Dresdner Bilderhandschrift des Sachsenspiegels—Mscr. Dresd. M. 32, https://digital.slub-dresden.de/werkansicht/dlf/6439/1/.

[2] 条文后附有对应的沃尔芬抄本页码，第56条和第61条对应的是海德堡抄本或德累斯顿抄本的页码。

(续表)

条文	图像
2. 他们得到的份额按照男性亲属的数量划分。女儿的孩子不能像他们的母亲一样,参与祖父或祖母财产的继承(第二幅图片:右边第一位是女儿,后面是她的孩子,最后站立的是女儿的丈夫,而她的孩子无法继承财产)。	
3. 如果住在父母房子里的女儿没有得到嫁妆,不需要与已经得到嫁妆的女儿分享母亲的私人物品。然而,她必须与姐妹分享房产里的一切物品(第三幅图片:左边身穿绿袍的是已得到嫁妆的女儿,右边是与母亲同住的未婚女儿,两人之间的双层杯子,象征她们之间的血缘联系,未婚女儿身后的刷、剪刀和桌子象征房产里的物品。背后的字母"D"是该条法令的首字"Di"的首字母,为金底红边标志)。	
4. 女性会因为通奸导致名誉受损,但她不会因此失去她的法律权利或者失去她父母财产的继承权(第四幅图片:女方散开式的发型象征她的未婚身份,因此画面里的行为会导致其名誉受损。上方的鲁特琴和毯子的颜色,说明男方为流浪者。左上方的字母"W"是该条法令的首字"Wip"的首字母,为金底红边标志)。	
5. 教士可与姐妹们平等继承母亲的私人财产,并与兄弟们平等分享和继承房产。没有接受过神职教育,以及在转交母亲私人物品前尚未授予教职的,都不可称为教士。但是如果一位女性仅有一位兄弟,而他是教士的话,他们必须平等分配母亲的私人物品和遗产。在教士去世后,不能把他母亲的遗产划分出去,因为他留下的一切都算是一份财	

(续表)

条文	图像
产。没有嫁妆的姐妹不用与离家的亲属分享母亲的私人物品(第五幅图片:中间身披红色外套,蓝色长袍的是削发后的亲属。右边是他的左手与兄弟共持着一个双层杯,象征他们的血缘关系,并分享遗产;左边是他的右手与姐妹共持一把剪刀,象征他们分享遗产。上方的字母"D"是该条法令的首字"Der"的首字母)。	

第 11 条　当父亲或母亲是孩子的监护人(13v)

条文	图像
1. 在孩子的母亲去世后,父亲拥有他的孩子的监护权,在孩子成年独立后,他必须将其母亲的全部遗产(Erbmasse)转交给孩子,除非财产是在他无责任的情况下遗失了。在孩子的父亲去世之后,母亲也需要按照上面做同样的事情。此外,担任孩子监护人的男性也应该这么做(第一幅图像:图像为两个部分,右边是父亲在母亲死后担任孩子监护人的场面,左边是母亲在父亲死后担任监护人的场面。在右边的图像中,妻子躺在地上闭上眼睛已经去世,丈夫成为身前两个年幼孩子的监护人,当他们成年独立后,要求得到母亲留下的遗产。左边的图像中,丈夫躺在地上闭上眼睛已经去世,妻子成为身前两个年幼孩子的监护人,然后他们成年独立后,要求得到父亲留下的遗产。右上方的字母"H"是该条法令的首字"Heldet"的首字母,为金底红边标志;左上方的字母"D"是后半段法令首字"Dis"的首字母)。	

第 20 条 关于早晨礼物(morgengabe)①，寡妇如何把自己与她的孩子分割开来(15r—15v)

条文	图像
1. 现在宣布，每一位骑士出身的男子可以向他的妻子赠予早晨礼物。在与她共进早餐之前，他可以在没有宣誓和不需要继承人同意的情况下，给予妻子一位小男仆或者小女仆，以及一个房子和附带的花园，以及放牧的地方(第一幅图片：婚礼后的第二天早上，束起头发的妻子从丈夫那里收到早晨礼物，丈夫递给她的金圈珠宝象征早晨礼物，其身旁的徽章说明他的骑士贵族身份。两人中间的小童，是丈夫赠送的早晨礼物的一部分，送给妻子作为小男仆。左方的五只动物如牛和羊也是早晨礼物的一部分。其他的桌子和家具说明事情的地点。新娘后方的字母"N"是该条法令的首字"Nun"的首字母，为金底红边标志)。	
2. 如果一位贵族出身的女子不拥有房子所在的土地的话，当丈夫去世后，在30天的弥撒举行完毕后，她必须在六个星期内腾空上述房屋、移除建筑物。但是如果她在邻居同意的情况下，提出把建筑物出售给土地拥有者，在遭到拒绝的情况下，她可以挖地直到把地面弄平为止(第二幅图像：女子披上头巾的装束说明她是寡妇，左边的房屋是丈夫赠予妻子的早晨礼物之一，房塔的高度和四个窗户说明他们的贵族身份。右边的三位农民象征她的邻居。新娘上方的字母"W"是该条法令的首字"Wo"的首字母，为金底红边标志)。	

---

① 早晨礼物是丈夫在第一次同房后在早上送给新婚妻子的礼物。

（续表）

条文	图像
3. 如果她与孩子或者她丈夫的继承者继续在她的房产里居住的话，无论是长时间还是短时间，她都拥有在她丈夫去世时对财产的同等权利（第三幅图像：寡妇和三个孩子居住在一起，她递给孩子食物说明她拥有对财产的处置权，桌子下方的三个金色贵重物件说明财产还没分配。上方的字母"B"是该条法令的首字"Blibit"的首字母，为金底红边标志）。	
4. 如果寡妇在她的丈夫去世之后继续与他的孩子居住在不属于她的、而是属于孩子的房产里，一旦她的儿子在她在世期间娶妻，之后儿子去世，儿子的妻子对其丈夫财产的权利比母亲的权利更大，包括她的丈夫赠予她的早晨礼物，以及可分配的食物，她的私人物品，包括她的嫁妆，前提是她有证人举证她的丈夫和她对财产拥有无可争议的所有权。但是如果儿子在母亲的房产里去世的话，母亲在宣誓人的帮助下，可以要求比他儿子的寡妇得到更多的遗产。妻子公开发誓的话，可以得到她的早晨礼物，但是她的持有权必须得到监护人的作证。（第四幅图像：寡妇和两个儿子在一起，儿子向母亲提供食物，说明是他们的房子，寡妇在儿子家中是客人的身份。中间的字母"B"是该条法令的首字"Blibit"的首字母，为金底红边标志）。	

(续表)

条文	图像
5. 相应地，如果她在她丈夫活着的时候去世，她的侄女拥有比她丈夫的母亲对她死后留下的物品更多的占有权。母亲在她儿子的房产里是客人，就像儿子在母亲的房产里也是客人一样（第五幅图像：右边的寡妇住在家中，中间是儿子和寡妇的侄女，寡妇的侄女拿着剪刀，说明她对右方的物品有拥有权，儿子只能在旁边眼睁睁看着她取走母亲的遗产，譬如牛、羊和鹅。上方的字母"S"是该条法令的首字"So"的首字母，为金底红边标志）。	
6. 所有非骑士出身的人给予妻子的早晨礼物不得多于他拥有的一匹最好的马匹，或者一只家禽（第六幅图像：非骑士出身的丈夫赠予妻子早晨礼物，男方身穿褐色束带外衣，说明地位低下，女方和其身后的两位女子皆衣着华丽，衣饰上的对比象征阶级差异。新郎只能给予新娘一只动物，即他身后的马匹，新娘从他手中接过树枝和缰绳。新娘身后的字母"A"是该条法令的首字"Alle"的首字母，为金底红边标志）。	

第 21 条　女子在世时的早晨礼物和土地的全部拥有权，她如何保有它和失去它(15v—16r)

条文	图像
1. 一位女子只要公开发誓便可证实早晨礼物属于她而不需要证人。在继承人的宣誓下，无论其年龄多么年轻，贵族女子在世期间都能够完全保有地产所有权。该过程必须在土地所在的司法地区，由国王的司法权威授命的法庭完成（第一幅图像：在伯爵的法庭之上，身穿绿衣丈夫赠予妻子绿圈，绿圈以及他们之间的玉米苗象征着早晨礼物，左方的三位继承人同意妻子保有早晨礼物，伯爵在场作为法官见证继承者放弃对早晨礼物的财产。新娘身后的字母"M"是该条法令的首字"Morgengabe"的首字母，为金底红边标志）。	

条文	图像
2. 任何人都不得剥夺贵族女子对土地的使用权,无论是在协议后出世的继承人,还是任何有正当继承遗产权利的人,除非该女子因个人过错丧失名誉,如她砍掉果树,或者从房屋中赶走在屋里出生的人,或者自己放弃控制权。如果她在下一次定期举行的法庭会议上,无法扭转对她的控诉,她会失去她的权利。当一个男子合法地与妻子分开,该妻子保留该男子所有土地份额中转移给她的终身财产的使用权(第二幅图像:寡妇居住在房子里,让人砍掉果树,同时把出生在房屋里属于她遗产一部分的人赶走)。	

第22条　寡妇如何把自己与继承人们分开,关于家庭仆人和武器(16r—16v)

条文	图像
1. 继承人可以在30天弥撒结束前到房产拜访寡妇,防止自己继承的财产有所损失。女子可以听取他的建议安排葬礼和30天弥撒(第一幅图像:左边的继承人可在30天弥撒结束前进入房子,但此时对房产没有权利,因此画面中的男子低下身躯,左边的寡妇坐在房子的基座上,她也必须容忍继承人前来检查遗产。左下角的罗马字母"XXX"代表着在三十天内,寡妇依然拥有控制权。左边的字母"D"是该条法令的首字"Der"的首字母,为金底红边标志)。	

（续表）

条文	图像
2. 首先，必须从遗产里拿出金钱，向家庭仆人支付薪酬直到他们的主人去世为止，这是他们应得的工资（第二幅图像：左上方的"XXX"标志横跨在两幅图之间，说明图中事情发生在 30 天弥撒之内。继承人已经进入房子，与寡妇同坐在家中，他从遗产中拿出金钱，将未付的工资给予家中仆人，并让他们服务至 30 天期满为止。左边的三位仆人伸手接过工资，最左边的仆人手上握着 5 个钱币，象征主人去世后他应得的工资中间的字母。中间的字母"V"是该条法令的首字"Von"的首字母，为金底红边标志）。	
3. 他们应当在 30 天弥撒完成之前继续在房子里工作，直到他们找到其他的工作为止。但是，如果继承人同意的话，他们也可以留在房子里工作并得到原先一样的工资。如果任何人拒绝支付他们的工资长达一年或者半年，他们必须公开宣誓证明其工资情况。任何人在死者生前为其工作而没有得到工资的，可以提醒继承者并要求酬金（第三幅图像：继承人在家中向仆人支付工资，允许他们在房子里继续工作。中间的字母"W"是该条法令的首字"Wer"的首字母，为金底红边标志）。	
4. 如果聘用的人员在完成其承诺的工作前去世，支付薪酬者只需要支付到他去世前的为止时间段的工资（第四幅图像：继承人和寡妇站在右方，继承人掏出 4 个硬币，支付给去世仆人的继承人，左边的一个倒地，由于他是在服务期间去世的，所以其继承人可以向雇主索取直到当时为止应得的报酬。中间的字母"S"是该条法令的首字"Stirbet"的首字母，为金底红边标志）。	

（续表）

条文	图像
5. 贵族女子必须在 30 天弥撒完成前，在她的丈夫拥有的所有建筑物，或者在他储存食物的地方，取出食物并把它们在继承者之间平分（第五幅图像：中间的字母"D"是该条法令的首字"Dar"的首字母，为金底红边标志）。	
6. 同样，贵族女子必须把丈夫拥有的所有武器在他死后交出，包括她丈夫的剑、他最好的马或者带鞍的骑乘马，以及他最好的盔甲和帐篷，还有战争时使用的简便床、枕头、床单、桌布、两个洗脸盆和一条毛巾。这些军事用品都必须交到继承人手中，如果其中的一些物品没有的话，妻子便不需要提供，但她需要宣誓自己没有拥有那些物品。每件物品都需要单独处理。然而，如果得到证实的话，任何男人或女人都不能以宣誓洗清自己（中间的字母"S"是该条法令的首字"So"的首字母，为金底红边标志）。	
7. 当两个或三个男子对一套武器和盔甲拥有继承权的话，最年长的可单独继承剑，然后他们之间再平等分配剩余的物品（中间的字母"W"是该条法令的首字"Wes"的首字母，为金底红边标志）。	

第 23 条　关于孩子的监护权(16v—17r)

条文	图像
1. 在儿子们未成年时，同等出身的最年长父系男性亲属（Schwertmage），可拥有所有的军事装备，并成为孩子的监护人，直到其成年为止。届时他必须同时交出所有属于他们的财产，除非他能够证明自己将财产用于照顾他们或者证明是由于意外遗失、盗窃或者损毁了，而不是由于他疏忽的缘故（第一幅图像：左边是儿子们的父系男性年长亲属，他身上携带着匕首，剑握在他的右手中，身旁是环链织成的锁甲，象征在孩子成年前，这些军事物品皆由他保管。在孩子成年后，他将剑递出交给孩子们。上方的字母"W"是该条法令的首字"Wo"的首字母，为金底红边标志）。	
2. 按照《封建法》，孩子成年后，他的法律监护人能够继续在需要时监督其财产，并在被监护人（Mündel）自己无法行动或由于没有能力、神志不清或身体虚弱而无法做决定时，按照其身份和对领主的义务成为其代表（第二幅图像：右边是封建领主，头戴百合金冠，身穿绿袍说明他的身份是诸侯。在领主面前站立的是身穿红衣的监护人，此时的被监护人已经成年，但是他自己无法履行封建义务，于是由监护人代表。中间的字母"A"是该条法令的首字"Ab"的首字母，为金底红边标志）。	

(续表)

条文	图像
3. 然而,监护人应当将财产的年度账目交给被监护人的继承人,无论他是谁,向他保证自己没有在孩子成年前胡乱挥霍财产,因为常见的情况是孩子的监护人是一个人,而孩子的继承人是另一个人。但是,在监护人又同时是继承人的情况下,他不需要向任何人提交孩子的财产报告,也不需要进行任何保证。同时,在寡妇与另一位跟她是同等出身的男子结婚前,他是寡妇的法律监护人(第三幅图像:右边的小孩是被监护人,他坐在他身后的蓝衣监护人旁边,对面手持报告的是监护人和握着钱币的是继承人。继承人和监护人之间形成平衡的权力关系,相互制衡。监护人不是财产的继承人,所以他需要每年提交财务报告给继承人。中间的字母"W"是该条法令的首字"Wer"的首字母,为金底红边标志)。	

第24条 关于早晨礼物,可分配食物和女性的个人物品(17r)

条文	图像
1. 在分配完军事用品后,女子可拥有她的早晨礼物,包括所有由牧民放牧的工作马匹、牛、山羊和猪,以及附带封闭式院落的房子(第一幅图像:右边是寡妇,左边是带有院落房子以及马、牛、山羊和猪,寡妇前来领走她的早晨礼物。中间的字母"N"是该条法令的首字"Noch"的首字母,为金底红边标志)。	
2. 猪和她丈夫储存在外屋的所有食品都属于可分配食物。	

(续表)

条文	图像
3. 她的个人物品的拥有权也归她所有，包括她的嫁妆。这些物品包括所有的绵羊和鹅；凹盖式储物箱、所有线、被子、床、枕头、亚麻床单、桌布、毛巾、浴巾、脸盆、铁灯、亚麻布和女性衣物、戒指和手镯、颈圈、书籍。其他还包括软垫椅子、箱子、地毯、窗帘和墙壁挂饰，以及所有属于女性嫁妆的绸带；另外还有一些属于此类的小物品，譬如刷子、剪刀和镜子。不包括尚未剪裁成女性衣物的布料和一些未加工金银，因为它们不合适。其他没有列出的物品属于房产（第二幅图像：画面显示的是所有寡妇能够拥有的物品）。	
4. 任何在死者生前典当的财产，在合法继承人同意的情况下可以由他赎回。	

第27条　每位骑士出身的男性和女性传承财产的两条路径(17v)

条文	图像
女性的财产继承可按照两种方式分配：她的母系血缘关系最近的女性亲属可以继承她的嫁妆以及其他私人物品。这些财产转移给她的原因是基于亲属关系。房产则由女性的近亲继承，可以是女性或者是男性（第一幅图像：寡妇装束的女性左手持着剪刀，代表其嫁妆和私人物品，右手握着树叶，代表其遗产。下方的男性身穿骑士服装，象征其骑士等级，他的右手持剑，左手握着树叶，说明其得到了遗产。右边的字母"I"是该条法令的首字"Iclich"的首字母，为金底红边标志）。	

第 28 条 关于军事装备和女性在没有继承人的情况下的私人物品处置方式(18r)

条文	图像
当一个人在以下物品没有继承人的情况下去世,房产、军事装备或者女性的私人物品包括她的嫁妆,这些财产将在 30 天弥撒结束后交由法官或者法院执行官保管。法官应尽力保持财产的完好无损,并等待一年零一天,看是否有人提出对财产拥有合法继承权。时间超出后,除非继承人处于因禁状态、不再为国王服务,或者在其他国家生活,法官可以按照自己的喜好处置财产。在上述三种情况下,法官必须保存好财产,并等待继承人返回,而不得在此期间取消其继承权。这些法规,也适用于可移动物品(第一幅图像:左边男子说明他是骑士阶层,在没有继承人的情况下,带着自己的财产前去觐见法官,右边的法官的服饰说明他是伯爵,握着皮带缠绕的法庭之剑,接受无亲属继承的财产。最左边的剪刀代表女性的遗产。中间的字母"W"是该条法令的首字"Was"的首字母,为金底红边标志)。	

第 31 条 丈夫和妻子共同拥有财产(18r)

条文	图像
丈夫和妻子在他们生活中没有划分财产。如果妻子去世而丈夫仍然在世的话,她的私人物品将由其血缘关系最近的亲属继承,但是如果她拥有可移动的财产或者有产权的土地的话,这些则不包括在内(第一幅图像:夫妻双方身穿同一件绿色袍子,说明他们的财产共享。左边的田地代表房产,上方的剪刀是女方的私人物品,中间妻子躺在担架之上代表她在丈夫之前逝世,因此她的直系亲属可继承其私人物品。上方的字母"M"是该条法令的首字"Man"的首字母,为金底红边标志)。	

第 32 条　任何女性不得拥有分割其终身财产的所有权(18r—18v)

条文	图像
1. 任何女子都不得在未得到其丈夫同意的情况下，将自己的财产不可撤销地给予他人。当男子迎娶妻子后，他便合法地接受了女方的所有财产并拥有监护权(第一幅图像：右边的丈夫阻止自己的妻子将裙子给予他人，因为丈夫在婚后便拥有对妻子所有财产的监护权，所以他有权阻止。上方的字母"K"是该条法令的首字"Kein"的首字母，为金底红边标志)。	
2. 因此，任何女性都不得把抵押和地产作为礼物送其丈夫。这条法规确保她不可以剥夺在她去世后合法继承人的权利，因为丈夫可以要求没有其他人对其妻子的财产具有拥有权，除了他从缔结婚姻时获得的权利(第二幅图像：妻子想送给丈夫一件贵重的礼物，譬如图中的金指环，丈夫举起右手接过礼物。按照法规妻子在婚后不得赠送丈夫任何抵押或者动产，因为这样会损害未来继承人的利益。所以左边的灰色男子是未来继承人，他拉扯着妻子手中的树枝(树枝象征她拥有的房产)阻止她的行为。中间的字母"W"是该条法令的首字"Wen"的首字母，为金底红边标志)。	
3. 任何女子不得将其部分财产作为终身财产而予以保留，她的继承人也不得在她死后，在有证人见证的情况下，将部分财产被划分为终身财产。如果她坚持自己的所有权，她会丧失所有权土地和终身财产(第三幅图像：右边的寡妇举起盾牌，象征其地位和维护权利，企图将部分财产视为个人财产，左边的两位男子则伸出右手手指发誓，寡妇不得占有财产。双方之间的田地是丈夫给予寡妇的财产。最左边的门和房屋象征着房产。中间的字母"K"是该条法令的首字"Kein"的首字母，为金底红边标志)。	

第 33 条　如果女性在怀孕期间,孩子的父亲去世(18v)

条文	图像
1. 现在宣布,关于怀孕女子在其丈夫死后的葬礼或 30 天弥撒期间宣布怀孕的处理方式(第一幅图像:男子在妻子怀孕期间去世,躺在担架上,最右边身穿红蓝两色袍子的是妻子。其他是身穿白衣主持葬礼的神父和参加葬礼的男女。中间的字母"N"是该条法令的首字"Nu"的首字母,为金底红边标志)。	
2. 如果孩子是活着出生的话,而女子得到四位男子宣誓证明,并有两位妇女在其生产时位于身边,孩子可以得到父亲的遗产。如果孩子出生不久去世,遗产将改由母亲继承,前提是她拥有同等出身并放弃对父亲永久性财产持有权,因为事情是在父亲去世后发生的。即使孩子在场并被认为强壮可以存活的情况下,也需要把封地还给领主。如果事情被带到教堂公开处理的话,任何看见或者听说事情的人都可以为孩子的存活作证(第二幅图像:丈夫死后,孩子在左边四位男子的见证,以及左边两位女子在场的情况下诞生。四位男性证人需要发誓,自己听到孩子出生时的哭声,他们背后的金色物件是物品。最左边的是身兼法官的伯爵,他指向该物品,要求四位男证人宣誓证明孩子的诞生。中间遗孀抱着刚刚出生的婴儿,婴儿瞪大眼睛,说明他出生的时候活着,表明他拥有继承权)。	

第 41 条　如果女孩或者寡妇向她的监护人发起诉讼(19v)

条文	图像
如果女孩或者寡妇按照领地法起诉她的监护人,他侵占了她的自有地、封地或者财产,如果他被传唤到法庭,而在第三次传唤时都未能出席法庭审讯、履行他的司法义务,他将被宣布为失职的监护人。这意味着法律禁止了他拥有任何监护权。接下来,将由法官担任妇女的监护人,并代表法庭,让她拥有对其财产以前未曾有过的全部权利(第一幅图像:左边的两位女子,分别是松散头发的女孩和戴有面纱(Schleier)的寡妇,她们正向右边坐在席位上的法官(伯爵)请求,要求处理不忠实的监护人。她们身旁的玉米穗代表其被挪用的财产。在前任监护人被剥夺监护权后,会由法官担任女性的监护人,但财产的实际处理权则交还给女性。中间的字母"C"是该条法令的首字"Clait"的首字母)。	

第 44 条　何时法官应该成为妇女的监护人(20r)

条文	图像
如果女孩或者妇女按照普遍领地法向她的监护人发起诉讼,指出他侵占了她的财产,在投诉被接纳后,法官将成为她的监护人。这也同样适用于,当丈夫将异地财产转移给妻子,让她拥有所有权或者让她终身使用(第一幅图像:法官坐在右边的箱式座椅(Kastensitz)上,左边的女孩和寡妇向法官说明监护人侵占财产的不端行为。上方的字母"C"是该条法令的首字"Clait"的首字母)。	

附录二　《萨克森明镜》妇女相关条文 | 343

第 45 条　男性是他的妻子的监护人。如果他去世了,她最亲近的男性亲属将成为监护人。同样,在没有丈夫同意的情况下,她不得转让任何财产(20v)

条文	图像
1. 在丈夫和妻子不平等出身的情况下,丈夫仍然是妻子的监护人。从她与他同寝伊始,她成为他的伴侣,进入他的法律身份,并要服从他的管辖。但是如果他去世了,她便从他的法律身份中解放出来,重新得到按照其出身的法律权利。因此,她的监护人必须是与她同等出身的,最亲近的男性亲属,而不是丈夫的家庭成员(第一幅图像:图像分为左右两边,女性穿着同样的服饰,象征是同一个人。左边是身份不相称的丈夫躺在床上,妻子与丈夫同床后,便进入他的阶级;右边是寡妇最亲近的男性亲属拿着包裹的剑成为她的监护人。上方的字母"A"是该条法令的首字"Ab"的首字母)。	
2. 妇女不得在没有丈夫同意的情况下,转让她的财产或者出售她的私有财产,或者转移其财产中的土地,因为他与她享有同等的占有权。女孩或者妇女不需要得到监护人的同意便可以出售土地,除非该监护人是土地的继承人。然而,女孩和妇女在提出诉讼时,必须拥有监护人,因为她们不能起诉证人在法庭上对她们说的或者做的事情(第二幅图像:中间的妇女只有在得到丈夫的同意下才能出售财产。她手中握着的手套象征着"出售",其身后伸手拉着她的男性是她的丈夫。上方的字母"E"是该条法令的首字"Ein"的首字母)。	

第 46 条　女孩或妇女可以拥有监护人。她们必须亲自发誓(20v)

条文	图像
在妇女必须宣誓的时候,只能由她本人发誓,而不得由监护人代表。妇女的法律监护人应当宣誓保证她的安全、接受其诉求和付诸行动(第一幅图像的中间:两位女性分别是未婚者和寡妇,她们独自在法官(伯爵)在场的情况下,举起右手手指对着物品发誓。左边的字母"W"是该条法令的首字"Wo"的首字母)。	

第 47 条　法庭任命监护人过程的时间限制(与第 46 条在同一幅图像)

条文	图像
监护人在法庭接受任命的时候必须发誓,保证自己会妥善地照看她的财产,避免财产在接下来的日子里遭受损失,在法庭的所有发言属实,绝无虚构。他的监护权仅在法庭审理案件的过程中有效。法官需要在每一宗案件中分别指定监护人(第一幅图像的右边:右边的法官任命监护人代表女性发言。中间的字母"D"是该条法令的首字"Der"的首字母)。	

第二卷《领地法》:

第 23 条　男性可以拥有多少位妻子(32r)

条文	图像
任何不希望没有妻子,或者不能够没有妻子的男性,即使在三位、四位或更多的妻子去世后,都可以再婚。女性在同样的情况下也可以再婚,可以与最后一任丈夫,如同和第一位丈夫一样,诞下合法的孩子。她的财产和她的司法权利可以传递给她的孩子们(第一幅图像:中间的男子身旁是三位闭上眼睛死去的妻子,他右手向右边的女子递上一枚结婚戒指(Trauringe),准备第四次结婚,左手指向死去的三位妻子。左上方的字母"D"是该条法令的首字"Di"的首字母,为金底红边标志)。	

附录二 《萨克森明镜》妇女相关条文 | 345

第三卷《领地法》：

第 72 条及第 73 条　自由和合法的孩子可保有其父亲的法律地位 (54v)

条文	图像
1. 自由民出身的女性可以与佃户或者收益分成的佃农结婚，并与他一起生育孩子。这些孩子的出身与她不是同等出身，偿命金和赔偿金额也不相同，这是因为他们是跟随父亲的法律地位，而不是母亲的法律地位。因此，他们不能继承母亲的财产或者从母亲一方的任何家庭成员处继承财产（第一幅图像：图像显示的是自由民与佃户之间的不平等婚姻关系。左边是自由民出身的女性，右边是身为佃户的男性，站在中间的是为他们征婚的俗人法官，俗人法官穿的服饰明显与伯爵法官的不同。女子手持船说明她是自由人出身，右边的男子手持小木桶。左边的字母"N"是该条法令的首字"Nimt"的首字母）。	
2. 直到马格德堡主教魏希曼时期，非自由仆人也实行同样的法规，意即他们的孩子可跟随父亲的法律地位，女儿跟随母亲的法律地位。孩子属于父母属于的阶级。如果他们是仆人，那也不需要改变（第二幅图像：右边身穿特殊服饰的是马格德堡主教魏希曼，他正在说明有关出身和阶级的规定，从他开始，德意志妇女的孩子都可以跟随母亲得到其法律权利和阶级，无论丈夫是什么身份。所以中间的母亲拉着自己的孩子，左边的父亲因为出身较低，他的身形也较为矮小，站在一旁。中间的字母"V"是该条法令的首字"Von"的首字母）。	

第73条　自有法律以来,我们的习惯是拥有自由身份的妇女不会生下奴隶身份的孩子(55r)

条文	图像
1. 自有法律伊始,自由的女性所生下的孩子也必然不是奴隶,这是一直以来正确和适当的规定。从马格德堡主教魏希曼的时代起,以下的规定开始生效,母亲的儿子和女儿跟随母亲的出身,无论父亲是否为德意志人或者是温德人(Went)。温德族妇女的孩子,如果其父亲是温德人,那孩子属于温德人。但是如果父亲是德意志人,那么孩子跟随母亲是温德人。一般认为,所有温德女性是自由民,因为她们的孩子是跟随父亲的,但事实上,由于每次结婚时需要向领主缴纳结婚税,所以她们不是自由身份(第一幅图像:图中的三个人都是温德人,温德男性身穿红色上衣和红蓝相间下衣,右边的温德父亲手牵着中间的孩子,由于父母都是温德人,孩子则从父亲属于温德人,他也穿着红蓝两色的温德服饰。另外,温德女性和萨克森女性的服饰区别在于她们的头巾,温德女性是将头部连带着脖子全部用方巾和束带缠绕起来,萨克森女性则露出头顶和脖子)。	
2. 如果妇女离开她们的丈夫,并且获得温德法的允许,那么,她必须向领主缴纳费用,金额是1先令,在有些地区,习俗规定甚至需要缴纳更多的费用(第二幅图像:图像显示的是温德人离婚时需要向领主缴纳费用,即结婚税,右边作诸侯打扮的应该是萨克森公爵,他伸手从温德女子手中接过四枚银币,最左边的是温德男子,身穿温德红蓝服饰。中间的字母"M"是该条法令的首字"Man"的首字母)。	

第74条　如果一位妇女是合法地与丈夫离婚（55r）

条文	图像
如果一位妇女合法地与丈夫离婚，她仍然可以保有从丈夫财产中给予她的生活财产，以及她在该领地上的房产。然而，她不能够将房屋夷为平地或者搬迁到其他地方，否则的话，她会失去房产和她的早晨礼物。她可以保有属于她的女性私人物品，和她的食物储藏份额。她所带入婚姻的财产也应当还给她，以及在他们第一次同寝时，丈夫所承诺给予她的财产也应当归妇女所有（第一幅图像：中间的红衣左手抱着婴儿，右手持着剪刀，象征她的嫁妆和女性私人物品。站在中间的是行过削发礼的教士，他分开夫妻两人，象征着他们的离婚已生效。左边是妇女在离婚后可以保有的财产，两层建筑的房子。中间的字母"W"是该条法令的首字"Wirt"的首字母）。	

第75条　当妇女的合法生活财产是自有地（eigengut）（55r）①

条文	图像
如果一位妇女的合法生活财产是位于自有地上，没人可以在她活着的时候没收该财产。然而，如果她的财产是位于封地之上，可以有几种方式将之取消。在她的丈夫在世间，作为封地持有者，她的封地是可传承的财产，在丈夫去世之后，封地的占有权合法地归她所有。②任何男性或女性的封地租赁期都不得超过他或她的寿命。只有男性可	

---

① 自由地指可继承的实物地产，个人拥有完全的所有权，不受封建义务或责任的限制（Ⅰ 2, 9, 29, 34；Ⅱ 5, 43, Ⅲ 56）。

② 封地的授予是建立在三个前提之下：首先，领受者在接受所有者在死前给予的特定的财产时，该财产没有其他合法继承人；第二，财产不能作为遗产传下来；第三，封地授予仪式必须在授予的领主或者封地持有者死前完成（Ⅲ 75；Ⅳ 5, 7, 20, 38, 59, 82）。

(续表)

条文	图像
以将封地作为遗产交由后代继承,女性不可以(第一幅图像:左边的房子代表妇女从丈夫处得到的早晨礼物,她可以一直持到她去世为止,中间的玉米穗则是她的生活财产,也归她所有。右边倒地的是她去世的丈夫和孩子。由于孩子先于母亲去世,母亲可以成为封地的继承人,所以红色衣服的孩子用右手交出徽章,递给母亲。中间的母亲用右手抓住玉米穗,象征她得到丈夫的财产,左手指向徽章,代表他的封地。左上方的字母"A"是该条法令的首字"An"的首字母)。	

第 76 条　如果一位寡妇与孩子同住在其丈夫的财产内(55r—55v)

条文	图像
1. 如果丈夫去世,妻子继续长期或短期居住在丈夫的地产内而没有与孩子们分离,然后,在孩子离开她后,妇女有权取走其丈夫去世时获得的权利,即从现存的财产整体中取走她的早晨礼物,她的私人物品和她的食物份额(第一幅图像:在丈夫去世之后,寡妇和孩子之间遗产和分家问题的处理方式。背景的房屋象征丈夫的遗产,两个儿子坐在右边,其中一个举起空白的徽章,象征血缘关系,左边飘浮在空中的是已去世的丈夫,中间的寡妇则抓住丈夫的手,说明自己对遗产的权利,她的徽章清楚显示图案,另一边的图案则是空白的,象征权利在她手上。左边的字母"S"是该条法令的首字"Stirbit"的首字母)。	

(续表)

条文	图像
2. 但是,如果妇女再婚、新丈夫加入进来、孩子还没分家产的话,在妇女去世后,该位新丈夫可得到妇女拥有的对可移动财产的权利,但是对房产以及女性的私人物品则不具有占有权(第二幅图像:左边是寡妇与再婚的丈夫,在她死去的时候,新丈夫和右边她与先夫所生的两个孩子,一边取走一半的金色徽章,象征各自对财产的权利。左边的字母"H"是该条法令的首字"Hatte"的首字母)。	
3. 如果一位男子迎娶了拥有土地或持有封地或附带什一税土地的寡妇,他在耕地上所获得的一切,皆按照以下方式判定(第三幅图像:左边是寡妇再婚的情况,她与新丈夫手持金戒指,说明他们的婚姻关系,右边是去世的妻子,新丈夫指向地面,说明他在妻子死后对收割妻子地产上作物的权利。中间的字母"N"是该条法令的首字"Nimt"的首字母)。	
4. 如果他的妻子在他播种前去世,他应当继续完成播种的工作和收割地产上的作物,并向继承人缴纳什一税或地租。然而,如果妻子在播种后去世,土地也已经完成耙地了,收成属于丈夫,在妻子的资产没有出租的情况下,他不需要支付税或者地租。税和地租属于妇女的资产,佃户需要向她支付的费用属于丈夫的收入。如果妇女没有结婚的话,这些收入将属于她的继承人,只要她是在租金法律到期后去世(第四幅图像:如果在妇女去世前,新丈夫已经在土地上播种了,右边是他用鞭子驱动马匹耙地的场面。中间的字母"S"是该条法令的首字"Stirbit"的首字母)。	

第四卷《封建法》：

第35条　当男子将自己的财产移交给妻子(70v)

条文	图像
在所有不同年龄的儿子们宣誓的情况下，丈夫将资产移交给妻子，任何人，包括领主和孩子们，都不得否决。然而，如果孩子在大多数人面前请求，他们可以将之取消，但领主不可以(第一幅图像：中间的领主附庸在成年儿子的同意下，将财产给予妻子。左边的成年儿子伸出手指，对着旁边的物品发誓作证。父亲身边的两个未成年小孩子同意父亲将封地财产馈赠给母亲，最右边的三个小孩子在成年之际，折断象征母亲身体的棒子，而他们身边的绿衣领主[即诸侯]不得折断象征他们母亲身体的棒子。左上方的字母"D"是该条法令的首字"Dinget"的首字母，为金底红边标志)。	

第38条　拥有财产的女性没有服兵役的义务。(71v)

条文	图像
已婚或未婚的女性封地持有者没有服兵役的义务。不过，按照法律她们必须支付军事税捐，根据封建法，她们也不需要参与军事活动(第一幅图像：图像分为两部分，右边是领主伸出双手拉住两位已婚和未婚的女性约定免除她们的军事服务，戴有头巾的是已婚女子，松散头发的是未婚女子；左边是两位女性向身穿全副盔甲的士兵支付军事税，以免除自己的军事服务。左上方的字母"B"是该条法令的首字"Belent"的首字母，为金底红边标志)。	

第 56 条　女性如何被授予财产。(海德堡抄本,07r;德累斯顿抄本,第 57 条,75r)

	海德堡抄本	德累斯顿抄本
图像		
条文	此外,男性可以作为女方的代表,与女性一起接受地产。如果他们的领主去世了,男性可以让另一位领主更新地产,由于女性没有军事盾牌,即提供军事服务的权利和能力,所以无法更新地产。男性拥有军事盾牌,如果他代表女性持有地产的话,有权利让另一位领主更新。但是,如果他所代表的财产持有者女性去世了,他的权利也会连带结束,因为他是以监护人的身份获得该块封地的。任何人声称在以上列出的封地之外,还有多种不同种类的、附带不同封建义务的封地,是错误的。同样,如果女性转移她的地产,或者是在封建法庭上宣布放弃,与她共同接受地产的男性也会失去他的拥有权,除非他正式获得封地或归还给领主。但是,如果他将地产转移给他人,或者在封建法庭上宣布放弃,女性则不会遭到任何损失,因为她拥有占有权。他也不得在没有得到女性的同意下,将封地分封给其他人,除非是将封地归还给其他人,又或者他是在封建法庭的命令下执行的。归还的是她的封地,不是领主的,也不是与女性一起接受封地的男人的。	

第 61 条　不得向女性授予司法权。(德累斯顿抄本,第 65 条,77v)

条文	图像
教士、女性和拥有较少司法权利的男性,即使拥有含有司法权的封地,也不得担任法官。在被授予职位的权力前,任何人都不得担任法官。一旦他被授予权力,即使他的领主去世或者转移了领主,他可以在一定的时间内担任职务,直到他的司法权被重新认定为止。	

附录三 《萨克森明镜》未成年人相关条文[①]

第一卷《领地法》：

第3条 关于六段时期，骑士身份和血缘关系

由男性和女性合法、诚实结合的夫妻是家庭的第一等人，由此而来的孩子，分别继承血缘的一半，不能视为同一等亲。孩子要移动到下一等亲属关系。如果两个兄弟与两位姐妹结婚，第三个兄弟迎娶了没有关系的女子，他们的孩子都是同等的亲属，亲疏一致，由于他们都是同等的出生，因此法律权利和义务，以及继承权也都相同。合法兄弟的孩子之间的关系如同手臂与肩膀的关系，姐妹的关系也是如此。这些人都属于同一等的关系，是第一等的血亲关系。他们是兄弟姐妹的孩子。手肘象征着第二等亲，手腕是第三等亲，中指的第一个关节是第四等亲，第二个关节是第五等亲，第三个关节是第六等亲，第七等亲没有关节，只有指甲来代表。因此，亲属关系到指甲为止。从头到指甲，拥有同等程度的血缘关系的人可以平等地分享财产。关系与宗族的头最近的继承人拥有对财产的第一财产权。亲属合法地分享权一直到第七等亲为止。虽然以往只允许与自己第五等亲以外的女性亲属结婚。现在这是被允许的，因为他不能够颁布任何会减弱我们的领地法和封建法的法令。租赁和世袭财产都不得移交给有智力缺陷者、侏儒和跛子。然而，实际的继承人和他们的下一代亲属都需要照料他们。

[①] „Sachsenspiegel, Landrecht und Lehnrecht," in Karl August Eckhardt, Hrsg., *MGH, Fontes iuris N. S.*, 1, 1-2, Göttingen: Musterschmidt-Verlag, 1955.

第 4 条　那些无法继承的人

生下来是哑巴、瞎子或缺少手或脚的孩子如果是合法继承人,则是属于领地法而不是封建法的管辖范围。如果他在残疾被发现前被授予了封地,他所拥有的财产不会被剥夺。麻风病人不得继承封建租赁或者世袭的财产,但是,如果他是在患病前得到财产,然后生病,他的财产不会被剥夺。

第 13 条　将自己与拥有遗产的孩子区分开来

父亲或者母亲可以从自己的财产中,将一部分遗产的合法继承权赠送给其中一个儿子或者女儿,无论这个孩子是否继续分担家里的开销。在父亲或者在母亲去世后,如果他们要求得到自己的遗产继承份额,无论是他的兄弟中的兄弟,或者姐妹中的已婚姐妹,他们必须发誓将所有已得到的可移动物品交还,然后才能参与遗产的分配,除了嫁妆。对财产的类型不得发虚言作伪证。然而,如果他们宣布放弃他们的遗产份额,他们可以保留先前得到的财产,不然就需要对着物品发誓。要是在法庭上宣誓放弃遗产,因为有证人作证,会更加容易证明自己无罪。在这种情况下,农民在法官面前申明法律权利时,村官是证人。

第 16 条　得到不同的法律地位和释放奴隶

任何人都不得获得自己出生时以外的法律地位,他也不能在法庭上否认自己的法律等级和权利,或者宣称自己拥有无法证实的不同法律地位。除非是已经获得自由的奴隶,他可获得自由佃户的法律地位。

第 17 条　自由和合法的孩子得到他们父亲的法律等级

一个自由和合法的孩子可以得到其父亲的法律等级。但是如果父亲或者母亲是仆从的话①,孩子拥有其出生时的法律地位。如果一位男性无嗣而亡的话,他的父亲继承他的财产。如果他没有父亲,然

---

① 即永远没有自由的人。

后他的母亲要比他的兄弟拥有更多的继承权利。儿子而不是女儿继承父亲和母亲、姐妹和兄弟的遗产。但是如果遗产是来自其他旁系亲属,如位于同一等亲属级别的远房兄弟姐妹,无论是男性还是女性,都可以平等地继承遗产(前提是没有直系亲属可以继承的情况下)。萨克森人把这种情况称为"共同继承"。①然而,儿子或者女儿的后代的继承顺序要在父亲或者母亲,以及(死者)的姐妹兄弟之前,原因如下:只要该位家庭成员在世的情况下,任何人都不得打破直系亲属的继承权。如果与死者是非平等出身的亲属,不得继承遗产。一个施瓦本人不能从母系亲属处继承财产,因为他们女性祖先由于犯罪而导致所有部落里的女性都被剥夺了继承权(因此,施瓦本人只能从男系亲属处继承财产)。

第二卷《领地法》:

第 65 条　不得判处未成年人死刑,以及如果有人殴打孩子

未成年的孩子做错任何事情,都不得对他判处死刑。如果他杀死或伤害别人的行为得到证实的话,他的监护人应当按照受害人的赔偿金予以补偿。任何由孩子造成的损失,应当在估算后,由监护人从孩子的财产中取出进行赔偿。如果一个成年男子殴打孩子致死,他应当支付全额的赔偿金(孩子的赔偿金没有说明,应当是与成年男子的数额一样。参考 III 46)。如果一个成年男子惩戒孩子,或者拉扯他的头发,或者由于孩子的不当行为,用扫帚击打他,如果他按着物品发誓,他是因为孩子的不当行为而打他,他不需要进行赔偿。

第三卷《领地法》:

第 3 条　育有孩子的妇女和智力低下的人不得被判刑

对育有孩子的妇女的处罚,不得超过鞭打和剪掉她的头发。也不

---

① 即平等继承的集体成员。

得对傻瓜和智力低下的人判刑。如果他们对他人造成伤害,他们的监护人应当进行赔偿。

第四卷《封建法》:

第 26 条　关于孩子获得封地的资格

孩子更新封地的时间限制在出生后的 13 岁前 6 个星期(即按照封建法,年轻的继承人需要在年满 13 岁之前确认他们继承的封地)。在这种情况下,他可以得到他们领主的下属作为监护人,并在封建法中作为他的代表。他需要以手指和舌头承诺(以手指和舌头起誓,即需要完成一个完整的宣誓仪式,仪式由正式的手势和誓言组成)。孩子的年龄不是按照怀孕的时间计算,而是按照孩子出生的时间计算。如果有人在孩子未成年前要求得到领地,而该诉求存在争议的话则需与孩子的监护人商量有关封地权的转让事宜。

在孩子一直持有领主的封地,而领主没有将使用权转交给孩子的情况下,领主永远是孩子的监护人(这种情况是当孩子持有特殊的领地,领主才会成为他的监护人。一般孩子会拥有自己的监护人,负责照顾他的生活和财产)。领主应当收集土地的收入直到孩子成年为止。在未成年前,如果他错过截止期,按照封建法他是无罪的。如果领主不相信孩子已经到达成年的年龄的话,孩子、他的监护人或者领主的手下可以对着物品发誓予以证明。在证明之后,领主不得继续从财产获取收入。任何未成年人都不得在封建法庭作证。无论孩子在父亲去世的时候年龄是多大,在监护人将他带到领主面前,并要求合法地把封地转移给继承人,领主就应当授予他封地。此外,在万一有几个孩子的情况下,也应当为他指定担保人,避免领主因为封地遭到起诉。人们重新确认封地的截止时间是从孩子开始直到未成年的孩子被授予封地为止。然而,在领主给予使用权的情况下,如果孩子或者他的监护人传召的话,他们应当服从最高领主的领命。

封地的使用权不同于封建权和更新权。然而,可以在法庭上授予使用权,但是不可以更新,也不可以传给孩子,在授予权利的孩子去世或者达到成年年龄,使用权也随之告终。只要孩子按照协议或者法律没有使用权,他不需要确认从领主处获得的财产。按照领地法和封建法,任何人都不得以授予、抵押或转让的方式占有儿童在未成年时继承的财产,这将导致后者先前合法继承的财产无效。任何非法继承遗产的人也不得取消未成年人的财产权。如果一个人将封地转让给儿童,并规定他须将该财产授予另一人,若后者在成年后完成了授予,分封视为有效。但是,如果儿童在成年后没有履行约定,财产须归还转让方,因为在转让的时候,转让方已经规定了财产的处理方式。因此,当法庭宣布封地授予无效后,转让也随之无效,因为它是建立在封地被授予给了另一个人的基础之上的。在孩子成年时,如果他拒绝给予他的封臣封建权利的话,后者可以第二次要求重新确认他们的封地,否则,他们无法在规定时间内完成封地的确认。

第 27 条　如果一个有儿子的男子去世,如果一个领主的儿子在封地重新确认时期去世

如果一个有儿子的男子在领地更新期间去世,即使父亲尚未完成领地更新,只要他还没错过更新的截止期,他的儿子便不会失去财产。如果一个领主的儿子在封地重新确认时期内去世,男性需要从领主处获得他的封地,可以由领主的继承人更新封地而不会失去领地。

第 29 条　男性只能从领主的其中一个儿子处获得封地,同样地,领主只能将男性的封地授予其中一个儿子

如果所有领主的儿子都拥有封地,但男子只能从其中一个儿子的手中领受封地。如果儿子们之间没有达成一致意见,领主则拥有特权,由他来决定男子必须在哪一位儿子处领受封地。在男子去世之后,领主不需要将他的封地授予多过一位他的孩子。在孩子们年满可领受领地的年龄之前,他们可以选择受封人,但是在他们年满之后,领主则拥有选择其中一位授予其封地的合法权利。如果领主按照自己的意愿而不是按照法律,选择封地授予人的话,将不能阻止其他人接受他的封地。如果任何一位孩子错过了更新封地的截止时间,除非他对着物品发誓,否则领主不再对他有任何义务。如果男子的孩子成年后,向他的领主要求财产,此时他还有未成年的兄弟的话,在授予他封地之前,他需要向领主发誓其他兄弟已经放弃了他们的权利并且不会在成年后起诉领主。其后,如果兄弟们违背承诺,在封建法庭上申诉权利,领主可以将他们和最年长的兄弟一起起诉,因为最年长的兄弟在其他兄弟没有放弃权利的情况下,让领主将财产授予了他。

第 58 条　孩子可以授予另一位孩子封地

孩子可以授予另一位孩子财产,以及对封地的封建继承权,因为在他们都未成年的情况下,是他首先获得了封地。如果授予他封地的领主去世了,封地或遗产的继承权即无法更新。在孩子未成年的时候,领主拥有他附庸领地的使用权,即像拥有自己的财产一样拥有封地或遗产的使用权。任何人不诚实地授予财产都必须向领主缴纳罚金,除非他能够按照正常的程序证明自己无罪。他必须在六个星期内合法地取消领地的授予,不然将被剥夺他的财产。

参 考 文 献

一、工具书

Altfriesisches Handwörterbuch. Hrsg. Dietrich Hofmann und Anne Tjer Popkema. Heidelberg: Universitätsverlag Winter, 2008.

Althochdeutsches Wörterbuch. http://awb.saw-leipzig.de/cgi/WBNetz/wbgui_py?sigle=AWB.

Ausführliches lateinisch-deutsches Handwörterbuch. http://www.zeno.org/Georges-1913.

Baier, Thomas. *Der neue Georges. Ausführliches Handwörterbuch Lateinisch-Deutsch*. Darmstadt: Wissenschaftliche Buchgesellschaft, 2012.

Berger, Adolf. *Encyclopedic Dictionary of Roman Law*. Philadelphia: The American Philosophical Society, 1991.

Bergmann, Rolf und Moulin, Claudine. *Alt- und Mittelhochdeutsch*. Göttingen: Vandenhoeck & Ruprecht, 2016.

Buch, Johann von. *Glossen zum Sachsenspiegel-Landrecht. Buch'sche Glosse*. In MGH, Fontes iuris N. S., 7, 1-3. Hrsg. Rolf Lieberwirth, Frank-Michael Kaufmann. Hannover: Hahnsche Buchhandlung, 2002. https://www.dmgh.de/mgh_fontes_iuris_n_s_7_1/index.htm#page/(III)/mode/1up.

Cordes, Albrecht. *Handwörterbuch zur deutschen Rechtsgeschichte* (HRG). Berlin: Erich Schmidt Verlag, 2016. https://www.hrgdigital.de/inhalt.html.

Deutsche Biographie. https://www.deutsche-biographie.de/home.

Deutsches Rechtswörterbuch, Wörterbuch der älteren deutschen Rechtssprache (DRW). Weimar: Hermann Böhlaus Nachfolger, 1914-. https://drw-www.adw.uni-heidelberg.de/drw/info/.

Deutsches Wörterbuch von Jacob und Wilhelm Grimm. Leipzig 1854-1961, und Quellenverzeichnis, Leipzig 1971. https://woerterbuchnetz.de/?sigle=DWB.

Dictionary of Greek and Roman Geography. Ed. William Smith. London: John Murray, 1854. http://www.perseus.tufts.edu/hopper/.

Glossarium mediæ et infimæ latinitatis. Niort: L. Favre, 1883-1887. http://ducange.enc.sorbonne.fr/.

Handwörterbuch zur deutschen Rechtsgeschichte (HRG). http://www.hrg-digital.de/.

Historisches Lexikon Bayerns (HLB). https://www.historisches-lexikon-bayerns.de/Lexikon/Startseite.

Köbler, Gerhard. *Mittelniederdeutsches Wörterbuch*, 3. A. 2014. https://www.koeblergerhard.de/mndwbhin.html.

LegIT: Der Volkssprachige Wortschatz der Leges Barbarorum. https://legit.germ-ling.uni-bamberg.de/pages/21.

Lewis, Charlton T. A Latin Dictionary. http://www.perseus.tufts.edu/hopper/text?doc=Perseus:text:1999.04.0059.

Lexilogos, Ancient Greek Dictionary. https://www.lexilogos.com/english/greek_ancient_dictionary.htm.

Lexikon der europäischen Rechtsgeschichte. http://koeblergerhard.de/zwerg-index.html.

Lübben, August. *Mittelniederdeutsches Handwörterbuch*. Darmstadt: Wissenschaftliche Buchgesellschaft, 1888. http://www.koeblergerhard.de/Fontes/Luebben_MittelniederdeutschesHandwoerterbuch1888.htm.

Ludwig, Christian. *Teutsch-Englisches Lexicon*, Vol. 2. Leipzig: Thomas Fritschen, 1746.

Mittelhochdeutsches Wörterbuch (MWB). http://www.mhdwb-online.de/.

Mittelhochdeutsche Wörterbücher im Verbund (MWV). http://mwv.uni-trier.de/de/.

Niermeyer, J. F. *Mediae Latinitatis Lexicon Minus*. Leiden: E. J. Brill, 1954.

Schiller, Karl und August Lübben. *Mittelniederdeutsches Wörterbuch*. Bremen: J. Kühtmann, 1875.

Tiefenbach, Heinrich. *Altächsisches Handwörterbuch: A Concise Old Saxon Dictionary*. Berlin: Walter de Gruyter, 2010.

Weddige, Hilkert. *Mittelhochdeutsch: Eine Einführung*. München: C. H. Beck, 1999.

二、数据库

Avalon Project of the Yale Law School. https://avalon.law.yale.edu/.

Bibliotheca Laureshamensis. http://bibliotheca-laureshamensis-digital.de/de/index.html.

Bibliotheca Legum. http://www.leges.uni-koeln.de/.

Biblissima. https://www.biblissima.fr/.

BnF Archives et manuscrits, Bibliothèque nationale de France. https://archivesetmanuscrits.bnf.fr/.

Capitularia: Edition der fränkischen Herrschererlasse. https://capitularia.uni-koeln.de/.

Codices Electronici Sangallenses. https://www.e-codices.unifr.ch/de/.

Den Store Danske, lex.d. https://denstoredanske.lex.dk/.

Deutsche Digitale Bibliothek. https://www.deutsche-digitale-bibliothek.de/.

Deutsches Textarchiv (DTA). https://www.deutschestextarchiv.de.

Digital Bodleian, Oxford University. https://digital.bodleian.ox.ac.uk/.

Digital Libraries Connected (DLC), Max-Planck-Institut für europäische Rechtsgeschichte. https://dlc.mpg.de/index/.

Digital Scriptorium. https://digital-scriptorium.org/.

Digitalisierte Bestände der Universitätsbibliothek Tübingen. http://idb.ub.uni-tuebingen.de/digitue/tue.

Diplomatarium Danicum. https://diplomatarium.dk/.

Diplomatarium Fennicum. http://df.narc.fi/.

Diplomatarium Norvegicum. https://www.dokpro.uio.no/dipl_norv/diplom_field_eng.html.

DMMmaps. https://digitizedmedievalmanuscripts.org/.

Enciclopedia Treccani. https://www.treccani.it/.

Fragmentarium: Laboratory for Medieval Manuscript Fragments. https://fragmentarium.ms/.

Geschichtsquellen des deutschen Mittelalters. https://www.geschichtsquellen.de/start.

Handschriftencensus, Eine Bestandsaufnahme der handschriftlichen Überlieferung deutschsprachiger Texte des Mittelalters. https://handschriftencensus.de/.

Heidelberger historische Bestände—digital. http://hd-historische-bestaende-digital.uni-hd.de.

Karlsruhe-Badische Landesbibliothek. https://digital.blb-karlsruhe.de/.

Manuscripta at Mittelalterliche Handschriften in Österreich. https://manuscripta.at/.

Manuscripta Mediaevalia. http://www.manuscripta-mediaevalia.de/#|4.

Max-Planck-Institut für europäischer Rechtsgeschichte. https://dlc.mpg.de/partner/mpilhlt/.

Medieval Manuscripts in Dutch Collections. http://www.mmdc.nl/static/site/.

Mittelalterliche Handschriften in Österreich. https://manuscripta.at/.

Monumenta Germaniae Historica (MGH). https://www.mgh.de/.

Münchener Digitalisierungszentrum (MDZ). https://www.digitale-sammlungen.de/de/.

Online Coins of the Roman Empire (OCRE). http://numismatics.org/ocre/.

Rechtsikonographische Datenbank. http://gams.uni-graz.at/context:rehi.

Regesta Imperii. http://www.regesta-imperii.de/startseite.html.

Roman Provincial Coinage (RPC). https://rpc.ashmus.ox.ac.uk/.

St. Gall Project. http://www.stgallplan.org/.

Svenskt Diplomatariums huvudkartotek (SDHK). https://sok.riksarkivet.se/SDHK.

The Making of Charlemagne's Europe, King's College London. https://charlemagneseurope.ac.uk/.

The Roman Law Library. https://droitromain.univ-grenoble-alpes.fr/.

Universal Short Title Catalogue (USTC). https://www.ustc.ac.uk/.

Usuarium. https://usuarium.elte.hu/origins.

Welscher Gast digital. https://digi.ub.uni-heidelberg.de/wgd/.

Wren Digital Library, Cambridge University. https://www.trin.cam.ac.uk/library/wren-digital-library/.

Zeitrechnung des deutschen Mittelalters und der Neuzeit. http://bilder.manuscripta-mediaevalia.de/gaeste//grotefend/grotefend.htm.

三、手稿和抄本

Annales Lauresamenses; "Christus und die Samariterin"; Nicetas Remesianensis, Oberrhein, vermutl. Alemannien, um 800. https://bibliotheca-laureshamensis-digital.de/view/onb_cod515? ui_lang=ger.

Annales Lauresamenses, Wien, Österreichische Nationalbibliothek, Cod. 515. https://bibliotheca-laureshamensis-digital.de/view/onb_cod515.

Annales regni Francorum, Wien, Österreichische Nationalbibliothek, Wien,

2. Hälfte 9. Jh. , Cod. 473. https://digital. onb. ac. at/RepViewer/viewer. faces? doc=DTL_8933188&order=1&view=SINGLE.

Breviarium Alarici, Bibliothèque nationale de France. Département des manuscrits. Lat. 4404, 179r -194v. https://gallica. bnf. fr/ark:/12148/btv1b8426042t/f371. item.

Capitulare missorum generale, Paris Bibliothèque nationale de France Lat. 4613. https://gallica. bnf. fr/ark:/12148/btv1b9066866b/f97. item.

Capitulare Saxonicum, Münster, Landesarchiv NRW, Abt. Westfalen, msc. VII. 5201. http://dfg-viewer. de/show? id=9&tx_dlf%5Bid%5D=http%3A%2F%2Fwww. landesarchiv-nrw. de%2Fdigitalisate%2FAbt_Westfalen%2FMsc_VII%2F05201%2Fmets. xml&tx_dlf%5Bpage%5D=27.

Catalogus abbatum Corbeiensium ab a. 822 ad a. 1147, Landesarchiv NRW Abteilung Westfalen, Münster, Msc. I 133. https://corvey. ub. uni-marburg. de/handle/corvey/104.

Cod. Aug. perg. 111, Glossar: glosae ex novo et vetere (Abrograns). https://digital. blb-karlsruhe. de/blbhs/content/pageview/396861.

Codex Parisinus 7640, 1.° Glossarium vetus: authore anonymo; desideratur initium. —2.° Glossarium vocabulorum Veteris et Novi Testamenti: authore anonymo; desinit in littera I, Bibliothèque nationale de France. Département des manuscrits, Latin 7640. https://gallica. bnf. fr/ark:/12148/btv1b9077678f.

Gratiani, Decretum, Collectio Eberbacensis, Arundel MS 490, British Library. http://www. bl. uk/manuscripts/Viewer. aspx? ref=arundel_ms_490_fs001r.

Gratiani, Decretum, MS 262, Fitzwilliam Museum. https://collection. beta. fitz. ms/id/object/239348.

Kopiar Albrecht von Bardewicks (Der Bardewick' sche Copiarius), Archiv derHansestadt Lübeck, Handschriften Nr. 753. https://stadtarchiv-luebeck. findbuch. net/php/main. php#30382e3031x36.

Lex Alamannorum (Klasse A) und teilweise singuläre Überlieferung des Pactus Alamannorum (beide fragmentarisch), Bibliothèque nationale de France, Département des Manuscrits, Latin 10753. https://gallica. bnf. fr/ark:/12148/btv1b9066844r.

Lex Burgundionum (cc. 78, 42 und 75), München, Bayerische Staatsbibliothek, Lat. 4115, 67r-v. https://daten. digitalesammlungen. de/0006/bsb00060127/images/index. html? fip=193. 174. 98. 30&id=00060127&seite

=1.

Lex Ripuariae constituta a Francis, Bayerische Staatsbibliothek, München, Lat. 4115. http://daten. digitale-sammlungen. de/bsb00060127/image_1.

Lex Salica, Lex Alamannorum, Lex Ribuariorum, Bibliothèque nationale de France. Département des manuscrits. Latin 4787. Paris Bibliothèque Nationale Lat. 4758. https://gallica. bnf. fr/ark:/12148/btv1b90668811.

Lex Salica, Lex Ribuaria (Cod. Guelf. 299 Gud. lat. ; Katalog-Nr. 4606). http://diglib. hab. de/mss/299-gud-lat/start. htm? image=00001.

Lex Saxonum, Münster, Landesarchiv NRW, Abteilung Westfalen, msc. VII. 5201, 5-19. http://dfg-viewer. de/show/? tx_dlf%5Bid%5D=http%3A%2F%2Fwww. landesarchiv-nrw. de%2Fdigitalisate%2FAbt_Westfalen%2FMsc_VII%2F05201%2Fmets. xml.

Lex Thuringorum, Münster, Landesarchiv NRW, Abteilung Westfalen, msc. VII. 5201, 19-27. http://dfg-viewer. de/show/? tx_dlf%5Bid%5D=http%3A%2F%2Fwww. landesarchiv-nrw. de%2Fdigitalisate%2FAbt_Westfalen%2FMsc_VII%2F05201%2Fmets. xml.

Marculfi Formulae, 1.° Lex Salica: praemittitur fragmentum cujus titulus: Chartas Senicas: est autem illud fragmentum appendix formularum Marculfi; sed duodecim hîc priora capitula desiderantur, quae Marculfi formulis, infra recensitis, subjiciuntur. —2.° Childeberti, Regis, Decretum. —3.° Regum Francorum catalogus, a Theodorico ad Childericum. —4.° Marculfi formulae, duobus libris. —5.° Formulae exorcismorum per aquam ferventem, et ad mala furta reprimenda, Bibliothèque Nationale, Paris, Lat. 4627. https://gallica. bnf. fr/ark:/12148/btv1b52515201k/f132. double.

Pactus legis Salicae, Bibliothèque nationale de France. Département des manuscrits, Lat. 4404. https://gallica. bnf. fr/ark:/12148/btv1b8426042t.

Pactus legis Salicae, Bonn Universitäts- und Landesbibliothek S. 402. http://www. manuscripta-mediaevalia. de/? xdbdtdn!%22obj%2031275294%22&dmode=doc#|4.

Pactus legis Salicae, Gotha Forschungs- und Landesbibliothek, Memb. I 84. https://dhb. thulb. uni-jena. de/receive/ufb_cbu_00011566? &derivate=ufb_derivate_00010754.

Pactus legis Salicae, Staatsbibliothek—Preußischer Kulturbesitz, Berlin, Phill. 1736. https://digital. staatsbibliothek-berlin. de/werkansicht/? PPN=PPN82881614X.

Pactus legis Salicae, St. Gallen, Stiftsbibliothek, Cod. Sang. 731; Lex Romana Visigothorum, Lex Salica, Lex Alamannorum. http://www.e-codices.unifr.ch/de/list/one/csg/0731.

Pactus legis Salicae, Universiteitsbibliotheek Leiden, BPL 2005. https://digitalcollections.universiteitleiden.nl/view/item/2042311#page/1/mode/1up.

Pactus legis Salicae, Herzog August Bibliothek Wolfenbüttel, Cod. Guelf. 97 Weiss. http://diglib.hab.de/mss/97-weiss/start.htm.

Sachsenspiegel, Die Dresdner Bilderhandschrift des Sachsenspiegels—Mscr. Dresd. M. 32. https://digital.slub-dresden.de/werkansicht/dlf/6439/1/.

Sachsenspiegel, Herzog August Bibliothek Wolfenbüttel, Cod. Guelf. 3.1 Aug. 2°. http://www.sachsenspiegel-online.de/export/ssp/ssp.html.

Sachsenspiegel, Landesbibliothek Oldenburg, Rastede, 1336, CIM I 410. https://digital.lb-oldenburg.de/ihd/content/pageview/193290.

Sachsenspiegel, Universitätsbibliothek Heidelberg, Cod. Pal. Germ. 164. http://digi.ub.uni-heidelberg.de/diglit/cpg164; Dietlinde Munzel-Everling, Der Sachsenspiegel. Die Heidelberger Bilderhandschrift: Faksimile, Transkription, Übersetzung, Bildbeschreibung CD-ROM, Heidelberg: Universitätsbibliothek Heidelberg, 2009.

St. Gallen, Stiftsbibliothek, Cod. Sang. 911: Abrogans—Vocabularius (Keronis) et Alia. https://www.e-codices.unifr.ch/en/csg/0911/4.

Visbys søret, Dansk lovhåndskrift, Danmark, 1450-1499, AM 25 4to, 105r-114v. https://handrit.is/manuscript/view/da/AM04-0025/218?iabr=on#page/105r/mode/2up.

四、原始文献

"22. Admonitio generalis, 789." In *MGH*, *Capit. 1*. Hrsg. Alfredus Boretius. Hannoverae: Impensis Bibliopolii Hahniani, 1983, S. 52-62. https://www.dmgh.de/mgh_capit_1/index.htm#page/(52)/mode/1up.

"Alcimi Ecdicii Aviti Viennensis episcopi Opera quae supersunt." In *MGH*, *Auct. Ant. 6, 2*. Hrsg. Rudolf Peiper. Berlin: Apud Weidmannos, 1883. https://www.dmgh.de/mgh_auct_ant_6_2/index.htm#page/(III)/mode/1up.

"Alcuin (Albini) Carmina." In *MGH*, *Poetae 1*. Hrsg. Ernestus Dümmler. Berolini: Apud Weidemannos, 1881, S. 160-351. https://www.dmgh.de/mgh_poetae_1/index.htm#page/(160)/mode/1up.

"Annales Bertiniani." In *MGH*, *SS rer. Germ. 5*. Hrsg. Recensuit G.

Waitz. Hannoverae: Impensis Bibliopolii Hanhniani, 1883.

„Annales Laureshamenses." In *MGH*, *SS 1*. Hrsg. Georg Heinrich Pertz. Hannoverae: Impensis Bibliopolii Hahniani, 1826, S. 19-39. https://www.dmgh.de/mgh_ss_1/index.htm#page/(19)/mode/1up.

„VII. Annalium Guelferbytanorum pars altera, 793." In *MGH*, *SS 1*. Hrsg. Georg Heinrich Pertz. Hannoverae: Impensis Bibliopolii Hahniani, 1826, S. 45. https://www.dmgh.de/mgh_ss_1/index.htm#page/45/mode/1up.

„IV. Annalium Petaviani pars secunda." In *MGH*, *SS 1*. Hrsg. Georg Heinrich Pertz. Hannoverae: Impensis Bibliopolii Hahniani, 1826, S. 18. https://www.dmgh.de/mgh_ss_1/index.htm#page/18/mode/1up.

Archiv für Frankfurts Geschichte und Kunst, Zweiter Band. Frankfurt: Waldemar Kramer, 1839.

Arumaeus, Dominicus. *Commentarius iuridico-historico-politicus de comitiis Romano-Germanici Imperii*. Jena: Blasius Lobenstein, 1635.

„24. Breviarium missorum Aquitanicum." In *MGH*, *Capit. 1*. Hrsg. Alfredus Boretius. Hannoverae: Impensis Bibliopolii Hahniani, 1983, S. 65-66. https://www.dmgh.de/mgh_capit_1/index.htm#page/65/mode/1up.

„32. Capitulare de villis. 800." In *MGH*, *Capit. 1*. Hrsg. Alfredus Boretius. Hannoverae: Impensis Bibliopolii Hahniani, 1983, S. 84. https://www.dmgh.de/mgh_capit_1/index.htm#page/84/mode/1up.

„21. Capitulare episcoporum, 780."In *MGH*, *Capit. 1*. Hrsg. Alfredus Boretius. Hannoverae: Impensis Bibliopolii Hahniani, 1983, S. 51-52.

„20. Capitulare Haristallense, 779." In *MGH*, *Capit. 1*. Hrsg. Alfredus Boretius. Hannoverae: Impensis Bibliopolii Hahniani, 1983, S. 46-51. https://www.dmgh.de/mgh_capit_1/index.htm#page/(46)/mode/1up.

„25. Capitulare missorum, 792." In *MGH*, *Capit. 1*. Hrsg. Alfredus Boretius. Hannoverae: Impensis Bibliopolii Hahniani, 1983, S. 66-67. https://www.dmgh.de/mgh_capit_1/index.htm#page/(66)/mode/1up.

„33. Capitulare missorum generale, 802." In *MGH*, *Capit. 1*. Hrsg. Alfredus Boretius. Hannoverae: Impensis Bibliopolii Hahniani, 1983, S. 91-99. https://www.dmgh.de/mgh_capit_1/index.htm#page/91/mode/1up.

„Capitulare Saxonicum." In *MGH*, *Fontes iuris 4*. Hrsg. *Claudius Freiherrn von Schwerin*. Hannover: Hahnsche Buchhandlung, 1918, S. 45-49. https://www.dmgh.de/mgh_fontes_iuris_4/index.htm#page/(45)/mode/1up.

„34. Capitularia missorum specialia. 802." In *MGH*, *Capit. 1*. Hrsg. Alfredus Boretius. Hannoverae: Impensis Bibliopolii Hahniani, 1983, S. 99-102. https://www.dmgh.de/mgh_capit_1/index.htm#page/99/mode/1up.

„Capitulatio de partibus Saxoniae." In *MGH*, *Fontes iuris 4*. Hrsg. *Claudius Freiherrn von Schwerin*. Hannover: Hahnsche Buchhandlung, 1918, S. 37-44. https://www.dmgh.de/mgh_fontes_iuris_4/index.htm#page/(37)/mode/1up.

Caesar. *The Gallic War*. Trans. H. J. Edwards. Cambridge: Harvard University Press, 1917.

Castilla, Alfonso X de. *Las Siete Partidas*, *Volume 1-5*. Trans. Samuel Parsons Scott and Robert I. Bruns. Philadelphia: University of Pennsylvania Press, 2001.

„Codex iuris urbici Visbyensis, Visby Stadslag, III. III, Tercia pars tercii." In *Corpus iuris Sueo-Gotorum antiqui. Samling af Sweriges gamla lagar*, VIII, *Wisby stadslag och sjörätt*. Hrsg. C. J. Schlyter. Lund: Z. Haeggström, 1853.

„Concordatum Wormatiense." In *MGH*, *LL 2*. Hrsg. Georg Heinrich Pertz. Hannoverae: Impensis Bibliopolii Hahniani, 1837, S. 75. https://www.dmgh.de/mgh_ll_2/index.htm#page/75/mode/1up.

Corpus Iuris Civilis, *Institutiones*, *Digesta*. Hrsg. Paul Krueger und Theodor Mommsen. Berlin: Weidmann, 1888-1895.

Corpus Juris Romani, *Volume 1 The Theodosian Code and Novels and the Sirmonsian Constitutions*. Trans. Clyde Pharr. New Jersey: Princeton University Press, 1952.

„Curia Moguntina, A. 1103." In *MGH*, *LL 2*. Hrsg. Georg Heinrich Pertz. Hannoverae: Impensis Bibiopolii Hahniani, 1837, S. 60-63. https://www.dmgh.de/mgh_ll_2/index.htm#page/60/mode/1up.

Das Kleine Kaiserrecht: *Text und Analyse eines mittelalterlichen Rechtsbuches*: *Leithandschrift der Fürstlichen Bibliothek Corvey*, *Bestandsaufnahme aller anderen Handschriften*, *Benennung*, *Verfasser*, *Datierung*, *Quellen*, *Auswirkung*. Hrsg. Dietlinde Munzel-Everling. Wiesbaden: Hylaila-Verlag, 2019.

„De Conversione Saxonum carmen." In *MGH*, *Poetae 1*. Hrsg. Ernestus Dümmler. Berolini: Apud Weidemannos, 1881, S. 380-381. https://www.dmgh.de/mgh_poetae_1/index.htm#page/380/mode/1up.

„18. *De regis antrustione*, Formulae Marculfi." In *MGH*, *Formulae*. Hrsg. Karolus Zeumer. Hannoverae: Impensis Bibliopolii Hahniani, 1886, S. 55. https://www.dmgh.de/mgh_formulae/index.htm#page/55/mode/1up.

„Deutschenspiegel." In *MGH*, *Fontes iuris N. S. 3*. Hrsg. Karl August Eckhardt. Hannover: Hahnsche Buchandlung, 1933. https://www.dmgh.de/mgh_fontes_iuris_n_s_3/index.htm#page/(III)/mode/1up.

Die Quellen des Revaler Stadtrechts, Volume 1. Hrsg. Friedrich Georg von Bunge. Tallinn: Reval, 1844.

„Die Sachsengeschichte des Widukind von Korvei." In *MGH*, *SS rer. Germ. 60*. Hrsg. H. E. Lohrmann und P. Hirsch. Hannover: Hahnsche Buchhandlung, 1935. https://www.dmgh.de/mgh_ss_rer_germ_60/index.htm#page/XI/mode/1up.

Dio Cassius. *Roman History*, Books 71-80. Trans. Earnest Cary. Cambridge: Harvard University Press, 1955.

„45. Divisio regnorum." In *MGH*, *Capit. 1*. Hrsg. Alfredus Boretius. Hannoverae: Impensis Bibliopolii Hahniani, 1983, S. 126-130. https://www.dmgh.de/mgh_capit_1/index.htm#page/126/mode/1up.

„23. Duplex legationis edictum, 789." In *MGH*, *Capit. 1*. Hrsg. Alfredus Boretius. Hannoverae: Impensis Bibliopolii Hahniani, 1983, S. 62-64. https://www.dmgh.de/mgh_capit_1/index.htm#page/(62)/mode/1up.

„Edictum Theodorici regis." In *MGH*, *LL 5*. Hrsg. F. Bluhme. Hannoverae: Hahnsche Buchhandlung, 1875, S. 145-179. https://www.dmgh.de/mgh_ll_5/index.htm#page/145/mode/1up.

Einhardi. „Annales regni Francorum." In *MGH*, *SS rer. Gem. 6*. Hrsg. Friedrich Kurze. Hannoverae: Impensis Bibiopolii Hahniani 1895. https://www.dmgh.de/mgh_ss_rer_germ_6/index.htm#page/(III)/mode/1up.

_____. *The Life of Charlemagne*. Trans. Samuel Epes Turner. Ann Arbor: The University of Michigan, 1960.

_____. „Vita Karoli Magni." In *MGH*, *SS rer. Germ. 25*. Hrsg. Georg Waitz. Hannoverae: Impensis Bibliopolii Hahniani, 1911. https://www.dmgh.de/mgh_ss_rer_germ_25/index.htm#page/(III)/mode/1up.

Fichard, Johann. *Der Statt Franckenfurt erneuwerte Reformation*. M. D. LXXVIII. Franckfurt am Mayn, Feyerabend, 1578. https://digi.ub.uni-heidelberg.de/diglit/drwFrankfurtErnRef1578.

Finlands Medeltidsurkunder. Samlade och i tryck utgifna af Finlands Statsarkiv genom Reinh, Hausen, Band I. Helsingfors: Finlands Statsarkiv, 1910.

„Formulae Marculfinae aevi carolini." In *Formulae Merowingici et Karolini aevi*. Hrsg. Karolus Zeumer. Hannoverae: Impensis Bibliopolii Hahniani, 1886.

Franz, Günther. *Quellen zur Geschichte des Bauernkrieges*. Darmstadt: Wissenschaftliche Buchgesellschaft, 1963.

_____. *Quellen zur Geschichte des deutschen Bauernstandes im Mittelalter*. Berlin: Deutscher Verlag der Wissenschaften, 1967.

Hansisches Urkundenbuch, Band I. Hrsg. Konstantin Höhlbaum. Halle: Waisenhauses, 1876.

Heliand. Hrsg. Eduard Sievers. Halle: Verlag der Buchhandlung des Waisenhauses, 1878. http://www.wulfila.be/lib/sievers/1878/Index.html.

Heyden, Conrad. *Thesaurus (seu Promptuarium) Totius Practicae Iuris Civilis Et Criminalis, Das ist: Teudtscher Revocirter Richterlicher Klagspiegel: darinnen das gantze Ius forense, was so wol an Obern als Untergerichten, jedweder Richter, Urtheilsprecher, Referent*. Frankfurt am Main: Nikolaus Basse [und] Melchior Hartmann, 1601. http://diglib.hab.de/drucke/qun-13-1s/start.htm.

Hucbald. „Vita Lebuini antiqua." In *MGH, Scriptores 30.2*. Hrsg. A. Hofmeister. Lipsiae: Impensis Karoli W. Hiersemann, 1934, S. 789-95. https://www.dmgh.de/mgh_ss_30_2/index.htm#page/789/mode/1up.

Hucbaldo Monacho S. Amandi. „Ex Vita Sancti Lebuini." In *MGH, SS 2*. Hrsg. Georg Heinrich Pertz. Hannoverae: Impensis Bibiopolii Hahniani, 1829. https://www.dmgh.de/mgh_ss_2/index.htm#page/361/mode/1up.

„II. Ius maritimum Visbyensis ex versione Hollandica iterum Germannice translatum." In *Corpus iuris Sueo-Gotorum antiqui. Samling af Sweriges gamla lagar*, VIII, *Wisby stadslag och sjörätt*. Hrsg. C. J. Schlyter. Lund: Z. Haeggström, 1853.

„III. Ius maritimum Visbyense, ex versione Hollandica iterum Germanice-Translatum." In *Corpus iuris Sueo-Gotorum antiqui. Samling af Sweriges gamla lagar*, VIII, *Wisby stadslag och sjörätt*. Hrsg. C. J. Schlyter. Lund: Z. Haeggström, 1853.

Justinianus I. *Digestum vetus, mit der Glossa ordinaria von Accursius Florentinus*. Nürnberg: Anton Koberger, 22 November 1482. https://daten.digitale-sammlungen.de/~db/0003/bsb00036530/images/.

_____. *Corpus iuris civilis. Institutiones, mit der Glossa ordinaria von Accursius Florentinus*. Nürnberg: Anton Koberger, 27 December 1486. http://daten.digitale-sammlungen.de/~db/0004/bsb00041485/images/index.html.

_____. *Codex Justinianus*, mit der Glossa ordinaria von Accursius Florentinus. Nürnberg: Anton Koberger, 30 January 1488. https://daten. digitale-sammlungen. de/~db/0002/bsb00026690/images/index. html.

Karl V., Heiliges Römisches Reich, Kaiser, Nicolaus Vigelius. *Constitutiones Carolinae publicorum judiciorum, in ordinem redactae, cumque jure communi collatae, per Nicolaum vigelium jurisconsultum. Inserta item & in ordinem redacta est constitutio Carolina de fracta pace; per eundem. Constitutio de fracta pace von dem landfriedensbruch.* Basel: ex officina Johann Oporinus (Nachfolger) [per Balthasar Han et Hieronymus Gemusaeus], 1583. https://www. digitale-sammlungen. de/en/view/bsb00017828.

_____. *Des allerdurchleuchtigsten großmechtigste[n] vn überwindtlichsten Keyser Karls des fünfften; vnnd des heyligen Römischen Reichs peinlichgerichts ordnung auff den Reichsztägen zu Augspurgk vnd Regenspurgk in[n] jaren dreissig vn[d] zwey vnd dreissig gehalten auffgericht vnd beschlossen.* Mainz: Schöffer, 1533. https://www. digitale-sammlungen. de/en/view/bsb11702887? page=, 1.

_____. *Römischer Keyserlicher Maiestat Ordnung vnd Reformation guter Pollicey im Heyligen Römischen Reich: anno 1530 zu Augspurg uffgericht.* Mentz: Schöffer, 1531. https://www. digitale-sammlungen. de/en/view/bsb00029224? page=1.

_____. *Die Reichspolizeiordnungen von 1530, 1548 und 1577, Historische Einführung und Edition.* Hrsg. Matthias Weber. Frankfurt am Main: Klostermann, 2002.

_____. *Die peinliche gerichtsordnung kaiser Karls V.: Constitutio criminalis Carolina.* Hrsg. J. Kohler und Willy Scheel. Halle: Verlag der Buchhandlung des Waisenhauses, 1900.

„30. Karoli epistola generalis, 786." In *MGH, Capit. 1.* Hrsg. Alfredus Boretius. Hannoverae: Impensis Bibliopolii Hahniani, 1983, S. 80-81. https://www. dmgh. de/mgh_capit_1/index. htm#page/(80)/mode/1up.

„19. Karoli M. capititulare primum, 769." In *MGH, Capit. 1.* Hrsg. Alfredus Boretius. Hannoverae: Impensis Bibliopolii Hahniani, 1983, S. 44-46. https://www. dmgh. de/mgh_capit_1/index. htm#page/(44)/mode/1up.

„Karolus Magnus et Leo Papa." In *MGH, Poetae 1.* Hrsg. Ernestus Dümmler. Berolini: Apud Weidemannos, 1881, S. 377-379. https://www. dmgh. de/mgh_poetae_1/index. htm#page/377/mode/1up.

Kling, Melchior. *Das gantze Sechsisch landrecht mit text und gloss*. Frankfurt am Main: impensis Voegelinianis [Gotthard Vögelin, Philipp Vögelin bey Johannes Saur], 1600. https://www.digitale-sammlungen.de/en/view/bsb10144842? page=,1.

„Leges Alamannorum." In *MGH*, *LL nat. Germ.* 5,1. Hrsg. Karl Lehmann und Karl August Eckhardt. Hannoverae: Impensis Bibiopolii Hahniani, 1966. https://www.dmgh.de/mgh_ll_nat_germ_5_1/index.htm#page/(1)/mode/1up.

„Leges Burgundionum." In *MGH*, *LL nat. Germ.* 2,1. Hrsg. Ludovicus Rudolfus de Salis. Hannoverae: Impensis Bibiopolii Hahniani, 1892. https://www.dmgh.de/mgh_ll_nat_germ_2_1/index.htm#page/(III)/mode/1up.

„Leges Langobardorum." In *MGH*, *LL 4*. Hrsg. Friedrich Bluhme und Alfred Boretius. Hannoverae: Impensis Bibiopolii Hahniani, 1868. https://www.dmgh.de/mgh_ll_4/index.htm#page/(III)/mode/1up.

„Leges Saxonum und Lex Thuringorum." In *MGH*, *Fontes iuris 4*. Hrsg. Claudius Freiherr von Schwerin. Hannover: Hahnsche Buchhandlung, 1918. https://www.dmgh.de/mgh_fontes_iuris_4/index.htm#page/(2)/mode/1up.

„Leges Visigothorum." In *MGH*, *LL nat. Germ.* 1. Hrsg. Karolus Zeumer. Hannoverae: Impensis Bibiopolii Hahniani, 1902. https://www.dmgh.de/mgh_ll_nat_germ_1/index.htm#page/(III)/mode/1up.

„Legum Codicis Euriciani fragmenta." In *MGH*, *LL nat. Germ.* 1. Hrsg. K. Zeumer. Hannoverae: Impensis Bibiopolii Hahniani, 1902. https://www.dmgh.de/mgh_ll_nat_germ_1/index.htm#page/(1)/mode/1up.

„Lex Baiwariorum." In *MGH*, *LL nat. Germ.* 5,2. Hrsg. Ernst von Schwind. Hannoverae: Impensis Bibiopolii Hahniani,1926. https://www.dmgh.de/mgh_ll_nat_germ_5_2/index.htm#page/(II)/mode/1up.

„Lex Ribuaria." In *MGH*, *LL nat. Germ.* 3,2. Hrsg. Franz Beyerle und Rudolf Buchner. Hannoverae: Impensis Bibiopolii Hahniani, 1954. https://www.dmgh.de/mgh_ll_nat_germ_3_2/index.htm#page/(2)/mode/1up.

„Lex Romana Burgundionum." In *MGH*, *LL nat. Germ.* 2,1. Hrsg. Ludovicus Rudolfus de Salis. Hannoverae: Impensis Bibiopolii Hahniani, 1892, S. 123-163. https://www.dmgh.de/mgh_ll_nat_germ_2_1/index.htm#page/(123)/mode/1up.

„Lex Romana sive forma et exposition legume Romanarum." In *MGH*, *LL nat. Germ.* 2,1. Hrsg. L. R. de Salis. Hannoverae: Impensis Bibiopolii Hahniani, 1892. https://www.dmgh.de/mgh_ll_nat_germ_2_1/index.htm#page/

(123)/mode/1up.

Lex Romana Visigothorum. Hrsg. Gustavus Haenel. Lipsiae: Teubner, 1849. https://www.digitale-sammlungen.de/en/view/bsb10520137?page=.

„Lex Salica." In *MGH, LL nat. Gem. 4,2.* Hrsg. Karl August Eckhardt. Hannoverae: Impensis Bibiopolii Hahniani, 1969, S. 200-230. https://www.dmgh.de/mgh_ll_nat_germ_4_2/index.htm#page/200/mode/1up.

„Liber Decimus." In *MGH, LL nat. Germ. 1.* Hrsg. Karolus Zeumer. Hannoverae et Lipsiae: Impensis Bibiopolii Hahniani, 1902, S. 382. https://www.dmgh.de/mgh_ll_nat_germ_1/index.htm#page/(382)/mode/1up.

„Liber Tertius." In *MGH, LL nat. Germ. 1.* Hrsg. Karolus Zeumer. Hannoverae et Lipsiae: Impensis Bibiopolii Hahniani, 1902, S. 121. https://www.dmgh.de/mgh_ll_nat_germ_1/index.htm#page/(121)/mode/1up.

Luther, Martin. „An den Christlichen Adel deutscher Nation von des Christlichen standes besserung." In *D. Martin Luthers Werke, Kritische Gesamtausgabe*(WA), *Band 6.* Hrsg. Joachim Karl Friedrich. Weimar: H. Böhlaus, 1888.

Meginharto, Auctoribus Ruodolfo et. „Translatio S. Alexandri." In *MGH, SS 2.* Hrsg. Georg Heinrich Pertz. Hannoverae: Impensis Bibiopolii Hahniani, 1829, S. 673-683. https://www.dmgh.de/mgh_ss_2/index.htm#page/673/mode/1up.

Melanchthon, Philipp. „Loci communes rerum theologicarum seu hypotyposes theologicae." In *Corpus Reformatorum, Volumen XXI.* Hrsg. Karl Gottlieb Bretschneider und Heinrich Ernst Bindseil. Brunsuigae: Apud C. A. Schwetschke et Filium, 1854.

Monumenta Juridica, The Black Book of the Admiralty. Ed. Travers Twiss. London: Longman, 1876.

Nithard. „Nithardi Historiarum libri IV." In *MGH, SS rer. Germ. 44.* Hrsg. Ernst Müller. Hannoverae: Impensis Bibiopolii Hahniani, 1907. https://www.dmgh.de/mgh_ss_rer_germ_44/index.htm#page/(1)/mode/1up.

Oberbayerisches Landrecht Kaiser Ludwigs des Bayern von 1346. Hrsg. Hans Schlosser, Ingo Schwab. Köln: Böhlau, 2000.

„Pactus legis Salicae." In *MGH, LL nat. Germ. 4,1.* Hrsg. Karl August Eckhardt. Hannoverae: Impensis Bibiopolii Hahniani, 1962. https://www.dmgh.de/mgh_ll_nat_germ_4_1/index.htm#page/(II)/mode/1up.

„95. Pippini capitulare." In *MGH, Capit. 1.* Hrsg. Alfredus Boretius.

Hannoverae: Impensis Bibliopoli Hahniani, 1983, S. 201. https://www. dmgh. de/mgh_capit_1/index. htm♯page/201/mode/1up.

„18. Pippini capitulare Aquitanicum." In *MGH*, *Capit. 1*. Hrsg. Alfredus Boretius. Hannoverae: Impensis Bibliopoli Hahniani, 1983, S. 42-43. https:// www. dmgh. de/mgh_capit_1/index. htm♯page/42/mode/1up.

Pliny. *Letters Books VIII-X*, *Panegyricus*. Trans. Betty Radice. Cambridge: Harvard University Press, 1969.

_____. *Natural History*, *Volume I*: *Books 1-2*. Trans. H. Rackham. Cambridge: Harvard University Press, 1938.

_____. *Natural History*, *Volume II*: *Books 3-7*. Trans. H. Rackham. Cambridge: Harvard University Press, 1942.

_____. *Natural History*, *Volume X*: *Books 36-37*. Trans. D. E. Eichholz. Cambridge: Harvard University Press, 1962.

Pliny the Younger. *Complete Letters*. Trans. P. G. Walsh. Oxford: Oxford University Press, 2006.

Repgow, Eike von. *Der Sachsenspiegel*. Zürich: Manesse Verlag, 1984.

_____. *Remissorium mit sambt dem weichpilde und lehenrecht*. Augsburg: Johann Otmar, 1508.

_____. „Sachsenspiegel." In *MGH*, *Fontes iuris N. S.*, *1*, *1-2*. Hrsg. Karl August Eckhardt. Göttingen: Musterschmidt Verlag, 1955-1956. https:// www. dmgh. de/mgh_fontes_iuris_n_s_1_1/index. htm♯page/(3)/mode/1up.

_____. *Sachsenspiegel. Mit vil newen addicioñ. Sampt lantrechts und lehenrechts richtsteige item*. Augsburg: Silvan Otmar, 1517.

_____. *Sachsenspiegel auffs new fleissig corrigirt an texten, glossen*. Leipzig: Nikolaus Wolrab, 1545, 1553, 1554.

_____. *Sachsenspiegel. Auffs newe gedruckt. Und anderweit mit vleysse corrigiret*. Leipzig: Melchior Lotter d. Ä, 1528, 1535.

_____. *Sachsenspiegel. Auffs newe vbersehen, mit Summariis vnd newen Additionen*. Leipzig: Vögelin, 1561, 1563, 1569.

_____. *Sachsenspiegel. Auffs newe vbersehen, mit Summariis vnd newen Additionen*. Leipzig: Steinman, 1582.

_____. *Sachsenspiegel auffs newe ubersehen mit summariis und newen additionen*. Leipzig: Valentin Vögelin, 1595.

_____. *Sachsenspiegel: Landrecht*. Basel: Bernhard Richel, 1474.

_____. *Sachsenspiegel: Landrecht*. Köln: Bartholomaeus de Unkel, 1480.

_____. *Sachsenspiegel*:*Landrecht*. Augsburg: Anna Rügerin, 1484.

_____. *Sachsenspiegel*:*Landrecht*. Leipzig: Moritz Brandis, 1488, 1490.

_____. *Sachsenspiegel*:*Landrecht*. Stendal: Joachim Westphal, 1488.

_____. *Sachsenspiegel*:*Landrecht*. Augsburg: Johann Schönsperger, 1495, 1496, 1499.

_____. *Sachsenspiegel*:*Landrecht. Corr*:*Doetrich von Bocksdorf*. Augsburg: Anton Sorg, 1481, 1482.

_____. *Sächsisch lehenrecht unndt weichbilt, auffs new ubersehen mit summariis*. Leipzig: Hans Steinmann, 1589.

_____. *Sachssenspiegel, corrigirt auffs New, Nach dem Jnhalt der Alten, Waren, Corrigirten Exemplarn vnd Texten*. Leipzig: Nicolaus Wolrab, 1539.

_____. *Sechsisch Weichbild, Lehenrecht, vnd Remissorium. Auffs new an vielen Orten in Texten, Glossen*. Budissin: Nicolaus Wolraben, 1557.

_____. *Sechsisch weychbild und lehenrecht itzt auffs naw nach den warhafften alden exemplarn und texten*. Leipzig: Michael Blum, 1537.

_____. *The Saxon Mirror*:*A Sachsenspiegel of the Fourteen Century*. Trans. Maria Dobozy. Philadelphia: University of Pennsylvania Press, 1999.

„Schwabenspiegel, Kurzform, I. Landrecht, II. Lehnrecht." In *MGH, Fontes iuris N. S.* , 4, 1. 2. Hrsg. Karl August Eckhardt. Hannover: Hahnsche Buchandlung, 1974. https://www.dmgh.de/mgh_fontes_iuris_n_s_4_12/index.htm#page/(3)/mode/1up.

Schwarzenberg, Johann von. *Bambergische Peinliche Halsgerichtsordnung*. Bamberg: Hans Pfeil, 1507. http://mateo.uni-mannheim.de/desbillons/bambi.html.

Strabo. *Geography, Volume II*:*Book 3-5*. Trans. Horace Leonard Jones. Cambridge: Harvard University Press, 1923.

_____. *Geography, Volume III*:*Book 6-7*. Trans. Horace Leonard Jones. Cambridge: Harvard University Press, 1924.

Tacitus, *Dialogus, Agricola, Germania*. Trans. W. Peterson, M. Hutton. Cambridge: Harvard University Press, 1914.

_____. *Dialogus, Agricola, Germania*. Trans. W. Peterson, M. Hutton. London: W. Heinemann, 1920.

_____. *Germania*:*De situ, moribus et populis Germaniae*. Nürnberg: Friedrich Creussner, 1473-1474.

_____. *Germania*:*De situ*,*moribus et populis Germaniae*. Roma:Johannes Schurener de Bopardia,1473.

_____. *Germania*:*De situ*,*moribus et populis Germaniae*. *Conrad Celtis*:*Carmen de Germania*. Wien:Johann Winterburg,1498-1502.

_____. *Germania*,*Lateinisch/Deutsch*. Trans. Manfred Fuhrmann. Stuttgart:Philipp Reclam,2007.

_____. *Histories*,*Books I-III*. Trans. Clifford H. Moore. Cambridge:Harvard University Press,2006.

_____. *Histories*:*Books IV-V*. *Annals*:*Books 1-3*. Trans. Clifford H. Moore. Cambridge:Harvard University Press,1931.

The Digest of Justinian. Trans. Alan Watson. Philadelphia:University of Pennsylvania Press,1985.

The Digest of Justinian. Trans. Charles Henry. Cambridge:Cambridge University Press,1904.

The Laws of the Salian Franks. Trans. Katherine Fischer Drew. Philadelphia:University of Pennsylvania Press,1991.

Theodosiani libri XVI cum Constitutionibus Sirmondianis et Leges Novellae ad Theodosianum pertinentes. Hrsg. Theodor Mommsen und Paul Martin Meyer. Berlin:Apud Weidmannos,1905.

Urkunden zur Städtischen Verfassungsgeschichte. Hrsg. F. Keutgen. Berlin:Emil Felber,1901.

Urkundliche Geschichte des Ursprunges der Deutschen Hanse,*Erster Band*. Hrsg. J. M. Lappenberg. Hamburg:Friedrich Perthes,1830.

Urkundliche Geschichte des Ursprunges der Deutschen Hanse,*Zweyter Band*. Hrsg. G. F. Sartorius. Hamburg:Friedrich Perthes,1830.

五、中文专著、译著及论文

艾因哈德:《查理大帝传》,戚国淦译。北京:商务印书馆,1979年。

恩格斯:《论日耳曼人的古代历史》,载《马克思恩格斯全集》中文第1版第19卷。北京:人民出版社,1956年。

高仰光:《〈萨克森明镜〉研究》。北京:北京大学出版社,2008年。

侯树栋:《德意志中古史——政治、经济社会及其他》。北京:商务印书馆,2006年。

郭方:《中世纪欧洲民主与共和制度的发展演变》,载《史学理论研究》1997年第4期。

李隆国:《加洛林早期史书中的丕平称王》,载《历史研究》2017 年第 2 期。

李隆国:《查理曼称帝与神圣罗马帝国的形塑》,载《史学集刊》2018 年第 3 期。

李秀清:《日耳曼法研究》。北京:商务印书馆,2005 年。

李云飞:《钦差巡察与查理曼的帝国治理》,载《中国社会科学》2017 年第 8 期。

李云飞:《加洛林王朝代际更替中的疆土分治与王国一体》,载《历史研究》2021 年第 2 期。

刘家和、刘林海:《3—6 世纪中西历史及文明发展比较研究》,《北京师范大学学报(社会科学版)》2019 年第 5 期。

刘寅:《"训诫"话语与加洛林时代的政治文化》,载《历史研究》2017 年第 1 期。

马克垚:《论家国一体问题》,载《史学理论研究》2012 年第 2 期。

马克垚:《中国和西欧封建制度比较研究》,《北京大学学报(哲学社会科学版)》1991 年第 2 期。

孟德斯鸠:《论法的精神》,尚绮译。上海:上海译文出版社,2020 年。

孟广林:《西欧"封建主义"刍议——对冈绍夫〈何为封建主义〉的思考》,载《清华大学学报(哲学社会科学版)》2017 年第 4 期。

《圣伯丁年代记》,李云飞译。北京:人民出版社,2021 年。

塔西佗:《阿古利可拉传,日耳曼尼亚志》,马雍、傅正元译。北京:商务印书馆,2018 年。

王亚平:《西欧法律演变的社会根源》。北京:人民出版社,2009 年。

王亚平:《中世纪晚期德意志的邦国制》,载《世界历史》2018 年第 2 期。

夏洞奇:《尘世的权威:奥古斯丁的社会政治思想》。上海:上海三联书店,2007 年。

由嵘:《日耳曼法简介》。北京:法律出版社,1987 年。

王晋新:《尼特哈德〈历史〉的再认识》,载《经济社会史评论》2021 年第 4 期。

詹姆斯·布赖斯:《神圣罗马帝国》,孙秉莹、谢德风、赵世瑜译。北京:商务印书馆,2016 年。

赵立行:《查理大帝"法令集"浅析》,载《山东社会科学》2008 年第 11 期。

朱君杙、王晋新:《论世界编年史体裁在加洛林时代的延续和创新》,载《史学集刊》2013 年第 3 期。

六、外文专著及论文

Aberg, Nils. *Die Franken und Westgoten Während in der Völkerwanderungszeit.*

Leipzig: Harrassowitz, 1922.

Airlie, Stuart. "Narratives of Triumph and Rituals of Submission: Charlemagne's Mastering of Bavaria." *Transactions of the Royal Historical Society*, Vol. 9 (1999): 93-119.

Albrecht, Dieter. *Das alte Bayern: Der Territorialstaat vom Ausgang des 12. Jahrhunderts bis zum Ausgang des 18. Jahrhunderts*. München: C. H. Beck, 1988.

Alföldy, G. „Bricht der Schweigsame sein Schweigen?" *MDAI (R)* 102 (1995): 252-268.

Amira, Karl von. *Grundriss des germanischen Rechts*. Strassburg: Verlag von Karl J. Trübner, 1913.

Amory, Patrick. "The Meaning and Purpose of Ethnic Terminology in the Burgundian Laws." *Early Medieval Europe*, Volume 2, 1(1993): 1-28.

Anders, Friedrich. *Flavius Ricimer: Macht und Ohnmacht des weströmischen Heermeisters in der zweiten Hälfte des 5. Jahrhunderts*. Frankfurt: Peter Lang, 2010.

Andersen, Per. "'The Truth must always be stronger': The Introduction and Development of Naefnd in the Danish Provincial Laws." In *New Approaches to Early Law in Scandinavia*. Eds. Stefan Brink and Lisa Collinson. Turnhout: Brepols, 2014, pp. 7-36.

Antonsen, Elmer H. *A Concise Grammar of the Older Runic Inscriptions*. Tübingen: Max Niemeyer Verlag, 2010.

Arjava, Antti. "The Survival of Roman Family Law after Barbarian Settlements." In *Law, Society, and Authority in Late Antiquity*. Ed. Ralph W. Mathisen. Oxford: Oxford University Press, 2001, pp. 33-51.

Arnold, Benjamin. *Princes and Territories in Medieval Germany*. New York: Cambridge University Press, 1991.

Arumaeus, Dominicus. *Commentarius iuridico-historico-politicus de comitiis Romano-Germanici Imperii*. Jena: Blasius Lobenstein, 1635.

_____. *Discursus Academici De Jure publico*. Jena: Beithmannus, 1621.

Auge, Oliver. "Pomerania, Mecklenburg and the 'Baltic frontier'." In *The Origins of the German Principalities, 1100-1350, Essays by German Historians*. Eds. Graham A. Loud and Jochen Schenk. London: Routledge, 2017, pp. 264-280.

Ausenda, G. and Diaz, P. C. "Current Issues and Future Directions in the

Study of Visigoths." In *The Visigoths from the Migration Period to the Seventh Century: An Ethnographic Perspective*. Ed. Peter Heather. Woodbridge: Boydell & Brewer Ltd, 2003, pp. 473-530.

Bachrach, Bernard. *Charlemagne's Early Campaigns (768-777): A Diplomatic and Military Analysis*. Leiden: Brill, 2013.

_____. *Early Carolingian Warfare: Prelude to Empire*. Philadelphia: University of Pennsylvania Press, 2001.

_____. "Military Organization in Aquitaine under the Early Carolingians." *Speculum*, Vol. 49, No. 1 (January 1974): 1-33.

Bader, Karl S. und Dilcher, Gerhard. *Deutsche Rechtsgeschichte: Land und Stadt Bürger und Bauer im Alten Europa*. Berlin: Springer Verlag, 2013.

Barnes, T. D. "The Significance of Tacitus' *Dialogus de oratoribus*." In *Harvard Studies in Classical Philology*, Vol. 90. Ed. R. J. Tarrant. Cambridge: Harvard University Press, 1890, pp. 225-244.

Barnwell, P. S. "Emperors, Jurists and Kings: Law and Custom in the Late Roman and Early Medieval West." *Past & Present*, No. 168 (August 2000): 6-29.

Bartels, G. *Abhandlungen über Corveyer Geschichtsschreibung*, Göttingen (Diss.) 1906. https://digital.ub.uni-paderborn.de/retro/urn/urn:nbn:de:hbz: 466:1-33284.

Becher, Matthias. *Eid und Herrschaft: Untersuchungen zum Herrscherethos Karls des Grossen*. Sigmaringen: Thorbecke, 1993.

_____. „Non enim habent regem idem Antiqui Saxones… Verfassung und Ethnogenese in Sachsen während des 8. Jahrhunderts." In *Studien zur Sachsenforschung. Band 12*. Hrsg. Hans-Jürgen Häßler. Oldenburg: Isensee Veralg, 1999, pp. 1-31.

Behrmann, Heiko. *Instrument des Vertrauens in einer unvollkommenen Gesellschaft Der Eid im politischen Handeln, religiösen Denken und geschichtlichen Selbstverständnis der späten Karolingerzeit*. Ostfildern: Jan Thorbecke Verlag. 2022.

Benario, Herbert W. "Tacitus' 'Germania' and Modern Germany." *Illinois Classical Studies*, Vol. 15, No. 1 (Spring 1990): 163-175.

Beseler, Georg. *Volksrecht und Juristenrecht*, Leipzig: Weidmann, 1843. https://www.deutschestextarchiv.de/book/show/beseler_volksrecht_1843.

Bibliotheca Incunabulorum: A Collection of Books Printed Before 1501 from the Presses of England, France, Germany, Italy, the Netherlands, Spain and Switzerland, Volume 1, Parts 1-3. London: Maggs Bros, 1921.

Birley, Anthony R. "The Life and Death of Cornelius Tacitus." *Historia: Zeitschrift für Alte Geschichte*, Bd. 49, H. 2 (2nd Qtr., 2000): 230-247.

Bitterauf, T. *Die Traditionen des Hochstifts Freising, 744-926, Quellen und Erörterungen zur bayerischen Geschichte*, NF 4. Aalen: Scientia Verlag, 1905.

Blanchard, Ian. *Mining, Metallurgy, and Minting in the Middle Ages: Continuing Afro-European Supremacy, 1250-1450*. Stuttgart: Franz Steiner Verlag, 2001.

Böhmer, J. F. *Fontes rerum Germanicarum. Geschichtsquellen Deutschlands. 3: Martyrium Arnoldi archiepiscopi Moguntini und andere Geschichtsquellen Deutschlands im zwölften Jahrhundert*. Stuttgart: J. G. Cotta'scher Verlag, 1853.

――. *Die Regesten des Kaiserreichs unter den Karolingern, 751-918*. Innsbruck: Wagner, 1889.

Booker, Courtney M. *Past Convictions: The Penance of Louis the Pious and the Decline of the Carolingians*. Philadelphia: University of Pennsylvania Press, 2009.

Böse, Kristin und Wittekind, Susanne. „Eingangsminiaturen als Schwellen und Programm im Decretum Gratiani und in den Dekretalen Gregors IX.." In *Ausbildung des Rechts: Systematisierung und Vermittlung von Wissen in mittelalterlichen Rechtshandschriften*. Hrsg., Kristin Böse, Susanne Wittekind. Berlin: Peter Lang, 2009, S. 20-37.

Boshof, Egon. „Erstkurrecht und Erzämtertheorie im Sachsenspiegel." *Historische Zeitschrift, Beihefte*, 1973, New Series, Vol. 2, Beiträge zur Geschichte des mittelalterlichen deutschen Königtums (1973): 84-121.

Bradley, Keith R. "The Early Development of Slavery at Rome." *Historical Reflections/Réflexions Historiques*, Vol. 12, No. 1 (Spring 1985): 1-8.

Brasington, Bruce C. *Order in the Court: Medieval Procedural Treatises in Translation*. Leiden: Brill, 2016.

Braungart, Richard. *Die Südgermanen: Die Bojer, Vindelizier, Räter, Noriker, Taurisker etc. waren nach all ihren landwirtschaftlichen Geräten und Einrichtungen keine Kelten, sondern Urgermanen, höchst wahrscheinlich das Stammvolk aller Germanen*. Heidelberg: C. Winter, 1914.

Brink, Stefan. "Law, Society and Landscape in Early Scandinavia." In *Comparative Law and Anthropology*. Ed. James A. R. Nafziger. Cheltenham: Edward Elgar, 2017, pp. 319-337.

Brown, Warren. "Wergild in the Carolingian Formula Collections." In *Wergild, Compensation and Penance: The Monetary Logic of Early Medieval Conflict Resolution*. Eds. Lukas Bothe, Stefan Esders, Han Nijdam. Leiden: Brill, 2021, pp. 261-276.

Brunner, Heinrich. *Zur Rechtsgeschichte der römischen und germanischen Urkunde*. Berlin: Weidmannsche Buchhandlung, 1880.

Bryce, James. *The Holy Roman Empire*. London: Macmillan and Co., Ltd, 1901.

Buch, Carl D. "Words for 'Battle,' 'War,' 'Army,' and 'Soldier'." *Classical Philology*, Vol. 14, No. 1 (January 1919): 1-19.

Buchberger, Erica. *Shifting Ethnic Identities in Spain and Gaul, 500-700: From Romans to Goths and Franks*. Amsterdam: Amsterdam University Press, 2017.

Buckland, William Warwick. *The Roman Law of Slavery: The Condition of the Slave in Private Law from Augustus to Justinian*. Cambridge: Cambridge University Press, 2010.

Bullough, Vern L. "Medieval Concepts of Adultery." *Arthuriana*, Vol. 7, No. 4, Arthurian Adultery (Winter 1997): 5-15.

Burdick, William Livesey. *The Principles of Roman Law and Their Relation to Modern Law*. New Jersey: The Lawbook Exchange, 2012.

Bürgstein, Lore. *Aus der Geschichte der Hanse*. München: Grin Verlag, 2016.

Burns, Thomas S. "Theories and Facts: The Early Gothic Migrations." *History in Africa*, Vol. 9 (1982): 1-20.

Busch, Jörg W. *Die Herrschaften der Karolinger 714-911*. München: Oldenbourg Verlag, 2011.

Canning, Joseph. *A History of Medieval Political Thought: 300-1450*. New York: Routledge, 2005.

Carlson, Hunt and Janin, Ursula. *Mercenaries in Medieval and Renaissance Europe*. London: McFarland, 2014.

Cartellieri, Alexander. *Die Zeit der Reichsgründungen (382-911)*. Berlin: Oldenbourg, 1927.

Cavallar, Osvaldo. *Jurists and Jurisprudence in Medieval Italy: Texts and Contexts*. Toronto: University of Toronto Press, 2020.

Caviness, Madeline H. and Nelson, Charles G. "Silent Witness, Absent Women, and the Law Courts in Medieval Germany." In *Fama: The Politics of Talk and Reputation in Medieval Europe*. Eds. Thelma Fenster, Daniel Lord Smail. Ithaca: Cornell University Press, 2003.

Clarke, M. V. *The Medieval City State: An Essay on Tyranny and Federation in the Later Middle Ages*. New York: Routledge, 2016.

Classen, Peter. "Bayern und die politischen Mächte im Zeitalter Karls des Grßen und Tassilos III." In *Die Anfänge des Klosters Kremsmünster*. Hrsg. Siegfried Haider. Linz: Oberösterr Landesarchiv, 1978, S. 231-248.

Clement, Knut Jungbohn. *Die Lex Salica und die Text-Glossen in der Salischen Gesetzsammlung, germanisch nicht keltisch*. Mannheim: Fr. Bassermann, 1843.

Coing, Helmut. *Römisches Recht in Deutschland, Ius Romanum Medii Aevi, Volume 5, Issue 6*. Mediolani: Giuffrè, 1964.

Collins, Roger. *Early Medieval Europe, 300-1000*. London: Macmillan, 1991.

Conrad, Hermann. *Deutsche Rechtsgeschichte, Band I: Frühzeit und Mittelalter*. Karlsruhe: F. Müller, 1962.

Cordes, Albrecht. "Lex Maritima? Local, Regional and Universal Maritime Law in the Middle Ages." In *The Routledge Handbook of Maritime Trade Around Europe 1300-1600*. Eds. Wim Blockmans, Mikhail Korm and Justyna Wubs-Mrozewicz. London: Routledge, 2017, pp. 69-85.

_____. "The Language of the Law: The Lübeck Law Codes (ca. 1224-1642)." In *Migrating Words, Migrating Merchants, Migrating Law: Trading Routes and the Development of Commercial Law*. Eds. Stefania Gialdroni, Albrecht Cordes, Serge Dauchy, Dave De ruysscher and Heikki Pihlajamäki. Leiden: Brill, 2019, pp. 137-162.

Dahn, Felix. *Urgeschichte der germanischen und romanischen Völker: Dritter Band, Zweiter Teil*. Berlin: Verone, 1883.

_____. *Urgeschichte der germanischen und romanischen Völker: Vierter Band*. Berlin: G. Grote, 1894.

De Boor, Helmut. *Geschichte der deutschen Literatur von den Anfängen bis zur Gegenwart, Band 1*. München: C. H. Beck, 1979.

De la Bédoyère, Guy. *Gladius: The World of the Roman Soldier*. Chicago: University of Chicago, 2020.

De Lézardière, Marie-Charlotte-Pauline Robert. *Théorie des lois politiques de la monarchie française, Tome 1*. Paris: Comptoir des imprimeurs unis, 1844.

Demandt, Alexander. *Die Spätantike: Römische Geschichte von Diocletian bis Justinian, 284-565 n. Chr.* München: C. H. Beck, 2007.

Dilcher, Gerhard. „Die staufische Renovatio im Spannungsfeld von traditionalem und neuem Denken: Rechtskonzeptionen als Handlungshorizont der Italienpolitik Friedrich Barbarossas." *Historische Zeitschrift*, Jun., 2003, Bd. 276, H. 3 (June 2003): 613-646.

_____. „Das Stadtrecht." In *Deutsche Rechtsgeschichte: Land und Stadt-Bürger und Bauer im Alten Europa*. Hrsg. K. S. Bader and G. Dilcher. Berlin: Springer, 2013, S. 600-682.

Dobozy, Maria. "Law, German." In *Women and Gender in Medieval Europe: An Encyclopedia*. Ed. Margaret C. Schaus. New York: Routledge, 2006, p. 457.

Dollinger, Phillipe. *The German Hansa*. London: Routledge, 1970.

Drew, Katherine Fischer. "The Barbarian Kings as Lawgivers and Judges." In *Life and Thought in the Early Middle Ages*. Ed. Robert S. Hoyt. Minneapolis: University of Minnesota Press, 1967, pp. 7-29.

_____. *Law and Society in Early Medieval Europe: Studies in Legal History*. London: Variorum Reprints, 1988.

Drews, Wolfram. *Die Interaktion von Herrschern und Eliten in imperialen Ordnungen des Mittelalters*. Berlin: Walter de Gruyter GmbH, 2018.

Dreyer, Johann Carl Heinrich. *Specimen juris publici Lubencensis*. Wismar: Boedneri, 1761.

Drinkwater, John and Elton, Hugh. *Fifth-century Gaul: A Crisis of Identity?* Cambridge: Cambridge University Press, 1992.

Dyer, Christopher. "Rural Europe." In *The New Cambridge Medieval History: Volume 7, c. 1415-c. 1500*. Ed. Christopher Allmand. Cambridge: Cambridge University Press, 1998, pp. 106-120.

Dyson, Stephen L. *The Creation of the Roman Frontier*. Princeton: Princeton University Press, 2014.

Ebel, Wilhelm. *Geschichte der Gesetzgebung in Deutschland*. Göttingen: Schwartz, 1988.

_____. *Lübisches Recht im Ostseeraum*. Köln: Westdeutscher Verlag, 1967.

Eisenhardt, Ulrich. *Deutsche Rechtsgeschichte*. München: Verlag C. H. Beck, 2004.

Endrizzi, Laura. *Die Sachsenkriege Karls des Großen 772-804 und deren politische Konsequenzen*. München: Grin Verlag, 2015.

Ennen, Edith. *Frauen im Mittelalter*. München: C. H. Beck, 1999.

Esders, Stefan. „Fideles Dei et regis. Ein Zeugma in der politisch-religiösen Rechssprache des Karolingerreiches." In *Die Sprache des Rechts: Historische Semantik und karolingische Kapitularien*. Hrsg. Bernhard Jussen, Karl Ubl. Göttingen: Vandenhoeck und Ruprecht, 2022, S. 315-374.

_____. "Roman Law as an identity marker in post-Roman Gaul (5th-9th centuries)." In *Transformations of Romanness: Early Medieval Regions and Identities*. Eds. Walter Pohl, Clemens Gantner, Cinzia Grifoni, Marianne Pollheimer-Mohaupt. Berlin: Walter de Gruyter, 2018, pp. 325-344.

_____. *Römische Rechtstradition und merowingisches Königtum: Zum Rechtscharakter politischer Herrschaft in Burgund im 6. und 7. Jahrhundert*. Göttingen: Vandenhoeck & Ruprecht, 1997.

Esders, Stefan and Reimitz, Helmut. "Diversity and Convergence: The Accommodation of Ethnic and Legal Pluralism in the Carolingian Empire." In *Empires and Communities in the Post-Roman and Islamic World, C. 400-1000 CE*. Eds. Walter Pohl, Rutger Kramer. Oxford: Oxford University Press, 2021, pp. 227-252.

Faulkner, Thomas. *Law and Authority in the Early Middle Ages: The Frankish leges in the Carolingian Period*. Cambridge: Cambridge University Press, 2016.

Fehr, Hans. *Deutsche Rechtsgeschichte*, Berlin: Walter de Gruyter & Co., 1962.

Fischer, Andreas. *Karl Martell: Der Beginn karolingischer Herrschaft*. Stuttgart: Kohlhammer, 2012.

Fischer, Hanns. *Schrifttafeln zum althochdeutschen Lesebuch*. Tübingen: M. Niemeyer Verlag, 2011.

Fischer, Herman. "The Belief in the Continuity of the Roman Empire among the Franks of the Fifth and Sixth Centuries." *The Catholic Historical Review*, Vol. 10, No. 4 (January 1925): 536-553.

Fleck, Michael. „Der Codex Hersfeldensis des Tacitus: Eine abenteuerliche Geschichte aus der Zeit der Renaissance." In *Hersfelder Geschichtsblätter Band 1/2006*. Hrsg. Hersfelder Geschichtsverein. Bad Hersfeld: Hersfelder Geschichtsverein, 2006, S. 98-113.

Flierman, Robert. *Pagan, Pirate, Subject, Saint: Defining and Redefining Saxons, 150-900 A.D.*, PhD dissertation. Utrecht University, 2015.

_____. "Religious Saxons: paganism, infidelity and biblical punishment in the *Capitulatio de partibus Saxoniae*." In *Religious Franks: Religion and Power in the Frankish Kingdoms: Studies in Honour of Mayke de Jong*. Eds. Rob Meens, Dorine van Espelo, Bram van den Hoven van Genderen, Janneke Raaijmakers, Irene van Renswoude and Carine van Rhijn. Manchester: Manchester University Press, 2016, pp. 181-201.

_____. *Saxon Identities, AD 150-900*. London: Bloomsbury, 2017.

Flood, John L. "Humanism in the German-speaking Lands during the Fifteenth Century." In *Humanism in Fifteenth-Century Europe*. Ed. David Rundle. Oxford: The Society for the Study of Medieval Languages, 2012, pp. 79-118.

Frankot, Edda. "Medieval Maritime Law from Oléron to Wisby: Jurisdictions in the Law of the Sea." In *Communities in European History: Representations, Jurisdictions, Conflicts*. Eds. J. Pan-Montojo and Frederik Pedersen. Pisa: Pisa University Press, 2007, pp. 151-172.

_____. *'Of Laws of Ships and Shipmen': Medieval Maritime Law and its Practice in Urban Northern Europe*. Edinburgh: Edinburgh University Press, 2012.

Frassetto, Michael. *The Early Medieval World: From the Fall of Rome to the Time of Charlemagne*. Santa Barbara: ABC-Clio, 2013.

Fried, Johannes. *Charlemagne*. Cambridge: Harvard University Press, 2016.

_____. „Die Wirtschaftspolitik Friedrich Barbarossas in Deutschland." In *Blätter für deutsche Landesgeschichte, Bd. 120*. Hrsg. Klaus Friedland. Göttingen: Gesamtverein, 1984, S. 195-239.

Friedensburg, Ferdinand. *Münzkunde und Geldgeschichte der Einzelstaaten des Mittelalters und der neueren Zeit*. München: R. Oldenburg, 1926.

Fuhrmann, Horst. *Germany in the High Middle Ages, c. 1050-1200*. London: Cambridge University Press, 1986.

Gaimster, David. "A Parallel History: The Archaeology of Hanseatic Urban

Culture in the Baltic c. 1200- 1600." *World Archaeology*, Vol. 37, No. 3 (September, 2005): 408-423.

Galestin, M. C. "Frisian soldiers in the Roman Army." In *Limes XX: XX Congreso Internacional de Estudios sobre la Frontera Romana*, Volume 2. Eds. A. Morillo, N. Hanel and E. Martin. Madrid: Consejo Superior de Investigaciones Cientificas, 2009, pp. 833-846.

Ganshof, François-Louis. *Qu'est-ce que la féodalité?*, Brussels: Lebègue, 1944.

————. "Charlemagne et le serment." In *Mélanges d'histoire du Moyen Age: dédiés à la mémoire de Louis Halphen*. Ed. Louis Halphen. Paris: Presses Universitaires de France, 1951, pp. 269-270.

————. *The Carolingians and the Frankish Monarchy*. London: Longman, 1971.

Gardner, Jane F. "The Recovery of Dowry in Roman Law." *The Classical Quarterly*, Vol. 35, No. 2 (1985): 449-453.

Geary, Patrick I. *The Myth of Nations: The Medieval Origin of Europe*. Princeton: Princeton University Press, 2002.

Gelderblom, Oscar. *Cities of Commerce: The Institutional Foundations of International Trade in the Low Countries, 1250-1650*. Princeton: Princeton University Press, 2013.

Gerstner, Maik. *Die Entstehung des deutschen Zivilrechts und das Bürgerliche Gesetzbuch als Modell für andere Kodifikationen in Europa und Japan*. München: Grin Verlag, 2010.

Gierke, Otto von. *Das deutsche Genossenschaftsrecht*, Band 1-4. Berlin: Weidmann, 1868-1913.

Giermann, Heiko. *The Evidentiary Value of Bills of Lading and Estoppel*. Münster: LIT Verlag, 2004.

Glück, Helmut. *Deutsch als Fremdsprache in Europa vom Mittelalter bis zur Barockzeit*. Berlin: Walter de Gruyter, 2013.

Goetz, Hans-Werner und Welwei, Karl-Wilhelm. *Altes Germanien. Auszüge aus den antiken Quellen über die Germanen und ihre Beziehungen zum Römischen Reich*. Darmstadt: Wissenschaftliche Buchgesellschaft,1995.

Goldberg, Eric Joseph. "Popular Revolt, Dynastic Politics, and Aristocratic Factionalism in the Early Middle Ages: The Saxon Stellinga Reconsidered." *Speculum*, Vol. 70, No. 3 (July 1995): 467-501.

_____. *Struggle for Empire: Kingship and Conflict under Louis the German, 817-876*. Ithaca: Cornell University Press, 2006.

Grasserie, Raoul de la. *Les Codes suédois de 1734, Civil, Penal, Commerical*. Paris: A. Pedone, 1895.

Gross, C. *The Gild Merchant, Vol. I*. Oxford: Clarendon Press, 1890.

Groth, Carsten. „Die Lübecker Ratsurteile, Wilhelm Ebel und eine wissenschaftliche Geschäftsführung, 'ohne Auftrag'? " *Hansische Geschichtsblätter*, Vol. 135 (2017): 75-113.

Grünewald, Anette. *Das vorsätzliche Tötungsdelikt*. Tübingen: Mohr Siebeck, 2010.

Guizot, François-Pierre-Guillaume. *Essais sur l'histoire de France, par F. Guizot pour servir de complément aux Observations sur l'histoire de France*. Paris: J. L. J. Brière, 1823.

Günthart, Romy. *Deutschsprachige Literatur im frühen Basler Buchdruck (ca. 1470-1510)*. Münster: Waxmann, 2007.

Hach, Johann Friedrich. *Das Alte Lübische Recht*. Lübeck: Scientia Verlag Aalen, 1969.

Hähnchen, Susanne. *Rechtsgeschichte: Von der Römischen Antike bis zur Neuzeit*. Hamburg: C. F. Müller, 2013.

Hallam, Henry and Smith, William. *View of the State of Europe during the Middle Ages. With additions from recent writers by W. Smith*. London: John Murray, Albemarle Street, 1871.

Halsall, Guy. *Barbarian Migrations and the Roman West*. Cambridge: Cambridge University Press, 2007.

_____. *Warfare and Society in the Barbarian West, 450-900*. New York: Routledge, 2003.

Hamza, Gábor. *Wege der Entwicklung des Privatrechts in Europa: Römischrechtliche Grundlagen der Privatrechtsentwicklung in den deutschsprachigen Ländern und ihre Ausstrahlung auf Mittel- und Osteuropa*. Passau: Schenk Verlag, 2007.

Hanley, Sarah. "Identity Politics and Rulership in France: Female Political Place and the Fraudulent Salic Law in Christine de Pizan and Jean de Montreuil. " In *Changing Identities in Early Modern France*. Ed. Michael Wolfe. Durham, NC: Duke University Press, 1997, pp. 78-94.

Hansen, Johannes. *Beiträge zur Geschichte des Getreidehandels und der Ge-*

treidepolitik Lübecks. Lübeck: M. Schmidt, 1912.

Häntzschel, Sven. *Die Sachsenfeldzüge Karls des Großen und die „capitulatio de partibus Saxoniae"*. München: Grin Verlag, 2010.

Harries, Jill. "Not the Theodosian Code: Euric's law and Late Fifth-Century Gaul." In *Society and Culture in Late Antique Gaul: Revisiting the Sources*. Eds. Ralph Mathisen, Danuta Shanzer. London: Routledge, 2001, pp. 39-51.

Harries, Jill and Wood, Ian eds. *The Theodosian Code: Studies in the Imperial Law of Antiquity*. London: Gerald Duckworth, 1993.

Hartmann, Martina. *Die Merowinger*. München: C. H. Beck, 2012.

Hartmann, Wilfried. *Karl der Große*. Stuttgart: Kohlhammer Verlag, 2015.

Hartmeyer, Hans. *Der Weinhandel im Gebiete der Hanse im Mittelalter*. Barsinghausen: Unikum Verlag, 2013.

Hassall, M. W. C. "Batavians and the Roman Conquest of Britain." *Britannia*, Vol. 1 (1970): 131-136.

Hattenhauer, Hans. *Europäische Rechtsgeschichte*. Heidelberg: C. F. Müller, 2004.

Haywood, John. *Dark Age Naval Power: A Reassessment of Frankish and Anglo-Saxon Seafaring Activity*. New York: Routledge, 1991.

Heebøll, Thomas K. "Medieval Denmark as a Maritime Empire." In *Empires of the Sea: Maritime Power Networks in World History*. Eds. Rolf Strootman, Floris van den Eijnde, and Roy van Wijk. Leiden: Brill, 2019, pp. 194-218.

Hegel, Karl. *Städte und Gilden der germanischen Völker im Mittelalter, Band 1-2*. Leipzig: Verlag von Dunker & Humblot, 1891.

Heidecker, Karl. *The Divorce of Lothar II: Christian Marriage and Political Power in the Carolingian World*. Ithaca: Cornell University Press, 2002.

Hellgardt, Ernst, Hrsg. *Vom St. Galler Abrogans zum Erfurter Judeneid: Frühe deutsche Prosa von ca. 800 bis ca. 1200. Texte, Übersetzungen, Einführungen und Erläuterungen*. Berlin: Walter de Gruyter, 2022.

Hennecke, Frank. *Trilogie der Rechtsgeschichte: Zur Geschichte, Rezeption und Fortgeltung des Römischen, des Kanonischen und des Griechischen Rechts*. Baden-Baden: Tectum Verlag, 2022.

Hill, Thomas. *Die Stadt und ihr Markt: Bremens Umlands- und Aussenbeziehungen im Mittelalter (12.-15. Jahrhundert)*. Bremen: Franz Steiner Verlag, 2004.

Hodgett, Gerald A. *A Social and Economic History of Medieval Europe*. London: Routledge, 2013.

Hoff, Annette. *Recht und Landschaft: Der Beitrag der Landschaftsrechte zum Verständnis der Landwirtschafts- und Landschaftsentwicklung in Dänemark ca. 900-1250*. Berlin: Walter de Gruyter, 2006.

Hoffmann, Peter. „Niedersachsen." In *Die deutschen Länder: Geschichte, Politik, Wirtschaft*. Hrsg. Hans-Georg Wehling. Wiesbaden: Verlag für Sozialwissenschaften, 2004, S. 183-198.

Hoffman, Richard C. "Frontier Foods for Late Medieval Consumers: Culture, Economy, Ecology." *Environment and History*, Vol. 7, No. 2 (May 2001): 131-167.

Höhlbaum, Konstantin. *Hansisches Urkundenbuch*, Band I. Halle: Waisenhauses, 1876.

Höhn, Philipp und Krey, Alexander. „Schwächewahrnehmungen und Stadtbucheditionen, Der Zugang zu Recht und Wirtschaft in drei Editionsansätzen des 20. Jahrhunderts." *Hansische Geschichtsblätter*, Vol. 135 (June 2020): 19-73.

Hoke, Rudolf. *Österreichische und Deutsche Rechtsgeschichte*. Wien: Böhlau Verlag, 1996.

Holder, Alfred. *Die Reichenauer Handschriften*, Bd. 1: *Die Pergamenthandschriften*. Wiesbaden: Otto Harrassowitz, 1970.

Holenstein, André. *Die Huldigung der Untertanen: Rechtskultur und Herrschaftsordnung (800-1800)*. Stuttgart: G. Fischer, 1991.

Hollenbeck, Meike. „Die Schwächeren suchen Recht und Gleichheit." In *Niedersächsisches Jahrbuch für Landesgeschichte*, Band 69. Hrsg. Historischen Kommission für Niedersachsen und Bremen. Hannover: Verlag hahnsche buchhandlung, 1997, S. 229-245.

Holman, Katherine. *Historical Dictionary of the Vikings*. Oxford: The Scarecrow Press, 2003.

Homeyer, C. G. *Der Richtsteig Landrechts*. Berlin: Reimer, 1857.

Hoops, Johannes. *Reallexikon der germanischen Altertumskunde*, Band 3. Straßburg: Trübner, 1915-1916.

_____. *Reallexikon der germanischen Altertumskunde*, Band 4. Straßburg: Trübner, 1981.

_____. *Reallexikon der germanischen Altertumskunde*, Band 26. Berlin:

Walter de Gruyter, 2004.

Howell, Robert B. "The Older German Language." In *A Companion to Middle High German Literature to the 14th Century*. Ed. Francis G. Gentry. Leiden: Brill, 2002, pp. 27-52.

Hussey, Joan Mervyn. *The Cambridge Medieval History*. Cambridge: Cambridge University Press, 1957.

Hybel, Nils. "The Grain Trade in Northern Europe before 1350." *The Economic History Review*, Vol. 55, No. 2 (May 2002): 219-247.

Innes, Matthew. *State and Society in the Early Middle Ages: The Middle Rhine Valley, 400-1000*. Cambridge: Cambridge University Press, 2004.

International Association for Philosophy of Law and Social Philosophy. *Law, Justice and the State: Nordic Perspectives*. Stuttgart: Franz Steiner Verlag, 1995.

Isenmann, Eberhard. *Die deutsche Stadt im Mittelalter, 1150-1550: Stadtgestalt, Recht, Verfassung, Stadtregiment, Kirche, Gesellschaft, Wirtschaft*. Köln: Böhlau Verlag, 2014.

_____. „König oder Monarch? Aspekte der Regierung und Verfassung des römisch-deutschen Reichs um die Mitte des 15. Jahrhunderts." *Historische Zeitschrift. Beihefte*, New Series, Vol. 40, Europa im späten Mittelalter. Politik—Gesellschaft—Kultur (2006): 71-98.

Iversen, Frode. "Concilium and Pagus—Revisiting the Early Germanic Thing System of Northern Europe." *Journal of the North Atlantic*, 5 (2013): 5-17.

Jacobsen, Grethe. "Wicked Count Henry: The Capture of Valdemar II (1223) and Danish Influence in the Baltic." *Journal of Baltic Studies*, Vol. 9, No. 4 (Winter 1978): 326-338.

Jahn, Albert. *Die Geschichte der Burgundionen und Burgundiens bis zum Ende der I. Dynastie: in Prüfung der Quellen und der Ansichten älterer und neuerer Historiker*. Halle: Verlag der Buchhandlung des Waisenhauses, 1874.

Jahnke, Carsten. "Introduction: The Queen of the Baltic Coast." In *A Companion to Medieval Lübeck*. Ed. Carsten Jahnke. Leiden: Brill, 2019, pp. 1-17.

_____. "Lübeck and the Hanse: A Queen without its Body." In *The Routledge Handbook of Maritime Trade around Europe, 1300-1600*. Ed. Wim Blockmans. London: Routledge, 2017, pp. 231-247.

_____. *Seerecht im Hanseraum des 15. Jahrhunderts*. Lübeck: Schmidt-Römhild, 2003.

Janin, Hunt and Carlson, Ursula. *Mercenaries in Medieval and Renaissance Europe*. London: McFarland, 2014.

Johanek, Peter. „ Der Ausbau der sächsischen Kirchenorganisation. " In *Kunst und Kultur der Karolingerzeit*. Hrsg. Christoph Stiegemann. Mainz: Verlag Phillip von Zabern in Wissenschaftliche Buchgesellschaft, 1999, S. 494-506.

Jones, B. W. "The Dating of Domitian's War against the Chatti. " *Historia : Zeitschrift für Alte Geschichte*, Bd. 22, H. 1 (1st Qtr. , 1973): 79-90.

Jordan, Karl. *Die Urkunden Heinrichs des Löwen. Herzogs von Sachsen und Bayern*. Leipzig: Verlag Karl W. Hiersemann, 1941.

Justice, Alexander. *A General Treatise of the Dominion of the Sea*. London: J. Nicholson, 1710.

Kabatek, Johannes. *Die Bolognesische Renaissance und der Ausbau romanischer Sprachen : Juristische Diskurstraditionen und Sprachentwicklung in Südfrankreich und Spanien im 12. und 13. Jahrhundert*. Tübingen: Walter de Gruyter, 2005.

Kah, Daniela. *Die wahrhaft königliche Stadt : Das Reich in den Reichsstädten Augsburg, Nürnberg und Lübeck im Späten Mittelalter*. Leiden: Brill, 2017.

Kahl, Hans-Dietrich. *Heidenfrage und Slawenfrage im deutschen Mittelalter*. Leiden: Brill, 2011.

Kannowski, Bernd. *Die Umgestaltung des Sachsenspiegelrechts durch die Buch'sche Glosse*. Hannover: Hahnsche Buchhanglund, 2007.

Karsten, T. E. *Die Germanen : Eine Einführung in die Geschichte ihrer Sprache und Kultur*. Berlin: Walter de Gruyter &. Co. , 2017.

Kasekamp, Andres. *A History of the Baltic States*. London: Palgrave Macmillan, 2010.

Kasten, Brigitte. *Königssöhne und Königsherrschaft : Untersuchungen zur Teilhabe am Reich in der Merowinger- und Karolingerzeit*. Hannover: Hahnsche Buchhandlung, 1997.

_____. „ Laikale Mittelgewalten: Beobachtungen zur Herrschaftspraxis der Karolinger. " In *Karl der Große und das Erbe der Kulturen : Akten des 8. Symposiums des Mediävistenverbandes*. Hrsg. Franz-Reiner Erkens. Berlin: Akademie Verlag, 2001, S. 54-66.

Keller, Christian. "Furs, Fish, and Ivory: Medieval Norsemen at the Arctic

Fringe." *Journal of the North Atlantic*, Vol. 3 (2010): 1-23.

Khalilieh, Hassan S. *Admiralty and Maritime Laws in the Mediterranean Sea (ca. 800-1050)*. Leiden: Brill, 2006.

King, P. D. *Law and Society in the Visigothic Kingdom*. Cambridge: Cambridge University Press, 1972.

Kisch, Guido. "The Jewry-Law of the Medieval German Law-Books: Part II. The Legal Status of the Jews." *Proceedings of the American Academy for Jewish Research*, Vol. 10 (1940): 99-184.

Kischka, Sandra. *Todesbedingtes Ausscheiden eines Gesellschafters aus der Personenhandelsgesellschaft: Die Entwicklung bis zu den Naturrechtskodifikationen*. Münster: Lit Verlag, 2005.

Kleinheyer, Gerd und Jan Schröder, Hrsg. *Deutsche und Europäische Juristen aus neun Jahrhunderten: Eine biographische Einführung in die Geschichte der Rechtswissenschaft*. Tübingen: Mohr Siebeck, 2017.

Knapp, Hermann. „Das alte Nürnberger Kriminalverfahren bis zur Einführung der Karolina." *Zeitschrift für die gesamte Strafrechtswissenschaft*, Vol. 12 (1892): 200-276.

Köbler, Gerhard. *Deutsche Rechtsgeschichte: Ein systematischer Grundriss der geschichtlichen Grundlagen des deutschen Rechts von den Indogermanen bis zur Gegenwart*. München: Verlag Franz Vahlen Gmbh, 1990.

Konig, Ekkehard and Auwera, Johan van der, eds. *The Germanic Languages*. London: Routledge, 2013.

Körntgen, Ludger und Wassenhoven, Dominik, eds. *Religion und Politik im Mittelalter: Deutschland und England im Vergleich*. Berlin: De Gruyter, 2013.

Kötzschke, Rudolf, Hrsg. *Rheinische Urbare. Sammlung von Urbaren und anderen Quellen zur rheinischen Wirtschaftsgeschichte, Zweiter Band: Die Urbare der Abtei Werden a. d. Ruhr. A: Die Urbare vom 9.-13. Jahrhundert*. Bonn: Behrendt, 1906.

Kramer, Rutger. "Franks, Romans, and Countrymen: Imperial Interests, Local Identities, and the Carolingian Conquest of Aquitaine." In *Empires and Communities in the Post-Roman and Islamic World, C. 400-1000 CE*. Eds. Walter Pohl, Rutger Kramer. Oxford: Oxford University Press, 2021, pp. 253-282.

Krause, Arnulf. *Die Geschichte der Germanen*. Main: Campus, 2002.

Krause, Victor. *Geschichte des Institutes der missi dominici.* Innsbruck: Wagner, 1890.

Krause, Wolfgang. *Runen.* Berlin: Walter de Gruyter, 1993.

Kremer, Anette and Schwab, Vincenz. "Law and Language in the *Leges Barbarorum*: A Database Project on the Vernacular Vocabulary in Medieval Manuscripts." In *Law and Language in the Middle Ages.* Eds. Jenny Benham, Matthew W. McHaffie, and Helle Vogt. Leiden: Brill, 2018, pp. 235-261.

Kroeschell, Karl. *Deutsche Rechtsgeschichte.* Wiesbaden: Westdeutscher Verlag, 2001.

_____. *Recht unde Unrecht der Sassen: Rechtsgeschichte Niedersachsens.* Göttingen: Vandenhoeck & Ruprecht, 2005.

Kroman, Erik. *Danmarks gamle købstadlovgivning.* København: Rosenkilde og Bagger, 1951.

Kümper, Hiram. *Sachsenrecht: Studien zur Geschichte des sächsischen Landrechts in Mittelalter und früher Neuzeit.* Berlin: Duncker & Humblot, 2009.

Kunkel, Wolfgang. „Das Wesen der Rezeption des Römischen Rechts." In *Heidelberger Jahrbücher*, Vol 1. Heidelberg: Springer, 2006.

Kuskowski, Ada Maria. *Vernacular Law: Writing and the Reinvention of Customary Law in Medieval France.* Cambridge: Cambridge University Press, 2022.

Ladner, Gerhart B. "Justinian's Theory of Law and the Renewal Ideology of the Leges Barbarorum." *Proceedings of the American Philosophical Society*, Vol. 119, No. 3 (June 1975): 191-200.

Lahusen, Benjamin. *Alles Recht geht vom Volksgeist aus. Friedrich Carl von Savigny und die moderne Rechtswissenschaft.* Berlin: Nicolai Verlag, 2013.

Lammers, Walther. *Entstehung und Verfassung des Sachsenstammes.* Darmstadt: Wissenschaftliche Buchgesellschaft, 1967.

Landfester, Manfred, Hrsg. *Renaissance-Humanismus: Lexikon zur Antikerezeption.* Berlin: Springer Verlag, 2016.

Langbein, John H. *Prosecuting Crime in the Renaissance: England, Germany, France.* New Jersey: The Lawbook Exchange, Ltd., 2005.

Lappenberg, Johann Martin. *Die ältesten Stadt-, Schiff- und Landrechte Hamburgs.* Hamburg: Meissner, 1845.

Laufs, Adolf. *Rechtsentwicklungen in Deutschland.* Berlin: Walter de

Gruyter, 2006.

Lauring, Palle. *A History of the Kingdom of Denmark*. Copenhagen: Høst & Søn, 1960.

Le Bohec, Yann. *Die römische Armee: Von Augustus zu Konstantin d. Gr.* Stuttgart: Franz Steiner Verlag, 2007.

Lear, Floyd Seyward. "The Public Law of the Visigothic Code." *Speculum*, Vol. 26, No. 1 (January 1951): 1-23.

Leimus, Ivar and Mänd, Anu. "Reval (Tallinn): A City Emerging from Maritime Trade." In *The Routledge Handbook of Maritime Trade around Europe 1300-1600*. Eds. Wim Blockmans, Mikhail Krom and Justyna Wubs-Mrozewicz. London: Routledge, 2017, pp. 273-291.

Lewis, Andrew. "Slavery, Family, and Status." In *The Cambridge Companion to Roman Law*. Ed. David Johnston. Cambridge: Cambridge University, 2015, pp. 151-174.

Liebeschuetz, J. H. W. G. "Goths and Romans in the Leges Visigothorum." In *Integration in Rome and in the Roman World*. Eds. Gerda de Kleijn and Stephane Benoist. Leiden: Brill, 2014, pp. 89-104.

Lintzel, Martin. *Zur altsächsischen Stammesgeschichte, Band 1*. Berlin: de Gruyter, 2021.

Lobingier, Charles Sumner. "The Reception of the Roman Law in Germany." *Michigan Law Review*, Vol. 14, No. 7 (May 1916): 562-569.

Lockhart, Paul Douglas. *Frederik II and the Protestant Cause: Denmark's Role in the Wars of Religion, 1559-1596*. Leiden: Brill, 2004.

Lord, Louis E. "Tacitus the Historian." *The Classical Journal*, Vol. 21, No. 3 (December 1925): 177-190.

Luckenbach, Hermann. *Kunst und Geschichte Gesamtausgabe: I. Teil: Altertum—II. Teil: Mittelalter—III. Teil: 1500-1800—IV. Teil: Neuzeit*. München: Walter de Gruyter, 2019.

Lund, Allan A. „Zur interpretatio Romana in der ‚Germani' des Tacitus." *Zeitschrift für Religions-und Geistesgeschichte*, 2007, Vol. 59, No. 4 (2007): 289-310.

Luntowski, Gustav. *Dortmunder Kaufleute in England im 13. und 14. Jahrhundert. Ein Quellennachweis*. Dortmund: Selbstverl. 1970.

MacLean, Simon. *Kingship and Politics in the Late Ninth Century*. Cambridge: Cambridge University Press, 2003.

Madden, Marie Regina. *Political Theory and Law in Medieval Spain*. New Jersey: The Lawbook Exchange, Ltd. , 2005.

Mägi, Marika. "Bound for the Eastern Baltic: Trade and Centres AD 800-1200. " In *Maritime Societies of the Viking and Medieval World*. Eds. James H. Barrett and Sarah Jane Gibbon. London: Routledge, 2015, pp. 41-61.

Magin, Christine. *"Wie es umb der iuden recht stet"*: *Der Status der Juden in spätmittelalterlichen deutschen Rechtsbüchern*. Göttingen: Wallstein Verlag, 1999.

Mähl, Stefan. „ 39. Skandinavien. " In *Kanzleisprachenforschung*: *Ein internationales Handbuch*. Hrsg. Albrecht Greule, Jörg Meier, Ame Ziegler. Berlin: Walter de Gruyter, 2012, S. 623-634.

Mannert, Conrad. *Geschichte der alten Deutschen, besonders der Franken*. Stuttgart: Cotta, 1829.

Maschke, Erich. *Städte und Menschen*: *Beiträge zur Geschichte d. Stadt, d. Wirtschaft u. Gesellschaft 1959-1977*. Wiesbaden: Franz Steiner Verlag GmbH, 1980.

Mathisen, Ralph W. *Roman Aristocrats in Barbarian Gaul*: *Strategies for Survival in an Age of Transition*. Austin: University of Texas Press, 2013.

Mawer, Allen. *The Vikings*. Frankfurt am Main: Outlook Verlag, 2020.

McGinn, Thomas A. J. *Prostitution, Sexuality, and the Law in Ancient Rome*. Oxford: Oxford University Press, 1998.

McKitterick, Rosamond. "A King on the Move: The Place of an Itinerant Court in Charlemagne's Government." In *Royal Courts in Dynastic States and Empires*. Ed. Jeroen Duindam. Leiden: Brill, 2011, pp. 145-170.

_____. *Charlemagne*: *The Formation of a European Identity*. Cambridge: Cambridge University Press, 2009.

_____. "Charlemagne's missi and their books. " In *Early Medieval Studies in Memory of Patrick Wormald*. Ed. Stephen Baxter. Surrey: Ashgate Publishing, Ltd. , 2009, pp. 253-267.

_____. *The Frankish Kingdoms Under the Carolingians, 751-987*. London: Longman, 1983.

McNamara, Jo Ann and Wemple, Suzanne. "The Power of Women through the Family in Medieval Europe, 500-1100. " In *Gendering the Master Narrative*: *Women and Power in the Middle Ages*. Eds. Mary Carpenter Erler and Maryanne Kowaleski. London: The University of Georgia Press, 1988, pp. 83-101.

Melikan, Rose. "Shippers, Salvors, and Sovereigns: Competing interests in the Medieval Law of Shipwreck." *Journal of Legal History*, 11(2), 1990: 173-195.

Mensching, Minna. *Das Strafrecht der Lex Burgundionum*. Turbenthal: R. Furrer's Erben, 1928.

Merkelbach, Reinhold. *Philologica: Ausgewählte kleine Schriften*. Stuttgart: B. G. Teubber, 1997.

Mertens, Dieter. „Die Instrumentalisierung der ‚Germania' des Tacitus durch die deutschen Humanisten." In *Zur Geschichte der Gleichung „germanisch-deutsch": Sprache und Namen*. Hrsg. Heinrick Beck und Dieter Geuenich. Berlin: De Gruyter, 2013, S. 37-101.

Metzler, Irina. "Reflections on Disability in Medieval Legal Texts." In *Disability and Medieval Law: History, Literature, Society*. Ed. Cory James Rushton. Newcastle upon Tyne: Cambridge Scholars Publishing, 2013, pp. 19-53.

Mikuła, Maciej. *Municipal Magdeburg Law (Ius Municipale Magdeburgense) in Late Medieval Poland: A Study on the Evolution and Adaptation of Law*. Leiden: Brill, 2021.

Miller, David Harry. "Ethnogenesis and Religious Revitalization beyond the Roman Frontier: The Case of Frankish Origins." *Journal of World History*, Vol. 4, No. 2 (Fall 1993): 277-283.

Mirković, Miroslava. *The Later Roman Colonate and Freedom*. Philadelphia: American Philosophical Society, 1997.

Mitteis, Heinrich. „Rechtspflege und Staatsentwicklung in Deutschland und Frankreich." *Archiv des öffentlichen Rechts*, Vol. 40, No. 1 (1921): 1-21.

Möhlmann, Roman. *Landrecht und Lehnrecht im Mittelalter*. München: Grin Verlag, 2005.

Mohr, Andreas. *Das Wissen über die Anderen. Zur Darstellung fremder Völker in den fränkischen Quellen der Karolingerzeit*. München: Waxmann Verlag, 2005.

Möllenberg, Walter. „Eike von Repgow. Ein Versuch." *Historische Zeitschrift*, 1917, Bd. 117, H. 3 (1917): 387-412.

Moraw, Peter. *Gesammelte Beiträge zur deutschen und europäischen Universitätsgeschichte: Strukturen, Personen, Entwicklungen*. Leiden: Brill, 2008.

Mordek, Hubert. *Bibliotheca capitularium regum Francorum manuscripta: Überlieferung und Traditionszusammenhang der fränkischen Herrscherlasse*.

München: Harrassowitz Verlag, 2020.

――――. „Kapitularien und Schriftlichkeit." In *Schriftkultur und Reichsverwaltung unter den Karolingern*. Hrsg. Rudolf Schieffer. Wiesbaden: Springer Verlag, 1995, S. 34-66.

Moses, Diana C. "Livy's Lucretia and the Validity of Coerced Consent in Roman Law." In *Consent and Coercion to Sex and Marriage in Ancient and Medieval Societies*. Ed. Angeliki E. Laiou. Washington, D. C. : Dumbarton Oaks, 1998, pp. 39-81.

Mousourakis, George. *Roman Law and the Origins of the Civil Law Tradition*. Heidelberg: Springer, 2015.

Müller, Gernot Michael. *Die "Germania generalis" des Conrad Celtis : Studien mit Edition, Übersetzung und Kommentar*. Tübingen: Niemeyer, 2001.

Murdoch, Brian. "Textual Fluidity and the Interaction of Latin and the Vernacular Languages." In *The Oxford Handbook of Medieval Latin Literature*. Eds. Ralph Hexter, David Townsend. Oxford: Oxford University Press, 2012, pp. 284-303.

Musson, Anthony. "Images of Marriage." In *Regional Variations in Matrimonial Law and Custom in Europe, 1150-1600*. Ed. Mia Korpiola. Leiden: Brill, 2011, pp. 117-146.

Namenkundliche Informationen, Volumes 81-82. Leipzig: Karl-Marx Universität, 2002.

Nedkvitne, Arnved. *The German Hansa and Bergen, 1100-1600*. Köln: Böhlau, 2014.

Nehlsen, Hermann. „Zur Aktualität und Effektivität germanischer Rechtsaufzeichnungen." In *Recht und Schrift im Mittelalter*. Hrsg. Peter Classen. Sigmaringen: Thorbecke, 1977, S. 449-502.

Nelkson, Jinty. "Charlemagne and Europe." *Journal of the British Academy*, Vol. 2: 125-152.

Nelson, Charles G. "Mirror, Mirror on the Wall: Reflections on the Performance of Authority in Eike von Repgow's Sachsenspiegel." In *The Four Modes of Seeing: Approaches to Medieval Imagery in Honor of Madeline Harrison Caviness*. Ed. Elizabeth Carson Pastan. New York: Routledge, 2009, pp. 367-381.

Nelson, Jane L. "Charlemagne and Empire." In *The Long Morning of Medieval Europe: New Directions in Early Medieval Studies*. Hrsg. Jennifer R.

Davis and Michael McCormick. Hampshire: Ashgate, 2008, pp. 223-234.

―――. *King and Emperor: A New Life of Charlemagne*. Oakland: University of California Press, 2019.

―――. "Religion and Politics in the Reign of Charlemagne," In *Religion und Politik im Mittelalter: Deutschland und England im Vergleich*. Hrsg. Ludger Körntgen und Dominik Wassenhoven. Berlin: de Gruyter, 2013, pp. 18-29.

Neumeister, Peter. „Johann von Buch, Ein altmärkischer Rechtsgelehrter im Dienste der Wittelsbacher." In *Die Altmark 1300-1600: Eine Kulturregion im Spannungsfeld von Magdeburg, Lübeck und Berlin*. Hrsg. Jiří Fajt, Wilfried Franzen, Peter Knüvener. Berlin: Lukas Verlag, 2011, S. 150-155.

Nicolay, Charles Grenfell. *A Manual of Geographical Science: Ancient geography*. London: J. W. Parker, 1859.

Nicolay, Johan. *Armed Batavians: Use and Significance of Weaponry and Horse Gear from Non-military Contexts in the Rhine Delta (50 BC to AD 450)*. Amsterdam: Amsterdam University Press, 2007.

Nissen, Moritz. *Das Recht auf Beweis im Zivilprozess*. Tübingen: Mohr Siebeck, 2019.

North, Michael. *Deutsche Wirtschaftsgeschichte*. München: Beck, 2005.

Oakley, S. P. *Studies in the Transmission of Latin Texts: Volume I: Quintus Curtius Rufus and Dictys Cretensis*. Oxford: Oxford University Press, 2020.

Odegaard, Charles E. "Carolingian Oaths of Fidelity." *Speculum*, Vol. 16, No. 3 (July 1941): 284-296.

Oestmann, Peter. "The Law of the Holy Roman Empire of the German Nation." In *The Oxford Handbook of European Legal History*. Eds. Heikki Pihlajamäki, Markus D. Dubber, and Mark Godfrey. Oxford: Oxford University Press, 2018, pp. 731-759.

―――. *Wege zur Rechtsgeschichte: Gerichtsbarkeit und Verfahren*. Köln: Böhlau, 2015.

Oliver, Lisi. *The Body Legal in Barbarian Law*. Toronto: Toronto University Press, 2011.

Overfield, James H. *Humanism and Scholasticism in Late Medieval Germany*. Princeton: Princeton University Press, 1985.

Paine, Lincoln. *The Sea and Civilization: A Maritime History of the World*. New York: Vintage Books, 2013.

Parker, Geoffrey. *Sovereign City: The City-State through History.* London: Reaktion Books, 2004.

Paterculus, Velleius. *Compendium of Roman History.* Cambridge: Harvard University Press, 1924.

Pauler, Roland. *Karl der skrupellose Große: Das Ergebnis von zwei Jahrhunderten Fehlinterpretation im Bann des Nationalismus.* Göttingen: Cuvillier Verlag, 2021.

Paulsen, Reinhard. *Schifffahrt, Hanse und Europa im Mittelalter: Schiffe am Beispiel Hamburgs, europäische Entwicklungslinien und die Forschung in Deutschland.* Köln: Böhlau Verlag, 2016.

Peel, Christine. *Guta Lag and Guta Saga: The Law and History of the Gotlanders.* London: Routledge, 2015.

Peeters, Leopold. "Merovingian Foxes and the Medieval Reynard." In *Palaeogermanica et onomastica.* Eds. Arend Quak, Florus (Floor) Rhee. Amsterdam: Rodopi, 1989, pp. 131-150.

Pfister, Hermann. *Über urgermanische Formenlehre: Beitrag zu unserer Ältesten Deklination und Konjugation.* Marburg: N. G. Elwert'sche, 1889.

Phillips, William D. and Phillips, Carla Rahn. *A Concise History of Spain.* Cambridge: Cambridge University Press, 2016.

Pöhlmann, Egert. „Codex Hersfeldensis und Codex Aesinas. Zu Tacitus' Agricola." In *Gegenwärtige Vergangenheit.* Hrsg. Egert Pöhlmann. Berlin: De Gruyter Verlag, 2008, S. 225-233.

Polenz, Peter von. *Deutsche Sprachgeschichte vom Spätmittelalter bis zur Gegenwart, Band 1.* Berlin: Walter de Gruyter, 2000.

Pollock, Frederick and Maitland, Frederic William. *The History of English Law before the Time of Edward I, Vol. 2.* Indianapolis: Liberty Fund, 2010.

Pötschke, Dieter, Hrsg. *Stadtrecht, Roland und Pranger: Zur Rechtsgeschichte von Halberstadt, Goslar, Bremen und märkischen Städten.* Berlin: Lukas Verlag, 2002.

Pounds, Norman John Greville. *An Economic History of Medieval Europe.* London: Routledge, 1994.

Prinz, Franziska. *Der Bildgebrauch in gedruckten Rechtsbüchern des 15. bis zum Ausgang des 18. Jahrhunderts.* Münster: LIT Verlag, 2006.

Reindel, Kurt. „Politische Geschichte bis zum Ausgang der Agilolfingerzeit." In *Handbuch der Bayerischen Geschichte Band I: Das Alte Bayern, Das Stam-*

mesherzogtum. Hrsg. Max Spindler. München: C. H. Beck, 1981, S. 151-177.

Rembold, Ingrid. *Conquest and Christianization*. Cambridge: Cambridge University Press, 2018.

Reynolds, Susan. *Fiefs and Vassals: The Medieval Evidence Reinterpreted*. Oxford: Oxford University Press, 1994.

———. "Our Forefathers? Tribes, Peoples, and Nations in the Historiography of the Age of Migrations." In *After Rome's Fall: Narrators and Sources of Early Medieval History*. Ed. Alexander Callander Murray. Toronto: University of Toronto Press, 1998, pp. 17-36.

Rhea, Zane Ma. *Land and Water Education and the Allodial Principle*. Singapore: Springer, 2018.

Rhein, Roms Feind am. „Roms Feind am Rhein: Über Krieger, Heere und Kriegsführung im Germanien des 1. Jhs. n. Chr." *Antike Welt*, No. 6 (2014): 38-45.

Richard, Oliver. „Objekte bei städtischen Eidesleistungen im Spätmittelalter." In *Die materielle Kultur der Stadt in Spätmittelalter und Früher Neuzeit*. Hrsg. Sabine von Heusinger, Susanne Wittekind. Wien: Vandenhoeck & Ruprecht, 2019, S. 95-136.

Richlin, Amy. *Arguments with Silence: Writing the History of Roman Women*. Ann Arbor: University of Michigan Press, 2014.

Richter, Gustav. *Annalen des Fränkischen Reichs im Zeitalter der Merovinger: Vom ersten Auftreten der Franken bis zur Krönung Pippins*. Halle: Verlag der Buchhandlung des Waisenhauses, 1873.

Richter, Klaus. „Rechtsbücher: Sachsenspiegel und Schwabenspiegel." in Jörg Wolff, Hrsg., *Kultur- und rechtshistorische Wurzeln Europas, Arbeitsbuch*. Mönchengladbach: Forum Verlag Godesberg, 2005, S. 119-138.

Rivers, Theodore John. *Laws of the Alamans and Bavarians*. Philadelphia: University of Pennsylvania Press, 1977.

Rix, Robert. *The Barbarian North in Medieval Imagination: Ethnicity, Legend, and Literature*. New York: Routledge, 2014.

Roelcke, Thorsten. *Geschichte der deutschen Sprache*. München: C. H. Beck, 2009.

Roller, Duane W. *A Historical and Topographical Guide to the Geography of Strabo*. Cambridge: Cambridge University Press, 2018.

Rönnby, Johan and Adams, Jonathan. "Identity, threat and defiance: interpreting the "bulwark", a 12th century lake building on Gotland, Sweden. " *Journal of Maritime Archaeology*, Vol. 1, No. 2 (December 2006): 170-190.

Rowe, Nina. "Synagoga Tumbles, a Rider Triumphs: Clerical Viewers and the Fürstenportal of Bamberg Cathedral. " *Gesta*, Vol. 45, No. 1 (2006): 15-42.

Roymans, Nico. *Ethnic Identity and Imperial Power: The Batavians in the Early Roman Empire*. Amsterdam: Amsterdam University Press, 2004.

Rudy, Kathryn M. *Touching Parchment: How Medieval Users Rubbed, Handled, and Kissed Their Manuscripts: Volume 1: Officials and Their Books*. Cambridge: Open Book Publishers, 2023.

Sanmark, Alexandra. *Viking Law and Order: Places and Rituals of Assembly in the Medieval North*. Edinburgh: Edinburgh University Press, 2017.

Savigny, Friedrich Carl von. *Vom Beruf unserer Zeit für Gesetzgebung und Rechtswissenschaft*. Heidelberg: Mohr und Zimmer, 1814.

Schieffer, Rudolf. *Die Karolinger*. Stuttgart: W. Kohlhammer Verlag, 2006.

_____. *Schriftkultur und Reichsverwaltung unter den Karolingern: Referate des Kolloquiums der Nordrhein-Westfälischen Akademie der Wissenschaften am 17./18. Februar 1994 in Bonn*. Wiesbaden: Springer Verlag, 2013.

Schiller, Arthur. *Roman Law: Mechanisms of Development*. The Hague: Mouton Publishers, 1978.

Schilp, Thomas. *Norm und Wirklichkeit religiöser Frauengemeinschaften im Frühmittelalter*. Göttingen: Vandenhoeck und Ruprecht, 1998.

Schioppa, Antonio Padoa. *A History of Law in Europe: From the Early Middle Ages to the Twentieth Century*. Cambridge: Cambridge University Press, 2017.

Schmid, Hans Ulrich. *Einführung in die deutsche Sprachgeschichte*. Stuttgart: Metzler Verlag, 2009.

Schmidt, Carl Adolf. *Die Reception des römischen Rechts in Deutschland*. Frankfurt: Salzwasser Verlag, 2022.

Schmidt, Ludwig. „Mundiacum und das Burgunderreich am Rhein." *Germania*, Vol. 21 (1937): 264-266.

Schmidt-Recla, Adrian. *Kalte oder warme Hand?: Verfügungen von Todes wegen im mittelalterlichen Referenzrechtsquellen*. Köln: Böhlau Verlag, 2011.

Schmoeckel, Mathias. *Das Recht der Reformation: Die epistemologische Revolution der Wissenschaft und die Spaltung der Rechtsordnung in der Frühen*

Neuzeit. Tübingen: Mohr Siebeck, 2014.

Schmugge, Ludwig. *Illegitimität im Spätmittelalter*. Oldenbourg: De Gruyter, 1994.

Schneidmüller, Bernd. „Inszenierungen und Rituale des spätmittelalterlichen Reichs: Die Goldene Bulle von 1356 in westeuropäischen Vergleichen. " In *Die Goldene Bulle: Politik—Wahrnehmung—Rezeption*, Volume 1. Hrsg. Ulrike Hohensee, Mathias Lawo, Michael Lindner, Michael Menzel, Olaf B. Rader. Berlin: Walter de Gruyter, 2014, S. 261-297.

_____. „Widukind von Corvey, Richer von Reims und der Wandel politischen Bewußtseins im 10. Jahrhundert. " *Historische Zeitschrift. Beihefte*, 1997, New Series, Vol. 24, Beiträge zur mittelalterlichen Reichs- und Nationsbildung in Deutschland und Frankreich (1997): 1-28.

Scholl, Christian. "Imitatio Imperii? Elements of Imperial Rule in the Barbarian Successor States of the Roman West. " In *Transcultural Approaches to the Concept of Imperial Rule in the Middle Ages*. Eds. Christian Scholl, Torben R. Gebhardt, Jan Clauß. New York: Peter Lang AG. , 2017, pp. 20-39.

Schönfeld, Moritz. *Wörterbuch der altgermanischen Personen-und Völkernamen: nach der Überlieferung des klassischen Altertums*. Heidelberg: Carl Winter, 1911.

Schramm, Edward. *Ehe und Familie im Strafrecht: Eine strafrechtsdogmatische Untersuchung*. Tübingen: Mohr Siebeck, 2011.

Schröder, Rainer. *Rechtsgeschichte*. Münster: Alpmann und Schmidt, 2004.

Schulz, Knut. „Hamburg und Anfänger der Hanse. " In *Aus hansischer und niederdeutscher Geschichte: Beiträge von Christian Ashauer*. Hrsg. Stephan Selzer. Norderstedt: Books on Demand, 2022, S. 9-46.

Schumann, Eva. „Zur Rezeption frühmittelalterlichen Rechts im Spätmittelalter. " In *Humaniora: Medizin-Recht-Geschichte*. Hrsg. Bernd-Rüdiger Kern, Elmar Wadle, Klaus-Peter Schroeder, Christian Katzenmeier. Berlin: Springer, 2016, S. 337-386.

Schuppe, Mareike. *Die Auswirkungen des Handels im späten Mittelalter auf das Stadtbild von Lübeck*. München: Grin Verlag, 2006.

Schwab, Vincenz. *Volkssprachige Wörter in Pactus und Lex Alamannorum*. Bamberg: University of Bamberg Press, 2017.

Schweikle, Günther. *Germanisch—deutsche Sprachgeschichte im Überblick*.

Stuttgart: Springer-Verlag, 2016.

Seeck, Otto. *Notitia dignatum : Accedunt notitia urbis Constantinopolitanae et laterculi provinciarum.* Cambridge: Cambridge University Press, 2019.

Seidel, Andrea und Solms, Hans-Joachim. *Dô tagte ez : Deutsche Literatur des Mittelalters in Sachsen-Anhalt.* Dössel: J. Stekovics, 2003.

Sherk, Robert. "Specialization in the Provinces of Germany." *Historia : Zeitschrift für Alte Geschichte*, Bd. 20, H. 1 (1st Qtr. , 1971): 110-121.

Sherman, Charles Phineas. *Roman Law in the Modern World.* New York: Baker, Voorhis & Co. , 1924.

Simek, Rudolf. *Götter und Kulte der Germanen.* München: C. H. Beck, 2006.

Simon, Jörn. „Geschichte der Beispielstädte und deren Emanzipationsbestrebungen." In *Freiheit im Mittelalter am Beispiel der Stadt.* Hrsg. Dagmar Klose und Marco Ladewig. Postdam: Universitätsverlag, 2009, S. 169-175.

Sivan, Hagith. "The Appropriation of Roman Law in Barbarian Hands: 'Roman-Barbarian' Marriage in Visigothic Gaul and Spain." In *Strategies of Distinction : The Construction of Ethnic Communities*, 300-800. Eds. Walter Pohl, Helmut Reimitz. Brill: Leiden, 1998, pp. 189-203.

Smith, Julia M. H. *Europe after Rome : A New Cultural History*, 500-1000. Oxford: Oxford University Press, 2005.

Sonderegger, Stefan. *Grundzüge deutscher Sprachgeschichte*, Band I Einführung—Genealogie-Konstanten. Berlin: Walter de Gruyter, 2011.

Speer, Andreas und Berger, Andreas, Hrsg. *Wissenschaft mit Zukunft : Die ‚alte' Kölner Universität im Kontext der europäischen Universitätsgeschichte.* Köln: Böhlau Verlag, 2016.

Spirago, Francis. *The Catechism Explained.* New York: Benziger Brothers, 1899.

Sprenger, Bernd. *Das Geld der Deutschen : Geldgeschichte Deutschlands von den Anfängen bis zur Gegenwart.* Paderborn: Ferdinand Schöningh, 2002.

Stacke, Ludwig. *Erzählungen aus der Geschichte des Mittelalters in biographischer Form.* Oldenburg: Stalling 1867.

Stettner, Markus. *Karl der Große und die Sachsenkriege.* München: Grin Verlag, 2010.

Stevens, Gerald L. *Stevens Greek Workbook : A Companion to the Accordance Module.* Eugene: Wipf and Stock Publishers, 2017.

_____. *Geschichte der populären Literatur des römisch-kanonischen Rechts in Deutschland*. Leipzig: S. Hirzel, 1867.

Story, Joanna, ed. *Charlemagne: Empire and Society*. New York: Manchester University Press, 2005.

Strauch, Dieter. *Mittelalterliches Nordisches Recht bis 1500: Eine Quellenkunde*. Berlin: Walter de Gruyter, 2011.

Strauss, Gerald. *Law, Resistance, and the State: The Opposition to Roman Law in Reformation Germany*. Princeton: Princeton University Press, 2014, pp. 56-95.

Strothmann, Jürgen. *Karolingische Staatlichkeit: Das karolingische Frankenreich als Verband der Verbände*. Berlin: Walter de Gryter, 2019.

Take, Ingo. „Regieren in grenzüberschreitenden Räumen, Die Hanse als eine frühe Form legitimen globalen Regierens." In *Die Neuerfindung des Raumes: Grenzüberschreitungen und Neuordnungen*. Hrsg. Alexander Drost. Köln: Böhlau Verlag, 2013, S. 19-52.

Tan, Zoë M. "Subversive Geography in Tacitus' Germania." *The Journal of Roman Studies*, Vol. 104 (2014): 181-204.

The Law Magazine and Review: For Both Branches of the Legal Profession at Home and Abroad. London: Butterworths, 1901.

Theiß, Alissa und Wolf, Jürgen. „Lübeck." In *Schreiborte des deutschen Mittelalters*. Hrsg. Martin Schubert. Berlin: de Gruyter, 2013, S. 283-306.

Thomas, Richard F. "The Germania as Literary Text." In *The Cambridge Companion to Tacitus*. Ed. A. J. Woodman. Cambridge: Cambridge University Press, 2009, pp. 59-72.

Tiefenbach, Heinrich. *Von Mimigernaford nach Reganespurg: Gesammelte Schriften zu altsächsischen und althochdeutschen Namen*. Regensburg: Edition Vulpes, 2009.

Todd, Malcolm. *Everyday Life of the Barbarians: Goths, Franks and Vandals*. New York: Putnam, 1972.

Toepfer, Regina. *Infertility in Medieval and Early Modern Europe: Premodern Views on Childlessness*. London: Palgrave Macmillan, 2022.

Turpin, C. C. "The Reception of Roman Law." *Irish Jurist*, new series, Vol. 3, No. 1 (Summer 1968): 162-174.

Ubl, Karl. *Inzestverbot und Gesetzgebung: Die Konstruktion eines Verbrechens (300-1100)*,. Berlin: Walter de Gruyter, 2008.

Ulbricht, Johannes. *Die Rezeption der laesio enormis in den Stadt- und Landrechten: Vertragsgerechtigkeit im Spätmittelalter und der Frühen Neuzeit*. Göttingen: Vandenhoeck & Ruprecht, 2022.

Ullman, Walter. *Law and Politics in the Middle Ages*. Cambridge: Cambridge University Press, 1975.

Ureña y Smenjaud Rafael de. *La Legislación Gótico-Hispana (Leges Antiquiores. Liber Iudiciorum)*. Madrid: Establecimiento Tipográfico de Idamor Moreno, 1905.

Various European Authors. *The Continental Legal History Series*, Vol. I. Boston: Little, Brown, and Company, 1912.

Vennemann, Theo und Hanna, Patrizia Noel Aziz. *Germania Semitica*. Berlin: De Gruyter Mouton, 2012.

Verein für Hansische Geschichte, Hrsg. *Hansische Geschichtsblätter*. Leipzig: Duncker & Humblot, 1871.

Verein für Lübeckische Geschichte und Altertumskunde, Hrsg. *Siegel des Mittelalters aus den Archiven der Stadt Lübeck*, Ersten Heft. Lübeck: Rohdenschen Buchhandlung, 1856.

_____. *Urkundenbuch der Stadt Lübeck: 1139-1470*, Band 2. Lübeck: Friedr Asfchenfeldt, 1858.

Veress, Emöd. "The New Romanian Civil Code." In *New Civil Codes in Hungary and Romania*. Eds. Attila Menyhárd, Emöd Veress. Cham: Springer, 2017, pp. 27-34.

Vinogradoff, Paul. *Roman Law in Medieval Europe*. London: Harper & Brothers, 1909.

Vogel, Lothar. *Vom Werden eines Heiligen: Eine Untersuchung der Vita Corbiniani des Bischofs Arbeo von Freising*. Berlin: Walter de Gruyter, 2015.

Wadstein, Elis, Hrsg. *Kleinere altsächsische Sprachdenkmäler: mit Anmerkungen und Glossar (Niederdeutsche Denkmäler 6)*. Norden: Diedr. Soltau's Verlag, 1899.

Waelkens, Laurent. *Amne Adverso: Roman Legal Heritage in European Culture*. Leuven: Leuven University Press, 2015.

Wagner, Rudolf. *Handbuch des Seerechts*. Leipzig: Duncker & Humblot, 1884.

Ward, John O. *Classical Rhetoric in the Middle Ages: The Medieval Rhetors and Their Art 400-1300, with Manuscript Survey to 1500 CE*. Leiden:

Brill, 2019.

Warner, Robin and Kaye, Stuart, eds. *Routledge Handbook of Maritime Regulation and Enforcement*. London: Routledge, 2015.

―――. *The Evolution of Western Private Law*. Baltimore: The John Hopkins University Press, 2001.

Weddige, Hilkert. *Mittelhochdeutsch: Eine Einführung*. München: C. H. Beck, 2009.

Wesel, Uwe. *Geschichte des Rechts: Von den Frühformen bis zur Gegenwart*. München: Verlag C. H. Beck, 2006.

Weiß, Joh. B. *Weltgeschichte: III. Band: Das Christentum—Die Völkerwanderung*. Wien: Verlags-Buchhandlung Styria, 1910.

Wejwoda, Marek. *Spätmittelalterliche Jurisprudenz zwischen Rechtspraxis, Universität und kirchlicher Karriere: Der Leipziger Jurist und Naumburger Bischof Dietrich von Bocksdorf (ca. 1410-1466)*. Leiden: Brill, 2012.

Wenskus, Reinhard. *Stammesbildung und Verfassung: Das Werden der frühmittelalterlichen Gentes*. Köln: Böhlau Verlag, 1961.

Westergaard, Waldemar. "The Baltic Sea in History." *Bulletin of the Polish Institute of Arts and Sciences in America*, Vol. 3, No. 1 (October, 1944): 111-130.

Westrup, C. W. *Some Notes on the Roman Slave in Early Times: A Comparative Sociological Study*. København: Munksgaard, 1956.

Whitman, James Q. *The Legacy of Roman Law in the German Romantic Era*. Princeton: Princeton University Press, 2014.

Widmann, Simon. *Geschichte des deutschen Volkes*. Paderborn: Ferdinand Schöningh, 1894.

Wies, Ernst Wilhelm. *Karl der Grosse: Kaiser und Heiliger*. München: Heyne Verlag, 1988.

Wirth, Max. *Das Geld: Geschichte der Umlaufsmittel von der ältesten Zeit bis in die Gegenwart*. Leipzig: Verlag von G. Freytag, 1884.

Wolfram, Herwig und Schwarcz, Andreas, Hrsg. *Die Bayern und ihre Nachbarn*. Wien: Verlag der Österreichischen Akademie der Wissenschaften, 1985.

Wood, Ian N. "Gentes, kings and kingdoms—the emergence of states. The kingdom of the Gibichungs." In *Regna and Gentes: The Relationship between Late Antique and Early Medieval Peoples and Kingdoms in the Transformation of the Roman World*. Eds. Hans-Werner Goetz, Jorg Jarnut, Walter Pohl. Leiden: Brill, 2003, pp. 243-270.

———. "Nachleben: The Code in the Middle Ages." In *The Theodosian Code: Studies in the Imperial Law of Antiquity*. Eds. Jill Harries and Ian Wood. London: Gerald Duckworth, 1993, pp. 159-177.

———. "Beyond Satraps and Ostriches: Political and Social Structures of the Saxons in the Early Carolingian Period." In *The Continental Saxons from the Migration Period to the Tenth Century: An Ethnographic Perspective*. Eds. Dennis Howard Green, Frank Siegmund. Woodbridge: The Boydell Press, 2003, pp. 271-290.

Wüst, Wolfgang und Schümann, Nicola. „Policey im regionalen Kontext: Rechtssetzung im Alten Reich, im Reichskreis und im Territorim, Beispiele aus Franken." In *Rechtssetzung und Rechtswirklichkeit in der bayerischen Geschichte*. Hrsg. Hans-Joachim Hecker, Reinhard Heydenreuter, Hans Schlosser. München: C. H. Beck, 2006, S. 175-214.

Zerjadtke, Michael. „Roms Feind am Rhein: Über Krieger, Heere und Kriegsführung im Germanien des 1. Jhs. n. Chr.." *Antike Welt*, No. 6 (2014): 38-45.

Zeuss, Kaspar. *Die Deutschen und die Nachbarstämme*. München: Lentner, 2022.

Zimmermann, H. O. „Die Volksversammlung der alten Deutschen." In *Erster Bericht über die Germanistische Gesellschaft an der Universität Leipzig*. Hrsg. Heinrich Bernhard Christian Brandes. Leipzig: Dürr, 1863, S. 29-40.

Zoepfl, Heinrich. *Deutsche Staats- und Rechtsgeschichte. 2, 1: Geschichte der deutschen Rechtsquellen*. Stuttgart: Krabbe, 1846.

译名对照表

古日耳曼语：urg.

古德语：ad.

中古低地德语：mnd.

中古高地德语：mhd.

A	
Aachen	亚琛
Abbi	阿比
Abrogans	谦卑
actio in factum	事实诉讼
Ada Maria Kuskowski	艾达·玛利亚·库斯科夫斯基
Adaltrude	安达卢德
Adelaide	阿德莱德
Adolf II. Graf von Schaumburg	施绍伯格
adoptio	领养
adrogatio	自权人收养
Aestii	伊思替夷人
Aëtius	埃提乌斯
Africanus	阿非利加努斯
Agaune	阿加恩
Agricola	《阿古利可拉传》
Aistulfo	艾斯杜尔夫
Alan Watson	艾伦·沃森
Alarich II.	阿拉里克二世
Alcuin	阿尔昆
Albi	阿尔比
Albrecht Cordes	阿尔布莱希特·科德茨
Albrecht von Bardewik ——Albrecht van Bardewic（mnd.）	阿尔布莱希特·冯·巴尔德维克
Alces	麋鹿

(续表)

Aleksander	亚历山大
Alemannen	阿勒曼尼
Alexander der Große	亚历山大大帝
Alfonso X de Castilla	卡斯蒂利亚国王阿方索十世
Allan A. Lund	艾伦·阿·隆德
Ally	艾利
Alt-Lübeck	老吕贝克
Alt-Stettin	老什切青
Altdeutsch	古德语
Altfriesisches	古弗里斯兰语
Althochdeutsch	古高地德语
Altsächsisches	古萨克森语
Ambrones	阿姆布昂人
Ambrosius	安波罗修
Anastasius	阿纳斯塔修斯
André Holenstein	安德烈·霍伦斯坦
Angarios ——Angrivarii（ad.） ——Angrarii（ad.）	安格里亚人
Anglii	盎格鲁人
Aniano	阿尼亚诺
Anklam	安克拉姆
Anna Rügerin	安娜·吕格林
Annales	《编年史》
Annales Guelferbytani	《给尔服拜坦年代记》
Annales Laureshamenses	《洛尔施年代记》
Annales Laurissenses minores	《洛尔施小年代记》
Annales Petaviani	《伯塔维安年代记》
Annales regni Francorum	《法兰克王家年代记》
Ansegis	安塞奇
Anthony R. Birley	安东尼·R.伯利
Anton Koberger	安东·科伯格
Anton Sorg	安东·索格
Antonio Beccadelli	安东尼奥·贝卡迪利
Antonio Padoa-Schioppa	安东尼奥·帕多瓦·斯基奥帕
Antonius Saturninus	安东尼奥·萨图尼努斯

（续表）

Anu Mänd	阿努·曼德
Aper	阿浦尔
Apollonius Molon	阿波罗尼奥斯·摩隆
Aquitaine	阿奎丹
Arbogast	阿波加斯特
Archiv der Hansestadt Lübeck	吕贝克汉萨城档案馆
Ariovistus	阿利奥维斯塔
Aristo	阿里斯托
Armer Konrad	穷人康拉德
Arogastus	阿罗盖斯特
Arsacis	阿萨色斯
artich（mnd.）	阿提克币
Artlenburg privilegiet	《阿尔特伦堡特令》
Æthelred I	阿尔弗雷德一世
Auerochsen（urg.）	野牛
Audofleda	奥多弗雷达
Aufidius Bassus	奥菲迪乌斯·巴苏斯
Augsburg	奥格斯堡
August Lübben	奥古斯特·吕本
Augustus	奥古斯都
Aurinia	奥利尼亚
Ausbildungsvertrag	《学徒合约》
Austrasien	奥斯特利亚
Austreleudi	奥斯特雷洛迪
antrustiones	亲兵
Avar	阿瓦尔
Avaridge	海损的平均承担
Aviones	阿威约内斯人
Avitus von Vienne	维埃纳的阿维图斯

B	
Babylon	巴比伦
Badische Landesbibliothek，Karlsruhe	卡尔斯鲁厄巴登州立图书馆
Baebius Macer	巴伊庇乌斯·马塞尔
Baldric	鲍德里克
Bamberg	班贝格

（续表）

Bambergische Peinliche Halsgerichtsordnung	《班贝克刑事诉讼法》
bannum	禁令
barbari	蛮族人
Barbarossa-Privileg	《巴巴罗萨特令》
barbarum Salicum	撒里克蛮人
Bardengau	巴登高
Bardi	巴尔迪
barges	驳船
baro ingenuus	自由民
Bartholomaeus de Unkel	巴塞罗姆·德·昂科尔
Basternae	巴斯特奈人
Batavi	巴塔威人
Bauer	农民
Bauermeister	农民长
Bayerische Staatsbibliothek	巴伐利亚国立图书馆
Bayern	巴伐利亚
Becher（urg.）	杯子
belehnungsfrist（mnd.）	封地确认期限
Bella Germaniae	《日耳曼尼亚战争》
Bellum Germanicum	《日耳曼战记》
Belsazar	伯沙撒
Bergen	卑尔根
Bernard Bachrach	伯纳德·巴赫拉赫
Bernd Kannowski	伯纳德·肯诺夫斯基
Bernhard Richel	伯纳德·芮彻
Berno	毕尔诺
Berthanien（mnd.）	布列塔尼
Bertrada	贝尔特拉达
Berytus	贝利图斯
betālen（mnd.）	支付
biber/bibere	饮料
Bibliotheca Laureshamensis	洛尔施修道院图书馆
Bibliothèque nationale de France	法国国家图书馆
bicārium	杯子
bier（urg.）	饮料

（续表）

Birgelden（mnd.）	收益分成的佃户
Birger Jarl	比尔格·贾尔
Birger Magnusson	比尔格·马格努松
Biscay	比斯开湾
Bocholt	博霍尔特
bodthing	特别集会
Boii	博伊人
Bordeaux —Bordewes（mnd.）	波尔多
Borthari	博塔利
Bortrini	博特里尼人
Bothem	博斯耶姆
Boulogne	布洛涅
Bourges	布尔日
bōlwerken（mnd.）	岸壁
Börgheren（mnd.）	商人
Brautschmuck	新娘首饰
Bremen	不莱梅
Breviarium Alaricianum	《阿拉里克法律汇编》
Breviarium missorum Aquitanicum	《阿奎丹特使备忘录》
Brindisi	布林迪西
Bructeri	卜茹克特累人
Bruno	布鲁诺
Brunswick	布伦斯瑞克
Buch'sche Glosse	《布赫词表》
Bürgerrecht	市民身份
Burgodiones	勃艮第人
Burgund	勃艮第
Buri	布累人

C	
Caecilio Metello	车契利乌·麦特鲁
Caepio	凯皮奥
California State University, Northridge	加州州立大学北岭分校
Caligula	卡利古拉
Camillus	卡米勒斯

(续表)

Campsiani	坎普西亚尼人
Campulus	卡普鲁斯
cancellarii	官员
Capeana	卡佩纳
capitulare	法令
Capitulare de villis	《王室管理条令》
Capitulare episcoporum	《主教条令》
Capitulare Haristallense	《哈尔施塔伦斯条令》
Capitulare legi Rubuariae Additum	《利普利亚补充法规》
Capitulare legibus additum	《附加条令》
Capitulare missorum	《巡察条令》
Capitulare missorum generale	《巡察通用条令》
Capitularia missorum specialia	《巡察专用条令》
Capitulare Saxonicum	《萨克森条令》
Capitulatio de partibus Saxoniae	《萨克森地区条令》
carcer	囚禁
Cassiopa	卡西奥波
Cassius Dio	卡西乌斯·狄奥
Catalogus abbatum Corbeiensium ab a. 822 ad a. 1147	《科维记录册》
Cauci	考西人
Caülci	考尔奇
Celtic	凯尔特人
centena	百名随从
centurion	百夫长
Charini	查里尼人
Charles E. Odegaard	查尔斯·E.奥德加特
Charles G. Nelson	查尔斯·G.纳尔逊
Chatti	卡狄人
Chattuarii	查图阿里人
Chaubi	考比人
Chauci	考契人
Cherusci	车茹喜人
Childebert I.	希尔德贝尔特一世
Childerich	希尔代里克
Chilperich I.	希尔佩里克一世

(续表)

Chindaswinth	钦达斯温特
Chlodwig	克洛维
Chlothar I.	克洛塔尔一世
Chlothar II.	克洛塔尔二世
Christian Scholl	克里斯蒂安·朔尔
Christian I.	克里斯蒂安一世
Christopher Hegendorffinus	克里斯托弗·豪恩多芬斯
Chrodechild	克洛蒂尔德
Chronicon Moissiacense	《穆瓦萨克编年史》
Cimbri	辛布里人
Civilis	奇维里斯
civitas	小部落
Claudius I	克劳狄一世
Claudius Claudianus	克劳狄·克劳迪亚努斯
Claudius Ptolemaeus	克劳狄·托勒密
Coburg	科堡
Codex Abrogans	阿勃根斯抄本
Codex Eberhardi	《埃伯哈迪抄本》
Codex Euricianus	《尤列克法典》
Codex Gregorianus	《格里高利法典》
Codex Hermogenianus	《海默根法典》
Codex Hersfeldensis	赫斯菲尔德斯抄本
Codex Iuris Maritimi Visbyensis	《维斯比海法》
Codex Iustinianus	《查士丁尼法典》
Codex Parisinus	巴黎抄本
Codex Revisus	《修订法典》
Codex Theodosianus	《狄奥多西法典》
Coesfeld	科斯菲尔德
Colin Turpin	科林·托宾
comites	伯爵
comes palatii	宫廷伯爵
Commentarium in peregrinatione Germaniae	《日耳曼备忘录》
Commentarius	《评论》
communi dividundo	共有物分割
Concordat	政教协议

(续表)

Concordatum Wormatiense	《沃尔姆斯协定》
coniurationes	宣誓结盟
Conrad Celtes	康拉德·策尔蒂斯
Conrad Heyden	康拉德·海登
constitutiones pacis	和平法令
Corpus iuris Sueo-Gotorum antiqui	《瑞典老法典》
Corvey	科维
consiliarii	顾问
consilium	集会
Constantinopolis	君士坦丁堡
Constitutio Criminalis Carolina	《加洛林纳刑法典》
Constitutiones Extravagantes	《附录》
Corpus Iuris Civilis	《民法大全》
Courtney M. Booker	考特尼·M.布克
Cuthbert	卡斯伯特

D	
Dadin	达丁
Dag (urg.) —dagas (urg.) —dags (urg.)	群体
Dagobert I	达戈贝尔特一世
Danes	丹麦人
Danevirke	丹麦防线
Dansk lovhåndskrift	《丹麦法律手稿》
Danube	多瑙河
Danzig	但泽
Danziger Bucht	但泽湾
Dareios I.	大流士一世
Darsow	达尔索
Das deutsche Genossenschaftsrecht	《德国社团法》
Das Gantze Sechsisch Landrecht	《萨克森领地法》
David Harry Miller	大卫·哈里·米勒
De alodis	自由地
De Bello Gallico	《高卢战纪》
Decretum Gratiani	《格兰西法令集》

(续表)

Demmin	德明
Den Store Danske Encyklopædi	《丹麦大百科全书》
denarii	德涅尔
Der Richterlich Clagspiegel	《诉讼法鉴》
Der Stadt Frankfurt am Mayn erneuwerte Reformation	《法兰克福城市法》
Der welsche Gast	《意大利客人》
Desiderius	德西迪里厄斯
Deutsche Rechtsgeschichte	《德国法制史》
Deutsche Volk	德意志民族
Deutschenspiegel	《德意志明镜》
Dietrich von Bocksdorf	迪特里希·冯·博克斯多夫
Digesta seu Pandectae	《学说汇纂》
dinstlute	仆人
dinstman	仆人
dinstwip	仆从
Diplomatarium Danicum	丹麦外交档案
Diplomatarium Norvegicum	挪威外交档案
Discursus academici de iure publico	《公法的学术论述》
Divisio regnorum	《分国诏书》
dos profecticia	父予嫁资
domestici	管家
domini regis	国王
Dominicus Arumaeus	多米尼格斯·阿鲁梅乌斯
Domitian	图密善
doppelten Majestät	双重主权说
Dorpat	多帕特
Dorset	多赛特
Dortmund	多特蒙德
Dortrecht	多德勒克
dos	嫁资
dos adventitia	非父予嫁资
drauhti	军事随从
drauhtiwitop	战争
Dreyer	德雷尔
Duplex legationis edictum	《双重诏令》

(续表)

Düren	迪伦
dux	公爵
Dyrrachium	狄拉基乌姆
E	
ebbedischen	女修道院院长
Eberhard Isenmann	埃伯哈德·伊森曼
Edda Frankot	埃达·弗兰克特
edhilingui	贵族（萨克森军事精英）
Edictum Theodorici regis	《狄奥多里克法令集》
Edward Gibbon	爱德华·吉本
egene（mnd.）	自有地
ēgengōt（mnd.）	自有地
Eider	艾德河
Eigengut	自有地
Eisenbach	埃森纳赫
Eisleben	艾斯莱本
Elbe	易北河
Elbing	埃尔宾
Elche（urg.）	麋鹿
Eleanor	伊莲娜
Eike von Repgow	艾克·冯·雷普科
Elisii	厄利昔夷人
Emory University	埃默里大学
Engelant（mnd.）	英格兰
Engern	恩戈恩人
Enoch d'Ascoli	阿斯科利的伊诺克
Eparchius Avitus	伊帕修斯·阿维图斯
Epistolae	《阿尔昆信件集》
Erasmus Universiteit Rotterdam	鹿特丹伊拉斯谟大学
Erbmasse	遗产
Eresburg	埃里斯堡
Erik Klipping	艾瑞克·格里平
Erik Magnusson	艾瑞克·马格努松
Eriks	艾瑞克斯
Ertheneborch	埃芬博尔赫

(续表)

Eudo	奥多
Eudoses	欧多色斯人
Euermold	奥尔莫德
Eugerius	尤格里乌斯
Euric	尤列克
Everards	艾瑞尔德斯
exceptio	免除
ε'ίρεροs	束缚

F	
Fabius Valens	法比乌斯·瓦伦斯
faidosus	血亲复仇
Fardulf	法杜尔夫
farthing	法寻
Fastrada	法斯特拉达
fideicommissum	信托
fidem	忠诚
filiae familiarum	家庭之女
filii familiarium	家庭之子
Flanders	佛兰德斯
Flavian	弗拉维王朝
Florentinus	弗洛伦丁
foederati	同盟者
Folcbert	福尔克博特
Formiae	福米亚
Fornsalen Museum, Visby	维斯比的福尔萨伦博物馆
Forschungsbibliothek Gotha der Universität Erfurt	埃尔福特大学的哥达研究图书馆
frilingi	自由人
Francia	弗朗西亚
François Guizot	弗朗索瓦·基佐
François-Louis Ganshof	弗朗索瓦·路易斯·冈绍夫
Franken	法兰克
Frau/Frauen	妇女
Fränkische Zeit	法兰克时期
Frederic William Maitland	弗里德里克·威廉·梅特兰

(续表)

Frederick	弗里德里克
Frederick Pollock	弗里德里克·波洛克
Freie Reichsstadt	帝国自由城市
Freien Universität Berlin	柏林自由大学
Freising	弗莱辛
Friedrich I.	弗里德里希一世
Friedrich II.	弗里德里希二世
Friedrich III.	弗里德里希三世
Friedrich Carl von Savigny	弗里德里希·卡尔·冯·萨维尼
Frisii —Friesen —Fresionum —Frisian	弗里斯兰人
Fronsac	弗龙萨克
Frontinus	弗罗伦蒂努斯
Frouwe（mnd.）	贵族女性
Frühneuhochdeutsch	近代早期高地德语
Fuero Juzgo	富埃罗·朱戈
Fulda	富尔达
Fürst	诸侯
G	
Gaius Marius	盖乌斯·马略
Gaius Plinius Caecilius Secundus	盖乌斯·普林尼·采西利尤斯·塞孔都斯，即小普林尼
Gaius Plinius Secundus	盖乌斯·普林尼·塞孔都斯，即老普林尼
Galba	加尔巴
Gamabrivii —Gambrivii	甘布里维人
Gammeldanske love og forordningerm	《丹麦老法典和法令》
ganerbin（mnd.）	共同继承人
gans	白鹅
Ganta —Ganter（urg.）	公鹅
Garonne	加隆尼

(续表)

Gascons	加斯科尼
gentile	为罗马提供军事服务的蛮族人
Geographica	《地理学》
Georg Beseler	乔治·贝塞勒
Gerhard Dilcher	格哈德·迪尔彻
Gerhard Köbler	格哈德·科布勒
Gerhart B. Ladner	格哈特·拉德纳
Gerichtskampf	司法决斗
Gerichtsschwert	法庭之剑
Gerichtsversammlung	法庭集会
Germanen —Germani	日耳曼人
Germania Inferior	小日耳曼尼亚
Germania Magna	大日耳曼尼亚
Germanicus	日耳曼尼库斯
Germanische Zeit	日耳曼时期
Gerold	杰罗德
Gersuinda	哥德苏因达
gesceden	离婚
Geschichte des Rechts	《法制史》
Gevaudan	格沃丹
Gewohnheitsrecht	习惯法
Géza Alföldy	盖萨·阿尔福尔蒂
Gijs Dreijer	吉斯·德雷杰
Giovanni Pontano	乔凡尼·彭塔诺
Giuliano Cesarini	朱利亚诺·塞萨里尼
Glaesum (urg.)	琥珀
Glossar	《词表》
Glossator	注释法学派
Godefred	戈德弗雷德
Godofridus	戈多夫里德
Goethe-Universität Frankfurt am Main	美因河畔法兰克福歌德大学
Goslar	戈斯拉尔
Götaland	约塔兰
Gothi	哥特兰人

(续表)

Goths —Gothones	哥特人
Graf	伯爵
Grafelti	格拉费蒂
Grafenhut	伯爵帽
Grafione（ad.）	伯爵
Gregory	格里高利
Greifswald	格赖夫斯瓦尔德
Grifo	格里佛
groten tornosen（mnd.）	图尔币
Groß Strömkendorf	大斯特罗姆肯多夫
gud	货物
Gudfred	古德弗雷德
Guienne	圭亚那
Guiones	圭昂斯人
Gundeuch	贡多克
Gundobald	贡多巴德
Gunselin	冈瑟林
Gutones	古通人
H	
Hadelaun	哈德兰
Haito	海多
haken	吊钩
Håkon	哈孔
Håkon Erlingsson	哈康·艾林松
Håkon Håkonsson	哈康·哈康松
Håkon Magnusson	哈康·马格努松
Halberstadt	哈尔伯施塔特
Handelsrecht	商法
Hans Fehr	汉斯·费尔
hansa	汉萨
Hardrad	哈德拉德
Harii	阿累夷人
Harydes	哈鲁德人
hauen（mnd.）	港口

(续表)

hechte (mnd.)	监狱
Hedeby	赫德比
Heerwesen	军事系统
Heiko Behrmann	海科·贝尔曼
Hein L. W. Nelson	海因·L. W. 纳尔逊
Heinrich Brunner	海因里希·布伦纳
Heinrich der Löwe	狮子王亨利
Heinrich von Schwerin	什未林伯爵亨利
Helco	赫尔科
Heliand	《海兰德》
Helsingborg	赫尔辛堡
Helvecones	厄尔维科内斯人
Henry John Roby	亨利·约翰·罗比
Hercynia silva	海西尼亚森林
Herena	赫林娜
Herink Steneken	海因克·施泰肯
Hermann Conrad	赫尔曼·康拉德
Hermiones —Herminones	赫尔敏人
Hermogenianus	赫尔莫吉亚努斯
Hermunduri	赫尔门杜累人
Hersfeld	赫斯费尔德
Herzog August Bibliothek Wolfenbüttel	沃尔芬比特尔奥斯特公爵图书馆
Herzog von Sachsen	萨克森公爵
Hessi	黑森
Hesychius	赫西奇奥斯
Hier begynt dat Hogheste Water-Recht	《最高海法》
Hildegar	希尔迪加
Hildegard	希尔迪加尔德
Hiltrude	希尔特鲁德
Hiram Kümper	希拉姆·屈佩尔
Historiae	《历史》
Historiae Romanae	《罗马史纲要》
Historiarum libri IIII	《历史四卷》
Hitto	希多
Hochdeutsch	高地德语

(续表)

Hocke	霍克
Hohenseeburg	霍恩塞堡
Hohenstaufen	霍亨斯陶芬
Holstein	荷尔施泰因
Hordaland	霍达兰
hospes	客人
hospitalitas	庇护
hospites recedentes	常驻客人
hospites venientes	到访客人
Houke	霍克
hoys	平底船
Hucbald	胡巴拉德
Hunald	霍纳德

I	
Ian N. Wood	伊恩·N. 伍德
Iburg	伊堡
impubes	少年人
Indogermanische Ursprache	原始印欧语
Infans	幼儿
ingenui	生来自由人
ingenuiles	自由民
Ingrid Rembold	英格丽·伦博尔德
Inguaeones ——Ingaevones	因盖沃人
Institutiones Justiniani	《法学阶梯》
Irina Metzler	伊琳·梅茨勒
Irminsul	伊尔明苏尔
Isel ——Yserr	伊瑟尔河
Isis	伊西斯
Istiaeones ——Istaevones	伊斯泰沃人
iuratores	宣誓助手
ius ciuile	市民法
ius gentium	万民法
ius naturale	自然法

(续表)

J	
jettison —getaison —iectātiō	抛货
Johann Fichard	约翰·费沙德
Johann Friedrich Hach	约翰·弗里德里希·哈赫
Johann Reuchlin	约翰·罗伊希林
Johann von Buch	约翰·冯·布赫
Johann von Schwarzenberg	约翰·冯·施瓦岑伯格
Johannes Aventinus	约翰尼斯·阿文迪诺斯
Johannes Fried	约翰尼斯·弗莱德
John Anderson	约翰·安德森
John Ford	约翰·福特
John Scotus Eriugena	约翰·司各特·爱留根纳
Jordan von Boizenburg	约尔丹·冯·博伊岑伯格
judices	法官
Jugurtha	《朱古达战争》
Julius Caesar	尤利乌斯·凯撒
juramentum fidelitatis	忠诚誓言
Jus Maritimum Lubecense	《吕贝克城海法》
Justinian I.	查士丁尼一世
Jutland	日德兰半岛
Jyske Lov	《日德兰法》

K	
Kaiserliches Land- und Lehnrecht	《帝国领地法与封建法》
Kaiserrecht	帝国法
Kalmar	卡尔玛
Karl August Eckhardt	卡尔·奥古斯特·埃克哈特
Karl Heidecker	卡尔·海德克
Karl Kroeschell	卡尔·克罗谢尔
Karl S. Bader	卡尔·S. 巴德尔
Karl V.	查理五世
Karlmann	卡洛曼
Karlsburg	卡尔斯堡
Karoli epistola generalis	《查理曼劝诫信》

(续表)

Karoli M. capitulare primum	《查理曼第一条令》
kastensitz	箱式座椅
Kaufmannskolonie	德意志商人社区
Käufer	买方
Klagspiegel	《控诉明镜》
Kleines Kaiserrecht	《小帝国法》
Knebelschuhe	侧带皮靴
Københavns Universitet	哥本哈根大学
Kogge	柯克船
Kolberg	科尔伯格
Köln	科隆
König von Böhmen	波希米亚国王
Konstanzer Schule	康斯坦茨学派
Kurfürsten Zeit	选帝侯时期
Kurt Braunmüller	库尔特·布劳恩米勒
Kyros II.	居鲁士二世

L	
La Chanson de Roland	《罗兰之歌》
Labeo	拉贝奥
laeti	罗马盟友
Laienspiegel	《俗人法鉴》
Landeric	兰德里克
Landesarchiv NRW, Abteilung Westfalen, Münster	明斯特北威州档案馆威斯特伐利亚部
Landrecht	领地法
Landrecht mit Glosse	《领地法附词汇表》
Lantfrid	兰特弗里德
last	拉斯特（重量）
lazzi —laten（mnd.）	农民
Le Mans	勒芒
legationes	代表
legem Romanam	罗马法
Leges Barbarorum	蛮族法典
Leges Duodecim Tabularum	《十二铜表法》

(续表)

Leges Romanae Barbarorum	蛮族罗马法典
Legio I Minervia	第一米涅尔瓦军团
Legum Novellarum Divi Valentiniani	《瓦伦丁尼安三世的新敕》
Lehengut —Len（mnd.）	封地
Lehnrecht	封建法
Leiden Bibliotheek	莱顿大学图书馆
leienvursten	世俗诸侯
Leipzig	莱比锡
Lemovii	勒莫威夷人
Leo von Narbonne	利奥·冯·纳博讷
Lex Alamannorum	《阿勒曼尼法典》
Lex animata	活着的法律
Lex Baiuvariorum	《巴伐利亚法典》
Lex Burgundionum	《勃艮第法典》
Lex Julia de adulteriis coercendis	《尤里乌斯通奸法》
Lex Langobardorum	《伦巴第法典》
Lex Rhodia de iactu	《罗德海法》
Lex Ribuaria	《利普里安法典》
Lex Romana Burgundionum	《勃艮第罗马法典》
Lex Romana Visigothorum	《西哥特罗马法典》
Lex Salica	《撒里克法典》
Lex Salica Emendata	《艾曼达撒里克法典》
Lex Salica Karolina	《加洛林撒里克法典》
Lex Saxonum	《萨克森法典》
Lex Thuringorum	《图林根法典》
Lex Visigothorum —*Liber Iudiciorum*	《西哥特法典》
Liber Constitutionum	《法规汇纂》
liberti	自由人
Libius Severus	利比乌斯·塞维鲁
lighters	轻驳船
Lilienkrone	百合皇冠
Lingones	林哥尼斯人
liodthing	季度集会
Lisi Oliver	丽兹·奥利弗

(续表)

litus (ad.) —litis (ad.) —letus (ad.) —lidus (ad.) —lat (mnd.)	半自由人
litus Saxonicum	萨克森海滩
Liutgard	柳特加尔德
Liuvigild	柳维吉尔德
Livonia	利沃尼亚
Livonian pund	立沃尼亚磅秤
Loci Communes	《教义要点》
Lognai	洛格奈
Lombard —Langobardn —Langobardi	伦巴第人
löninge (mnd.)	船舶载重线
Lothar III	洛塔尔三世
Lübeck	吕贝克
Lucius Licinius Sura	卢基乌斯·李锡尼·苏拉
Ludolf	鲁道夫
Ludwig der Fromme	虔诚者路易
Lugii	鲁给夷人
Lund	隆德
Lüneberg	吕内堡
Lupias	利珀河
Lydhard	莱德哈德

M	
Macrinus	马克里努斯
Madelgaud	马德尔高德
Magdeburg	马格德堡
Magdeburger Rechtbücher	《马格德堡法》
Magenard	马格纳尔德
Maget (mnd.)	未婚女性
magistri militum	军事长官
Magnus	马格努斯

(续表)

Magnus III.	马格努斯三世
Magnus Eriksson	马格努斯·埃里克森
Magnus Håkonsson	马格努斯·哈孔松
Magnus Ladulås	马格努斯·拉杜洛斯
Mainz	美因茨
maiores domus nostrae	宫相
Majorian	马约里安
malahereda（ad.）	新娘饰物
Mall（obergo） —mall（mnd.）	审判地点
Mancio	曼希奥
Manfred Fuhrmann	曼弗雷德·福尔曼
Manimi	马尼密人
Manlius	曼利乌斯
Mannus	曼努斯
mapl	集会
marc	马克
Marcianus	马尔西安
Marculfi Formulae	《马库尔夫范本文书集》
Mare Balearicum	巴利阿里海
Marcomanni	马尔科曼尼人
Marek Tamm	马雷克·塔姆
Maria Dobozy	玛利亚·多博齐
Maris	马昔人
Mariskyrkan	玛丽教堂
Markgraf von Brandenburg	勃兰登堡藩侯
Marklo	马克洛
Marsigni	马昔尼人
Mathilda	玛蒂尔达
matres familiarum	家庭之母
Matthias Becher	马提亚斯·贝歇尔
Mattiaci	马提亚契人
Maurice Hutton	莫里斯·赫顿
Maximus	马西姆斯
McGill University	麦吉尔大学
Mechlenburg	梅克伦堡

(续表)

Mecklenburg	梅克伦堡
Medofulli	梅多弗利
Meissau	迈绍河
Melchior Kling	梅尔希奥·科林
Menapii	梅纳皮人
Mercurius	墨丘利
Merobaudes	梅罗鲍德斯
Merten Jawerk	默滕·贾维克
Meuse	默兹河
Meynersheim	梅纳斯海姆
Michael Zerjadtke	迈克尔·泽雅特克
Minden	明登
minor persona	低等级的人
minores	未成年人
missi dominici	巡察使
missive（mnd.）	寄送法律文件
Mittelhochdeutsch	中古高地德语
Moesia Inferior	下莫西亚
Mons	蒙斯
Monte Cassino	卡西诺山
morgengave（mnd.） ——morgengnve（mnd.） ——Morgengabe	早晨礼物
mosido（ad.）	宣誓助手
Murbach	穆尔巴赫
Mündel	被监护人

N	
Nahanavali	纳阿纳瓦利人
Narbonne	纳博讷
Narisci	纳累喜人
Naturalis Historia	《自然史》
nauphylax	船管
nautae	海员
Nederlandse TinVereniging	荷兰锡业协会
Nemetes	奈梅特人

(续表)

Nero Claudius Drusus	尼禄·克劳狄·德鲁苏斯
Nerva	涅尔瓦
Nervii	拿尔维人
Nerwa	内尔瓦
Neustria	纽斯特里亚
Niccolò de' Niccoli	尼科洛·德·尼科利
nichte (mnd.)	侄女、外甥女
Niederdeutsch	低地德语
Nistresi	尼斯特希
Nithard	尼特哈德
nobiles	贵族
Noirmoutier	诺亚芒提亚
Nordgermanisch	北日耳曼语
Nordliudi —Nordleudi	诺德留第人
Nordmannia	诺德曼尼亚
Noricum	诺里库姆人
Normandien (mnd.)	诺曼底
Nörnschen pyndere (mnd.)	纽伦堡磅秤
Northamumbria	诺桑比亚
Northmanni	诺斯人
Notitia Dignitatum	《官职名录》
Novellae Constitutiones	《新敕》
Novgorod	诺夫哥罗德
Nuithones	努伊托内斯人
Nürnberg	纽伦堡
Nyborgske forordninger for Sjælland	《西兰岛尼堡法规》
Nymwegen	奈梅根

O	
Obodrites	奥博德利特人
Oder	奥得河
Odense	欧登塞
Odilo	奥迪洛
Odin	奥丁
Ohrum	奥鲁姆

(续表)

Olavs	奥拉夫
Oldermann	长老
Oker	奥克尔河
optimas nobilis	高等级的贵族
Ordnung für Schiffer und Schiffsleute	《船长和海员法令》
Orientales	东部人
Orleans	奥尔良
ōsterlingisch（mnd.） —Osterlingorum	奥斯特林
Österreichische Nationalbibliothek	奥地利国家图书馆
Ostfalos —Ostfalai	东伐利亚人
Ostgermanisch	东日耳曼语
Östgöta-lagen	《东哥达法》
Ostgoten	东哥特
Ostkerke	奥斯特柯尔克
Otbert	奥特博尔特
Otho	奥索
Otto von Gierke	奥托·冯·基尔克
Otto I.	奥托一世

P	
Pacorus	巴司茹斯
Pactus Legis Salicae	《撒里克法律公约》
Panegyricus	《颂词》
Papinianus	帕比尼安
Papirio Carbone	帕庇累乌·卡尔波
Parthia	帕提亚帝国
Paschal	帕斯卡尔
pater familias	家长
patres familiarum	家庭之长
Patrizia Noel Aziz Hanna	帕特里齐亚·尼奥·阿齐兹·汉纳
Paul Barnwell	保罗·巴恩韦尔
Pauline de Lézardière	保利·德·勒扎迪埃
Paulus	保罗
Pavia	帕维亚

(续表)

Pedius	佩蒂乌斯
Peinliche Halsgerichtsordnung Kaiser Karls V	《加洛林纳刑法典》
Perg. Aug. 111	卡尔斯鲁厄抄本
Perigord	佩里戈尔
Peter Oestmann	彼得·奥斯特曼
Peucini	培契尼人
Peyrusse	佩吕斯
Pfalzgraf bei Rhein	莱茵行宫伯爵
pflichtige (mnd.)	国王土地上的佃户
Philipp Melanchthon	菲利普·梅兰希通
Pier Candido Decembrio	皮尔·坎迪多·德琴布里奥
Pippin der Bucklige	驼背丕平
Pippini capitulare Aquitanicum	《丕平阿奎丹条令》
Poggio Bracciolini	波乔·布拉乔利尼
Pommern	波美拉尼亚
Pomponius	彭波尼
Poperinghe	波佩林格
populus	人民
Possessor Romanus	罗马地主
potestas	家权
Praeceptor Germaniae	德国的老师
pretium —prēciōs (mnd.)	婚钱、偿命金(女)
principes	部落首领
Privatrecht	私法
Pro Lege Manilia	《支持曼尼利亚法案》
Provincial	《行省敕令评论》
Provinciales	行省人
Publius Cornelius Tacitus	普布里乌斯·克奈里乌斯·塔西佗
Pytheas	皮提亚斯

Q	
Quadi	夸第人
quaestor	财务官
Quedlinburg	奎德林堡

(续表)

Quinctilius Varus	昆克提尼乌斯·瓦鲁斯
Quintilian	昆体良
R	
radmen（mnd.）	委员
Rat —Rad（mnd.）	市议会
Ratmanne（mnd.）	委员
Ratzburg	拉茨堡
Ravensbergh	拉文斯贝格
Reccared	瑞卡尔德
Recceswinth	累斯温斯
Recht	法律
Rechtsbewußtsein	法律意识
Rechtsbuch nach Distinctionen	市政法律书
Rechtsfibel	法学入门
Rechtsleben	法律生活
Regensburg	雷根斯堡
Regina Toepfer	雷吉娜·特普费尔
regno cliente	从属地区
Rehme	雷姆
Reich	帝国
Reichnau	赖兴瑙
Reichsapfe	帝国金球
Reichspolizeiordnung	《帝国治安法规》
Reichsannalen	帝国年鉴
Reichsrecht	帝国法
Reichstadt	帝国城市
Reinhard Wenskus	莱因哈德·温斯库斯
Remissorium	《索引》
Remistanus	雷米斯坦乌斯
Res	物
res communes	共有物
restitutio in integrum	恢复原状
Reudigni	柔底尼人
Revele	日瓦尔

(续表)

Reynold	雷诺德
Rhaeti	雷蒂人
rhedo（ad.）	女性物品或嫁妆
Rheinfranken —Ripuarii	利普里安人
Rhine	莱茵河
Rhone	罗纳河
Richard Braungart	理查·布朗嘉特
Richard I	理查一世
Richbod	理查博德
Richter	法官
richtes（mnd.）	法庭
Richtsteig Landrechts	《领地法解读》
Ricimer	里西默
Riddære（mnd.）	骑士或下层贵族
Riga	里加
Rijksuniversiteit Groningen	格罗宁根大学
Robert S. Hoyt	罗伯特·S. 罗伊特
Robert Sherk	罗伯特·施尔克
Rochelle —Rotzeel（mnd.）	拉罗谢尔
Roderich von Stintzing	罗德里希·冯·施廷琴
Rôles d'Oléron	《奥列隆海法》
Romani	罗马人
Römisch-Germanisches Zentralmuseum	罗马-日耳曼中央博物馆
Römisches Vulgarrecht	粗俗罗马法
Rosamond McKitterick	罗莎蒙德·麦基特里克
Rostock	罗斯托克
Rostock-Dierkow	罗斯托克-迪尔科夫
Rostocker Landfrieden	《罗斯托克和平协议》
Rouen	鲁昂
Rudolf I.	鲁道夫一世
Rugii	茹给夷人
Rutheni	鲁塞尼亚人
Runenstein	古符文碑
Rügen	吕根岛

(续表)

S	
S. Martens dage	圣马丁日
Saale	萨勒河
Sachsen	萨克森
Sachsenspiegel	《萨克森明镜》
Sacramentum	神圣誓言
sagibaron (ad.)	司法助理
sahs (ad.)	刀
Saintes	桑特
Salegastus	萨勒盖斯特
Salehem	撒勒耶姆
Salfranken	撒里法兰克人
Salland	撒兰德
Sallust	萨鲁斯特
Salzburg	萨尔茨堡
Samsø	珊索岛
Sandra Kischka	桑德拉·基施卡
Sanskrit	梵文
Sasle	萨勒河
satraps	总督
scabini	斯卡比尼
schiff	船
schipbröcke (mnd.)	海难
schipman	船员
schipper (mnd.)	船长
schiprecht	航运法
Schlacht bei Bornhöved	博恩赫沃德战役
Schlei	石勒峡湾
Schleier	面纱
Schleswig	石勒苏益格
Schöffe	俗人法官
Schöffenbarfreie	自由民出身
Schöningen	舍宁根
Schnabelschuhe	喙嘴鞋
Schultheiß	村长
Schwaben	施瓦本
Schwabenspiegel	《施瓦本明镜》

(续表)

Schwatau	施瓦陶河
Schwäbisch Hall	施瓦本哈尔
Schwertmage	父系男性亲属
Scouore	斯卡诺
Sebastian Brant	塞巴斯蒂安·布兰特
Secundus	塞孔都斯
Sedusios	塞都斯人
Seeburg	塞堡
Seegewohnheiten	海洋习惯法
Seehandelsrecht	海商法
seerecht	海法
seles (mnd.)	海豹油
Seltz	塞尔兹
semissis	半西斯金币
Semnones	塞姆诺内斯人
Sens	桑斯
Sententiae	《判决集》
servi	战俘
serviles	奴隶
Settin	塞廷
Shotlant (mnd.)	苏格兰
Sicambri	斯卡姆布里人
sicher (urg.)	安全
Sidonius Apollinaris	希多尼乌斯·阿波黎纳里斯
Siegfried	齐格弗里德
Siete Partidas	《七编法》
Sigismund	西吉斯蒙德
Silures	西鲁尔人
Simon Maclean	西蒙·麦克莱恩
Sisebut	斯赛布特
Sitones	昔托西斯人
Siverd	斯维尔德
Sjælland	西兰岛
Slues (mnd.)	斯勒伊斯
Soest	苏斯特
Soissons	苏瓦松王国

（续表）

solidus	索里达
Somme	索姆河
Sound	松德海峡
Speyer	施派尔
Spoleto	斯波莱托
St. Bertin	圣贝尔丁
St. Gallen	圣加仑
Staatsbibliothek zu Berlin-Preussischer Kulturbesitz	柏林国立普鲁士文化遗产图书馆
Staatsrecht	宪法
Stade	施塔德
Stadtrecht	城市法
Stalsund	施特拉尔松德
stamm	部落
Stammesbildung und Verfassung	《部落形成与宪法》
Steinplatte von Kylver	凯尔弗石板
Stellinga	同盟者
Stendal	斯滕达尔
Stephan	斯蒂芬
Stiftsbibliothek St. Gallen	圣加仑修道院图书馆
Stockholm	斯德哥尔摩
Strabo	斯特拉波
Strafgesetzbuch	《德国刑法典》
Straßburg	斯特拉斯堡
strāta	街道
Sturman（mnd.）	舵手
Styria	施蒂利亚
Suardones	斯瓦多内斯人
Suduodi	苏多地
Suebos —Suevi —Suebi	苏维汇人
Suetonius	苏埃托尼乌斯
Sugabri	苏加布里人
Sugambri	苏甘布里人
sui juris	自权人

（续表）

Suidger	苏德格
Suiones	绥约内斯人
Susan Reynolds	苏珊·雷诺兹
Susanne Hähnchen	苏珊娜·汉欣
Svenskt Diplomatarium	瑞典外交档案
Sverrir Sigurðarson	斯维尔·西古德松
Sverris saga	《斯维尔传奇》
Sverige traktater med främmande magter，STFM	《瑞典外交条约》
Swen —Zwin —Zeyn	斯温
Syagrius	西阿格里乌斯
Syburg	西堡
Sythen	西芬恩
Szczecin	什切青

T	
Tallinn University	塔林大学
Tarraconensis	塔拉科
Tassilo	塔西洛
Taurisci	陶里希人
Tencteri	邓克特累人
terra Salica	撒里克土地
Teutones —Teutoni	条顿人
Theo Vennemann	西奥·范尼曼
Theoderic	狄奥多里克
Theodore	西奥多
Theodoric von Bocksdorf	狄奥多里克·冯·博克斯多夫
Theodosius II.	狄奥多西二世
Theuderich	提乌德里克
thoalapus	宣誓助手
Thomas Faulkner	托马斯·福克纳
Thomas S. Burns	托马斯·S. 伯恩斯
Thor	托尔

(续表)

thungine（ad.）	法官
Thüringen	图林根
Tiberius	提比略
Tiel	蒂尔
tisch（urg.）	桌子
Titus	提图斯
Toledo	托莱多
toloneum（urg.）	税费
Tønsberg	滕斯贝格
Toulouse	图卢兹
Tournai	图尔奈
Tours	图尔
töwe（mnd.）	绳索
Trajan	图拉真
Transalbingia	北阿尔宾吉亚
Trave	特拉沃河
Travers Twiss	特拉弗斯·特维斯
tremissis	西斯金币
Treveri	特雷维里人
Triboces ——Tribocchi ——Tribochi ——Triboci	特里波契人
Tribonian	特里布尼
Tribune ——Tribunus	护民官
Tributarius Romanus	罗马纳税人
trice（mnd.）	滑轮
trost（ad.） ——trôst（mhd.） ——trōst（mnd.）	忠诚、信任
Tuisto	涂士妥
Tungri	佟古累人
Turenne	蒂雷纳
Tutela	监护人

(续表)

U	
Ubii	乌比夷人
Ulpian	乌尔比安
Ulrich Eisenhardt	乌尔里希·艾森哈特
Ulrich Tengler	乌尔里希·滕格勒
Ulrich von Hutten	乌尔里希·冯·胡腾
Universität Basel	巴塞尔大学
Universität Bazreuth	拜罗伊特大学
Universität Bielefeld	比勒费尔德大学
Universität Freiburg	弗莱堡大学
Universität Göttingen	哥廷根大学
Universität Greifswald	格赖夫斯瓦尔德大学
Universität Hamburg	汉堡大学
Universität Heidelberg	海德堡大学
Universität Ingolstadt	英戈尔施塔特大学
Universität Innsbruck	因斯布鲁克大学
Universität Jena	耶拿大学
Universität Mannheim	曼海姆大学
Universität Münster	明斯特大学
Universität Tübingen	图宾根大学
Universität Wien	维也纳大学
Universität Würzburg	维尔茨堡大学
Universität zu Köln	科隆大学
Universität Zürich	苏黎世大学
Universitäts- und Landesbibliothek Bonn	波恩大学与州立图书馆
Universitätsbibliothek Heidelberg	海德堡大学图书馆
University of Glasgow	格拉斯哥大学
Urgermanisch	原始日耳曼语
Usipi ——Usipetes	乌昔鄙夷人
Utrecht	乌得勒支

(续表)

Uuedrecii	乌德瑞西
Uuidoham	维多耶姆
Uwe Wesel	乌韦·韦瑟尔
uri	野牛
V	
Valentinian II.	瓦伦提尼安二世
Valland	瓦兰德
Valsterbode	法尔斯特伯
Van Schiprechte（mnd.）	《海法》
Vanampsterdarnme（mnd.）	阿姆斯特丹
Vandals ——Vandilii	汪达尔人
Vangiones	汪吉奥人
Vannius	万纽斯
Varini ——Varinnae	瓦累尼人
Veii	魏埃人
Veleda	魏乐坦
Velleius Paterculus	维雷乌斯·帕特尔库鲁斯
Veneti	维内狄人
Verden	费尔登
Verfesteter	顽固者
Verkäufer	卖方
Vern L. Bullough	维尔恩·L. 布罗
Vespasian	韦帕芗
Vestricius Spurinna	维斯特里乌斯·斯普林纳
Ventidius	温提底乌斯
Via Nomentana	诺门塔纳大道
Villa Patrizi	帕特里齐别墅
Vindelici	温德里奇
Visby stadlag	《维斯比城市法》
Visbys søret	《维斯比海法》
Vistula	维斯杜拉河
Visurgis	威悉河

(续表)

Vita Karoli Magni	《查理大帝传》
Vita Lebuini antiqua	《勒本传》
Vitellius	维特里乌斯
Völkerschaften	部族
Völkerwanderung	民族大迁徙
Volksgeist	民族精神
Volksrecht	民众法
Volksversammlung	人民集会
Volksrecht und Juristenrecht	《民众法与学术法》
Volrad	沃尔拉德
Vom Beruf unsrer Zeit für Gesetzgebung und Rechtswissenschaft	《论立法与法学的当代使命》
Vorburg	沃尔伯格
Vordingborgske forordning	《弗丁堡条例》
vormunde (mnd.)	监护人
vrier lantseten (mnd.)	自由佃户
Vrouwe (mnd.)	贵族女性
Vsipetes	乌西彼得人

W	
Waifar	维法尔
Waldemar	沃尔德玛
Waldemar II.	沃尔德玛二世
Waltingerode	瓦尔廷格罗德
Warendorp	瓦伦多夫
water-recht (mnd.)	海法
Weichbild —wikbelde (mnd.) —wichbilde (mhd.)	市政法
Wend (mnd.) —Went (mnd.)	温德人
Werden	沃尔登
Werdener Urbar	韦登档案集

（续表）

Wergeld —Wergelt（ad.） —wergeldus（ad.） —wergeldum/-us（ad.） —weregeldum（ad.） —wergelt（ad.） —weregeld（ad.） —weregelt（ad.） —werageld（ad.） —weragelt（ad.） —werageld（ad.） —weragelt（ad.） —weragild（ad.） —wergilt（ad.） —wirgelt（ad.） —wirngeld（ad.） —wiregildo（ad.） —wërgëlt（mhd.） —wēregelt（mnd.）	偿命金
Weser	威悉河
Westfalos —Westfalaos	西伐利亚人
Westgermanisch	西日耳曼语
Westgoten	西哥特
Westgöta-lagen	《西哥达法》
Wesyminister	威斯敏斯特
wetgëlt	法庭罚金
Wichmann	魏希曼
Widogastus	维多盖斯特
Widukind	维杜京特
Widukind Res Gestae Saxonicae	《萨克森人史》
Wif（mnd.）	已婚女性
Wigmodien	维格莫迪恩
Wihmuodi	维穆迪
Wilhelm Ebel	威廉·埃贝尔
Willehalm	《威廉》
William Peterson	威廉·彼得森

(续表)

Wisby —Visby	维斯比
Wisby Stadslag och Sjörätt	《维斯比城市法与海法》
Wismar	维斯马
Wismar Bucht	维斯马尔湾
Wisogastus	维索盖斯特
Wittimon (ad)	彩礼
Woldow	沃尔多夫
Wolf Liebeschuetz	沃尔夫·利贝舍耶茨
Worms	沃尔姆斯
wrack (mnd.)	船舶失事

Y	
Ypres	伊普尔
Yserr	伊瑟河

Z	
Zeitschrift für geschichtliche Rechtswissenschaft	《历史法理学杂志》
Zentrum für Baltische und Skandinavische Archäologie	波罗的海和斯堪的纳维亚考古学中心
Zeugen	证人
Zoll (urg.)	税费